청소년 핵심공과

틴틴파워 인 지저스

Teen Teen Power in Jesus

요단

교사들에게

하나님의 말씀인 성경은 정보를 다루는 책이 아니라 하나님이 만드신 사람의 영혼을 위해 기록된 책입니다. 사람은 하나님의 말씀(성경)을 통해 하나님과의 통로가 생기고, 만남이 열리게 됩니다. 무엇보다 어릴 적부터 하나님 말씀인 성경을 읽고 가까이 하는 것은 한 세대를 살아가는 사람이 삶의 참다운 의미와 목표를 발견하기 위해 해야만 하는 중대한 노력입니다.

하지만 요즘 성경교육은 교회에서는 물론 믿음의 가정에서 조차 쉽지 않습니다. 그 이유는 여러 가지가 있을 수 있으나 급변하는 시대 흐름과 혼돈 속의, 가치관 그리고 구체적인 미래를 알 수 없는 현실이 큰 벽이 되고 있습니다. 또한, 세상 문명의 새로운 가치들이 물밀듯 쏟아지면서 절대 진리가 흔들리고 있기 때문입니다. 물론 우리나라 교육의 문제점인 사교육으로 인한 바쁜 현실도 한 가지 이유가 될 수 있습니다.

본서에서는 이러한 현실을 감안하여 우리 크리스천 청소년에세 필요한 새로운 교과과정을 생각해 보았습니다. 바로 청소년이 꼭 알아야 하고 실천해야 할 핵심과제가 무엇인가 하는 것입니다. 이러한 관점에서 청소년이 교회 안에서 믿음을 가지고 성장하기 위해서는 청소년기에 꼭 필요한 핵심 내용을 가르쳐야 함을 발견했습니다.

실제로 청소년기에 교회를 6년간 출석하지만 명확한 성경의 지식을 습득하기는 어렵습니다. 그리고 그것을 가르치기 위해 구조화 된 교재도 찾아보기 어렵습니다. 더구나 매년 사역자들이 교체 되는 교회 안의 현실은 성경교육의 목표가 자주 바뀌는 결과를 낳습니다. 이런 현실을 감안할 때 청소년의 신앙생활을 돕기 위해서 짧은 기간이지만 구체적이고 꼭 필요한 성경 지식과 신앙 지침, 나아가 세상에서 살아갈 때 필요한 삶의 가치를 정확히 전달할 수 있는 교재가 있어야 했습니다.

본 교재는 바로 이러한 이유로 우리 청소년에게 필요한 핵심내용들을 뽑아 3년 동안 가르칠 수 있도록 기획 했습니다. 이 교재를 통한 학습의 특징은 신약성경과 구약성경의 중요 핵심내용을 배우게 되는 것입니다. 동시에 급속히 변화된 청소년의 생활과 문화를 함께 배우게 됩니다. 이를 통해 그들이 처한 공간과 가치관 속에 하나님의 말씀인 성경의 진리에서 그들의 신앙관이 올바르게 발견되고 형성될 수 있도록 만들 것입니다. 청소년을 위한 학습 소재의 선택과 구성에도 세심한 배려를 하였습니다. 또한 모든 학습이 학생 중심의 능동 · 효율적 학습이 될 수 있도록 구성과 전개에 힘을 기울였습니다.

이번 틴틴 파워 인 지저스 핵심공과를 통해 성경교육의 새로운 진면목을 발견하고 청소년이 하나님의 말씀을 깊이 새길 수 있는 기회가 되기를 간절히 소망합니다.

틴틴 파워 인 지저스 기획 및 집필위원회

구약편

1단원 정의와 실천

2단원 인애와 사랑

3단원 심판과 회개

4단원 회복과 약속

신약편

1단원 사도행전

2단원 바울의 전도여행

3단원 일반서신

4단원 요한서신

생활편

1단원 기본 생활공간 속의 청소년

2단원 청소년의 생활관리

3단원 청소년의 정서생활

문화편

1단원 세계관

2단원 윤리관

3단원 종교관

새친구편

절기편

공과소개

1 기획의도

틴틴 파워 인 지저스 핵심공과는 청소년기에 알아야 할 성경의 주제와 청소년기에 삶의 현장에서 부딪히는 실질적인 문제를 뽑아 공부할 수 있도록 만든 성경공부 교재입니다. 이를 통해 청소년의 생활 변화를 기대하며 기획되었습니다.

2 교과 과정의 특징

이번에 새로 만들어진 틴틴 파워 인 지저스 핵심공과의 청소년 교과 과정은 청소년기에 배워야 할 가장 중요한 핵심을 다루고 있다는 데 특징이 있습니다. 성경의 주제를 사건, 인물, 성격, 내용을 중심으로 청소년기에 필요한 핵심내용을 가지고 공과를 진행하도록 했습니다.

책별 내용은 구약의 핵심, 신약의 핵심, 청소년 생활의 핵심, 청소년 문화의 핵심으로 4가지 대주제입니다. 그리고 별도로 신앙입문과 절기를 추가하여 보조 주제로 다루게 됩니다.

총 3권의 시리즈로 구약주제 36과, 신약주제 36과, 신앙입문주제 12과, 청소년생활주제 30과, 청소년 문화주제 30과, 절기주제 12과를 다룹니다. 이것을 3권으로 나누어 각 156과로 구성하여, 한 권에 52개 주제를 가지고 1년 동안 가르칠 수 있는 분량으로 구성하였습니다.

또한, 각 시리즈로 되어 있어 다양하게 주제별로 사용할 수 있습니다.

	구약핵심	신약핵심	생활	문화	신앙입문	절기	합계
1권	12	12	10	10	4	4	52
2권	12	12	10	10	4	4	52
3권	12	12	10	10	4	4	52
합계	36	36	30	30	12	12	156

3

3년 교과 과정

신구약편

신구약편의 교과 과정은 청소년기에 알아야 할 가장 핵심되는 신약과 구약성경의 내용을 집약하였습니다.

구약편의 주제

단원	과	1권	2권		3권	
UNIT 1 성경의 배경	1과	성경이란 무엇인가	UNIT 1 하나님을 경외하는 지혜	욥기	UNIT 1 정의와 실천	아모스
	2과	구약의 지리		잠언		미가
	3과	성경의 역사		전도서		이사야
UNIT 2 창세기	4과	창조	UNIT 2 하나님을 경외하는 노래	시편	UNIT 2 인애와 사랑	호세아
	5과	죄		아가		요나
	6과	족장 이야기		애가		하박국
UNIT 3 계약	7과	출애굽 사건	UNIT 3 하나님이 이끌어 가시는 역사	사사기	UNIT 3 심판과 회개	예레미야
	8과	시내산 계약		역대기		요엘
	9과	제사법		에스라		다니엘
UNIT 4 성결	10과	음식법	UNIT 4 하나님이 사용하시는 사람	다윗	UNIT 4 회복과 약속	에스겔
	11과	성결법		솔로몬		학개
	12과	약속의 땅		요시야		말라기

신약편의 주제

단원	과	1권 사복음서	2권 바울신학		3권 일반신학	
UNIT 1 복음의 배경	1과	헬레니즘 문명	UNIT 1 하나님의 의	로마서1 율법과 죄	UNIT 1 사도행전1	오순절사건
	2과	마카비 혁명과 유대교 분파들		로마서2 칭의와 구원		박해
	3과	예언의 성취		로마서3 성도의 삶		사울의 회심
UNIT 2 유대교와 예수님	4과	성전의 주인	UNIT 2 교회들에게	고린도전후서	UNIT 2 사도행전2	예루살렘교회
	5과	안식일		갈라디아서		안디옥교회
	6과	전통과 형식주의: 복음의 새 가죽 부대		데살로니가전후서		이방교회들
UNIT 3 제자도	7과	섬기라	UNIT 3 옥중설교	에베소서	UNIT 3 일반서신	히브리서신
	8과	지키라		골로새서		야고보서신
	9과	전하라		빌립보서		베드로서신
UNIT 4 구원의 완성	10과	죽으심	UNIT 4 바울의 동역자들	디모데	UNIT 4 요한	요한서신
	11과	부활하심		빌레몬/오네시모		계시록1
	12과	다시 오심		디도		계시록2

공과소개

생활편의 주제

청소년이 가장 가까이에서 느끼고 있는 자신의 생활 문제를 집중적으로 다루게 됩니다.

단원	과	1권	2권	3권
서론	1과	우리의 생활은 예배입니다	우리의 생활은 승리입니다	우리의 생활은 사랑입니다
UNIT 1 기본 생활공간 속의 청소년	2과	학교 속의 청소년-교우관계	학교 속의 청소년-학습과 성적	학교 속의 청소년-진로
	3과	가정 속의 청소년-부모자녀 관계	가정 속의 청소년-형제자매 관계	가정 속의 청소년-가출(가출충동)
	4과	교회 속의 청소년-예배생활	교회 속의 청소년-봉사생활	교회 속의 청소년-교제생활
UNIT 2 청소년의 생활관리	5과	언어생활-욕(비어)	언어생활-통신언어	언어생활-인터넷언어
	6과	여가생활 -TV는 나의 목자시니	여가생활 -인터넷	여가생활 -핸드폰은 나의 목자시니
	7과	소비생활-메이커 열풍	소비생활-용돈관리	소비생활-유행따라쟁이
UNIT 3 청소년의 정서생활	8과	나를 이해하기-내 마음의 창	나를 이해하기-우선순위	나를 이해하기-내가 쓰는 미래일보
	9과	나를 사랑하기-열등감	나를 사랑하기-신체 이미지	나를 사랑하기-나는 걸작품
	10과	나를 극복하기-불안	나를 극복하기-분노	나를 극복하기-우울

문화편의 주제

청소년의 문화는 어떠한가요? 틴틴 파워 인 지저스 핵심공과는 이제까지 접근하기 어려웠던 주제들을 청소년의 시각에서 바라볼 수 있도록 만들었습니다.

단원	과	1권	2권	3권
서론	1과	문화 정복하기	문화 바로세우기	문화 뛰어넘기
UNIT 1 세계관	2과	인터넷 중독	중독(휴대전화, 음란물, 종교)	영화 바로보기
	3과	바벨탑과 언어	명품	대중음악
	4과	TV	배아복제	놀이문화
UNIT 2 윤리관 (생명윤리)	5과	낙태	성문화의 회복 1	왕따
	6과	동성애 1	성문화의 회복 2	자살
	7과	동성애 2	마약, 흡연, 약물	폭력
UNIT 3 종교관	8과	UFO	환경 1	환경
	9과	뉴에이지 1	환경 2	우상(연예인과 나)
	10과	뉴에이지 2	창조와 진화	주술과 기복

〈각 과의 제목은 실제 제목과 다를 수 있습니다.〉

4
저자

틴틴 파워 인 지저스는 각 분야에서 활동 중인 전문가에 의해서 집필되었습니다. 신구약 성경의 핵심과정은 청소년이 꼭 알아야 할 성경내용을 청소년 시각에서 이해할 수 있도록 신약과 구약 전공자가 집필했으며, 생활과 문화 부분은 일선 중 · 고등학교와 그 분야에서 활동 중인 전문가가 집필했습니다.

5
각 과의 진행구성

구약 · 신약편 학생용의 교과진행 구소

1. 제목
각 과의 제목을 청소년의 수준에서 그들의 언어에 적합하도록 만들었습니다.
각 단원과 연계하여 각 과의 주제를 먼저 파악하도록 합니다.

2. Question About It
처음 각 과에는 각 과 주제에 준비된 질문이 나옵니다. 이 질문은 과가 시작되기 전에 무엇을 배우게 될지에 대한 생각을 유도합니다. 질문을 통해 과의 목표를 발견하도록 도와 줍니다.

3. View of Bible
성경공부의 전체적인 내용을 한 번에 알 수 있도록 도와줍니다. 다음에 이어질 내용에 대한 서론에 해당합니다.

4. Learn of Bible
각 과의 내용을 공부하는 과정입니다. 성경을 공부하는 것이니 만큼 말씀을 직접 찾고 적을 수 있도록 했습니다. 성경의 흐름을 이해하고 꼭 알아야 할 핵심내용을 배우게 됩니다.

5. Application of Bible
각 과에서 배운 내용을 점검하고 적용하도록 돕습니다.

6. Tip of Bible
성경공부에서 알 수 없는 내용 중 청소년이 알아야 할 재미있는 부분을 추가했습니다.

공과소개

생활 · 문화편 학생용의 교과진행 구조

1. 제목

청소년의 현장성을 높이기 위해 그들의 생활과 문화 가까이에서 접할 수 있는 내용을 중심으로 제목을 정하였습니다.

2. Story of Life

각 과의 주제를 쉽게 보여주는 실제적인 생활 이야기로 청소년의 관심을 불러일으킬 수 있는 이야기를 구성했습니다. 그리고 그들의 이야기를 통해 자신과 연관지어 생각할 수 있게 합니다.

3. Talk Talk About Life

각 과의 주제와 관련된 몇 가지 질문으로 구성되며, 청소년 자신의 생활과 문화에 관해 서로 나누며 함께 참여하는 시간이 되도록 합니다.

4. Standard of Life

각 과의 주제에 관련된 성경의 본문을 살핌으로써 청소년 자신이 가지는 생활과 문화의 바른 기준을 세우게 합니다.

5. Change of Life

청소년의 생활과 문화를 바라보는 시각 그리고 삶의 모습을 새롭게 변화할 수 있도록 성경의 기준을 붙들게 합니다.

6. Decision of Life

청소년에게 변화된 생활로의 결단을 촉구합니다.

I ♥ JESUS

1단원 : 정의와 실천

제1과 정의를 물같이 / **제2과** 여호와께서 구하시는 것 / **제3과** 하나님의 성품

2단원 : 인애와 사랑

제4과 하나님의 끝없는 사랑 / **제5과** 모든 민족을 향한 하나님의 사랑 / **제6과** 나의 힘의 근원이 되시는 하나님

3단원 : 심판과 회개

제7과 레갑 족속의 교훈 / **제8과** 하나님이 원하시는 회개 / **제9과** 스바냐의 하나님

4단원 : 회복과 약속

제10과 나의 이름을 거룩하게 하리라 / **제11과** 하나님의 집을 지어라 / **제12과** 나의 사자를 보내리니

Introduce

단 원 주 제	공의로우신 하나님과 행동하는 믿음
단 원 해 설	아모스, 미가, 이사야의 말씀을 통해 구약시대 유대와, 이스라엘 역사 가운데 하나님의 공의가 실현되기를 외쳤던 선지자들의 삶과 그들의 메시지를 이해한다.
중 심 구 절	"너희는 살려면 선을 구하고 악을 구하지 말지어다 만군의 하나님 여호와께서 너희의 말과 같이 너희와 함께 하시리라"(암 5:14).
단원학습목표	정의로우신 하나님의 통치가 이루어지는 사회는 어떤 사회인지를 발견한다.
단원중심진리	하나님의 백성으로서의 삶의 자세
단원핵심정리	하나님의 정의가 실현되는 삶

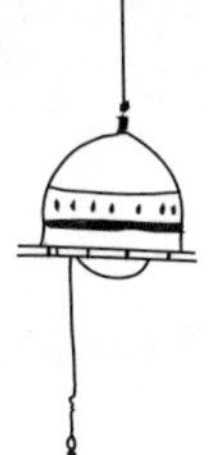

구약편

1 단원

1 정의와 실천

단 원 소 개

흔히 '예언자'를 '장래 일을 알아맞히는 사람'으로 생각하기 쉽습니다. 그러나 성서의 예언자들은 단순히 미래의 일을 알아맞히는 사람이 아니라 '하나님의 말씀의 대언자들'이었습니다. 하나님의 뜻을 백성들에게 전하였던 예언자들은 주로 백성들의 죄를 고발하고 구원받을 수 있는 길을 제시하였습니다. 따라서 그들의 일은 종교적인 일에 국한되지 않고, 삶의 전 영역으로 확대되었습니다. 왕을 비롯한 정치가에 맞서서 그들의 죄를 꾸짖는가 하면, 그들의 정치적인 실책을 지적하기도 했습니다.

종교 지도자들이 타락할 때는 그들을 향해 하나님의 공의를 선포했으며, 백성들의 타락에도 심한 질책을 가했습니다. 하나님의 뜻을 전했던 예언자들은 정치적·종교적으로 많은 식견을 가지고 있었으며 장차 일어날 일에 대해 대처 방안도 제시했습니다. 이 점에서 볼 때, 예언자들은 단순히 미래를 점치는 사람이 아니라 미래에 대한 통찰력을 가지고 있었던 하나님의 사람들이었습니다. 따라서 예언자들은 당시 사회에서 존경받는 현자요, 정의와 하나님의 뜻을 전하는 공의의 대변자들이었습니다.

본 단원에서는 B. C. 8세기의 역사적·종교적 상황을 살펴보고 아모스, 미가, 이사야 예언자가 외쳤던 하나님의 정의에 대해 알아보도록 합니다.

제1과 정의를 물같이

학습목표 : 하나님을 사랑하는 백성은 그 신앙이 이웃 사랑하기에서 나타나야 함을 이해한다.

중심진리 : 공의로운 사회

본문말씀 : 아모스 1-2장

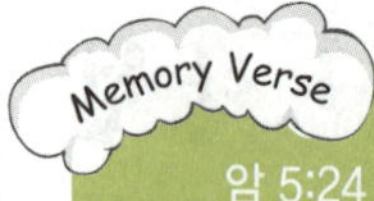

암 5:24

"오직 정의를 물같이 공의를 마르지 않는 강같이 흐르게 할지어다."

Question About It

1. 아모스 1장부터 2장에는 어떤 나라들이 등장하는지 찾아봅시다.

☞ 다메섹, 가사, 블레셋, 두로, 에돔, 암몬, 모압, 유다, 이스라엘

2. 아모스 선지자가 활동했던 시기는 언제인가요?(암 1:2)

☞ 유다 왕 웃시야 시대 곧 북왕국 이스라엘 왕 요아스의 아들 여로보암 시대, B. C. 8세기 즉 약 760년경 활동하던 선지자입니다.

View of Bible

북왕국 이스라엘의 왕이었던 여로보암 2세는 뛰어난 무인으로서 주변나라들과 전쟁을 일으켜 다윗이 통치했던 광활한 땅을 대부분 차지했습니다. 당시 강대국이었던 앗수르는 주변 국가들의 문제로 인해 북왕국 이스라엘에 거의 신경을 쓰지 못했습니다. 여로보암 2세는 정치적으로 당시 강력한 국가였던 유다 웃시야 왕과 평화로운 관계를 유지했으며, 경제적으로는 외국과의 무역으로 상업을 발달시켰으며, 도시개발(암 5:11)도 이루었습니다. 이렇게 국내외적으로 번영하고, 정치, 경제, 사회 모든 면이 뛰어난 시대였습니다.

그러나 경제적으로는 풍요를 누리게 되었지만 그 이면에는 부정과 불의와 종교적인 사치, 타락, 부도덕, 비리가 팽배했습니다. 경제적인 혜택은 일부 지도층과 부유층에게만 집중되었습니다.

아모스는 이런 이스라엘 사회에 널리 퍼진 상업상의 비리, 재판관의 부정, 성적인 부패, 가난한 자에 대한 착취와 형식적인 종교생활에 대해 하나님의 심판을 선포한 예언자입니다.

Learn of Bible

아모스는 여로보암 2세(B. C. 790-750) 시대에 북왕국 이스라엘을 향하여 예언 활동을 한 선지자입니다. 당시 그 사회에 널리 퍼진 사회적 불의와 종교적 타락에 대해 하나님의 심판을 선언했습니다.

1. 아모스서를 읽고 당시 이스라엘 백성이 지은 7가지 죄의 목록을 찾아봅시다.(암 2:6-8)

1) '은을 받고 의인을 팔며'
2) '신 한 켤레를 받고 가난한 자를 팔며'
3) '힘없는 자의 머리를 티끌 먼지 속에 발로 밟고'
4) '연약한 자의 길을 굽게 하며'
5) '아버지와 아들이 한 젊은 여인에게 다녀서 내 거룩한 이름을 더럽히며'
6) '모든 제단 옆에서 전당 잡은 옷 위에 누우며'
7) '그들의 신전에서 벌금으로 얻은 포도주를 마심이니라'

여기에서 '의인', '가난한 자', '힘없는 자', '연약한 자'는 모두 같은 의미를 지니고 있습니다. 즉 게을러서 가난하게 된 사람들이 아니라 그 사회의 힘이 없고 연약한 사람들을 뜻합니다.

2. 아모스서에 나타나는 이스라엘이 지은 죄의 목록을 구별해 봅시다.

1) 가난한 자에 대한 착취

그 사회에 가난하고 연약한 사람들에 대한 사랑과 배려가 그 시대의 사람들에게는 존재하지 않았습니다. 힘없는 사람을 보호해 주는 것이 아니라 그들을 억압하고 조금의 자비도 베풀지 않았습니다.

2) 공의가 사라지고 극단적인 탐욕이 가득

'은'이나 '신 한 켤레'의 조그만 뇌물을 받고 재판을 굽게 하는 시대였습니다. 99개를 가지고 있는 사람이 남에게 자기가 가지고 있는 9개를 나누어 10개를 만들어주는 것이 아니라, 남이 가진 1개를 빼앗아 100개를 채우는 사회였습니다. 저울을 속이고 부당하게 세금을 징수하고 궁핍한 자를 학대했습니다.

3) 성적인 타락

성적, 윤리적으로 타락한 사회였습니다. 아버지와 아들이 한 여자에게 습관적으로 다니는 성적 부패가 만연했습니다. 성적인 범죄는 하나님의 거룩한 이름을 더럽히는 행동입니다.

4) 우상 숭배에 빠짐

이들은 하나님을 섬기면서 동시에 우상을 섬기는 종교 생활을 했습니다. 하나님께는 형식적인 예배를 드리고, 다른 예배 처소인 산당에서는 우상에게 절을 하고 있었습니다. 하나님은 오직 하나님 한 분만을 사랑하고 예배하는 자를 받으십니다. 마음과 정성이 없는 예배는 받지 않으십니다.

3. 뒤이어 하나님은 자신을 어떻게 소개합니까?(암 2:10-11)

☞ 애굽 땅에서 이끌어 내어 광야에서 40년간 인도하신 하나님, 그리고 백성들의 삶 가운데 선지자를 세우신 하나님.

이스라엘 백성들을 애굽에서 구원해 내시고 40년 동안 광야에서 인도하시고, 그들을 위해 선지자와 나실인을 일으키셨다고 말씀합니다. 구원하시고 인도하시고 지켜주시는 하나님의 모습입니다.

Application of Bible

1. 이스라엘이 지은 죄악은 이방 국가들의 죄와 비슷하지만 근본적으로는 하나님을 향한 죄입니다.

블레셋, 두로가 하나님의 백성들을 팔았던 반면 이스라엘은 자기 동족들 중에서 힘없는 의인과 가난한 사람들을 팔았습니다. 더군다나 유다는 한걸음 더 나아가서 성적인 범죄와 그릇된 예배를 드리는 죄악을 범했습니다. 결국 이스라엘의 모든 죄악은 궁극적으로 하나님을 향한 것이었습니다.

2. 이스라엘의 심판의 원인은 하나님의 백성으로서 성결한 삶을 지키지 못했기 때문입니다.

아모스 선지자는 이스라엘의 심판의 원인이 죄 때문이라고 말하지 않고 구원받은 백성답게 살지 못했기 때문이라고 말합니다. 하나님은 계속해서 선지자와 나실인들을 일으켜 이스라엘 백성들이 하나님의 백성답게 살도록 가르치기를 원하셨지만, 이스라엘은 오히려 그런 하나님의 예언을 막으려 했습니다(2:12).

신앙과 사회 윤리는 동전의 양면과 같은 불가분의 관계입니다. 하나님을 사랑하는 것과 이웃에게 공의로운 일을 베푸는 것은 서로 깊이 연관되어 있습니다. 교회 내에서의 거룩한 말과 행동이 학교와 가정, 그리고 친구들 사이에서도 행해져야 합니다.

3. 그러나 하나님은 나중에 그들을 다시 회복시키실 것이라고 말씀하십니다.

"그날에 내가 다윗의 무너진 장막을 일으키고 그것들의 틈을 막으며 그 허물어진 것을 일으켜서 옛적과 같이 세우고"(암 9:11).

하나님의 궁극적인 목적은 심판에 있지 않습니다. 자기 백성들을 회개시키고 돌아오게 하는 데 있습니다. 그 백성들은 소수의 의인인 남은 자로, 하나님은 그들을 사용하셔서 새로운 역사를 이끌어 가십니다.

나실인

'구별되거나 성별된 사람'을 의미합니다. 이들은 특별한 서원을 한 사람들입니다(민 6:1-12), 포도나무의 소산과 발효시켜서 만든 독주는 일체 마시지 않았고, 부정한 음식을 먹지 않았으며, 머리도 깎지 않았고, 시체를 가까이 하지도 않았습니다. 거룩성을 유지하며 하나님께 바쳐진 삶을 살았습니다. 나실인이었지만 이러한 율법을 지키지 않은 대표적인 사람으로 삼손이 있습니다.

Tip of Bible

아모스서에 대하여

아모스서는 여로보암 2세 아래에서 번영과 부요로 인해 교만해지고, 방종과 부패와 배교를 일삼은 북이스라엘 사람들에게 경고하고 회개를 촉구하기 위해서 기록되었습니다. 당시 백성들은 하나님을 떠나 있으면서도 자신들은 하나님께 택함 받은 백성이므로 결코 망하지 않으리라는 거짓 확신에 빠져 있었습니다. 그들은 입술로는 하나님을 경배하였으나, 그들의 생활은 이기주의, 탐욕, 부도덕 등으로 가득 차 있었습니다. 그러므로 아모스서는 백성들에게 멸망의 임박성을 경고하며, 진정한 신앙을 갖도록 촉구한 것입니다.

아모스서에 있어서의 나라의 흥망의 기준

한 나라가 흥할 수 있는 길은 정치 · 경제 · 사회 체제에서 공통적으로 정의로울 때 흥할 수 있습니다. 하나님의 관점에서 강한 나라는 경제적인 부나 법적 옹호 체제에 기인하지 않고 그 사회의 가장 약한 자가 어떤 위치에 있느냐 하는 것입니다. 그 사회에 약한 자들이 있는 한 완전한 복지 사회가 아닙니다. 우리는 우리 사회의 가장 어려운 자들에게 관심을 가져야 합니다.

인인파워 in 지저스

제2과 여호와께서 구하시는 것

학습목표 : 하나님께서 자기 백성들에게 진정으로 요구하시는 것이 무엇인지 이해한다.
중심진리 : 정의, 인자, 겸손
본문말씀 : 미가 6:6-8

미 6:8
"사람아 주께서 선한 것이 무엇임을 네게 보이셨나니 여호와께서 네게 구하시는 것은 오직 정의를 행하며 인자를 사랑하며 겸손하게 네 하나님과 함께 행하는 것이 아니냐."

Question About It

1. 미가서의 본문말씀을 읽어 봅시다. 하나님이 우리에게 요구하는 것이 있다면 어떤 것들이 있을까요?

☞ 심청전을 생각해 봅시다. 어떤 스님이 심청이의 아버지 심 봉사가 눈을 뜨게 하기 위해서는 공양미 300석을 부처에게 바쳐야 한다고 요구했습니다. 심청이는 아버지의 눈을 뜨게 하기 위해 공양미 300석에 자신을 어부에게 팔았습니다. 어부들은 많은 어획량과 잔잔한 일기를 기원하며 바다 속 용왕을 향하여 심청이를 던졌습니다.

이렇듯 인간이 만든 다른 우상들은 우리의 재물과 몸에만 관심이 있습니다. 그러나 우리 하나님 여호와는 절대로 이러한 것만을 요구하시지 않습니다.

2. 미가서를 통해서 볼 때 하나님이 우리에게 진정으로 요구하시는 것은 무엇인가요?

☞ 하나님은 자기를 사랑하는 그의 백성에게 이웃을 함께 사랑해야 함을 요구하십니다. 하나님을 사랑하는 것은 사람을 사랑하는 것으로 나타나기 때문입니다.

View of Bible

미가는 차갑게 식은 백성들의 신앙과 부자들의 탐욕과 부정직함을 비판합니다. 아울러 용서의 하나님(미 7:18)과 언약에 대한 신실하심(미 7:20)을 전해 줍니다. 죄로 인해 이스라엘과 유다가 멸망할 것을 예언하고 그 이후에 이루어질 종국적인 구원에 대해 기록하고 있습니다.

미가는 이사야, 아모스, 호세아와 같은 시대(B. C. 8세기)에 예언 활동을 한 선지자로 이 시기는 북왕국 이스라엘의 멸망(B. C. 722)과 앗수르 왕 산헤립이 유다의 성읍들을 정복하고 예루살렘을 포위한 사건 등 전쟁이 끊임없이 계속되는 혼란의 시기였습니다. 이와 같이 북왕국 이스라엘과 남왕국 유다는 외세의 침략에 직면해 있었지만 여전히 백성들은 도덕적 타락과 우상 숭배의 죄를 범하고 있었습니다. 이런 상황 속에서 미가와 같은 선지자들은 끊임없이 다른 강대국들을 의지하지 말고 오직 하나님만 의지할 것을 백성들에게 요구했고, 죄의 길에서 떠나 하나님을 찾고 회개할 것을 요청했습니다.

Learn of Bible

본과에서는 하나님께서 우리에게 진정으로 요구하시는 것이 무엇인지 살펴보겠습니다.

1. 하나님을 경배하기 위해 백성들이 가지고 나간 것은 무엇이었습니까?(미 6:6-7)

1) '일 년 된 송아지'

일 년 된 송아지는 하나님께 바칠 수 있는 가장 귀한 제물이었고, 최상의 예물이었습니다. 아론이 대제사장이 되고 하나님께 첫 번째 제사를 드릴 때 드린 예물이 바로 흠 없는 송아지였습니다.

"아론에게 이르되 속죄제를 위하여 흠 없는 송아지를 가져오고… 또 번제를 위하여 일 년 되고 흠 없는 송아지와 어린 양을 가져 오고…"(레 9:2-3).

2) '천천의 숫양이나 만만의 강물 같은 기름'

사람들은 수천의 숫양이나 수만의 기름을 하나님이 기뻐하시는 제물이라고 생각했습니다. 숫양은 번제, 화목제, 속죄제를 드릴 때 빠지지 않았던 희생 제물이었습니다. 또한 화목제를 드릴 때 제사를 드린 후 가장 좋은 고기(가슴과 뒷다리)는 제사장들이 갖고, 백성들은 나머지 고기를 먹었습니다. 그리고 콩팥과 기름은 먹지 않고 태웠는데 이는 가장 귀한 것을 하나님의 몫으로 드리는 행위였습니다. 기름 역시 희생 제물이 된 동물의 부위 중 가장 좋은 부분으로 여겨졌습니다.

3) 내 허물을 위하여 맏아들을, 내 영혼의 죄로 말미암아 내 몸의 열매를 드릴까

한술 더 떠서 극단적인 방법을 동원합니다. 그것은 맏아들을 드리고 내 몸의 일부분을 드리는 행위입니다. '맏아들'은 백성들이 하나님의 환심을 사기 위해서 드릴 수 있는 최상의 희생 제물을 가리킵니다. 또한 자기 몸의 일부를 드리면 하나님이 기뻐하실 거라고 생각했습니다.

이들은 종교적으로는 열심히 행동을 했습니다. 예배에 빠지지 않고 많은 헌금을 하며 열심히 봉사하고 헌신했습니다. 그러나 이 모든 것은 하나님을 기쁘시게 할 수 없었습니다. 왜냐하면 하나님이 이스라엘에게 진정으로 요구하시는 것은 의식적인 행위가 아니라 마음을 드리는 헌신이고 구체적으로 삶의 현장에서 나타나는 정의와 사랑, 그리고 겸손이었기 때문입니다.

2. 하나님이 진정으로 이스라엘에게 요구하시는 것은 무엇이었습니까?(미 6:8)

1) '정의를 행하며'

정의는 의로운 삶을 말할 뿐만 아니라 사회적으로 모든 사람에 대해 공평하게 대하는 것을 의미합니다. 거짓을 말하지 않고, 남을 속이지 않으며, 자기의 이익을 위해 남에게 손해를 끼치지 말아야 합니다.

2) '인자를 사랑하며'

여기에서 '사랑'(헤세드)을 뜻하는 말은 '인자', '자비', '사랑', '친절'로 번역되며, 영어 성경에서는 'steadfast love'(변함없는 사랑), 'unfalling love'(실망 없는 사랑), 'loving kindness'(자비로운 사랑), 'mercy'(자비)로 나타납니다. 이것은 다른 사람들을 사랑하는 마음으로 대하라는 것입니다.

3) '겸손하게 네 하나님과 함께 행하는 것'

원문엔 '하나님과 동행할 때 겸손하다'고 나와 있습니다. 항상 겸손한 태도로 하나님과 동행하는 것입니다.

하나님이 원하시는 것이 이상의 세 가지입니다. 모든 사람을 공평으로 선하게 대하며, 자기 자신을 겸손하게 낮추고, 하나님의 주권을 인정하는 생활을 가리킵니다. 그렇다고 미가가 율법에 기록된 희생 제사를 무시하는 것은 아닙니다. 미가가 강조하는 것은 정의를 행하고 인자를 사랑하며 겸손한 마음 자세와 행위를 동반하지 않은 예배는 하나님께서 원하시는 예배가 아니라는 것입니다.

물론 이러한 행위들이 이스라엘 백성들이 죄 사함을 얻는 조건들은 아닙니다. 죄 사함은 희생 제사를 통해서만 가능합니다. 그러나 이것은 죄 사함을 받은 백성으로서 삶 가운데 마땅히 드러내야 할 행동들입니다. 이러한 마음과 삶의 실천이 동반하지 않은 예배는 하나님이 받으시는 진정한 예배가 될 수 없습니다.

예수께서도 "예물을 제단에 드리려다가 거기서 네 형제에게 원망들을 만한 일이 있는 것이 생각나거든… 먼저 가서 형제와 화목하고 그 후에 와서 예물을 드리라"(마 5:23-24)고 말씀하셨는데, 이는 눈에 보이는 사람도 사랑하지 못하고서 눈에 보이지 않는 하나님을 사랑할 수 없기 때문에 그리하신 것입니다.

"누구든지 하나님을 사랑하노라 하고 그 형제를 미워하면 이는 거짓말하는 자니 보는 바 그 형제를 사랑하지 아니하는 자는 보지 못하는 바 하나님을 사랑할 수 없느니라"(요일 4:20).

Application of Bible

1. 하나님께서 원하시는 예배는 매일의 삶에서 정의와 인자와 겸손히 하나님과 함께 행하는 것입니다.

2. 하나님의 우리에 대한 관심은 우리 삶의 전반적 통합적 삶입니다.

사회 전반에서 일어나는 일이 심판의 조건이 되고 있습니다. 하나님은 우리가 세상에서 어떻게 사는가에 대해 관심이 많으십니다. 우리는 정치, 경제, 사회 변화의 기수가 되어야 합니다. 복음을 전할 뿐만 아니라 한 단계 넘어서 세상의 전반적인 분야에 관심을 가지고 바른 말을 할 수 있어야 합니다.

3. 미가의 교훈은 인간이 자긍심을 낮추고 겸손히 하나님 앞에 무릎 꿇어야 함을 보여주는 동시에 이웃에 대한 나의 책임을 다함으로 교회와 사회가 하나님의 뜻을 따르는 새로운 공동체가 될 수 있음을 보여줍니다.

Tip of Bible

미가서에 나타난 메시아에 대한 묘사

"베들레헴 에브라다야 너는 유다 족속 중에 작을지라도 이스라엘을 다스릴 자가 네게서 내게로 나올 것이라 그의 근본은 상고에, 영원에 있느니라"(미 5:2).

1. B. C. 750년경 이미 이스라엘을 다스릴 자, 즉 메시아가 탄생하실 것을 예언했습니다(미 5:2).
2. 베들레헴의 옛 이름인 에브라다(창 35:16, 19; 룻 4:11)를 붙여 메시아의 사역을 분명히 했습니다.
3. 또한 미가는 메시아의 기원을 창조 이전, 즉 태초에 두고 있으며(미 5:2), 이 메시아가 여인에게서 탄생할 것을 예언함으로써(미 5:3) 이사야의 예언과(사 7:14) 동일한 입장을 취하고 있습니다.
4. 결론적으로 장차 오실 이 메시아는 평강의 왕으로 오셔서(미 5:5; 사 9:6) 앗수르로 상징되는 세상 나라의 권세에서 자기 백성을 보호하시고 구원하시며 세상 나라들을 심판하실 것입니다(미 5:7-15).
5. 이렇게 미가의 예언대로 오신 메시아가 바로 예수 그리스도이십니다.

제3과 하나님의 성품

학습목표 : 이상적인 하나님 나라를 건설하고 유지하기 위해 우리가 간직해야 할 성품을 이해한다.

중심진리 : 평화로운 사회

본문말씀 : 이사야 11:6-9

사 11:7
"암소와 곰이 함께 먹으며 그것들의 새끼가 함께 엎드리며 사자가 소처럼 풀을 먹을 것이며."

Question About It

1. 남왕국 유다의 선지자였던 이사야 시대의 역사적인 상황은 어떠했나요?

☞ 이사야 선지가가 어린 시절이었던 웃시야 왕 때에는 번영과 평화를 유지했으나, 앗수르의 등장으로 그 세력이 약화되었습니다. 유다는 친앗수르 정책을 폈으나 북왕국 이스라엘은 결국 앗수르에게 멸망당했습니다(B. C. 722). 유다도 급변하는 국제 정세 속에서 살기 위해 발버둥쳤지만 결국 하나님을 의뢰하지 못함으로써 패망하게 됩니다(B. C. 586). 그러나 이사야는 계속해서 주변의 강대국을 의지하지 말고 하나님만을 의지할 것을 요구하였습니다.

2. 하나님이 통치하시는 이상적인 나라는 어떤 모습일까요? 서로 나누어 봅시다.

☞ 하나님의 철저한 통치가 이루어지는 나라입니다. 그러나 그것을 유지하기 위해서 우리도 해야 할 일이 있습니다. 바로 약자에 대한 배려와 관심, 약자 입장으로 내려가서 생각하고 행동하는 것입니다.

View of Bible

이사야는 기울어져가는 유다 왕국의 미래를 바라보면서 백성들의 회개를 촉구하는 메시지를 선포하였습니다. 그는 우상 숭배에 빠진 백성들의 영적 타락과 정치, 사회 문제에 이르기까지 광범위하게 예언하면서, 이 나라에 어려움이 닥친 근본 이유는 죄악으로 인해 하나님과의 정상적인 관계가 깨뜨려졌기 때문이라고 하였습니다. 그러므로 이사야는 백성들이 참된 번영과 축복을 누리려면 무엇보다도 하나님의 백성으로서의 거룩함을 회복하고 주위의 강대국이 아니라 오직 하나님만 의지해야 한다고 강조했습니다.

Learn of Bible

이사야는 백성들에게 오직 하나님만을 의지할 것을 선포했습니다. 또한 회개함으로 하나님께 돌아가고, 거룩함을 유지하고, 다른 사람들에게 선을 베풀어야 한다고 외쳤습니다. 이렇게 할 때 진정으로 하나님께서 바라시는 하나님의 나라가 실현될 수 있습니다. 그럼 앞으로 도래할 하나님 나라에 대해서 살펴봅시다.

1. 하나님이 다스리시는 나라는 어떤 모습입니까?

"그때에 이리가 어린 양과 함께 살며 표범이 어린 염소와 함께 누우며 송아지와 어린 사자와 살진 짐승이 함께 있어 어린 아이에게 끌리며 암소와 곰이 함께 먹으며 그것들의 새끼가 함께 엎드리며 사자가 소처럼 풀을 먹을 것이며 젖 먹는 아이가 독사의 구멍에서 장난하며 젖 뗀 어린 아이가 독사의 굴에 손을 넣을 것이라"(사 11:6-8).

이사야 11:6-9절은 다가올 새로운 세계, 메시아가 다스릴 왕국에 대해 소개하고 있습니다. 6-7절은 아름답고 목가적인 모습을 보이고 있습니다. 전쟁과 다툼이 없는 평화로운 모습입니다.

이곳은 하나님께서 최초로 창조하신 에덴동산의 모습을 보여줍니다. 하나님이 창조하신 복된 세계는 미움도, 갈등도, 다툼도 없는 조화의 세계였으며, 푸른 초장과 맑은 시냇물이 흐르는 동산에서 이리와 표범, 곰, 사자 등의 맹수들이 어린 양과 염소, 송아지 등과 어울려 놀 수 있었던 곳입니다.

2. 평화스러운 하나님의 나라는 어떻게 이루어집니까?

"사자가 소처럼 풀을 먹을 것이며"(사 11:7).

이런 평화를 유지하기 위해서 어린 양, 염소, 송아지 등은 할 일이 없습니다. 그냥 지금까지 살던 대로 살면 됩니다. 왜냐하면 그들에겐 평화를 깰 힘이 없기 때문입니다.

그러나 이리, 표범, 사자들은 할 일이 있습니다. 즉 약한 동물을 공격하지 않고 보호해 주어야 합니다. 그래야 평화가 오고 그 평화가 유지됩니다.

"사자가 소처럼 풀을 먹을 것이며"에서 사자는 육식동물로 고기를 먹어야만 합니다. 그런데 사자가 풀을 먹는다고 말합니다. 이것은 초식동물로 체질을 바꾸어야 가능한 일입니다. 강자가 약자의 입장으로 내려가야 한다는 것입니다. 힘든 결단이지만 그러한 결단이 있어야 하나님 나라의 평화가 이루어집니다.

이렇게 본문 속 평화로운 나라는 강자의 철저한 절제와 양보, 사랑에 근거해서 이루어집니다.

3. 우리가 어떤 마음을 간직할 때 이러한 평화스러운 나라가 가능합니까?

☞ 우리 속에 낮아지려는 하나님의 성품을 간직할 때입니다.

우리 마음속엔 땅에 속한 것과 하늘에 속한 것 두 가지가 있습니다. 땅에 속한 것은 위로 솟아오르려는 속성입니다. 바벨탑을 지었던 사람들처럼 더 높아지고, 강해지려는 속성입니다. "성읍과 탑을 건설하여 그 탑 꼭대기를 하늘에 닿게 하여 우리 이름을 내고 온 지면에 흩어짐을 면하자"(창 11:4).

이렇게 땅, 육의 성품을 간직한 사람은 자꾸 올라가려고만 하지 낮아지거나 섬기려 하지 않습니다. 즉 교만한 사람들이 이 같은 성품을 간직할 때 평화는 유지될 수 없습니다. 그러나 하늘에 속한 것은 내려오려는 기운입니다. 이것이 하나님의 성품입니다. "여호와께서… 내려오셨더라,… 자 우리가 내려가서…"(창 11:5, 7).

사람들은 자꾸만 올라가려 하고 하나님은 내려오시려고 합니다. 이것이 바로 하나님의 성품입니다. 이러한 하나님의 성품을 가장 잘 나타내신 분이 바로 이 땅에 내려 오셔서 자기를 비워 죽기까지 복종하신 예수님이십니다.

"그는 근본 하나님의 본체시나 하나님과 동등 됨을 취할 것으로 여기지 아니하시고 오히려 자기를 비워 종의 형체를 가지사 사람들과 같이 되셨고 사람의 모양으로 나타나사 자기를 낮추시고 죽기까지 복종하셨으니 곧 십자가에 죽으심이라"(빌 2:6-8).

이렇게 하나님의 성품에 참여한 사람만이 자신을 낮추어 약자를 섬길 수 있고 평화를 이룰 수 있습니다.

Application of Bible

1. 평화스러운 나라를 유지하기 위해 우리는 하나님의 성품을 간직해야 합니다.

2. 우리가 하나님의 성품을 간직하지 못할 때 일어나는 분쟁과 다툼에 대해서 이야기해 봅시다. 그리고 하나님이 만드신 아름다운 성품을 유지하기 위해 노력해야 할 것은 어떤 것들이 있을까요? 함께 나누어 봅시다.

Tip of Bible

이사야(아모스, 호세아, 미가 선지자와 동시대 인물, B. C. 7세기) 선지자가 활동하던 시대의 역사적 배경

이시야 선지자가 이사야 6상에 기록한 환상을 본 것이 웃시야 왕이 죽던 해라고 했는데 이는 주전 740년경입니다. 이때 이사야가 원숙한 판단을 할 수 있었던 것으로 보아 웃시야 왕의 긴 치세기간(주전 789-740년경) 중 약 중간쯤 되는 주전 765년경에 출생하였으리라 짐작할 수 있습니다.

웃시야 왕(왕위명:아사랴, 왕하 15:1-7; 대하 26:1-23) 시대는 남유다의 강력한 시대로 큰 망대와 요새를 축조하였고, 홍해에 무역항을 건설하였었으며, 블레셋을 정복하고, 암몬 사람에게서 조공을 받았습니다. 역대하 기자는 "하나님의 묵시를 밝히 아는 스가랴가 사는 날에 하나님을 찾았고 그가 여호와를 찾을 동안에는 하나님이 형통하게 하셨더라"(대하 26:5)고 하였습니다. 그러나 곧 "그가 강성하여지매 그의 마음이 교만하여 악을 행하여 그의 하나님 여호와께 범죄하되 곧 여호와의 성전에 들어가서 향단에 분향하려 한지라"(대하 26:16)라고 말함으로 그의 교만한 죄를 지적하고 있습니다. 이로 인하여 그는 문둥병이 걸려 죽게 되었고, 그의 아들 요담이 왕이 되어 그 정책을 계속 이어갔습니다(왕하 15:32-38; 대하 27:1-9). 이때 앗수르가 강대하여져서 당대에 큰 왕국이 되었습니다.

앗수르는 디글랏 빌레셀 3세(왕하 15:19절에서 '불' 이라 칭함)가 B. C. 745년에 왕위에 올라 주전 727년까지 다스렸습니다. 이때 이스라엘 왕 므나헴(B. C. 738)은 막대한 조공을 바침으로(왕하 15:19-20) 확실하지도 못한 독립을 얻었습니다. 그러나 므나헴의 신하 중에서 애국 운동이 일어나 결국은 군대 장관인 베가가 므나헴의 아들 브가히야를 몰아내고 왕이 되었습니다(왕하 15:23-26).

디글랏 빌레셀로 인하여 위협을 당하게 되자 베가와 르신(다메섹의 왕)이 735년에 동맹을 맺었고, 이들은 유다로 하여금 그들의 동맹에 가입시키려 했습니다. 그러나 유다가 이에 응하지 않자 유다로 쳐들어

왔습니다.

이에 유다왕 아하스는 앗수르에게 원조를 청했으나, 이사야는 이를 반대하고 여호와를 믿고 북방에 있는 나라의 세력을 두려워하지 말라고 권고했습니다. 그러나 아하스는 디글랏 빌레셀에게 도움을 요청했습니다. 그는 블레셋의 가사를 약탈하고 갈릴리와 길르앗 땅을 취하고(왕하 15:29), 근방 나라들에게 조공을 바치게 하였습니다. 그 후 2년만인 주전 732년에는 다메섹을 멸망시켰습니다(왕하 16:9).

아하스 왕이 죽은 후 그의 아들 히스기야가 왕위에 올랐으나(B. C. 727-699경) 나라는 매우 어려운 형편에 있었습니다. 히스기야 왕은 종교 개혁을 실시하고 신앙을 회복시키는 운동을 전개해 나갔습니다(왕하 18:4, 대하 30장).

앗수르의 디글랏 빌레셀은 죽었으나 그의 아들 살만에셀 4세가 북왕국 이스라엘의 사마리아 성을 포위했고(왕하 17:5), 살만에셀은 사마리아 성이 항복하기 직전에 죽었지만 후계자 사르곤 2세에 의해 북왕국은 멸망당합니다(B. C. 722). 이와 같이 북이스라엘이 정복되었기 때문에 유다와 앗수르 사이에 있는 완충지대가 없어지게 되어 유다는 과중한 조공을 앗수르에 바침으로써 겨우 멸망됨을 면하였습니다.

사르곤이 폐위되고 산헤립이 즉위하자 사방에서 반항이 일어났습니다(B. C. 705년경). 이때 히스기야는 앗수르에 조공 바치기를 거절하였습니다(왕하 18:7). 그러자 산헤립은 유다로 휩쓸고 들어와서 46개의 견고한 성을 무너뜨리고 백성을 앗수르로 잡아가고 많은 금은을 요구하였습니다. 그리고 그의 군대 장관인 랍사게로 하여금 대군을 거느리고 예루살렘으로 가게 하였습니다. 그러나 랍사게는 예루살렘 성을 취하지 못했고, 산헤립은 니느웨로 돌아갔는데 그곳에서 암살되었습니다.

주전 701년에 유다가 침략을 당한 것은 이사야의 사역에 있어서 하나의 큰 사건이었습니다. 그의 정치적 수완이 없었더라면 예루살렘 성은 함락되고 말았을 것입니다. 이때 이사야의 나이는 약 65세였습니다. 그 후에 몇 해나 사역을 계속하였는지는 알 수 없으나 그는 히스기야의 포악한 아들인 므낫세의 치세 시대에도 살고 있었는데 이때 순교 당하였을 것이라고 합니다. 전설에 의하면 이사야를 속이 빈 통나무 안에 집어넣고 톱으로 켜서 죽였다는 말이 있는데, 히브리서에 나오는 이 말씀이 아마도 이사야의 순교를 가리키는 것 같습니다(히 11:37- 돌로 치는 것과 톱으로 켜는 것과 시험과 칼에 죽임을 당하고 양과 염소의 가죽을 입고 유리하여 궁핍과 환난과 학대를 받았으니).

이상과 같은 이사야의 사역 시대의 역사적 배경을 볼 때 그의 청년시대의 유다와 노년시대의 유다는 현저한 차이가 있었다는 것을 알 수 있습니다. 그의 청년시대의 유다는 강하고 부하고 또한 향락을 누렸었습니다. 그러나 노년시대의 유다는 나라가 공포와 긴장 상태에 있었으며, 그 세력이 많이 줄어들었습니다. 여러 가지 우상을 숭배하게 되고 부도덕한 일(우상을 숭배하게 되면 흔히 있는 일임)이 성행하였습니다. 그리고 한쪽에는 극도의 부유층이 있는 반면에 극도의 빈민층이 있어서 부유층은 빈민층을 압박하고 있었습니다. 이와 같은 사회적 죄악을 대항하여 이사야 선지자는 정의를 부르짖었던 것입니다.

Introduce

단 원 주 제	하나님의 사랑
단 원 해 설	호세아서, 요나서, 하박국서의 말씀을 통해 나타난 하나님의 사랑의 모습에 대해 살펴본다.
중 심 구 절	"나는 인애를 원하고 제사를 원하지 아니하며 번제보다 하나님을 아는 것을 원하노라"(호 6:6).
단원학습목표	사랑의 하나님이 그 사랑을 우리에게 어떻게 보이셨는가를 깨닫는다.
단원중심진리	우리를 사랑하시는 하나님
단원핵심정리	하나님의 사랑이 실현되는 삶

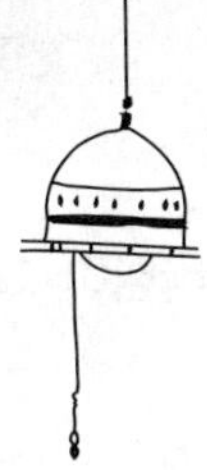

구약편

2 단원

2 인애와 사랑

단원소개

출애굽을 한 이후 팔레스타인에 정착한 이스라엘 자손들은 불행히도 하나님을 섬기지 않고 이방신인 우상들을 섬기기 시작했습니다. 이스라엘 백성들은, 애굽으로부터 끌어내시고 광야 가운데 인도하신 하나님은 그곳 광야에서의 하나님일 뿐이고, 가나안 땅에 정착한 다음에는 그 땅의 신인 농사의 신 바알과 아세라를 섬겨야 한다고 생각했습니다. 그러나 하나님은 이들이 가나안 땅에 들어가기도 전에 이미 경고하시기를 그 땅의 신을 섬기지 말고 하나님만 섬길 것을 명령했습니다(신 10:12-22).

가나안에 정착한 후, 이스라엘 백성들은 계속 하나님께 순종하지 않고 악을 행합니다. 그러나 하나님은 자기 백성을 끝까지 사랑하시며 그들이 죄의 길에서 떠나 하나님의 품으로 돌아오기를 기다리십니다. 뿐만 아니라 세계 모든 민족과 열방을 위해 구원의 문을 열어 놓고 선지자를 보내어 그들이 회개하기를 기다리고 계십니다.

제4과 하나님의 끝없는 사랑

학습목표 : 호세아서에 나타나는 호세아와 고멜의 결혼 생활을 통해 하나님이 그의 백성 이스라엘을 얼마나 사랑하시는지 이해한다.

중심진리 : 하나님의 끝없는 사랑

본문말씀 : 호세아 1:1–2:1

호 2:1
"너희 형제에게는 암미라 하고 너희 자매에게는 루하마라 하라."

Question About It

1. 오늘 배울 본문 말씀을 읽고 '이스르엘', '로루하마', '로암미'의 뜻을 찾아봅시다.

☞ 이스르엘 – '하나님께서 흩으시다'
로루하마 – '긍휼히 여김을 받지 못하는 자'
로암미 – '내 백성이 아니다'

2. '루하마', '암미'의 뜻을 찾아봅시다.

☞ 루하마 – '긍휼히 여김을 받는 자'
암미 – '내 백성'

View of Bible

호세아서는 불순종하고 악을 행하는 이스라엘에 대한 하나님의 사랑을 극적으로 보여주고 있습니다. 다른 선지자들이 하나님의 메시지를 전달할 때 말씀을 사용했다면, 호세아는 자신의 불운한 가정, 특히 결혼 생활을 통하여 북이스라엘의 영적 상태와 하나님의 마음을 전하였습니다.

하나님의 사랑은 호세아의 아내인 고멜의 음란한 행동을 끝까지 인내하며 사랑하는 호세아의 모습을 통해 나타납니다. 즉 하나님께서는 철저히 타락한 백성을 심판하실지라도 영원히 버리지 아니하시고 회개할 수 있도록 기회를 주심을 강조하고 있습니다.

▶ Learn of Bible

호세아서는 하나님의 사랑을 가장 명확하게 보여주고 있는 책입니다. 호세아는 자신의 결혼 경험을 통해 의로우신 하나님의 거룩함과 신실하신 사랑을 보여줍니다. 그는 하나님의 사랑이 이스라엘의 불신앙에도 불구하고 계속 나타날 것을 말하며(호 3:1), 징계와 훈련 후에 이스라엘이 다시 하나님과 결혼하게 될 것임을 보여줍니다(호 2:19, 21). 결국 호세아는 하나님께서 궁극적으로 자기 백성을 구원하실 것이며, 이 결정이 어떤 경우에도 변하지 않을 것이라는 확신을 가지고 메시지를 전개해 나갑니다.
하나님은 호세아에게 음란한 아내와 결혼하라고 명령하십니다.

1. 호세아가 음란한 아내인 고멜과 결혼해서 낳은 자녀들은 누구입니까?

1) '이스르엘'

'하나님께서 흩으신다' 란 뜻으로 이스라엘의 멸망을 암시합니다. 특별히 이 명칭은 예후가 아합의 집을 대량으로 학살한 장소를 염두에 둔 표현입니다(왕하 9-10장).

열왕기상 21장에 보면, 아합은 그의 아내 이세벨과 공모하여 이스르엘 사람 나봇의 포도원을 강제로 빼앗습니다. 왕이 평민의 재산을 탐내는 것은 하나님의 율법에 어긋나는 일이었습니다. 그래서 하나님은 나봇이 살해당했던 바로 그 장소에서 아합 일가가 심판받을 것임을 예고하셨습니다(왕상 21:21-24). 이러한 하나님의 심판을 진행하는 자가 예후인데, 본문은 예후의 집에도 심판이 임할 것을 선언합니다(호 1:4). 왜냐하면 예후가 하나님의 말씀을 따라 아합을 멸했지만 그도 후에는 자신의 죄에 빠져 범죄 하였기 때문입니다. 그래서 예후와 아합이 동일하게 하나님의 뜻을 어겼다고 밝히면서 아합의 집이 이스라엘에서 망했듯이 예후의 가문도 진멸될 것임을 예고한 것입니다.

2) '로루하마'

'은총을 입지 못하다', 또는 '동정을 받지 못하다' 라는 뜻입니다. 이는 이스라엘이 하나님께로부터 더 이상 애정 어린 긍휼을 받지 못할 것을 나타냅니다.

본래 자식은 그 부모로부터 긍휼함을 받는 자인데 '로루하마' 는 이제 자식과 같은 이스라엘이 부모 같은 하나님께 사랑을 받지 못한다는 말씀입니다.

"아버지가 자식을 긍휼히 여김 같이 여호와께서는 자기를 경외하는 자를 긍휼히 여기시나니"(시 103:13).

"여인이 어찌 그 젖 먹는 자식을 잊겠으며 자기 태에서 난 아들을 긍휼히 여기지 않겠느냐 그들은 혹시 잊을지라도 나는 너를 잊지 아니할 것이라"(사 49:15).

3) '로암미'

'내 백성이 아니다' 라는 뜻으로, 이것은 이스라엘과 하나님의 언약 관계가 완전히 파괴되었음을 선언하는 것이며, 동시에 이스라엘의 종국적인 운명이 절망적인 것임을 나타내주고 있습니다.

이제 하나님은 그 백성을 흩으시고(이스르엘), 더 이상 긍휼을 베풀지 않으실 뿐만 아니라(로루하마), 자기의 백성으로 여기지도 아니하시고(로암미), 포기하시고 버리신다는 것입니다. 결국 "너희를 내 백성 삼고 나는 너희의 하나님이 되리니"(출 6:7)라는 특별한 언약 관계가 더 이상 존재하지 않게 되었음을 선언한 것입니다.

2. 그러나 하나님은 이들의 이름을 바꾸어 주십니다. 그것은 무엇입니까?

☞ '루하마' 와 '암미'

모든 선지자들이 하나님은 심판과 아울러 구원 사역을 베푸신다고 예언하였듯이 호세아도 심판 선언 후에 곧바로 구원의 계획을 전합니다.

먼저 많은 자손을 주시겠다고 한 아브라함과 맺으신 언약을 기억하시며 하나님의 자녀로 삼으시고(호 1:10), 메시아의 도래를 선포하시면서(11절, '한 우두머리를 세우고') 유다와 이스라엘을 모이게 하실 것(이스르엘을 파기하심)이라고 말씀하십니다.

그리고 두 자녀의 이름도 바꾸어 주십니다.

히브리어에서 '로'는 '아니다'라는 부정어 'not'을 가리키는 말입니다. '로루하마'와 '로암미'에서 부정어 '로'가 빠지면 긍정어가 됩니다.

Application of Bible

1. 이스라엘의 죄

호세아는 백성들의 일반적인 죄의 현상을 지목합니다. 곧 거짓말, 사기, 도둑질, 살인, 간음 등의 죄입니다. 이스라엘 백성들은 하나님께 불순종하고 우상 숭배하며 죄악된 길에 빠졌습니다. 이러한 죄악은 종교 지도자들(호 4:5-10)도 예외 없이 온 백성들(호 4:1, 2, 9-19; 6:4-11) 사이에 퍼져 있었습니다. 이러한 죄의 진정한 모습은 불운이나 재난이 아니라 하나님께 대한 거역임을 보여줍니다.

2. 심판의 필연성

호세아는 하나님을 떠나 우상을 숭배하는 자들은 결국 하나님의 심판을 받게 됨을 말하고 있습니다.

3. 하나님의 언약의 신실성

하나님은 시내 산에서 이스라엘과 언약을 맺으신 후 그 백성들을 심지어 '아들'이라고까지 부르셨습니다.

"이스라엘이 어렸을 때에 내가 사랑하여 내 아들을 애굽에서 불러냈거늘"(호 11:1).

이러한 하나님은 언약을 지키시기 위해 오랫동안 인내하셨습니다.

4. 하나님에 대한 무지

호세아는 여호와에 대해 알지 못하는 일이 단순히 불행한 일이라고 말하지 않습니다. 오히려 하나님에 대한 무지는 '슬픈 죄'라고 이야기합니다. 하나님은 자신을 아는 지식이 없는 사람들을 책망하시며(호 4:6), "여호와를 알자 힘써 여호와를 알자"(호 6:3)라고 말씀하십니다. 여호와를 아는 지식은 믿음(신뢰)을 바탕으로 한 경험적인 것으로서 회개와 기도와 순종에 의해 도달할 수 있습니다.

Tip of Bible

호세아서의 특징

1. 아모스 선지자가 활동하던 연대와 30여 년 차이가 나는 호세아서는 아모스서에 나타나는 주제와 대조적인 면을 보여주고 있습니다. 곧 아모스는 공의를 외치며 양심에 호소한 반면, 호세아는 사랑에 근거해서 마음(감정)에 호소한 선지자입니다.

2. 아모스의 하나님은 세계적인 하나님이고 호세아는 철저하게 이스라엘의 하나님으로 나타납니다. 호세아서에서는 이방 예언이 하나도 없기 때문입니다. 그 이유는 이스라엘에 대한 하나님의 사랑을 부각시키기 위해서입니다. 이스라엘에 대한 하나님의 특심하신 사랑을 보여주기 위함입니다.

3. "나는 인애를 원하고 제사를 원하지 아니하며 번제보다 하나님을 아는 것을 원하노라"(호 6:6). 여기서 '안다' 라는 말은 단순한 지식으로 아는 것이 아니라 하나님과 인격적인 긴밀한 관계로 아는 것을 의미합니다. 하나님을 아는 지식은, 신학적인 측면과 의지적인 측면일 뿐 아니라 하나님의 요구에 의지적으로 응답하는 것도 포함합니다.

"그는 가난한 자와 궁핍한 자를 변호하고 형통하였나니 이것이 나를 앎이 아니냐 여호와의 말씀이니라"(렘 22:16).

4. 호세아의 고멜에 대한 사랑이 깊었듯이 하나님의 이스라엘에 대한 사랑도 깊음을 보여줍니다. 다만, 이스라엘은 하나님의 징계를 받고난 다음에 참된 백성이 될 것이라고 말합니다.

제5과 모든 민족을 향한 하나님의 사랑

학습목표 : 회개한 니느웨 백성들을 통해 회개하면 용서해 주시고 구원해 주시는 하나님의 사랑을 이해한다.

중심진리 : 세상 모든 사람을 향한 하나님의 사랑

본문말씀 : 요나 3:1-10

욘 3:5

"니느웨 사람들이 하나님을 믿고 금식을 선포하고 높고 낮은 자를 막론하고 굵은 베 옷을 입은지라."

Question About It

1. 요나서에 등장하는 니느웨 성은 어떤 곳인가요?

☞ 당시 고대 근동의 가장 강력한 국가였던 앗수르의 수도로 인류 역사상 가장 잔인하고 포악한 민족이 거주하던 성읍이었습니다. 북왕국 이스라엘은 결국 앗수르에 의해 B. C. 722년 멸망을 당하게 됩니다.

2. 요나는 하나님은 오직 이스라엘 백성의 하나님이라고 생각해 왔습니다. 그러나 요나서를 통해서 생각할 수 있는 하나님은 누구의 하나님도 될까요?

☞ 하나님은 이스라엘만의 하나님이 아닙니다. 세상을 창조하신 하나님은 모든 민족, 모든 열방, 모든 세상 사람들의 하나님이 되십니다. 회개하고 하나님을 믿으면, 믿는 모든 자들의 하나님이 되어 주십니다.

View of Bible

요나서는 요나를 통하여 니느웨 백성을 구원하시려는 하나님의 사랑이 나타납니다. 당시 이스라엘은 하나님이 자기 민족만을 선택하셨고 사랑해 주신다고 생각했습니다. 그러므로 자신들을 괴롭히는 이방 백성들을 원수로 생각했고 그들의 멸망을 당연한 것으로 여겼습니다. 이러한 상황에서 요나서는 하나님이 이스라엘 민족뿐만 아니라 온 인류를 사랑하시는 하나님으로 소개하고 있습니다. 하나님께서 세상을 창조하시고 언약과 율법을 세우시며 당신의 독생자를 이 땅에 보내신 목적은 편협하고 이기적인 생각에 빠져 있는 나 혼자만을 구원하시기 위한 것이 아니라 온 인류를 구속하기 위함입니다(요 3:16).

Learn of Bible

요나는 니느웨에 가서 하나님의 말씀을 전파하라고 부르심을 받았을 때, 하나님의 말씀에 불순종하고 다시스를 향하여 도망갔습니다(욘 1:3, 10). 욥바로 내려가서 다시스로 떠나는 배에 승선하고 삯을 지불하고 배 밑창에 내려가서 잠을 잤습니다. 그러나 항해 중 바다가 높이 파도쳤고 선원들이 각자의 신에게 기도하였으나 풍랑은 계속되었습니다. 선장이 요나를 발견하고 그의 하나님께 기도하도록 명령하였습니다. 그들은 그 배 안에 죄인이 타고 있다고 생각하고 그 죄인을 찾기 위해 제비를 뽑았는데 마침 제비에 요나가 걸렸고, 요나는 즉시 바다속으로 던져졌습니다. 이때 하나님은 큰 물고기를 준비하셔서 요나를 삼키게 하시고, 요나는 3일 동안을 물고기 뱃속에서 지냅니다. 그곳에서 요나는 자신의 구원을 위해 하나님께 간절히 기도했고, 하나님은 그 기도를 들어 주셔서 물고기 뱃속에서 나오게 하십니다.

니느웨에 도착한 요나는 40일이 지나면 니느웨가 망할 것이라고 외쳤습니다. 니느웨 백성들은 그가 선포한 말씀을 듣고 회개했습니다. 하나님은 그들의 회개 기도를 들으시고 심판을 거두셨습니다. 하지만 요나는 니느웨 동편에 있는 태양이 작열하는 산 언덕 위에서 하나님의 심판이 이루어지기를 지켜보면서 그 성이 멸망당하기를 기다렸습니다. 그러나 하나님은 니느웨의 모든 사람들도 하나님의 백성이라고 말씀하시면서 분을 품고 있는 요나를 야단하셨습니다.

요나는 자기 민족만을 사랑하는 교만하고 자기중심적인 이기주의자, 즉 완고한 성질의 소유자이고 토라지기를 잘하는 심술궂은 사람이었습니다. 그는 하나님이 이방 모든 백성을 사랑하신다는 사실을 모르고 있는 사람이었습니다.

1. 니느웨 백성들이 회개하게 된 원인은 어디에 있습니까?

"니느웨 사람들이 하나님을 믿고 금식을 선포하고 높고 낮은 자를 막론하고 굵은 베옷을 입은지라"(욘 3:5).

니느웨 사람들의 회개의 원인은 하나님을 믿었다는 것입니다. 이것은 그들이 신실한 마음과 겸손한 태도로 회개했음을 보여줍니다. 또한 이스라엘의 여호와 하나님에 대한 새로운 인식을 가진 것입니다.

2. 니느웨 사람들이 새롭게 깨달은 하나님은 어떤 분이십니까?

1) 니느웨의 하나님

여호와 하나님은 이스라엘만의 하나님이 아니라 이스라엘과 원수인 니느웨의 하나님도 되셔서 니느웨 사람들도 구원하시는 하나님이라는 것입니다. 이 세상을 창조하신 하나님은 모든 민족과 열방의 하나님이 되십니다.

2) 사랑이 많으신 하나님

그 하나님은 은혜와 긍휼의 신으로 노하기를 더디 하시고, 인애가 크시며, 재앙 받을 자를 불쌍히 여기시는 하나님이라는 것입니다. 하나님은 니느웨 사람들이 악한 백성이었지만 그들도 하나님의 백성이라 하십니다.

3) 구원의 하나님

이스라엘의 하나님은 회개하는 사람에게 구원 베풀기를 간절히 원하시는 하나님이라는 것입니다. 하나님의 심판의 궁극적인 목적은 멸망에 있는 것이 아니라 그들이 죄악에서 떠나 하나님께 돌아오는 것입니다. 이러한 하나님에 대한 새로운 각성이 그들로 하여금 회개하고 하나님을 믿게 한 것입니다.

3. 니느웨 왕이 하나님 앞에서 회개하기 위해 행한 모습은 무엇입니까?

"각기 악한 길과 손으로 행한 강포에서 떠날 것이라"(욘 3:8).

니느웨 왕은 먼저 자신이 베 옷을 입고 재에 앉아 회개했습니다. 그리고 백성들에게 금식하고 하나님께 부르짖을 것을 명령했습니다. 또한 모든 악한 일과 행동에서 떠날 것을 명령했습니다. 이렇게 회개하는 자들은 그들의 행동이 악에서 떠나 하나님께로 향해야만 진정한 구원의 길에 들어설 수 있는 것입니다.

4. 니느웨 왕은 하나님의 어떤 속성에 기대어 기도했습니까?

"하나님이 뜻을 돌이키시고 그 진노를 그치사 우리가 멸망하지 않게 하시리라 그렇지 않을 줄을 누가 알겠느냐 한지라"(욘 3:9).

'누가 알겠느냐' 라는 니느웨 왕의 외침은 하나님만 알 뿐 아무도 모른다는 부정적인 말이 아니라 여기에선, "우리가 멸망 받지 않기 위해서는 우선 하나님 앞에 겸허한 자세로 회개하여야 하지 않겠느냐? 그러면 혹시 하나님이 우리를 불쌍히 여기셔서 우리가 재앙 받는 것을 하나님께서 측은히 여기시게 될지 누가 알겠느냐?" 라는 뜻입니다.

이 말은 전적으로 하나님의 긍휼하심에 초점이 맞추어져 있습니다. 회개만 하면 긍휼의 하나님이 불쌍히 여기시리라는 소망에 근거를 두고 거기에 의지한 것입니다.

5. 하나님께서 니느웨 백성들을 향해 보여주신 모습은 무엇인가요?

"하나님이 그들이 행한 것 곧 그 악한 길에서 돌이켜 떠난 것을 보시고 하나님이 뜻을 돌이키사 그들에게 내리리라고 말씀하신 재앙을 내리지 아니하시니라"(욘 3:10).

결국 하나님은 뜻을 돌이키시고 재앙을 내리지 않으셨습니다. 재앙을 피할 수 있었던 것은 무엇보다도 그들이 악한 길에서 돌이켜 떠났기 때문입니다. 이렇게 회개하고 악의 길에서 떠나 하나님께로 돌아올 때 사랑의 하나님은 우리를 구원해 주십니다.

Application of Bible

1. 니느웨의 회개는 하나님께 대한 참된 신앙에서 비롯된 것입니다(욘 3:5).

니느웨 백성의 신앙이 참된 것임은 '하나님을 믿고' 의 표현 속에서 찾을 수 있습니다. 그러므로 그들의 회개는 요나를 통해서 들은 선포를 하나님의 말씀으로 믿었기 때문에 이루어진 것입니다.

2. 니느웨 백성의 회개는 외적인 변화를 동반했습니다(욘 3:5-6).

'굵은 베 옷' 이란 매우 거칠고 색깔이 어두워서 평상복으로 입기에는 적합하지 못한 옷입니다. 그 옷은 슬픔과 회개에 대한 상징입니다. 그리고 '재에 앉았다' 라는 말은 겸손한 마음을 상징하는 행동으로 왕 자신이 소망이 없고 절망 중에 있음을 나타내 주는 것입니다. 그리고 무엇보다도 '악한 길에서 돌이킨 것' 은 그들의 회개가 참된 것이었음을 강조하고 있습니다.

3. 니느웨에 대한 용서를 통하여 하나님은 심판보다 회개를 원하고 계심을 알 수 있습니다(욘 3:10).

하나님은 니느웨 백성들이 자기들의 잘못을 뉘우치며 악한 길에서 돌아서는 것을 보시고, 선포하신 재앙을 내리시 않으셨습니다. 하나님은 그들의 모든 행위를 '보셨다' 고 묘사하고 있습니다. 이렇듯 니느웨 백성이 회개함으로 하나님의 용서를 받은 사실은 하나님께서 죄에 대한 심판보다 회개로 인한 구원을 더 원하신다는 사실을 보여줍니다.

"주 여호와의 말씀이니라 내가 어찌 악인이 죽는 것을 조금인들 기뻐하랴 그가 돌이켜 그 길에서 떠나 사는 것을 어찌 기뻐하지 아니하겠느냐"(겔 18:23).

Tip of Bible

큰 물고기

요나서에 나오는 이적 기사인 '큰 물고기'(욘 1:17)는 바다 동물 중 가장 큰 부류에 속하는 고래나 상어로 추정되긴 하지만, 정확히 어떤 물고기를 가리키는 것인지는 알 수 없습니다. 분명한 사실은 이 큰 물고기도 하나님의 피조물 중의 하나로 하나님이 예비하셔서 구원 사역을 돕는 역할을 담당하고 있다는 점입니다.

요나서에 나오는 참된 기적은 요나가 이 큰 물고기 뱃속에서 3일간이나 있었다는 것이 아니라 당시 가장 악한 민족인 앗수르의 니느웨 백성이 요나의 선포만을 듣고 회개한 것입니다. 그러므로 우리는 그 물고기가 무엇이었느냐에 관심을 가질 것이 아니라 니느웨의 회개와 하나님의 용서에 초점을 맞추어야 합니다.

제6과 나의 힘의 근원이 되시는 하나님

학습목표 : 세상으로부터는 만족을 얻을 수 없고 오직 하나님께만 우리의 삶의 의미를 발견할 수 있음을 이해한다.

중심진리 : 힘의 근원이 되시는 하나님

본문말씀 : 하박국 3:17-19

합 3:17-18

"비록 무화과나무가 무성하지 못하며 포도나무에 열매가 없으며 감람나무에 소출이 없으며 밭에 먹을 것이 없으며 우리에 양이 없으며 외양간에 소가 없을지라도 나는 여호와로 말미암아 즐거워하며 나의 구원의 하나님으로 말미암아 기뻐하리로다."

Question About It

1. 하박국이라는 이름의 뜻은 무엇일까요?

☞ '껴안다', '포옹하다'(왕하 4:16)라는 뜻입니다. 하박국은 기운을 북돋아 주는 자를 의미하며, 또한 다른 사람을 마치 측은히 우는 아이에게 그치라고 말하면서 달래는 사람처럼 그의 가슴과 팔에 안는 사람을 의미합니다.

2. 하박국이 활동하던 시대는 어떤 상황이었나요?

☞ 하박국은 유다 왕 여호야김(B. C. 609-598)때 활동한 것으로 보입니다. 이때 북이스라엘은 이미 앗수르에 의해 멸망당한 후(B. C. 722)였습니다. 므깃도에서 요시야 왕이 사망한 후 애굽의 왕 느고는 이어서 왕이 된 여호아하스를 폐하고 여호야김을 왕으로 세웠습니다. 여호야김은 애굽에 조공을 바쳐 자기의 정권을 유지하고 나머지 돈으로 사치스러운 삶을 누리기 위해 백성에게 무거운 세금을 부과했습니다. 그는 우상을 섬겼을 뿐만 아니라 백성도 우상에 빠지게 했고, 정권을 유지하기 위해 무죄한 백성을 죽였습니다(왕하 24:4; 렘 22:13-19). 하박국이 활동했던 시대의 사람들은 점차로 증가하는 외세의 위협과 내부적으로는 부패하고 부조리한 사회에서 불안 가운데 살았습니다.

View of Bible

하박국 선지자는 현재의 사회악과 모순에 대해 하나님께 강한 의문을 제기하지만 결국 하나님이 역사를 선하게 이끄실 것이라는 믿음을 갖게 됩니다.

그가 고민했던 문제는 두 가지로 나눌 수 있는데 그에 대한 하나님의 답변이 1, 2장에 나와 있습니다. 그리고 이와 같은 답변을 통하여 분명한 해답을 얻은 하박국의 신앙고백이 3장에 나타납니다.

첫 번째 질문과 응답(합 1:1-11)은 이러합니다. 의로우신 하나님이, 불의한 이방 민족인 앗수르가 의로운 유다 백성을 핍박하는 것을 벌하지 아니하시고 왜 그대로 내버려 두시느냐는 것입니다. 악한 자에 의해 의로운 자가 고난을 받고 괴롭힘을 당함을 볼 때 하나님이 진짜 계시는가에 대해서 의문을 가집니다.

이에 대한 하나님의 대답은, 이스라엘의 하나님 여호와가 여전히 인간사를 지배하고 계시고, 하나님이 갈대아 사람(바벨론)을 보내어 앗수르를 벌하고 평안을 주시겠다는 구체적인 계획을 알려 주십니다.

그러나 이 대답에 만족하지 않은 하박국은 두 번째 질문을 합니다(합 1:12-2:20). 갈대아인들은 앗수르인들보다 더 악한 백성인데, 공의로우신 하나님이 어찌 더 악한 백성을 심판의 도구로 사용하실 수 있는가 하는 것입니다.

이에 대한 대답으로 하나님은, 더디지만 때가 되면 반드시 하나님의 선한 뜻이 이루어질 것이므로 인내하고 기다리라는 말씀을 주십니다.

하박국은 오직 의인은 믿음(인내)으로 말미암아 산다는 말씀을 깨닫고 하나님께서 역사를 선하게 주관하고 계심을 믿게 됩니다. 언젠가는 하나님이 자신의 뜻을 이 세상 역사 가운데 이루신다는 믿음을 갖고 즐거워하며 마음이 흔들리지 않으리라 고백합니다(3장). 이렇게 된 이유는 하박국이 역사 속에 임재하신 하나님을 경험한 후에 믿음의 사람으로 변화되었기 때문입니다.

Learn of Bible

하박국서는 하나님께서 갈대아(바벨론) 사람을 일으켜 이스라엘을 심판하실 것과 그 심판 중에서도 의인은 믿음으로 말미암아 구원을 받는 말씀이 선포되어 있습니다.
본과에서는 하나님의 말씀을 깨달은 하박국이 어떻게 하나님을 찬양했는지 살펴봅시다.

1. 본문 말씀을 통해서 볼 때 하박국이 가지고 있지 못한 것은 어떤 것들인가요?(합 3:17)

1) 평안함과 안전이 없음 – '무화과나무가 무성하지 못하며'

무화과 나뭇잎이 돋아나지 않았다는 뜻입니다. 그 잎은 어른 손바닥보다 커서 여름에 사람들에게 짙은 그늘을 제공하는 나무였습니다. 다른 과일을 그 잎으로 싸면 신선하게 보관할 수 있었으며, 또한 그 열매는 당분과 철분, 비타민이 풍부해서 사람들에게 영양분을 제공했습니다. 결국 무화과나무가 무성치 못하다는 것은 사람들이 쉴 수 있는 평안함을 제공하지 못함을 의미합니다.

2) 잔치를 베풀 수가 없음 – '포도나무에 열매가 없으며'

포도나무는 포도와 포도주를 제공하는 나무입니다. 맑은 물이 충분하지 못했던 팔레스타인 땅에서 포도주는 음료수로서 충분한 기능을 발휘했습니다. 또한 소독약의 기능도 갖추고 있어서 여행객들에게 필수 품목이었습니다(눅 10:34, 선한 사마리아인의 비유). 이 포도주는 잔치를 베풀 때 없어서는 안 될 음식이었습니다(요 2:3, 가나안 혼인 잔치). 그런데 포도나무에 열매가 없다는 것은 잔치를 베풀 수 없는, 곧 윤택한 삶이 없어짐을 의미합니다.

3) 빛을 밝힐 수 없는 어두운 생활 – '감람나무에 소출이 없으며'

감람나무에서는 올리브 기름이 나옵니다. 요리를 할 때 사용되었으며, 화장품과 상비약으로도 쓰이고(눅 10:34), 등잔불의 기름으로도 사용되었습니다. 감람나무에 소출이 없음은 빛이 없는 어두운 생활을 뜻합니다.

4) 양식이 끊어짐 – '밭에 먹을 것이 없으며'

밭은 보리, 밀 등 주식(곡식)과 부식(야채)을 생산하는 곳입니다. 그런데 그곳에 양식이 끊어져 먹을 것이 없고, 또 농사를 지으면서 흘리는 땀과 보람도 누릴 수 없는 상황입니다.

5) 예배를 드릴 수 없음 – '우리에 양이 없으며'

양털로 옷과 담요, 신발 등을 만들었습니다, 양의 젖과 고기는 훌륭한 단백질 공급원이었습니다. 숫양의 뿔로는 악기나 바늘, 화살촉, 기름을 담는 그릇을 만들었고, 양피지는 글을 적는 데 사용했습니다. 또한 큰돈이 오고 갈 때 돈 대신 교역품으로 삼기도 했습니다. 그러나 무엇보다도 양은 하나님께 제사드릴 때 희생 제물로 드려진 짐승이었습니다. 결국 예배드릴 수 없는 상황을 말합니다.

6) 농경사회에서 농사를 지을 수 없고 자신의 가장 큰 죄를 용서받을 수 없는 것 – '외양간에 소가 없을지라도'

소는 밭을 갈고 짐을 운반하는 농경 사회에서 없어서는 안 될 필수품이었습니다. 고기와 우유, 치즈와 버터를 제공했고 특별한 잔치(눅 15장) 때 사용되었습니다. 십계명에도 "네 이웃의 소를 탐내지 말라"(출 20:17)고 나올 정도로 당시에 중요한 짐승이었습니다.

결국 무화과나무에서 시작해 외양간의 소가 없다는 것은 점층법을 사용하여 하찮은 것에서부터 출발해서 가장 소중한 것까지 모두 잃어버린 상황을 보여줍니다. 평안함, 잔치, 빛, 양식이 없고 하나님께 예배드릴 수도 없는, 살아남기 위해 필요한 물질, 기댈 것을 모조리 박탈당하고 영적인 회복까지 불가능한 상태를 가리킵니다.

한계 상황은 생계 수단의 상실이라는 경제적 공황뿐만 아니라 허탈감, 슬픔과 좌절, 배신감과 고독, 마음의 고통, 벽에 부딪힌 인간관계, 삶에 대한 의욕상실, 사랑하는 사람을 잃는 것과 같은 것입니다.

2. 하박국은 많은 어려움을 가지고 있었지만 하나님을 어떻게 찬양하고 있습니까?(합 3:18-19)

1) '나의 구원의 하나님'

이 모든 부족함과 결핍 속에서 나를 구원해 주실 분은 오직 하나님밖에 없음을 고백합니다.

2) '주 여호와는 나의 힘이시라'

하나님을 바라보는 사람에게 있어서 모든 힘의 근원은 오직 하나님이십니다. 하박국 또한 힘의 근원을 세상적인 것이나 자신이 이룩한 것에서 찾지 않았습니다.

3) '나의 발을 사슴과 같게 하사 나를 나의 높은 곳으로 다니게 하시리로다'

하나님이 거니시는 높은 곳을 나도 걷게 된다는 새 천국 현실이 전개되어 있습니다. 높은 곳은 도덕적으로 깨끗한 삶을 상징합니다. 모든 것이 부족해도 하나님만이 나의 힘이 되신다는 고백은 하나님이 지금 나와 항상 함께 동행해 주시고, 또한 우리에게 천국에 대한 소망을 갖게 해 주십니다.

Application of Bible

1. 사람들은 각기 자신의 삶에 용기를 불어넣어주는 힘을 가지고 있습니다. 여러분은 살아가면서 여러분의 삶을 지탱해 주는 힘이 있다면 어떤 것들이 있나요?

땅의 소산, 무화과, 포도, 올리브, 양과 같은 것들은 나의 존재를 지탱해 주지 못합니다. 지식, 외모, 세상의 보람 등도 마찬가지입니다. 이런 것들이 우리의 삶을 어느 정도 윤택하게 해 줄 수는 있지만, 우리의 구원의 문제와 삶의 궁극적인 의미에 대한 해답을 제공해 주지 못합니다. 그것만을 목표로 달려가는 사람은 깊은 절망과 허탈감에 빠질 수밖에 없습니다.

2. 그리스도인으로 살아갈 때 진정한 삶의 원천이 되는 것은 무엇인가요?

오직 하나님만이 나의 존재의 근원이 되십니다. 하나님과의 관계에서 오는 기쁨이 우리 생활의 모든 부정적인 것을 압도합니다.

땅이 꺼지는 것과 같은 깊은 어려움을 체험한 사람은 인생을 말할 수 있다고 합니다. 그렇다면 땅이 꺼지는 심직 공황을 겪으면서도 하나님을 기뻐하고, 찬양할 수 있는 사람이야말로 하나님을 만난 진정한 믿음의 사람이라고 할 수 있습니다.

Tip of Bible

'의인' 은 그의 믿음으로 말미암아 살리라

'믿음' 을 나타내는 히브리어 '에무나' 는 여러 가지의 뜻을 가지고 있습니다. 그것은 ① believe in, ② trust, ③ patient 등 입니다. 본문에서는 세 번째인 '인내심', '견고함', '끝까지 변함없는 마음' 으로 사용되어졌습니다. 곧 하나님 앞에서 의인은 믿음을 견고히 지키는 자요 어려움이 닥쳐도 인내하는 사람입니다. 이 단어는 교리를 이지적으로 믿는다는 의미에서 신앙이 아니라 절대적인 순종과 신뢰를 나타내는 말입니다. 하나님께 신실하게 끝까지, 변함없이 마음을 지키는 견고함, 곧 인내심을 가진 자가 의인이라는 뜻입니다.

이 하나님의 대답으로 말미암아 하박국은 논리적 · 철학적 · 궤변적인 인간이 경험적이고 신앙적인 인간으로 바뀐 것입니다. 기다리면 하나님이 당신이 정하신 때에 이루어주시기 때문에 우리는 참고 기다려야 한다는 것입니다.

"여호와 앞에 잠잠하고 참고 기다리라 자기 길이 형통하며 악한 꾀를 이루는 자 때문에 불평하지 말지어다"(시 37:7).

이 '믿음' 이 신약의 바울 사도에 의해 신앙적인 고백으로 사용되었습니다. 로마서 1:17절, 갈라디아서 3:11절에서는 하박국의 이 말씀(2:4 하반절)을 본문의 역사적인 맥락을 떠나 기독교 진리에 대한 한 가지 일반적인 진술로 바꾸어 사용했습니다. 이방인에게 복음을 전해야 하는 사도로 부르심을 받은 바울은 기독교의 진리를 효과적으로 전하기 위해 이 '믿음' 은 나의 죄를 고백하고 예수 그리스도를 구세주로 믿는 '믿음' 으로 사용한 것입니다.

"복음에는 하나님의 의가 나타나서 믿음으로 믿음에 이르게 하나니 기록된 바 오직 의인은 믿음으로 말미암아 살리라 함과 같으니라"(롬 1:17).

그러나 히브리서에서는 다시 박해받는 그리스도인들에게 '인내' 를 권고하는 말로 쓰였습니다(히 10:38).

그러므로 세상에 난무하는 악의 문제는 논리적인 방식으로 터득되는 것이 아니라, 비록 인간에게는 알 수 없는 일이지만 하나님이 인간을 위해 그의 뜻대로 선하게 행하시리라는 것을 믿는 영적인 확신 안에서만 이해되어질 수 있는 것입니다.

Introduce

단원주제	하나님의 심판
단원해설	예레미야, 요엘, 스바냐의 말씀을 통해 나타난 하나님의 심판의 모습에 대해 살펴본다.
중심구절	"너희는 금식일을 정하고 성회를 소집하여 장로들과 이 땅의 모든 주민들을 너희 하나님 여호와의 성전으로 모으고 여호와께 부르짖을지어다"(욜 1:14).
단원학습목표	하나님의 심판의 궁극적인 목적이 무엇인지 안다.
단원중심진리	우리가 하나님께로 돌아오기를 원하시는 하나님
단원핵심정리	회개를 통한 변화된 삶

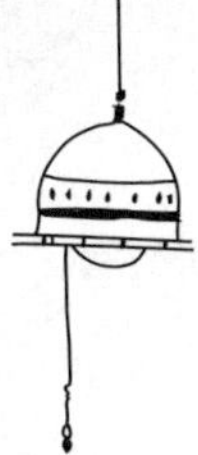

3 심판과 회개

구약편

3 단원

단 원 소 개

계속된 이스라엘 백성의 범죄로 하나님은 결국 그들을 심판하시기로 작정하십니다. 그러나 즉시 하나님의 심판이 임한 것은 아닙니다. 하나님은 선지자들을 부지런히 보내시며 그들이 죄악된 길에서 떠나 하나님의 품으로 돌아오기를 기다리십니다.

우리가 '예언'이라는 말을 생각할 때 장래의 일을 알아맞히는 것으로 여기기 쉬우나 구약성서에 나오는 예언서는 단순히 미래의 일을 앞서서 선포한 것이 아닙니다. 예언서의 주된 목적은 미래의 심판을 예언하며, 현재의 죄악의 삶에서 떠날 것을 요구한 것입니다. 그러므로 초점은 미래가 아니라 현재입니다. 결국 예언서는 현재의 삶에서 우상 숭배와 사회에서의 전반적인 악에서 떠날 것을 목적으로 기록된 것입니다. 이렇게 구원에 이르는 길은 철저한 회개와 변화된 행동을 통해서만 가능합니다.

틴틴파워 in 지저스

제7과 레갑 족속의 교훈

학습목표 : 악한 길에서 떠나라는 하나님의 명령을 지키지 못한 유다 백성들이 하나님의 징계를 받을 수밖에 없음을 이해한다.

중심진리 : 순종한 레갑 족속과 불순종한 유다 백성

본문말씀 : 예레미야 35장

렘 35:6, 7
"그들이 이르되 우리는 포도주를 마시지 아니하겠노라 레갑의 아들 우리 선조 요나답이 우리에게 명령하여 이르기를 너희와 너희 자손은 영원히 포도주를 마시지 말며 너희가 집도 짓지 말며 파종도 하지 말며 포도원을 소유하지도 말고 너희는 평생 동안 장막에 살아라 그리하면 너희가 머물러 사는 땅에서 너희 생명이 길리라 하였으므로."

Question About It

1. 레갑 족속은 어떤 사람들이었습니까?

☞ 레갑 족속은 야곱의 자손은 아니었으며 겐 족속으로 불리었습니다(대상 2:55). 이들은 미디안 광야에 정착해 살던 사람들로 아마도 모세의 장인 이드로의 후손으로 보입니다(민 10:29-32). 유대인이 아닌 이방인으로 예루살렘에 함께 살고 있었지만 하나님을 두려워하고 선조의 명령을 지키며 검소한 생활을 하였던 사람들입니다.

2. 이들에게 하나님은 어떤 명령을 내리십니까?

☞ 한 방에 모이게 하고 포도주를 마실 것을 권합니다. 그러나 이들은 그들의 조상 요나답의 명령을 지켜야 한다며 이를 거절합니다.

View of Bible

예레미야서는 임박한 유다의 멸망을 예언하면서 타락한 백성으로 하여금 하나님의 진노를 깨닫고 회개하기를 촉구할 목적으로 기록되었습니다. 따라서 주된 메시지는 심판에 관한 내용이지만 그럼에도 불구하고 이스라엘을 향하신 하나님의 주권적인 섭리와 계획으로 인해 종국적으로 다시 회복될 것이라는 소망의 메시지를 담고 있습니다.

Learn of Bible

예레미야 35장은 아브라함의 후손이 아니면서도 신실한 믿음을 소유했던 레갑 족속 이야기를 통해 유다 백성의 악함과 불순종을 대조적으로 보여주고 있습니다. 겐 족속(대상 2:55)으로 불리는 이 민족은 당시 유다 평원에서 유목 생활을 하던 중 바벨론의 위협을 피해 예루살렘에 살고 있었습니다.

1. 당시 레갑 족속이 그들의 선조 요나답의 명령에 순종해서 지킨 것은 무엇인가요?

"너희와 너희 자손은 영원히 포도주를 마시지 말며 너희가 집도 짓지 말며 파종도 하지 말며 포도원을 소유하지도 말고 너희는 평생 동안 장막에 살아라"(렘 35:6-7).

다음에서 맞는 의미끼리 선을 이어 봅시다.

① '포도주를 마시지 말며' •	• 안일한 생활에 빠지지 말라
② '집도 짓지 말며' •	• 육신의 욕망을 금하라
③ '파종도 하지 말며' •	• 세상의 부에 치우치지 말라
④ '포도원을 소유하지도 말고' •	• 향락의 재료는 만들지도 말라
⑤ '평생 동안 장막에 살아라' •	• 경건한 생활에 힘쓰라

레갑족속이 지킨 선조의 명령은 세가지로 정리됩니다.

(1) 포도주를 마시지 않는 것은 절제된 생활로 언제나 맑고 건전한 정신을 유지하여 스스로 편견을 갖지 않고, 이웃을 해하지 않고, 그럼으로써 하나님을 욕되지 않게 하기 위함입니다.
(2) 집을 짓지 않는 것은 세상의 어느 곳에 정착하게 됨으로써 생기는 제물에 대한 욕심을 갖지 않을 것임을 상징합니다. 그래서 그들은 욕심이나 시기심 등에서 해방될 수 있었고 또 싸움이나 긴장에 휩싸이지 않을 수 있었습니다.
(3) 장막에 거한다는 것은 이스라엘의 조상이 장막에 거했듯이 이들도 역시 장막 생활을 하며, 지상에서 나그네와 순례자의 삶을 살고 영원한 안식처인 천국을 바라보기 위함입니다.

2. 레갑 족속이 받은 축복은 무엇입니까?

"레갑의 아들 요나답에게서 내 앞에 설 사람이 영원히 끊어지지 아니하리라"(렘 35:19).

레갑 족속은 하나님의 명령이 아니라 자신의 조상 요나답(왕하 10:15, 여호나답)이 명령한 것을 지난 200년간 충실하게 지켰습니다. 요나답은 자손들에게 한 번 명령했을 뿐인데, 자손들은 그 명령을 수백 년 동안 기억하고 순종했던 것입니다. 요나답의 명령이 현실에 맞지 아니할지라도 불편을 감수하고 철저히 지킨 모범적인 족속이었습니다. 그러자 하나님께서 그들을 이 세상에 사는 동안 지키시고 돌보아 주신다는 약속을 주십니다.

3. 유다 족속에겐 조상의 명령이 아닌 하나님의 명령이 주어졌습니다. 그것은 무엇입니까?

"너희는 이제 각기 악한 길에서 돌이켜 행위를 고치고 다른 신을 따라 그를 섬기지 말라"(합 35:15).

악을 행하지 말고 다른 신을 섬기지 말고 오직 하나님만 섬기라는 명령입니다.

4. 이러한 하나님의 명령에 유다 족속은 어떻게 반응합니까?

"너희가 귀를 기울이지 아니하며 내게 순종하지 아니하였느니라"(렘 35:15).

하나님은 당신의 종인 선지자를 부지런히 보내어 말씀하셨는데(렘 35:14-15) 유다 백성들은 하나님의 말씀에 순종하지 않았습니다.

5. 결국 유다 족속에게 어떤 일이 임하였습니까?

"내가 유다와 예루살렘의 모든 주민에게 내가 그들에게 대하여 선포한 모든 재앙을 내리리니 이는 내가 그들에게 말하여도 듣지 아니하며 불러도 대답하지 아니함이니라"(렘 35:17).

레갑 족속은 그들의 선조의 명령을 철저히 지켰으나 반면 유다 백성은 하나님이 그들에게 끊임없이 말씀과 훈계를 주시고, 선지자들을 보내어 가르쳤으며, 때를 따라 은혜를 주셨으나 전혀 하나님의 명령을 지키지 않았습니다.

레갑 족속은 죽은 지 오래된 선조의 말에 철저히 복종하였으나 유다 사람들은 영원히 살아 계셔서 절대적인 권능을 행사하시는 하나님의 명령조차 듣지 않았습니다.

레갑 사람들은 의무를 깨우쳐 주는 사람이 없었어도 자발적으로 순종한 반면 유다 사람들은 하나님께서 수시로 선지자들을 보내어 의무를 일깨우셨음에도 불구하고 불순종했습니다.

그러므로 하나님께서는 이 레갑 족속에게 레위지파를 도와 성전 일을 하도록 허락하셨습니다(느 3:14).

결국 본문은 레갑 족속의 삶을 본보기로 들어 현재 유다의 배교 행위가 얼마나 악한가에 대해 설명하고 있습니다. 즉 레갑 족속에 대한 칭찬이 아니라 유다 백성을 책망하고 훈계하려는 데 의미가 있습니다.

Application of Bible

1. 구원받을 사람

유다 백성은 자신들이 하나님께 선택받은 민족이기 때문에 반드시 구원을 받는다는 교만에 빠져 있었습니다. 그러나 하나님께 구원받는 길은 혈통으로 되는 것이 아니라 하나님의 말씀과 율법, 명령을 지켜야 함을 보여줍니다.

2. 공의로우신 하나님

하나님은 자신의 명령을 잘 지키는 사람에게 구원을 약속해 주시고 복을 주시지만 불순종한 사람에게는 반드시 징벌을 내리십니다. 이것이 바로 공의로우신 하나님이십니다.

3. 모든 민족을 사랑하시는 하나님

이스라엘, 유다 백성뿐만 아니라 하나님은 레갑 족속을 포함한 모든 민족을 사랑하시는 하나님이십니다. 예수님을 주로 고백하기만 하면 누구나 구원의 길에 들어갈 수 있습니다.

Tip of Bible

예레미야

예레미야는 B. C. 626-580년까지 활동했습니다. 이 때는 북왕국 이스라엘은 이미 멸망했으며 남왕국, 유다는 요시야, 여호아하스, 여호야김, 여호야긴, 시드기야 등의 통치 시기를 거쳐 예루살렘 멸망 후 몇 년 동안 계속됩니다.

그는 므낫세의 통치 기간이 끝날 즈음인 645년경에 예루살렘 북동쪽 약 5km 떨어진 아나돗이라는 마을에서 태어났습니다. 그의 아버지 힐기야는 아비아달의 후손이자 제사장으로 하나님께 대한 충성심을 간직한 가정에서 태어나 성장했습니다.

예레미야는 요시야 통치 13년인 626년에 소명을 받고 하나님의 사역을 시작했습니다(렘 1장). 그는 구약에서 그리스도를 닮은 고난의 길을 간 예언자였습니다. 별명이 눈물의 예언자라고 불릴 정도로 감수성이 예민하고 정직한 사람이었습니다. 그러나 죄에 대해서는 단호하여서 왕 앞에서도 담대함을 가지고 하나님의 말씀을 선포한 예언자였습니다.

틴틴파워 in 지저스

제8과 하나님이 원하시는 회개

학습목표 : 형식적인 회개가 아닌 하나님이 원하시는 진정한 회개가 무엇인지 이해한다.

중심진리 : 하나님이 원하시는 회개

본문말씀 : 요엘 2:12-20

욜 2:13

"너희는 옷을 찢지 말고 마음을 찢고 너희 하나님 여호와께로 돌아올지어다 그는 은혜로우시며 자비로우시며 노하기를 더디하시며 인애가 크시사 뜻을 돌이켜 재앙을 내리지 아니하시나니."

Question About It

1. 진정한 회개란 어떤 회개를 말합니까?

☞ 형식적인 회개가 아닌 마음으로부터 우러나오는 진실한 회개를 말합니다. 그러므로 회개 전후의 행동이 바뀌어야 합니다. 행동이 변화되지 않는 회개는 진정한 회개라고 말할 수 없습니다. 회개를 나타내는 히브리어 '슈브'는 '돌아오다', '돌이키다', 'turn'의 의미로 사람이 하나님을 등진 상태에서 다시 하나님께 방향을 돌이키는 것입니다.

2. 우리는 진정한 회개를 했습니까? 자신에게 질문해 봅시다.

View of Bible

요엘서는 미래에 있을 하나님의 심판과 영광을 다루고 있으며 구약성경 중에서 성령 강림에 대해 가장 자세히 예언하고 있는 책입니다. 요엘은 이스라엘의 생존을 위협하는 가뭄과 메뚜기의 재앙 속에 나타난 하나님의 심판을 깨닫고, 만약 백성들이 회개하고 하나님께로 돌아오지 않으면 심각한 형벌에 처해진다고 선포하였습니다. 당시 백성들은 악한 길로 행하고 도덕적 타락에 깊이 물들어 있었습니다. 이런 상황에서 요엘은 마음으로부터 우러나오는 영적 회개의 필요성을 절감하며 아울러 미래에 임할 하나님의 심판에 대해 강하게 외쳤던 것입니다.

Learn of Bible

메뚜기 재앙과 가뭄 재앙을 통해 하나님의 경고를 전하고 있는 1장에 이어 2장은 메뚜기 재앙을 임박한 하나님의 심판과 연관시켜 보다 상세하게 설명하고, 회개와 더불어 하나님의 미래의 구원을 약속하고 있습니다. 또한 요엘은 지나간 메뚜기 재앙보다 훨씬 심각한 심판이 임할 것을 경고하며 백성들에게 회개를 촉구했습니다. 아울러 형식적인 회개가 아닌 진실한 마음의 회개를 요구했습니다.

메뚜기

고대 이스라엘에게 '메뚜기'란 이름 자체가 영어권에서 사용되는 '지독한 욕심쟁이 동물들'이란 의미의 뜻을 가지고 있다. 윤기가 흐르는 노란색 몸을 가지고 있는 수컷은 훨씬 멋지고, 진갈색을 가진 암컷은 보다 몸체가 크다. 암컷은 어려움을 무릅쓰면서도 흙 속 4인치의 깊이에다 알을 낳아 저장하고, 애벌레가 충분히 자랐을 때 그것들은 약 1.5-2인치의 길이가 되며 그것들의 머리는 말들과 비슷한 모양이 된다. 그래서 독일인들은 '풀말들'이라고 부르며, 이탈리아인들은 '작은 말들'로, 그리고 아랍인들은 '하나님의 군대'라고 부른다. 이러한 메뚜기 떼를 재앙이라고 부르는 것은 이들이 한 번 휩쓸고 지나가면 농작물과 먹을 것은 하나도 남아 있질 않기 때문이다. 성경에 나타나는 팟종이, 늣, 황충(욜 1:4)은 모두 메뚜기 과에 속하는 곤충들이다.

1. 먼저 요엘은 무엇을 찢지 말라고 명령합니까?(욜 2:13)

☞ '옷을 찢지 말라'

옷을 찢는 일은 고대 이스라엘에서 종종 있었습니다. 극단의 절망과 슬픔을 표현할 때 심장을 쥐어뜯는 심정으로 옷을 찢었습니다. 그 후 이것이 종교적 의식으로까지 나아가서 회개와 금식과 애통의 상징으로 옷을 찢었습니다.

구약성서에서 옷을 찢었던 사건들을 찾아봅시다.

(1) 르우벤(창 37:29)
형들을 찾아 도단까지 온 요셉이 형들의 미움을 받아 죽게 되자, 르우벤이 요셉을 살리기 위해 임기응변으로 그를 물 없는 구덩이에 집어넣었습니다. 르우벤이 나중에 이곳을 다시 찾았을 때, 요셉은 이미 애굽에 팔려간 후였습니다. 그러자 르우벤이 옷을 찢고 탄식했습니다.

(2) 야곱(창 37:34)
사랑하는 아들 요셉이 죽었다는 소식을 들은 야곱도 옷을 찢고 애통했습니다. 이렇게 자식의 죽음, 동생의 죽음을 말로 표현할 수 없을 때 행동을 중요시하는 이스라엘 민족은 옷을 찢으며 슬픔을 표현했습니다.

(3) 욥(욥 2:12)
욥이 고난을 당해 악성 피부병을 앓고 모든 것을 잃고 비탄에 빠져 있을 때 그를 위로하기 위해 찾아온 친구들이 욥의 몰골을 보고 같이 7일 동안 땅바닥에 앉아 땅을 치고 통곡한 후 자신들의 옷을 찢고 애곡했습니다. 친구이자 한 인간이 당하는 재앙을 보고 그들의 심정을 표현할 길이 없어 옷을 찢고 같이 눈물을 흘린 것입니다.

(4) 히스기야(왕하 19:1)
히스기야 왕은 앗수르의 왕 산헤립의 군대에 의해 예루살렘이 포위당하고 항복을 강요당하는 소식을 들었을 때 옷을 찢었습니다. 국가의 존망이 위태롭게 되자 하나님께 나아와 회개하고 도움을 구한 것입니다.

(5) 모르드개(에 4:1)
하만의 음모로 페르시아에 있던 모든 유대인들이 죽음의 위험에 처하자 모르드개도 자신의 옷을 찢고 애통했습니다.

2. 그러나 요엘은 옷을 찢지 말고 무엇을 찢으라고 말합니까?(욜 2:13)

☞ **'마음을 찢으라.'**

그 시대 이스라엘의 풍습으로 옷을 찢는 행위는 결코 부당한 것이 아니었습니다. 오히려 신앙적으로 나타낼 수 있는 가장 감동을 주는 최고의 행동이었습니다. 실존적인 고백으로 자신의 어리석은 처사와 죄에 대한 심각한 뉘우침이 되기 때문입니다.

그러나 요엘은 하나님이 찾으시고 요구하시는 것은, 겉으로 드러나는 행위의 일부인 옷을 찢는 것이 아니라 마음, 곧 심장을 찢는 일이라고 말합니다. 그것이 바로 상하고 통회하는 심령이 되기 때문입니다.

"하나님이 구하시는 제사는 상한 심령이라 하나님이여 상하고 통회하는 마음을 주께서 멸시하지 아니하시리이다"(시 51:17).

요엘은 이제 의식만으로는 회개가 충분하지 않다는 것입니다. 이것만으로는 위기에 처한 유다를 구할 수 없다는 것입니다. 마음을 찢고 하나님께 돌아오는 길만이 유다가 사는 길이라고 외쳤습니다.

3. 진정으로 회개한 사람에게 임하는 축복이 무엇인지 찾아봅시다(욜 2:19-20).

1) 잃었던 모든 것을 회복시켜 주십니다(욜 2:19a).- '내가 너희에게 곡식과 새 포도주와 기름을 주리니'

메뚜기 재앙으로 잃어버렸던 모든 것을 즉각적으로 회복시켜 주셔서 우리의 모든 생활이 윤택해지도록 해 주십니다.

2) 더 이상 수치를 당하지 않게 하십니다(욜 2:19b).- '너희가 나라들 가운데에서 욕을 당하지 않게 할 것이며'

이스라엘 백성이 더 이상 이방 민족에게 수치를 당하지 않도록 하십니다.

3) 적을 쫓아 주십니다(욜 2:20a).- '내가 북쪽 군대를 너희에게서 멀리 떠나게 하여 메마르고 적막한 땅으로 쫓아내리니'

하나님이 한때 도구로 사용했던 북방의 군대를 메마르고 적막한 땅으로 쫓아내어, 그들의 교만과 오만을 꺾으십니다.

Application of Bible

1. 하나님은 세상의 역사를 주관하는 분이십니다.

하나님은 유일한 참 신으로서 은혜와 자비의 하나님이시며, 인내와 공평과 의로 자기 백성을 통치하는 분이십니다.

2. 하나님은 진실하셔서 살아 있는 예배를 원하십니다.

형식적인 예배는 하나님의 마음을 흡족하게 할 수 없습니다. 하나님은 마음으로 우러나오는 예배를 받기 원하십니다.

3. 백성들이 범죄하면 당연히 하나님의 심판을 받게 됩니다.

하나님은 자연적인 재앙이나 군사적인 수단을 동원하여 죄 범한 백성들을 징계하십니다.

4. 하나님은 회개한 백성들을 회복시키시고, 자연도 복구시키십니다.

우리가 회개하기만 하면 하나님의 용서를 받을 수 있습니다.

5. 하나님은 선택된 백성들을 여전히 사랑하시고 구원하십니다.

비록 다른 민족을 통해 범죄한 이스라엘을 징벌하도록 허락하실지라도 여전히 하나님을 따르는 남은 의인은 지켜주십니다.

Tip of Bible

하나님이 원하시는 회개란

회개는 사람 편에서 안일하게 무엇을 하기 위해서, 또는 능력을 받아서 자기 이름을 빛내기 위한 종교적인 이기주의에서 출발해서는 안 됩니다. 우리 주변에서 일어나는 값싼 형식적인 회개는 진정한 회개가 아닙니다. 언행이 일치되지 않는 회개는 회개가 아니기 때문입니다. 그렇게 때문에 그리스도인의 수는 증가하는데 오히려 세상은 그 신자 수를 앞지르는 엄청난 죄와 불의와 불법이 판을 치고 있습니다.

하나님이 요구하시는 회개는 형식적인 종교 행위가 아니라 하나님을 위해 산 생명을 던지는 것입니다. 올바른 회개는 죽음의 고통을 겪어야 하기 때문입니다.

성서의 많은 인물이 옷을 찢었지만 마음을 찢은 사람은 찾아 볼 수 없습니다. 오직 한 분이 계십니다. 바로 예수 그리스도십니다. 예수님은 옷조차 찢을 필요가 없는 완전한 의인이셨습니다. 그러나 우리의 죄 때문에 십자가 위에서 마음을 찢고 죽으신 것입니다. 그의 생명을 우리를 위해 주신 것입니다.

그러나 예수님은 죽음을 이기시고 사흘 만에 다시 살아나셨습니다. 승리하셨습니다. 이렇듯 완전한 죽음 뒤에 완전한 부활이 있듯이, 우리도 우리의 마음을 찢고 나를 죽이고 내 안에 계신 그리스도가 살아나시도록 해야 합니다.

제9과 스바냐의 하나님

학습목표 : 나와 함께하시고, 구원을 베풀어 주시고, 나로 인해 기뻐하시고, 잠잠히 사랑하시는 하나님을 이해한다.

중심진리 : 스바냐의 하나님

본문말씀 : 스바냐 3:17-20

습 3:17
"너의 하나님 여호와가 너의 가운데에 계시니 그는 구원을 베푸실 전능자이시라 그가 너로 말미암아 기쁨을 이기지 못하시며 너를 잠잠히 사랑하시며 너로 말미암아 즐거이 부르며 기뻐하시리라 하리라."

Question About It

스바냐 3장 17절은 구약의 요한복음 3장 16절이라고 할 정도로 매우 비슷합니다. 또 그만큼 중요한 말씀입니다. 스바냐 3장 17절과 요한복음 3장 16절을 비교해 봅시다.

스바냐 3장 17절	요한복음 3장 16절
"너의 하나님 여호와가 너의 가운데에 계시니"	"독생자를 주셨으니"
"그는 구원을 베푸실 전능자이시라"	"이는 저를 믿는 자마다 멸망하지 않고 영생을 얻게 하려 하심이라"
"그가 너로 말미암아 기쁨을 이기지 못하시며 너를 잠잠히 사랑하시며"	"하나님이 세상을 이처럼 사랑하사"

View of Bible

스바냐서는 유다의 종교적, 윤리적 죄로 인해 곧 닥쳐올 국가의 파멸을 예언하고 회개를 촉구하기 위해서 기록되었습니다(습 1:7-18). 또한 죄를 심판하시는 하나님의 의(義)를 강조하고 있습니다. 그러나 이와 같은 심판에 강조점을 두기보다는 심판 후에 이스라엘의 남은 자들에게 있을 하나님의 구원 약속을 사람들이 알도록 하는 데 그 주된 기록 목적이 있습니다(습 3:8-20).

스바냐서는 므낫세(B. C. 697-642)와 아몬(B. C. 642-640)의 악한 통치 후에 선한 왕 요시야(B. C. 640-609)가 즉위한 상황에서 기록되었습니다. 이때 스바냐는 B. C. 722년에 일어난 북왕국 이스라엘의 멸망을 생각하며 므낫세와 아몬의 재위 기간 중에 벌어진 우상 숭배와 백성들의 불의에서 떠날 것을 선포한 것입니다.

Learn of Bible

스바냐는 1장에서 유다와 예루살렘에 대한 심판을 말한 후에(습 1:2, "내가 땅 위에서 모든 것을 진멸하리라"), 2장에서 범위를 확대하여 주변 여러 국가에 대한 심판을 말합니다. 그리고 마지막 3장에서 다시 예루살렘과 유다로 초점을 돌린 후, 이방과 유다가 다 하나님의 축복을 받게 되리라는 말씀을 전합니다. 특별히 3장은 예루살렘과 이방 나라들은 자신들의 죄악으로 멸망하지만, 유다와 열방의 남은 자들은 최종적으로 구원에 이르게 될 것임을 강조합니다.
본과에서는 유다를 사랑하시는 하나님의 모습이 어떻게 나타나는지 살펴봅시다(습 3:17).

1. 우리와 함께하시는 하나님 –'너의 하나님 여호와가 너의 가운데에 계시니'

먼저 우리와 함께하시는 하나님을 소개합니다. 하나님이 계신 곳에 하나님의 뜻이 펼쳐지고 창조의 역사가 일어납니다. 신약에도 육신을 입으신 예수 그리스도를 통하여 임마누엘이 이루어졌습니다. 하나님은 항상 사람들과 함께하셨고 사람들과 하나가 되어 사람들과 함께 사신 것입니다. 예수님의 부활 승천 이후에는 성령님이 우리와 함께하십니다.

"내가 아버지께 구하겠으니 그가 또 다른 보혜사를 너희에게 주사 영원토록 너희와 함께 있게 하리니"(요 14:16).

2. 나를 구원해 주시는 하나님 – '그는 구원을 베푸실 전능자이시라'

막연하게 하나님이 전능하신 것이 아니라 나와의 관계에 있어서, 나를 구원하시는 데 있어서, 나의 죄를 용서하시는 데 있어서 전능하십니다. 그 구원은 예수님이 십자가라는 고통의 대가를 치르셨기 때문에 가능해진 일입니다. 또한 성령의 권능은 날마다 나의 십자가를 질 수 있도록 나의 힘이 되어 주십니다. 그러므로 하나님은 나를 영화롭게, 성결하게 만드는 일에 있어서도 전능하십니다.

3. 기뻐하시는 하나님 – '그가 너로 말미암아 기쁨을 이기지 못하시며… 너로 말미암아 즐거이 부르며 기뻐하시리라'

전능하신 하나님이 이기지 못하시는 것이 한 가지 있는데 그것은 우리 때문에 솟아나는 기쁨입니다. 마지막 구절에 이 기쁨이 더 구체적으로 묘사되어 있는데 기쁨이 점점 더 증가한다는 뜻입니다. 불어 성경에는 이 부분을 "이 분이 너로 말미암아 춤추시며 기뻐서 소리 지른다"로 번역하고 있습니다.

내가 미워하는 어떤 사람이 있다고 합시다. 그런데 하나님께서 그 사람으로 말미암아 기쁨의 소리를 지르시고 춤을 추실 수도 있다는 것입니다. 그는 하나님의 관점에서 대단한 존재일 수 있습니다. 하나님의 관점을 나의 관점으로 하는 것이 믿음 생활의 목표라면, 그가 내게도 미워할 수 없는 귀중한 존재가 되어야 합니다.

4. 조용히 사랑하시는 하나님 – '잠잠히 사랑하시며'

하나님은 우리를 조용히 사랑하신다고 말씀하십니다. 깊은 사랑은 시끄럽지 않고 조바심을 내지 않습니다. 하나님은 나로 말미암아 기쁨을 이기지 못하시며 춤추고 소리를 지를지라도 달려들어 나를 껴안아 주시지는 않습니다. 사랑하는 자녀에게 세상의 값진 것으로 선물 공세를 펴시지도 않습니다. 천지 만물을 소유하신 하나님이 그 흔한 물질의 복도 쉽게 허락하지 않으시는 것입니다.

이러한 하나님의 잠잠한 사랑 때문에 우리는 하나님이 과연 나를 사랑하시는가? 하고 의문을 가질 수도 있습니다. 그러나 하나님은 분명히 우리를 사랑하십니다. 다만 조용히 우리를 지켜 주시고 선한 길로 인도해 주시는 분이십니다.

성서의 많은 인물 가운데도 세상에 살면서 물질적인 축복과 행복한 삶만을 누리고 산 사람은 거의 찾아 볼 수 없습니다. 믿음의 조상 아브라함은 그의 생애에 있어서 가뭄, 대적과의 싸움의 연속이었으며 마지막에는 그의 아들 이삭마저도 하나님께 바쳐야 했습니다. 야곱은 외삼촌의 집에서 20년 동안 종살이를 했고, 요셉은 형제들에 의해 종으로 팔려가기까지 했습니다. 욥은 당대의 의인이었지만 극한 고난을 당했고, 예레미야는 눈물의 선지자란 별명까지도 얻었습니다. 쟁반 위에서야 비로소 잠잠해진 광야의 외치는 소리 침(세)례 요한, 매 맞고 굶주리고 헐벗은 복음의 전령 사도 바울, 그리고 머리 둘 곳 없어 끝내는 디딜

한 뼘의 땅조차 없이 발을 십자가 위에 두셔야 했던 예수 그리스도….

이렇게 성서 속 인물들의 공통점은 그들이 모두 고통의 사람들이라는 것입니다. 그러나 그들에게 고통을 허락하신 이유는, 그러한 고난 뒤에 하나님의 원대한 계획과 목적이 있기 때문입니다. 아브라함, 야곱, 요셉, 욥, 예레미야, 바울 모두가 고통을 통해 하나님 앞에 선 자신을 발견한 사람들입니다. 그들은 고난 속에서 하나님을 발견하고 하나님과 더 가까이 사귄 사람들입니다.

그런데 하나님은 이런 고통당하는 사람들의 하나님이 되시고 그들이 고통당할 때 하나님도 같이 고통당했다고 말씀하십니다.

"그들의 모든 환난에 동참하사…"(사 63:9).

자기 아들을 십자가에 못 박혀 죽게 하신 것이 바로 하나님의 고통입니다. 사람들이 심판을 받아 지옥에서 당할 고통을 면케 하시고자 하나님은 독생자 예수 그리스도를 세상에 보내어 아픔을 겪게 하시고, 수모를 겪게 하시고, 배반당하게 하시고, 채찍에 맞게 하시고, 십자가에 달리게 하셨습니다.

예수님은 십자가의 고통을 겪고 나서 하나님의 사랑을 우리 손 안의 현실로 만드셨습니다. 이런 고통의 하나님이 지금 우리의 겪고 있는 아픔을 몰라라 하시겠습니까? 하나님은 우리의 아픔과 절망과 슬픔과 답답함을 잘 이해하시는 분이십니다. 그래서 잠잠히 사랑하시는 하나님이십니다.

Application of Bible

1. 하나님의 구원은 전 세계적입니다.

스바냐서는 유다 백성만을 말하지 않고 이방 나라들에 대해서도 언급합니다. 하나님께서는 이스라엘을 회복시키는 사역을 통해 열방들이 깨닫고 구원에 동참하도록 역사하십니다.

2. 소수의 남은 자는 반드시 구원받습니다.

여호와의 은혜를 겸손히 간구하는 남은 자들은 어려운 상황 속에서도 하나님의 보호를 받습니다. 그들은 더 이상 수치를 당하지 않게 됩니다. 왜냐하면 교만한 자들이 모두 제거되고, 오직 하나님의 평화와 기쁨만이 넘칠 것이기 때문입니다. 하나님은 의롭고 순전하시며 심령이 가난한 자들에게 구원의 축복을 베풀어 주십니다.

Tip of Bible

스바냐 시대의 역사적 상황

1. 므낫세 왕(B. C. 689-642, 왕하 21:16; 대하 33)

악한 왕들의 탄압으로 약 70년간(B. C. 700-630) 예언자들의 활동이 나타나지 않았습니다. 므낫세는 유다 역사상 가장 악한 왕으로 하나님을 믿는 백성들을 탄압하고, 앗수르에 조공을 바침으로 정권을 유지했습니다. 바알, 아세라와 같은 우상 숭배가 널리 퍼지고, 무당이 성행하고, 아이를 바치는 몰록 제사를 허용했습니다. 예언자들을 죽이고 제사장들을 핍박했는데, 전설에 의하면 므낫세가 이사야 선지자를 통나무 안에 들어가게 해서 톱으로 잘라 죽였다고 합니다(히 11:37).

2. 아몬 왕(B. C. 642-640)

역시 므낫세의 악한 길을 따랐고 2년 후 심복에게 피살당합니다.

3. 요시야 왕(B. C. 640-609, 왕하 22:1-23:30; 대하 34:1-35:27)

8세에 즉위하여 종교개혁을 단행하고, 성전을 청결케 하고, 유월절을 지켰습니다. 우상을 철폐하고, 서쪽 지역(지중해 연안)까지 땅을 넓혔습니다. 바로 이 직전에 스바냐가 예언활동을 한 것으로 보입니다. 앗수르의 세력이 약해져서 애굽 왕 느고가 앗수르를 도와 바벨론을 치기 위해 이스라엘을 통과하려고 할 때, 요시야는 이를 거절하였고, 애굽과 므깃도에서 전투가 벌어졌을 때 요시야는 이 전투에서 전사합니다.

그 뒤로 여호아하스(B. C. 609)- 여호야김(B. C. 609-598)- 여호야긴(B. C. 598)- 시드기야(B. C. 598-587)로 이어지며, B. C. 587(또는 586)년에 남유다는 바벨론에 의하여 멸망당합니다.

Introduce

단 원 주 제	하나님의 새로운 약속
단 원 해 설	에스겔, 학개, 말라기의 말씀을 통해 나타난 하나님의 회복과 약속의 모습에 대해 살펴본다.
중 심 구 절	"그 사방의 합계는 만 팔천 척이라 그 날 후로는 그 성읍의 이름을 여호와삼마라 하리라"(겔 48:35).
단원학습목표	남은 자에게 임하는 회복과 약속의 말씀을 확신한다.
단원중심진리	의인을 모든 자 중에서 높이시는 하나님
단원핵심정리	하나님 백성으로서의 자리 회복과 새로운 언약

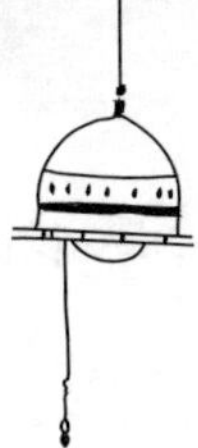

4 회복과 약속

구약편

4 단원

단원소개

지금까지 예언서의 말씀을 공부해보면 선지자가 말씀을 선포할 때 일정한 형식이 있음을 알 수 있습니다. 그 형식은 먼저 이스라엘 백성들이 지은 죄의 목록을 지적하고, 그 죄에 따라 임하는 하나님의 심판과 징계를 선포한 다음, 새로운 대안을 제시하는 것으로 끝납니다. 즉 죄를 지적하고 심판을 내리시는 것으로 끝나는 것이 아니라 회개한 백성들에게 미래에 대한 회복과 새로운 언약의 말씀을 주시는 것입니다. 우리는 이것을 볼 때 하나님은 죄를 지은 당신의 백성들을 철저히 징계하시고 벌주시는 무서운 하나님이 아니라 그 죄를 용서해 주시고 다시 한 번 기회를 주시는 사랑의 하나님임을 알 수 있습니다.

결국 예언서의 궁극적인 목적은 악한 세상에서 많은 사람들이 죄를 범하고 있는 상황에서도 하나님의 약속의 말씀을 의지하고, 하나님의 선한 계획을 믿는 당신의 백성들을 하나님은 끝까지 보호하시고 인도하신다는 것입니다.

제10과 나의 이름을 거룩하게 하리라

학습목표 : 하나님은 자신의 이름이 거룩하게 여겨짐을 통해 백성들을 회복시키시고 구원하시는 분임을 이해한다.

중심진리 : 하나님의 거룩한 이름

본문말씀 : 에스겔 36-39장

겔 36:23
"여러 나라 가운데에서 더럽혀진 이름 곧 너희가 그들 가운데에서 더럽힌 나의 큰 이름을 내가 거룩하게 할지라 내가 그들의 눈 앞에서 너희로 말미암아 나의 거룩함을 나타내리니 내가 여호와인 줄을 여러 나라 사람이 알리라 주 여호와의 말씀이니라."

Question About It

1. 자신의 이름의 뜻을 알고 있나요? 자신의 이름에 대해 어떻게 생각하는지 서로 나누어 봅시다.

2. 세상의 모든 사물은 이름을 가지고 있습니다. 이름은 그 자체로서 많은 의미를 가지고 있습니다. 이름이 중요한 이유들을 함께 나누어 봅시다.

☞ 이름은 곧 그 사람의 전인격적인 면을 포함하고 있습니다. 우리는 어떤 사람의 이름을 부르기만 해도 그 사람의 이미지를 떠올릴 수 있습니다. 이렇게 이름은 그 사람을 대표하는 것입니다.

View of Bible

에스겔서는 바벨론에 포로로 잡혀간 유대인을 향하여 예루살렘의 멸망과 그 이후에 있을 국가 회복에 대하여 예언한 책입니다.

에스겔은 제사장 부시의 아들로 예루살렘 성전에서 봉사한 제사장이었습니다. 여호야긴 왕이 바벨론에 조공을 바치다가 중단하자 느부갓네살 왕이 쳐들어오게 되는데, 이때 그는 바벨론에 포로로 잡혀가게 됩니다. 그는 예루살렘에 대한 향수병이 걸릴 만큼 예루살렘을 그리워했으며, 같이 잡혀간 유다 백성들에게 바벨론에서도 철저히 하나님의 율법을 지켜야 하고, 그러면 언젠가 하나님께서 다시 유다로 돌아가게 해 주실 것이라고 선포했습니다.

Learn of Bible

에스겔 36-39장은 하나님께서 심판으로부터 회복시키신다는 메시지가 집중적으로 나타나는데 특히 이방인 가운데 더럽혀진 하나님의 거룩한 이름을 회복시킨다고 말씀합니다.
"그들이 이른바 그 여러 나라에서 내 거룩한 이름이 그들로 말미암아 더러워졌나니 곧 사람들이 그들을 가리켜 이르기를 이들은 여호와의 백성이라도 여호와의 땅에서 떠난 자라 하였음이라"(겔 36:20).

위의 본문에서 나타나는 것처럼 하나님의 이름이 이방인 가운데서 더럽혀졌음을 밝히고 있습니다. 하나님의 이름은 어떻게 더럽혀졌을까요?

에스겔 36:2, 3절과 36:17-19절을 보면, 하나님은 이스라엘 백성이 범죄함으로 그들을 심판하신 것인데, 그 심판의 도구로 사용된 이방 나라들이 하나님의 이름을 조롱하며 더럽혔다는 것입니다. 이방 나라에 이스라엘이 멸망당함으로, 그들이 여호와 하나님을 무능하다고 여긴 것입니다. 고대 사회에서의 전쟁은 그들이 믿는 신들의 전쟁으로, 전쟁에 진 이스라엘은 그들의 신인 하나님이 진 것으로 생각했습니다. 사실 이스라엘의 멸망은 하나님의 심판이었습니다.

그래서 하나님은 자신의 더럽혀진 이름을 회복시키려고 하십니다(겔 36:21-23). 자신의 이름을 회복시키시려는 이유는, 먼저 하나님은 자신의 이름을 아끼시기 때문이고(겔 36:21), 다른 하나는 이스라엘 백성을 위한 것이 아니라 하나님 자신의 이름을 위한 것이라고 말씀하십니다(겔 36:22). 그 결과 하나님의 이름은 거룩하게 되고 만국이 여호와가 하나님인줄 알게 된다는 것입니다(겔 36:23).

1. 그렇다면 하나님은 어떻게 자신의 거룩한 이름을 회복시키십니까?(겔 36:24-38)

☞ **이스라엘 백성들과 관계 회복을 통하여.**

관계 회복이라 함은 패하여 포로로 잡혀가기 전의 상태로 되돌리는 것입니다. 곧 예루살렘으로 돌아오게 하는 것입니다(겔 36:24).

그리고 37장의 마른 뼈 환상은 이러한 상황을 회화적으로 표현한 것입니다. 37:11-14절은 이 환상을 해석하는 내용인데, 무덤에 있는 상태는 바벨론에 포로로 잡혀간 상태이고 무덤에서 나오는 것은 바벨론 포로에서 귀환하는 것을 의미합니다. 그러므로 마른 뼈와 같은 포로 상황에서 하나님의 생기를 받아 다시 살게 하는 것은 바벨론에서 귀환하는 것을 의미합니다. 이와 같이 이스라엘을 바벨론에서 다시 가나안으로 오게 하는 것이 바로 하나님의 거룩한 이름을 회복시키는 방법입니다.

2. 두 번째로 하나님의 이름을 회복시키는 방법은 무엇입니까?(겔 38-39장)

☞ **전쟁을 일으키시는 것.**

하나님께서 자신의 이름을 회복하시는 방법으로는 단지 원점으로 돌이키는 수준에 머물지 않고 새로운 전쟁을 일으키시는 것입니다.

구약에서의 전쟁은 일반적으로 하나님의 심판의 수단이었습니다. 그런데 이 전쟁은 범죄한 이스라엘에게 일어난 것이 아니라 이미 그 심판으로부터 회복된 이스라엘에게 일어난 것입니다.

38:2-7절은 이스라엘을 공격할 강력한 연합군이 형성되는 장면이 나옵니다. 이 연합군을 주도하는 왕과 나라는 마곡 땅에 있는 '곡', 곧 '로스'와 '메섹'과 '두발'의 왕입니다(38:2). 그 왕을 중심으로 방패와 투구를 갖춘 '바사'와 '구스', '붓', '고멜', '도갈마 족속'과 그 모든 백성들이 함께 했습니다(38:5-6). 그러나 회복되어 이스라엘로 돌아온 백성들은 전혀 전쟁할 준비가 되어 있지 않았습니다(38:8-13). 이들은 오래 황무하였던 땅에 평안히 거하는 중이었고 성벽도 없고 문도 없는 상태였습니다.

그러나 이 전쟁의 결과는 이방 연합군의 철저한 패배로 끝납니다(39:9-12). 하나님은 가장 강력한 연합 군대를 일으켜 회복된 이스라엘과 전쟁을 하게 하셔서 자신이 결코 무능한 하나님이 아니라는 것을 입증하신 것입니다. 이것이 바로 하나님의 거룩한 이름을 회복시키는 두 번째 방법입니다.

3. 전쟁의 결과는 어떻게 되었습니까?(겔 39:22-24)

"이스라엘 족속은 내가 여호와 자기들의 하나님인 줄을 알겠고 여러 민족은 이스라엘 족속이 그 죄악으로 말미암아 사로잡혀 갔던 줄을 알지라."

이스라엘은 여호와께서 자기들의 능력 있는 하나님인줄 알 것이고 여러 민족은 이스라엘의 멸망이 범죄하여 심판받은 결과라는 것을 알게 하는 것이었습니다.

Application of Bible

1. 오늘날 하나님의 이름이 더럽혀지는 경우는 언제입니까?

이스라엘 백성처럼 하나님께 불순종하여 범죄하는 때입니다. 이러한 범죄는 하나님이 우리를 심판하실 수밖에 없는 상황을 초래합니다.

2. 우리의 범죄 때문에 하나님의 거룩한 이름이 더럽혀진 경우, 하나님의 이름을 회복시키시는 방법은 본문 속에서 무엇입니까?

하나님은 자신의 이름을 더럽히고 영광을 가리는 자들을 심판하시는 것을 통해서 회복시키십니다. 하나님의 이름을 더럽히는 자들의 행동을 멈출 수 있는 방법은 그 원인을 제거하는 것입니다. 그러므로 심판은 하나님의 거룩한 이름을 회복시키는 일의 시작입니다.

3. 그렇다면 우리는 하나님의 거룩한 이름을 어떻게 드러낼 수 있습니까?

그것은 우리가 심판받지 않도록 하나님께 순종하며 살아가는 것입니다. 우리가 세상에서 범죄하면 사람들은 우리를 욕하는 것이 아니라 하나님을 조롱합니다. 그러나 단순히 심판을 피하기 위해 순종하는 것은 하나님의 영광을 드러내는 방법으로써 매우 소극적인 것입니다. 좀더 적극적으로 순종하는 삶을 통해 하나님의 영광을 드러내야 합니다.

4. 살다보면 아무런 이유 없이 고난이 올 때가 있습니다.

이것은 심판과 구분해야 합니다. 우리에게 다가오는 이유 없는 고난은 하나님의 거룩한 이름을 드러낼 기회입니다. 회복된 이스라엘에게 연합군이 쳐들어 온 것은 이스라엘에게 이유 없는 고난이었지만 동시에 하나님의 영광을 드러낼 기회였습니다. 이렇게 하나님은 세상 사람들에게 하나님의 영광스러운 이름을 나타내기 위해 이유 없는 고난을 허락하실 수 있습니다.

이제 우리는 하나님이 자신의 거룩한 이름이 이방 가운데서 더럽혀지는 것을 극도로 싫어하심을 알았습니다. 그렇다면 반대로 하나님이 이방 가운데서 그 이름이 높임을 받을 때 얼마나 기뻐하시겠습니까?

Tip of Bible

에스겔서의 구성

1장에서는 에스겔이 본 성전 환상을 소개하고 있습니다.

2-11장은 이스라엘의 죄를 지적하고, 그 근거로 성전 멸망을 통한 심판을 선포합니다. 여기에서 하나님의 영광이 하나님의 성전으로부터 떠나는 장면을 세 단계의 과정으로 소개하고 있습니다.

① 그룹에 머물던 하나님의 영광이 성전 문지방으로 이동(9:3).

② 성전 문지방을 떠나서 성전 동문에 머묾(10:18, 19).

③ 성전 동문에서 예루살렘 동편 산에 머묾(11:22, 23).

여기서 하나님의 영광이 성전에서 떠난 것은 하나님이 이스라엘과 함께하시지 않겠다는 것을 의미합니다. 그러나 하나님은 하나님의 영광을 완전히 거두시는 것이 아니라 성전 동편에 머물게 하십니다.

12-35장은 심판과 회복의 메시지가 번갈아 등장합니다.

36-39장은 회복의 메시지만 선포됩니다.

40-48장은 새 성전의 건축에 대한 청사진을 보여줍니다.

특별히 43:1-5절은 성전에서는 떠났으나 예루살렘 성읍 동편에 머물고 있던 하나님의 영광이 하나님의 새로운 성전으로 되돌아옴을 보여주고, 48:35절에서는 여호와께서 영원히 함께하신다는 것을 의미하는 '여호와삼마' 를 외치고 있습니다.

단단파워 in 지저스

제11과 하나님의 집을 지어라

학습목표 : 자신의 일보다 하나님의 일에 우선순위를 두어야 함을 이해한다.

중심진리 : 하나님의 성전을 건축하라.

본문말씀 : 학개 1:1–13

학 1:8

"너희는 산에 올라가서 나무를 가져다가 성전을 건축하라 그리하면 내가 그 것으로 말미암아 기뻐하고 또 영광을 얻으리라 여호와가 말하였느니라."

Question About It

1. 우리가 살고 있는 이 시대에 하나님의 성전이라고 생각되는 곳은 어디일까요?

☞ 교회입니다. 교회는 우리가 하나님과 만나는 장소이고 믿는 자들이 함께 교제하고 은혜를 나누는 곳입니다. 우리의 모든 생활은 교회를 중심으로 이루어져야 합니다.

2. 학개 1:1절의 '다리오 왕 이년 6월 초하루' 에 대해 알아봅시다.

☞ 다리오 왕은 B. C. 522–486년 동안 페르시아를 다스렸던 왕으로 '다리오 왕 2년' 은 520년을 의미합니다. '6월' 은 히브리 달력으로 '엘룰(Ellul)'이며 유다의 추수시기에 해당합니다. 또한 '초하루' 는 새로운 달을 나타내는 월삭으로서 거룩한 날이었으며 안식해야 하는 날이었습니다. 이날은 사람들이 모여서 희생 제사를 드리는 날이었습니다. 오늘날로 계산하면, B. C. 520년 9월 1일에 해당합니다. 학개 선지자의 사역 기간은 4개월 동안이었습니다. 이때에 이르러 정확한 연대가 나타납니다.

View of Bible

학개서는 예루살렘 성전 재건과 관련하여, 하나님의 뜻에 대한 순종과 불순종의 결과가 어떻게 다른지를 보여주며, 아울러 이와 같은 성전 재건 작업은 장차 오실 메시아를 맞이하는 준비라고 선포합니다.

따라서 학개 선지자는 백성들에게 하루빨리 성전을 재건하도록 종용했고, 백성들이 하나님의 성전을 짓지 않는 것을 죄로 규정하여, 하나님이 그에 대한 벌로써 자연 재해와 경제적 궁핍을 준 것이라고 말합니다.

그러므로 학개서에는 우상 숭배에 대한 말씀이나 사회적 악에 대한 말씀이 없고, 오직 하나님의 전을 재건하라는 메시지만 반복되고 있습니다.

Learn of Bible

1. 이스라엘 백성은 70년간 포로 생활을 했습니다. 그 후 하나님께서는 그들의 포로 생활을 청산시키시고 그들이 살았던 땅으로 돌아올 수 있도록 하셨습니다. 그러나 포로 상태에서 돌아온 이스라엘 백성의 모습은 어떠했나요?(학 1:4)

☞ '판벽한 집에 거주함'

백성들은 아직 여호와의 전을 건축할 시기가 이르지 않았다고 변명했습니다(학 1:2). 그러나 학개는 유다 백성들이 성전을 건축하지 못한 것은 결코 경제적 궁핍이나 때가 아직 되지 않은 것, 혹은 주변의 정치적 여건 때문이 아니라고 말합니다. 그들은 하나님의 성전이 파괴되어 황무하게 되었으나 그것에는 개의치 않고 자신들의 집은 호화롭게 꾸미고 있었습니다.

'판벽한' 은 지붕이 덮인 상태를 나타내기도 하며, 호화스러운 사치품으로 치장하는 것을 뜻하기도 합니다. 이것은 성전은 완전히 파괴된 반면, 귀환한 유다 백성들의 집은 완전한 모습을 갖추었으며 호화로운 장식들로 치장되어 있음을 말합니다.

2. 그 결과 이들의 삶은 어떻게 되었습니까?(학 1:6, 참고 1:9-11)

"너희가 많이 뿌릴지라도 수확이 적으며 먹을지라도 배부르지 못하며 마실지라도 흡족하지 못하며 입어도 따뜻하지 못하며 일꾼이 삯을 받아도 그것을 구멍 뚫어진 전대에 넣음이 되느니라."

이 말씀은 가증스러운 변명으로 하나님을 속이려 했던 유다 백성들이 겪게 될 상황을 보여줍니다. 그들은 열심히 일을 하여도 소득이 적었으며, 먹고 마셔도 만족함을 누릴 수 없었고, 집에 도둑이 든 것처럼 재물을 모으려 해도 모이지 않았습니다. 이러한 유다 백성들의 삶은 하나님을 속이려 했던 변명이 결국은 자신을 속이는 결과를 낳게 되었음을 보여줍니다. 이것은 하나님을 즐거이 섬기려 하지 않고 성전 건축을 소홀히 한 결과였으며, 하나님보다는 자신들의 이익을 먼저 챙기려는 탐욕의 결과였습니다.

3. 하나님이 성전 건축을 위해 하신 명령은 무엇입니까?(학 1:8)

☞ '너희는 산에 올라가서 나무를 가져다가 성전을 건축하라.'

하나님은 결코 엄청나게 비싼 건축 자재로 성전을 건축할 것을 요구하지 않으셨습니다. 백성들이 마음만 먹으면 주변에서 쉽게 구할 수 있는 나무로 성전을 건축할 것을 명령하셨습니다. 이것은 하나님이 화려한 건물을 요구하신 것이 아니라 백성들의 마음이 하나님께로 돌아오기를 바라셨음을 말씀해 주고 있습니다.

4. 이렇게 성전을 건축했을 때의 결과는 무엇일까요?(학 1:8)

☞ '내가 그것으로 말미암아 기뻐하고 또 영광을 얻으리라 여호와가 말하였느니라.'

지금은 하나님의 집이 지어지지 않은 상황입니다. 있던 건물을 부수고 더 화려하고 멋진 건물을 지으라고 요구하시는 것이 아닙니다. 이 성전은 하나님의 임재를 상징하고 백성들의 믿음을 나타내는 최소한의 신앙의 장소입니다. 그렇기에 성전은 하나님께 예배하고 희생 제사를 드릴 수 있는, 하나님과의 교제의 공간입니다. 하나님은 우리가 예배를 드릴 때 기뻐하시고 영광을 받으십니다.

5. 성전 건축을 촉구하는 학개 선지자의 선포를 들은 후 이스라엘 백성은 어떻게 반응했습니까?(학 1:12)

☞ 모든 백성이 하나님의 목소리를 들었으며 여호와를 경외하였다.

성전 재건을 촉구하는 학개 선지자의 선포 이후 백성들은 하나님의 성전 건축을 소홀히 한 자신들의 죄를 깨닫고 하나님을 향하여 돌아섰습니다. 백성들은 학개의 말에 귀를 기울였을 뿐만 아니라 진실로 하나님을 경외하고 섬기기 시작했습니다. 그러자 하나님은 백성들과 함께하시겠다는 약속의 말씀을 주십니다(1:13).

결국 학개 선지자가 하나님의 말씀을 선포한 24일 후에 중단되었던 성전 건축 공사가 다시 시작됩니다(1:14).

Application of Bible

1. 우리의 우선적인 관심은 영적인 헌신에 있습니다.

하나님의 일에 우선순위를 두어야 합니다. 나의 개인적인 일보다 먼저 하나님의 일에 마음을 다하여 헌신해야 합니다.

2. 하나님의 일에 먼저 헌신할 때, 하나님은 우리의 필요를 채워 주십니다.

우리는 때때로 세상적인 목표만을 추구하고 열심을 다할 때 우리의 힘으로 할 수 없는 한계 상황에 부딪히게 됩니다. 그러나 하나님께 목표를 두고 최선을 다할 때 우리의 문제가 해결됨을 알 수 있습니다. 하나님께서 역사하시기 때문입니다. 우리가 지속적으로 축복을 누리는 길은 하나님을 전심으로 섬기는 데 있습니다.

Tip of Bible

성전 재건의 역사적 배경

학개서는 페르시아 왕 고레스부터 다리오 1세(B. C. 533-485)에 걸쳐서 이루어진 예루살렘 성전 건축을 배경으로 하고 있습니다. 고레스는 바벨론을 멸망시키고, 바벨론 시대에 포로로 잡혀온 유다 백성들을 본국으로 돌아가도록 허락해 줍니다(스 1:1). 이때 1차 귀환이 이루어졌습니다. 돌아온 백성들은 페르시아의 원조를 받아 성전을 재건하게 됩니다. 돌아온 유대인들은 초기에는 성전 재건에 대단한 열정을 가지고 있었습니다. 그러나 시간이 지남에 따라 신앙이 점차 식어 갔고, 오히려 자기 집을 꾸미거나 짓는 데 더 노력을 기울였습니다. 더구나 이웃 대적들의 계속된 공격과 방해는 더욱 용기를 잃게 만들었습니다. 결국 고레스 왕이 죽자 유대인들이 반역을 꾀한다는 사마리아 왕의 모함으로 성전 재건은 지지부진하게 되었고, 14년 동안 성전 재건 공사가 중단되었습니다.

이때 학개와 스가랴 선지자가 "오직 하나님의 전을 건축하라"고 외치며, 성전을 건축하는 것이 하나님의 뜻임을 밝히며 등장한 것입니다.

결국 5년이 더 지난 B. C. 515년 3월 12일에 성전이 완공됩니다.

제12과 나의 사자를 보내리니

학습목표 : 하나님의 백성이 죄악의 길에서 떠나 하나님을 경외하는 길로 나올 때 하나님의 보호와 축복이 있음을 이해한다.

중심진리 : 여호와를 경외하는 자를 보호하시는 하나님

본문말씀 : 말라기 1–4장

말 3:1
"만군의 여호와가 이르노라 보라 내가 내 사자를 보내리니 그가 내 앞에서 길을 준비할 것이요 또 너희가 구하는 바 주가 갑자기 그의 성전에 임하시리니 곧 너희가 사모하는 바 언약의 사자가 임하실 것이라."

Question About It

1. 말라기에서 소개하는 하나님의 성품에는 어떤 것들이 있는지 찾아봅시다.

   1) 사랑의 하나님(말 1:2)
   2) 능력의 하나님(말 1:5)
   3) 우리의 아버지와 주인이 되시는 하나님(말 1:6)
   4) 공의롭게 심판하시는 하나님(말 3:2)
   5) 변함이 없으신 하나님(말 3:6)

2. 말라기에서 말하는 의인의 삶이란 어떤 것입니까?

☞ 하나님을 경외하며 예배를 통해 하나님과 지속적인 관계를 유지하는 삶의 모습입니다. 그리고 모든 악한 길에서 떠나 선한 삶을 사는 것입니다.

View of Bible

말라기는 포로 귀환 이후 다시 사회적, 도덕적, 영적인 부패에 빠진 이스라엘의 잘못을 꾸짖으며 경고합니다. 말라기 선지자는 만일 하나님의 백성들에게 순결함이 없게 되면 하나님으로부터 징계를 받을 수밖에 없다고 말합니다. 사람은 성별과 혈통을 막론하고 누구든지 하나님께 인격적으로 헌신하며, 그의 목소리를 청종할 때만 진정한 축복과 영적 평안을 누릴 수 있게 됩니다. 그러므로 말라기는 이스라엘이 거룩하고 순전한 민족이 되기 위해서는 하나님께 대한 올바른 예배와 의식이 정립되어야 함을 강조하면서, 하나님께 대한 순종의 마음이 없는 예배는 결단코 용납되어서는 안 됨을 강조합니다.

Learn of Bible

말라기의 예언이 선포될 당시 이스라엘의 상황은 대단히 암담했습니다. 정치적으로는 페르시아의 지배하에서 경제적인 어려움을 겪고 있었습니다. 바사에서 온 권력자에게 많은 세금을 지불해야 했으며, 무직자가 많고, 성전세 부족으로 레위인이 농업에 종사할 정도였습니다(느 13:1). 사회적으로는 가뭄의 피해를 입었고, 포도원은 병충해로 인해 많은 열매를 거둘 수 없었습니다. 종교적으로는 포로 귀환 직후의 뜨거웠던 신앙적 열심이 식었고, 그로 인해 하나님의 사랑을 의심하고(말 1:2), 하나님의 능력에 회의를 품고(말 1:5), 하나님의 공의에 대해 도전하기까지 했습니다(말 2:17). 이러한 상황 속에서 제사장들은 자신이 맡은 제사 임무를 소홀히 했으며, 심지어 염증을 느끼기까지 했습니다(말 1:7, 10, 13). 뿐만 아니라 그들은 성스러운 율법의 규례를 무시하고 눈멀고 흠이 있는 제물을 하나님께 바쳤습니다(말 1:7, 8). 또 백성들은 도덕적, 윤리적으로 타락하여 이방 여인들과 결혼을 하는 등 하나님의 백성으로서의 순결을 잃어버렸습니다(말 2:10–16).

이러한 가운데 말라기 선지자는 이스라엘 백성들이 새롭게 영적으로 각성하여 하나님의 축복을 받도록 말씀을 선포한 것입니다.

말라기서는 먼저 종교 지도자인 제사장들의 죄를 지적하고 하나님의 심판을 선언한 후 이상적인 지도자상을 제시합니다. 그것이 무엇인지 살펴봅시다.

1. 제사장들이 지은 죄는 무엇입니까?

1) '하나님의 이름을 멸시한 죄'(말 1:6)
2) '예배를 거룩하게 드리지 않는 행위'(말 1:7-11)
3) '신앙 지도자로서의 책임을 귀찮게 생각하는 자세'(말 1:13)
4) '하나님의 백성들에게 하나님의 말씀을 가르칠 능력이 없는 것'(말 2:18)

하나님은 자신의 거룩한 이름을 아끼시는데(겔 36:21), 제사장들은 하나님의 이름을 멸시했습니다. 그리고 제사장의 책임인 예배를 거룩하게 드리지 않고 번거롭게 여겼으며 말씀을 가르치는 일에도 소홀히 했습니다.

2. 이들 제사장에게 내려진 하나님의 심판은 무엇입니까?(말 2:2, 3, 9)

1) '자손의 저주'(말 2:3)
2) '공적으로 수치와 멸시를 당한 채 지도자의 위치에서 쫓겨나게 됨'(말 2:3, 9)

그들의 자녀가 하나님의 저주를 받고 공적인 자리에서 얼굴에 똥칠을 당하며 지도자의 위치에서 떠나게 될 것이라고 선포하십니다.

3. 그렇다면 진정한 지도자의 모습은 어떤 것입니까?(말 2:5-7)

1) '하나님을 경외하는 자'
2) '그의 입에는 진리의 법이 있고 그의 입술에는 불의함이 없는 자'
3) '화평함과 정직함으로 하나님과 동행하는 자'
4) '많은 사람을 돌이켜 죄악에서 떠나게 하는 자'
5) '백성들에게 하나님의 율법을 가르치는 자'

참된 지도자는 하나님을 두려워하며, 하나님이 주신 율법의 준수와 전파에 전념하고, 이기적인 정욕과 탐욕에 기인한 거짓이 없이 진실만을 선포하며, 하나님의 뜻에 따라 하나님과 사람, 그리고 사람과 사람 사이의 화목의 중재자로서 존재하는 사람입니다. 이러한 제사장의 진실한 자세는 많은 백성으로 하여금 하나님 앞으로 돌아오게 만드는 역할을 합니다. 그리고 이들에게 주어지는 하나님의 축복은 생명과 평강이라고 말합니다(말 2:5).

4. 의인에게 임하는 하나님의 축복은 무엇입니까?(말 3:13-4:6)

1) '의인의 이름을 기념 책에 기록하고'
2) '특별한 소유로 삼고'
3) '사람이 자기를 섬기는 아들을 아낌 같이 아껴주시고'
4) '공의로운 해로 치료하는 광선을 비추어주심'

그 시대의 다수의 백성이 신앙적으로 방황하고 죄악 가운데 살고 있었던 '그때에'(3:16) 그들의 무질서에 흔들리지 않고 하나님을 경외한 소수의 무리가 있었습니다. 그들은 예배에 실패하여 하나님을 멸시한 백성들과는 달리 신령과 진정으로 예배를 드림으로써 '그 이름을 존중히 생각하는 자'(3:16)들로 인정받았습니다. 하나님의 축복으로 그들의 신앙적인 행위가 여호와의 기념 책에 기록되고, 하나님의 특별한 소유물로 간주되고, 한 걸음 더 나아가 하나님께서 아끼시는 자녀로 여겨지고 보호를 받게 됩니다(3:17). 또한 육체적으로 어려움이 있을 때 의로운 해가 떠올라서 치료하는 광선을 발하여 강건함을 회복하는 것도 포함됩니다(4:2). 아울러 하나님을 섬기는 일이 헛되다고 비웃으며 악한 길로 나아갔던 자들이 패망하는 것을 보는 날이 있을 것이라는 약속도 얻게 됩니다(4:3).

5. 말라기의 마지막은 누구를 소개하고 있습니까?(말 4:5, 6)

"보라 여호와의 크고 두려운 날이 이르기 전에 내가 선지자 엘리야를 보내리니."

여기서 엘리야는 침(세)례 요한을 가리키는 말씀으로 해석됩니다. 곧 예수 그리스도의 길을 예비하고 '회개하라 천국이 가까웠느니라'(마 3:2)고 외치며 예수님의 사역을 준비한 침(세)례 요한의 소개로 우리의 모든 죄악을 사하시고 인류를 구원해 주실 메시아에 대한 소망을 갖게 해줍니다.

Application of Bible

1. 우리에게 있어서 가장 소중하고 영광된 일은 하나님께 예배드리는 것입니다.

하나님과의 관계에서 성공하는 사람은 다른 사람들과의 관계에서도 성공할 수 있고 생활에서도 평안과 안정을 찾을 수 있습니다.

2. 신령과 진정으로 드리지 않는 예배는 하나님이 받으시지 않습니다.

저는 것, 병든 것, 흠이 있는 예물을 드리는 예배는 하나님이 받으시지 않습니다(말 1:8).

3. 하나님의 뜻에 순종하기 위해 남은 자는 하나님의 구원을 받습니다.

아무리 악한 세상이고 악인이 득세하는 곳이라 하더라도 그들에게 휩쓸리지 않고 하나님을 믿는 소수의 의인이 존재합니다. 그들은 여호와를 경외하고 하나님의 이름을 존중히 여기는 자들이었습니다. 이들에게 하나님의 보호와 축복이 임합니다.

Tip of Bible

말라기서에 나오는 백성들의 여섯 가지 질문

1. 주께서 어떻게 우리를 사랑하셨나이까?(말 1:2-5)

말라기 시대 백성들은 하나님께서 자신들을 더 이상 사랑하지 않는다고 생각했습니다. 수십 년 전에 선조들이 이방 신을 섬기는 바벨론에서 종살이했던 것을 되돌아 볼 때마다 그들은 하나님의 사랑이 더 이상 그들에게 미치지 않는다고 생각한 것입니다. 더욱이 포로기 이후에도 예루살렘 성벽과 성전을 재건하는 일에 헌신했지만 물질적인 풍요 대신 극심한 가난만 더하게 되었을 때, 그들은 하나님 앞에서 이러한 질문을 던지곤 했던 것입니다. 그러므로 말라기 시대의 유다 백성들이 범했던 신앙적인 실수는 하나님께서 여전히 그 백성들을 사랑하고 계시다는 기본적인 믿음의 결핍이었습니다.

말라기 시대 백성들의 이러한 실수는 그때에만 국한된 것이 아닙니다. 경제적으로나 심리적으로 극심한 고통을 당하고 있는 한국의 많은 그리스도인들도 이런 생각에 빠져 살아갈 수 있습니다. 그러나 하나님께서는 자기 백성들을 변치 않고 사랑하고 계십니다.

2. 우리가 어떻게 주의 이름을 멸시하였나이까?(말 1:6-14)

유다 백성들은 하나님께 제사를 드리는 일에 실패했습니다. 희생 제물을 드릴 때 온전한 것으로 드리지 않고 저는 것, 병든 것, 쓸모없는 것들을 가져다 바쳤습니다(1:8). 그리고 정규적인 제사에 참여하는 것을 거추장스럽게 생각했습니다(1:13). 귀찮고 짜증스러운 행위로 간주했던 것입니다. 이렇게 하나님께 감사하는 마음도 없이 형식적으로, 그리고 마지못해서 제사 의식에 참여하여 인색한 마음으로 제물을 드리는 행위가 '하나님의 이름을 멸시하는 행위'로 간주되었습니다. 하나님께서는 그들의 예배가 감사의 마음에서 비롯되고, 헌물 행위가 그들이 드릴 수 있는 최선의 것으로 드리는 것이 되기를 바라셨습니다. 그리할 때 예배는 그들에게 진정한 기쁨과 영적 만족을 제공하는 것이 되기 때문입니다(신 12:4-14).

우리는 예배가 항상 신령과 진정으로 드려지는 예배, 감사의 마음이 표현되는 예배, 최선의 헌물이 드려지는 예배가 되도록 준비해야 합니다.

3. 어찌 됨이니이까?(말 2:10-16)

공중예배에 나란히 참석한 부부 중에 배우자로부터 폭력을 당하여 하나님 앞에 통곡을 하며 한 맺힌 기도를 드리고 있는 모습이 나옵니다. 그 장면을 보신 하나님께서 폭력을 행한 배우자에게 '다시는 너희의 헌물을 돌아보지도 아니하며 그것을 너희 손에서 기꺼이 받지도 아니하시리라' (2:13)고 말씀하십니다. 그러자 폭력을 행한 배우자가 하나님께 '어찜이니이까?' 하고 묻습니다(2:14). 하나님께서는 그에게 더 이상 배우자에게 폭력을 행사하지 말고, 이혼을 강요하지도 말고, 학대를 옷으로 가리지 말라고 명령하십니다. 여기서 학대를 옷으로 가린다는 표현은 배우자로부터 폭행을 당하여 상처가 났을 때 그것을 옷으로 가리는 비참한 모습을 말합니다. 하나님께서는 그들의 예배를 받지 않으시고 기도에 응답하지 않겠다고 말씀하십니다.

그러므로 본문은 말라기 시대의 백성들이 하나님께 예배를 드리는 생활에서도 실패했을 뿐만 아니라 그들의 가정생활과 특히 부부생활에서도 무질서했던 점을 지적합니다. 그러면서 하나님 앞에서 참다운 신앙생활은 올바른 가정생활을 유지하는 것과 불과분의 관계에 있다는 점을 가르칩니다.

4. 우리가 어떻게 여호와를 괴롭혀 드렸나이까?(말 2:17)

유다 백성들의 실수는 하나님의 공의로움을 믿지 못하고 함부로 부정적인 말을 내뱉는 것이었습니다. 17절에 언급된 백성들의 부정적인 말은 매우 심각합니다. "모든 행악하는 자는 여호와의 눈에 선히 보이며 그에게 기쁨이 된다. 공의의 하나님이 어디 계시냐?" 하나님의 백성들이 어려운 상황을 맞고, 특히 주위의 믿지 않는 자들이 더욱 번성할 때 하나님 앞에 부정적인 말을 하는 것은 하나님의 마음을 괴롭게 하는 것입니다.

우리는 하나님께서 공의롭지 못하게 통치하신다고 생각하면서 적당히 세상에 타협하며 살고자 하는 마음을 가져서는 안 됩니다. 하나님께서는 여전히 자기 백성들을 위해 공의롭게 활동하고 계십니다. 사회 전반적으로 어지럽고 악이 성행하여 그리스도인답게 사는 것이 어려운 시대에 우리가 살고 있지만 하나님께서 그의 백성들에게 요구하시는 것은 조금 더 인내하고 조금 더 하나님을 신뢰하며 살라는 것입니다(시 37편, 잠 24장).

5. 우리가 어떻게 하여야 돌아가리이까?(말 3:7–12)

말라기 시대 백성들의 또 다른 죄악의 요소는 하나님 앞에서 회개할 줄 모르는 마음가짐이었습니다. 3장 7절에 의하면 하나님께서 그의 백성들에게 계속적으로 회개를 요청하고 있습니다. 그러나 하나님의 백성들은 "우리가 어떻게 하여야 돌아가리이까"라고 반문합니다. 우리말 번역에 의하면 백성들이 하나님의 말씀에 비추어 잘못한 것이 있으면 돌아갈 마음이 있는 것처럼 이해됩니다. 그러나 히브리어 원어로는 "우리로 무엇을 회개하란 말입니까?"라는 뜻입니다. 그들은 수많은 죄악을 범하고 있으면서도 이미 습관에 젖어 죄가 죄인 줄을 모르고, 하나님 앞에서 당당하게 의로움을 내세우고 있습니다. 그러자 하나님께서 그들의 수많은 죄악상 가운데 하나를 들어 그들이 회개해야 할 이유를 소개하는데, 그것이 바로 십일조와 헌물입니다.

하나님의 백성들은 항상 하나님 앞에서 겸손하여 자신들의 실수와 죄악들을 하나님께 회개하고 용서를 비는 자들이 되어야 합니다.

6. 우리가 무슨 말로 주를 대적하였나이까?(말 3:13–15)

이들은 어려운 시기에 하나님을 섬기기 위해 성벽 재건 헌금도 드리고 성전 건축 헌금도 드렸지만 그들에게 물질적인 풍요나 건강의 축복 등이 보장되지 않자 하나님을 섬기는 것이 헛되다고 말합니다.

어려운 시대에 살면서 하나님을 섬기는 일은 쉽지 않습니다. 그렇다고 해서 하나님을 섬기는 행위의 무가치함을 논하고 불평을 한다는 것은 하나님의 백성답지 않은 행동입니다.

1단원 : 사도행전

제1과 성령이 오셨네 | 제2과 죽음을 넘어서기까지 | 제3과 사울아 사울아 네가 어찌하여…

2단원 : 바울의 전도여행

제4과 복음이 예루살렘을 벗어나다 | 제5과 복음이 퍼져 나가다 | 제6과 마지막 목적지

3단원 : 일반서신

제7과 모든 이름 위에 뛰어난 이름 | 제8과 믿음은 동사다! | 제9과 너희는 택하신 족속 왕 같은 제사장

4단원 : 요한서신

제10과 하나님은 사랑이시라! | 제11과 처음 사랑을 회복하라! | 제12과 칭찬받은 교회 칭찬 듣는 성도

Introduce

단원주제	이 땅에 임한 하나님의 나라
단원해설	초대교회의 형성과정과 박해, 하나님의 위대한 일꾼이었던 사도 바울의 회심 사건 등 초대교회에 임한 놀라운 부흥의 사건을 살펴본다.
중심구절	"오직 성령이 너희에게 임하시면 너희가 권능을 받고 예루살렘과 온 유대와 사마리아와 땅 끝까지 이르러 내 증인이 되리라"(행 1:8).
단원학습목표	초대교회에 나타난 성령의 역사하심과 사역을 이해한다.
단원핵심정리	초대교회의 형성과 성령의 사역

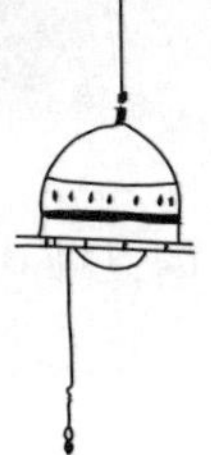

1 사도행전

신약편

1 단원

단 원 소 개

예수께서 부활하시고 승천하신 후, 그를 따르던 제자들은 주께서 선물로 주시겠다고 약속하신 성령을 기다리고 있었습니다. 그리고 얼마 지나지 않아 오순절 날이 이르렀을 때 약속하신 성령이 그들에게 임했습니다. 이때 성령을 받은 무리로부터 초대교회가 형성된 것입니다.

성령의 불길로 많은 사람들이 복음을 받아들이고 예수께로 나오지만 곧 엄청난 핍박과 박해가 시작됩니다. 스데반을 비롯해 많은 사람들이 순교를 당하고 전 지역으로 그리스도인들이 흩어지게 되지만, 이 또한 이방 선교를 위한 하나님의 놀라운 계획이었습니다.

본 단원에서는 성령의 임하심과 예루살렘 교회의 박해, 그리고 그 이후 이방인을 위한 사도로 크게 쓰임 받은 사울의 회심 사건을 다루기로 합니다.

제1과 성령이 오셨네

학습목표 : 예수 그리스도의 승천 이후 약속하신 성령을 받은 사람들이 어떻게 변화되었는가를 이해한다.

중심진리 : 성령 충만을 받은 그리스도인

본문말씀 : 사도행전 2장

행 2:2-4

"홀연히 하늘로부터 급하고 강한 바람 같은 소리가 있어 그들이 앉은 온 집에 가득하며 마치 불의 혀처럼 갈라지는 것들이 그들에게 보여 각 사람 위에 하나씩 임하여 있더니 그들이 다 성령의 충만함을 받고 성령이 말하게 하심을 따라 다른 언어들로 말하기를 시작하니라."

Question About It

1. 그리스도인은 성령을 받아야 한다는 이야기를 많이 듣습니다. 그렇다면 나는 과연 성령을 받았는지 혹은 성령을 어떻게 이해하고 있는지 이야기해 봅시다.

☞ 예수님을 믿은 사람은 성령을 받은 사람입니다. 성령이 아니고서는 누구든지 예수님을 주님으로 고백할 수 없기 때문입니다.

"그러므로 내가 너희에게 알리노니 하나님의 영으로 말하는 자는 누구든지 예수를 저주할 자라 하지 아니하고 또 성령으로 아니하고는 누구든지 예수를 주시라 할 수 없느니라"(고전 12:3).

2. 그리스도인으로 성령을 받은 사람은 어떠한 신앙의 모습을 보여야 합니까?

☞ 그의 삶 속에 사랑과 선행의 아름다운 모습을 보여야 합니다.

View of Bible

사도행전은 성령의 역사를 그린 책이라고 할 수 있습니다. 예수님의 승천 이후 약속대로 보내어진 성령과 그의 역사와 그의 활동에 의해 이루어지는 사건들을 기록하고 있습니다.

본과에 소개되는 오순절에 일어난 성령 강림 사건은 교회 시대의 새로운 장을 여는 역사적 의미가 있는 사건입니다.

Learn of Bible

예수님이 우리의 모든 죄를 대신 담당하시고 십자가 위에서 죽으셨습니다. 그리고 죽음의 권세를 이기시고 사흘 만에 부활하셨습니다. 부활하신 주님은 40일 동안 세상에 계시면서 제자들과 많은 사람들에게 나타나셨습니다. 그리고 감람산에서 많은 사람들이 보는 가운데 승천하셨습니다. 하늘로 올리우신 예수님은 제자들에게 성령을 기다리라고 말씀하셨습니다. 그 후 얼마 지나지 않아 하나님의 성령이 그들에게 임했습니다.
"오직 성령이 너희에게 임하시면 너희가 권능을 받고 예루살렘과 온 유대와 사마리아와 땅 끝까지 이르러 내 증인이 되리라 하시니라"(행 1:8).

1. 예수님이 부활하시고 승천하신 후 오순절에 제자들은 함께 모여 기도하기 시작했습니다. 이들이 한 곳에 모여 기도할 때 일어난 일은 무엇입니까?

☞ **성령이 임함.**

"홀연히 하늘로부터 급하고 강한 바람 같은 소리가 있어 그들이 앉은 온 집에 가득하며 마치 불의 혀처럼 갈라지는 것들이 그들에게 보여 각 사람 위에 하나씩 임하여 있더니"(행 2:2-3).

그들에게 성령이 임했습니다. '바람'과 '불'은 성령을 나타내는 단어들입니다. 구약에서의 하나님의 임재는 특수한 목적을 위해서 특정한 사람들에게만 한정되었으나 이제는 예수를 믿는 모든 무리 가운데 성령이 임함을 보여줍니다. 이는 신약시대에는 모든 그리스도인이 성령을 받아 각기 은사에 따라 하나님의 일을 하게 됨을 암시합니다.

2. 성령이 임하고 성령의 충만함을 받은 그들에게 일어난 일은 무엇입니까?

☞ 다른 언어로 말함.

"그들이 다 성령의 충만함을 받고 성령이 말하게 하심을 따라 다른 언어들로 말하기를 시작하니라"(행 2:4).

'성령 충만'이란 예수 그리스도를 믿음으로 이미 내주하신 성령의 지배와 인도함을 받는 상태를 말하는 것이지 공간적으로 성령이 채워지거나 다시 들어오는 것을 의미하지는 않습니다. 당시 성령의 충만함을 받은 사람들은 자신들이 아직 배운 바가 없는 언어로 말하기 시작했고, 다른 여러 지방에서 온 사람들은 그것을 이해했습니다.

여기서 다른 언어(방언)란 그것을 말하는 사람이 전혀 배우지도 않은 각 나라의 말, 즉 외국어를 가리킵니다. 전혀 들어 보지도 않고 알지도 못한 다른 나라의 말이 입에서 터져 나온 것입니다. 모든 인간의 언어 장벽이 무너져 버렸는데, 비록 이것은 일시적인 현상이기는 했지만 성령만이 하실 수 있는 놀라운 기적의 사건이었습니다.

이러한 현상은 첫 기독교 오순절에 특이하게 일어났던 일로서 그 이후에는 다시 일어나지 않았으며, 고린도 교회에 나타났던 방언(고전 12:10)은 오순절의 방언과는 다른 것입니다. 이렇듯 오순절 성령 강림의 결과로 일어난 방언은 성령의 능력을 증명해 주는 것으로서 당시 예수님의 승천으로 인해 불안해하던 제자들에게 새로운 힘과 용기를 주는 사건이었습니다. 그들은 이 놀라운 사건을 통하여 하나님과 사람, 사람과 사람을 가로 막고 있는 모든 장벽들이 무너지고 복음이 온 세계에 전파되어야 하리라는 것을 깨닫게 되었습니다.

3. 베드로는 다른 언어(방언)로 말하는 것을 보고 어떻게 이야기하였습니까?

☞ 하나님이 부어 주신 영이라고 말함.

"하나님이 말씀하시기를 말세에 내가 내 영을 모든 육체에 부어 주리니 너희의 자녀들은 예언할 것이요 너희의 젊은이들은 환상을 보고 너희의 늙은이들은 꿈을 꾸리라"(행 2:17).

어떤 사람들은 그들이 성령을 받고 각기 다른 언어로 말하는 것을 보고 새 술에 취한 것이라고 말했습니다. 그러자 베드로가 구약의 요엘 선지자의 말씀(욜 2:28-32)을 인용하면서 이들은 하나님의 영을 받은 것이라고 변호합니다. '제 삼시'란 아침 9시로 유대인들의 기도 시간이었습니다. 따라서 그들은 이 시간에

술을 마시지 않습니다(살전 5:7).

'예언', '환상', '꿈'은 구약시대에 특수한 사람에게 주어지는 하나님의 계시 방편이었습니다. 그러나 이러한 것들이 오순절을 기점으로 하여 모든 사람이 누리게 됨으로 말미암아 신약시대에는 누구나 성령의 은혜에 참여할 수 있게 되었음을 보여줍니다. 그러므로 신약시대는 모든 사람이 믿음을 통하여 성령을 받으면 하나님께로 나아갈 수 있게 되었습니다.

4. 이어 베드로는 성령의 충만함을 입고 설교를 시작합니다. 그의 설교의 내용은 무엇입니까?

☞ **예수가 참 메시아 되심.**

"그런즉 이스라엘 온 집은 확실히 알지니 너희가 십자가에 못 박은 이 예수를 하나님이 주와 그리스도가 되게 하셨느니라 하니라"(행 2:36).

예수님은 자신의 메시아 직분을 공생애를 통하여 죽기까지 감당하심으로 완전히 성취하셨고 또한 하나님에 의해 부활하셨으며 하늘에 오르사 하나님 우편에 앉아 계시므로 '주와 그리스도'란 칭호가 그에게 합당하게 붙은 것입니다.

5. 설교를 마친 베드로가 그들에게 요구한 결단은 무엇입니까?

☞ **회개하고 예수 그리스도의 이름으로 침(세)례를 받으라고 요구함.**

"베드로가 이르되 너희가 회개하여 각각 예수 그리스도의 이름으로 침(세)례를 받고 죄 사함을 받으라 그리하면 성령의 선물을 받으리니"(행 2:38).

'회개'란 마음의 진정한 변화와 죄의 고백과 돌이킴을 뜻합니다. 마음의 변화란 전인격에 대한 것으로 죄와 불신에서 떠나 그리스도께로 향하는 마음, 그리고 신앙과 그리스도를 통한 성결로의 인격적 변화를 의미합니다.

결국 회개하고 예수 그리스도의 이름으로 침(세)례를 받으면 성령을 받고 구원을 이룰 수 있다고 말합니다.

6. 베드로의 설교를 들은 사람들은 어떤 결단의 모습을 보입니까?

☞ **침(세)례를 받음.**

"그 말을 받은 사람들은 침(세)례를 받으매 이 날에 신도의 수가 삼천이나 더하더라"(행 2:41).

베드로의 설교를 들은 수많은 사람들이 침(세)례를 받고 예수님을 그들의 구세주로 받아들입니다.

7. 회개하여 침(세)례를 받고 성령을 선물로 받은 사람들은 어떻게 생활합니까?

☞ 아름다운 그리스도인의 공동체를 이룸.

"믿는 사람이 다 함께 있어 모든 물건을 서로 통용하고 또 재산과 소유를 팔아 각 사람의 필요에 따라 나눠 주며 날마다 마음을 같이하여 성전에 모이기를 힘쓰고 집에서 떡을 떼며 기쁨과 순전한 마음으로 음식을 먹고"(행 2:44-47).

1) 다 함께 모이고(44절)

각자의 가정을 버리고 한 공동체 생활을 한 것이 아니라 늘 함께 모이고 있었다는 것을 의미합니다. 예수님을 통한 신약의 공동체는 그 언약에 기초하여 예수 안에 있음으로써 하나님과 결속될 뿐만 아니라 공동체 간에, 또한 공동체를 구성하는 각 개인 간에 영적 결속이 이루어진 것입니다.

2) 모든 물건을 같이 사용하고(44절)

그리스도인들 상호간에 이루어진 영적인 일치는 서로 필요한 물건을 공유하는 생활의 형태로 나타났습니다. '물건을 서로 통용했다' 는 것은 공산주의와 같은 방식을 의미하지 않습니다. 그들은 자발적으로 물건을 서로 같이 나누었고 모든 재산을 필요에 따라 언제든지 공동의 유익을 위해 내어 놓을 준비가 되어 있었던 것입니다.

3) 재산과 소유를 팔아 각 사람의 필요에 따라 나누어 주고(45절)

재산과 소유를 팔아 각 사람에게 나누어 준 것은 오직 성령의 하나 됨을 경험한 공동체에서 나타난 현상입니다. 이러한 현상은 예루살렘 교회에 한정되었고 그 밖의 다른 지역에서는 일어나지 않았습니다. 따라서 이것은 오순절에 임하신 성령의 역사가 얼마나 큰일을 하도록 하셨는가를 보여주는 초대 예루살렘 교회의 특이한 현상이라고 볼 수 있습니다.

4) 날마다 마음을 같이 하여 성전에 모이기를 힘쓰고(46절)

성령을 받은 초기 예루살렘 성도들은 날마다 성전에 모이는 유대 전통과 관습에 따라 행동함으로 그들

의 신앙을 표현했습니다. 이는 아직까지 그리스도인들과 유대인들 사이에 아무 불화도 일어나지 않고 있었음을 암시합니다. 초대교회 신자들이 자주 모이는 장소는 성전과 성전 바깥 뜰 동편에 있는 솔로몬 행각이었습니다(행 3:11; 5:12). 그들은 거기서 서로 마음을 같이 하여 예배와 찬양을 드린 것입니다.

그들은 계속해서 모이기를 힘썼는데 그것은 전적으로 유대인들의 방식과는 달랐습니다. 유대인들은 대부분 율법의 형식과 그에 따른 관습에 의해 모이고 제사를 드렸지만, 초대교회 성도들은 성령에 의해 자발적이고 기쁨이 충만한 가운데 모였습니다.

5) 집에서 떡을 떼며 기쁨과 순전한 마음으로 음식을 먹고(46절)

성도들은 넓은 공간이 있는 집을 택해서 하루씩 돌아가면서 모였습니다. 모인 그들은 예수님을 기념하여 성찬과 애찬을 즐겼습니다. 그들은 기쁨이 넘쳐 이집 저집을 돌아다니며 모임을 갖고 음식을 먹으면서 교제를 나눈 것입니다.

6) 하나님을 찬미했습니다.(47절)

이미 성령의 선물을 통하여 최고의 축복을 발견했으므로 하나님을 향한 그들의 찬미는 자발적인 마음의 표현이었습니다. 그들은 모일 때마다 하나님을 찬양하고 하나님께 예배하였습니다.

Application of Bible

1. 예수님이 승천하신 후 성령을 보내주심으로 이제 성령의 시대가 도래한 것입니다.

2. 베드로의 설교처럼 예수 그리스도만이 우리 죄를 사하여 주시는 참 메시아 되십니다.

3. 성령을 받은 그리스도인은 성령 받았다는 증거가 그의 삶에서 지속적으로 나타나야 합니다.

Tip of Bible

오순절의 의미

'오순절' 이란 말에는 원래 '제 50' 의 뜻이 있습니다. 이 날은 유월절 주간의 안식일로부터 50일째 되는 날에 지키는 유대인의 3대 절기(유월절, 오순절, 초막절) 중 하나입니다. 오순절은 유월절 기간 동안 처음 익은 보리 곡식 단을 제단에 드린 날로부터 시작하여 밀 추수로 끝나는 49일(7주)간의 추수 기간이 끝나는 다음 날이기 때문에 '칠칠절' 이라고도 합니다(출 34:22). 또한 이 날은 처음 수확한 밀을 가지고 떡을 만들어 제사를 드리는 절기이므로 '맥추절' (출 23:16), 혹은 '초실절' (출 34:22)이라고도 합니다.

그러나 신약시대인 1세기경부터 오순절은 하나님이 시내산에서 율법을 주신 것을 기념하는 명절로 여겨지게 되었는데, 출애굽기 19:1절에 출애굽한 이스라엘 백성이 시내산에 도착해서 율법을 받은 날이 약 50일째 되는 날이었기 때문입니다.

이 절기는 대개 유대력 시완월 16일에 해당되는데 현재의 태양력으로는 5월 말이나 6월 초순이 됩니다.이 날에는 흩어져 사는 모든 유대인들이 예루살렘에 와서 처음 익은 모맥(牟麥)으로 떡을 만들어 성전에서 제사를 드렸습니다.

유월절이 그리스도의 수난과 부활을 예표하는 것이라면, 오순절은 신약시대의 교회의 시작을 의미합니다.

제2과 죽음을 넘어서기까지

학습목표 : 예루살렘 초대교회에 닥친 박해의 모습을 살펴보고 그 박해의 의미를 이해한다.

중심진리 : 믿음을 지키며 순교한 그리스도인

본문말씀 : 사도행전 7장

행 8:1
"그날에 예루살렘에 있는 교회에 큰 박해가 있어 사도 외에는 다 유대와 사마리아 모든 땅으로 흩어지니라."

Question About It

1. 집사였던 스데반은 어떤 사람이었습니까?

☞ 초기 기독교의 지도자 중 한 사람이었습니다. 그는 유대인이었지만, 외지 출신으로서 헬레니즘의 영향을 강하게 받은 사람이기도 합니다. 예수님이 죽은 뒤 예루살렘에서 기독교를 접하고 교인이 되었습니다. 사도행전 6 · 7장을 통해서, 결국 스데반은 복음을 증거하다가 유대인들의 돌에 맞아 죽음으로써 최초의 순교자가 되었습니다.(Tip of Bible 참조)

2. 초대교회였던 예루살렘 교회에는 어떤 박해들이 있었을까요?

☞ 스데반을 돌로 죽인 것과 같이 예수 그리스도의 이름으로 모인 무리를 위협하고 죽이려 하였습니다.

View of Bible

처음 그리스도인들은 모두 유대인들이었습니다. 예수님을 비롯하여 그의 열두 제자들, 그리고 성령을 기다리며 마가의 다락방에 모여 기도하던 120명의 사람들도 마찬가지였습니다. 그래서 유대인들은 그리스도인들도 역시 유대교의 한 분파로 생각한 것입니다. 그러나 스데반의 설교 이후 유대인들은 그것이 아니란 것을 깨달았습니다. 그리고 그리스도인들을 박해하기 시작했습니다. 결국 좁혀질 수 없는 유대인과 그리스도인의 차이는, 유대인은 구약에서 예언한 메시아가 예수님이 아니라는 것이고, 그리스도인들은 그 메시아가 바로 십자가 위에서 피 흘려 죽으신 예수님이라는 사실입니다.

Learn of Bible

사도행전 7장은 복음이 유대인에게서 이방 세계로 옮겨지는 계기가 되는 사건을 담고 있습니다. 유대인들의 영적 무지를 드러내고 예수 그리스도를 믿을 것을 촉구한 스데반의 설교는 정통 유대인들의 분노를 야기하고, 이로 말미암아 스데반이 순교 당함과 더불어 예루살렘의 그리스도인들에 대한 핍박이 본격화 된 것입니다.
그리스도인들에 대한 본격적인 박해의 시발점인 된 스데반의 설교 내용을 이해하고 이 사건 속에 나타난 하나님의 역사하심을 살펴보겠습니다.

1. 스데반의 설교에 처음 등장하는 인물인 아브라함이 주는 교훈은 무엇입니까?(행 7:1-7)

☞ 하나님과 아브라함의 언약 관계와 그 언약에 근거한 믿음을 소유함.

"그러나 여기서 발 붙일만한 땅도 유업으로 주시 아니 하시고 다만 이 땅을 아직 자식도 없는 그와 그의 후손에게 소유로 주신다고 약속하셨으며"(행 7:5).

스데반이 아브라함의 소명으로 그의 설교를 시작한 것은 모세의 율법을 절대시했던 유대인들에게 율법보다 앞선 구원의 약속을 기억시키기 위함이었습니다(갈 3:17). 즉 하나님의 구속 계시는 모세의 율법에 근거한 것이 아니라 그 이전 하나님께서 아브라함을 부르시고 그와 언약을 맺으신 사실에 근거합니다. 하나님께서는 먼저 아브라함을 전적인 은혜로 택하여 부르시고 언약을 맺으신 후, 그의 구원을 택한 백성들에게 점차 구체적으로 보여 주시기 위해서 모세의 율법을 허락하신 것입니다. 그러나 유대인들은 이 같은 사실을 깨닫지 못하고 모세의 율법이 전부인 양 착각하였습니다.

또한 구원이 율법의 행위로 말미암는 것이 아니라 믿음의 조상 아브라함이 결과를 내다보지 못한 상태에서 하나님의 약속을 소망 중에 의심하지 않고 믿었던 것(롬 4:20-21)과 같이 그러한 믿음으로 말미암는다는 사실을 유대인들에게 인식시키기 위함이었습니다. 결국 스데반은 유대인들이 자신들의 기득권만을 주장하며 조상의 믿음을 망각한 불신앙의 사람들임을 지적한 것입니다.

2. 뒤이어 요셉의 생애를 언급한 것은 무슨 의미입니까?(행 7:8-16)

☞ 유대인들에게 그들의 시작이 초라하고 미미하였음을 기억시킴으로써 현재 그들의 교만함을 드러내고자 함.

"여러 조상이 요셉을 시기하여 애굽에 팔았더니 하나님이 그와 함께 계서"(행 7:9).

이스라엘은 본래 보잘 것 없는 민족으로서 요셉 시대에 애굽에 정착하였고, 그곳에서 노예 생활을 하던 중 큰 민족을 이루어 하나님의 은혜로 해방을 맞이했습니다(출 12:37-38). 이렇게 그들의 시작이 보잘 것 없었음을 통해 그들의 교만함을 깨우치고자 한 것입니다.

또한 스데반이 요셉의 생애를 말한 것은 요셉의 형제들이 그를 시기하여 애굽에 팔아버린 죄악의 씨앗이 예수 그리스도를 죽이고 그의 제자들을 핍박한 유대인들에게 계속 나타나고 있음을 지적하고자 함이었습니다. 특히 형제들에 의해 팔린 요셉이 하나님의 보호 아래 모든 환란에서 건져내어진 사실(행 7:10)은 유대인들의 간교한 음모에 의해 죽었다가 사흘 만에 부활하신 그리스도의 모습을 보여주는 것으로서 스데반의 설교를 듣는 유대인들의 기독교 핍박이 죄악 된 행위임을 간접적으로 암시해 줍니다.

3. 세 번째로 모세의 생애에 관한 의미는 무엇입니까?(행 7:17-36)

☞ 모세를 통해 행하신 하나님의 사랑과 구원의 행위보다 인간 모세를 숭배하는 유대인들의 잘못된 생각을 지적하기 위함.

"그들의 말이 누가 너를 관리와 재판장으로 세웠느냐 하며 거절하던 그 모세를 하나님은 가시나무 떨기 가운데서 보이던 천사의 손으로 관리와 속량하는 자로서 보내셨으니 이 사람이 백성을 인도하여 나오게 하고 애굽과 홍해와 광야에서 사십 년간 기사와 표적을 행하였느니라"(행 7:35-36).

스데반은 압제하는 애굽인을 살해한 모세의 인간적 혈기와 동포에 의해 쫓겨난 모세의 좌절을 적나라하게 묘사하였습니다. 그리고 모세가 이스라엘의 위대한 지도자가 될 수 있었던 것은 그의 탁월한 자질에 의한 것이 아니라 하나님의 구원 섭리와 역사하심에서 비롯된 것임을 강조했습니다.

유대인들은 하나님으로부터 율법을 받은 모세를 숭배했으므로 모세와 율법보다 그리스도와 그의 복음을 주장하는 성도들을 핍박하고 회당에서 복음을 전파하던 스데반을 신성모독 죄로 고발한 것입니다.

4. 결국 스데반이 전하고자 한 말씀은 무엇입니까?(행 7:37-53)

☞ 율법과 성전 숭배가 곧 우상 숭배임.

"그러나 지극히 높으신 이는 손으로 지은 곳에 계시지 아니하시나니 선지자가 말한 바 주께서 이르시되 하늘은 나의 보좌요 땅은 나의 발등상이니 너희가 나를 위하여 무슨 집을 짓겠으며 나의 안식할 처소가 어디냐 이 모든 것이 다 내 손으로 지은 것이 아니냐 함과 같으니라"(행 7:48-50).

스데반은 과거 조상들의 이야기를 빌어 유대인들의 불신앙을 지적함과 동시에 그들의 영적 무지를 드러내는 우상 숭배의 죄를 지적했습니다. 예를 들면, 출애굽한 이스라엘 백성이 하나님을 섬기지 않고 금송아지를 만들어 섬긴 일(출 32:3-4), 자녀를 불에 태워 암몬족의 태양신인 몰록을 숭배한 일(레 18:21), 레판의 별을 섬긴 일(행 7:43) 등입니다.

이처럼 스데반이 이스라엘 조상들의 우상 숭배를 이야기한 것은 그들의 불신앙과 불순종이 현재 그대로 재현되고 있음을 말하기 위함이었습니다. 즉 '인간의 손으로 만든 것' 이라는 점에서 성전 역시 옛 조상이 섬기던 우상들과 다를 바가 없다는 것입니다.

우주 만물의 창조주요 주관자이신 하나님을 이 세상 어느 곳에나 계시는 분으로 여기지 않고 성전에만 계신다고 믿는 것은 일종의 성전 숭배인 것입니다. 하나님을 성전이라는 장소에만 가두어 둔 것입니다.

이렇게 유대인들은 성전과 율법을 중심으로 생활함으로써 신앙이 경직되어 있었고, 따라서 그들이 성전의 실체이신 예수 그리스도를 영접하지 않은 것은 어쩌면 당연한 결과였습니다.

5. 이러한 설교의 결과 스데반은 어떻게 되었습니까?(행 7:54-60)

☞ 순교 당함.

"그들이 돌로 스데반을 치니 스데반이 부르짖어 이르되 주 예수여 내 영혼을 받으시옵소서 하고 무릎을 꿇고 크게 불러 이르되 주여 이 죄를 그들에게 돌리지 마옵소서 이 말을 하고 자니라"(행 7:59-60).

기독교 역사상 최초의 순교자가 된 스데반은 사도들에 비하면 이름이 알려지지 않은 무명의 인물이었으나 이스라엘 역사를 정확히 회고하면서 유대인들의 불신앙을 신랄하게 지적한 사람이었습니다. 그는 결국 산헤드린 공회의 의도대로 예루살렘 성 밖에서 처형을 당했습니다.

6. 스데반의 순교 이후 예루살렘에 어떠한 변화가 일어났습니까?

1) 흩어져 복음을 전함

"그날에 예루살렘에 있는 교회에 큰 박해가 있어 사도 외에는 다 유대와 사마리아 모든 땅으로 흩어지니라"(행 8:1).

스데반의 순교는 직접적으로 유대교의 기독교 핍박이라는 의미를 갖지만 간접적으로는 교회의 확장에 기여했습니다. 즉 스데반의 설교에 자극을 받은 유대교 지도자들은 스데반을 죽이는 것으로 그치지 않고 예루살렘 교회를 전면적으로 핍박하였고 이로써 그리스도인들은 각지로 흩어져 복음을 전파하게 되었습니다.

결론적으로 스데반의 순교는 복음이 예루살렘에서 이방으로 전파되게 하시는 하나님의 구원 계획의 일부였습니다.

2) 사도 야고보의 순교

"그 때에 헤롯 왕이 손을 들어 교회 중에서 몇 사람을 해하려 하여 요한의 형제 야고보를 칼로 죽이니"(행 12:1-2).

예루살렘에 큰 핍박이 나서 모두 흩어졌지만 사도만은 예루살렘에 남아 목숨을 걸고 교회를 지킨 것입니다. 결국 남아 있던 사도들 중 야고보가 순교를 당했습니다.

3) 베드로가 옥에 갇힘

"유대인들이 이 일을 기뻐하는 것을 보고 베드로도 잡으려 할 새 때는 무교절 기간이라 잡으매 옥에 가두어 군인 넷씩인 네 패에게 맡겨 지키고 유월절 후에 백성 앞에 끌어내고자 하더라 이에 베드로는 옥에 갇혔고 교회는 그를 위하여 간절히 하나님께 기도하더라"(행 12:3-5).

직접적인 순교를 당하지는 않았지만 베드로도 옥에 갇히게 되었습니다. 그러나 하나님의 은혜로 베드로는 곧 감옥에서 구원함을 받게 됩니다.

Application of Bible

1. 스데반은 구약 족장시대의 역사를 보여줌으로써 자신도 구약의 전통에 충실함을 증거했습니다. 즉 자신이 믿는 하나님 또한 아브라함, 이삭, 야곱 등 믿음의 조상들에게 약속의 땅을 제시하신 하나님과 동일한 분이라는 것입니다. 이 하나님 역시 오늘날 우리의 하나님이 되십니다.

2. 스데반은 율법을 지킨다고 주장한 유대인들이 오히려 율법의 정신은 잊어버리고 그 형식에만 매달려 있는 것이 잘못된 점이라고 지적했습니다.

3. 스데반은 성전은 하나님을 만나고 예배하는 장소로서 의의가 있는 곳이지 결코 건물 그 자체가 어떤 의미를 지닌 것이 아님을 밝힘으로써 성전에 대한 미신적 숭배 의식을 지적했습니다.

Tip of Bible

순교자 스데반

스데반은 정통 유대인이 아닌 헬라파 유대인이었습니다(행 6:1). '히브리파 사람' 이란 이스라엘 땅에서 출생하여 성장한 유대인들을 가리키며, '헬라파 유대인' 이란 각처에 흩어져 살다가 이스라엘 땅으로 돌아온 디아스포라 출신의 유대인을 가리킵니다. 이들은 히브리계 유대인과 달리 당시 세계 문화의 시류를 익히 알고 또 익숙해 있었기 때문에 전통적 유대교의 관습에 얽매이지 않고 과감히 그리스도의 복음을 전파할 수 있었습니다. 실제로 스데반은 베드로와 요한과는 달리 헬라파 회당에 출입하면서 전도했습니다(행 6:9). 당시 히브리계 유대인인 사도들이 예루살렘 교회를 지키며 사역을 하고 있었던 반면에 스데반은 새로운 영역을 개척하는 선교의 일선에 서 있었던 것입니다.

스데반은 탁월한 신앙인이었습니다. 성령이 충만했고(행 6:5), 기사와 이적을 행할 정도로 은혜와 권능을 받은 사람이었고(행 6:8), 뛰어난 역사의식을 가지고 있었고(행 7:1-53), 원수까지도 사랑하는 자였습니다(행 7:60). 순교당할 것을 각오하고 담대하게 하나님의 말씀을 전했던 용기 있는 사람이었습니다.

틴틴파워 in 지저스

제3과 사울아 사울아 네가 어찌하여…

학습목표 : 이방인의 사도로 부르심을 받은 바울이 어떻게 하나님을 만나 그의 삶이 변화되었는지 이해한다.

중심진리 : 그리스도인이 된 사도 바울

본문말씀 : 사도행전 9장

Memory Verse

행 9:3-4
"사울이 길을 가다가 다메섹에 가까이 이르더니 홀연히 하늘로부터 빛이 그를 둘러 비추는지라 땅에 엎드러져 들으매 소리가 있어 이르시되 사울아 사울아 네가 어찌하여 나를 박해하느냐 하시거늘."

Question About It

1. 하나님을 만나기 전 바울은 어떤 사람이었습니까?

☞ 사울이라고도 하는 바울은 엄격한 히브리 가문에서 출생하였습니다. 그의 고향은 지중해의 북쪽 구석에 위치한 길리기아의 복잡한 도시 다소였습니다. 다소는 교통의 중심지였고 철학과 의학이 발달한 교육도시였습니다. 그는 훌륭한 유대 전통 아래에서 엄격하게 교육받았는데, 그 내용은 히브리어와 성경을 배우며 장막 만드는 기술을 배우는 것이었습니다(행 18:3). 성장해서는 당시의 뛰어난 석학이었던 가말리엘 문하에서 공부하였고(행 22:3), 많은 학문적인 발전을 이루게 되었습니다(갈 1:14). 그 후 철저한 바리새인으로서 모세의 율법을 지켰으며, 이러한 그의 열심은 교회를 핍박하는 것으로 나타나게 되었습니다(행 26:9-11).
"내가 그들에 대해 결정권을 가졌다"(행 26:10)는 말로 보아 이미 유대주의 종파 내의 지도자가 되어 예수님을 하나님의 아들로 인식하지 못하고 예수님을 따르던 무리들을 핍박하고 스데반의 순교 시에도 앞장섰던 사람이었습니다.

2. 하나님을 만난 후 바울은 어떤 사람으로 변화되었습니까?

☞ 교회를 핍박하는 데 앞장섰던 바울은 다메섹으로 가는 길에 극적으로 예수님을 만나게 됩니다(행 9장). 이 만남을 통해 예수님이 살아계신 하나님의 아들로서 이 땅에 오신 분이란 사실을 알게 되었고 자신의 남은 생애를 하나님께 헌신하게 됩니다.

View of Bible

복음은 유대인에게만 국한된 것이 아니라 헬라인, 더 나아가 전 세계의 모든 사람들에게 전해져야 하는 것이었습니다. 이를 위해서는 세계 선교를 적극적으로 감당할 수 있는 커다란 그릇이 필요했습니다. 이 그릇에 해당하는 사람이 바로 바울이었습니다. 하나님께서는 비록 그리스도인들을 핍박하는 데 앞장섰던 바울이었지만(행 7:58; 8:1-4), 그를 하나님의 사역자로 선택하셨던 것입니다. 그러므로 하나님을 만나 예수의 증인이 된 바울의 변화는 장차 기독교를 세계만방에 퍼뜨리는 놀라운 사역을 수행함으로써 세계 역사의 흐름을 바꾸어 놓는 엄청난 사건이 된 것입니다.

Learn of Bible

사도행전 9장은 기독교 역사상 가장 위대한 회개 기사인 바울의 회심 장면과 그의 초기 활동을 담고 있습니다. 교회 박해에 앞장섰던 바울이 복음의 위대한 수호자로 변한 것은 하나님의 주권적 능력을 나타내는 극적인 사건이었습니다. 베드로가 유대인의 사도라면 바울은 이방인의 사도로 택함을 받은 것입니다.

1. 하나님을 만나기 전 바울은 어떤 사람이었습니까?

☞ 헬라 사상의 영향을 받았으며 다소에서 태어나 헬라 교육과 유대인의 교육을 철저히 받은 로마 시민권자였습니다.

바울은 길리기아의 오래된 도시 다소 출신인데, 다소는 주전 1세기경 헬라 철학의 본고장이었으며 동서양이 만나는 합류 지점에 위치하여 헬라 철학과 로마의 세계관이 동방의 신비주의와 혼합되어 그 도시의 밑바탕에 흐르고 있었습니다. 때문에 다소에서 성장한 바울도 이러한 환경의 영향을 받았습니다.

그가 헬라 교육을 받은 흔적으로는 그의 서신서들에서 나타나는 정교한 문법과 명확한 논리 등을 들 수 있습니다. 그리고 바울은 가말리엘의 문하에서 엄격한 히브리식 교육을 받았으며, 유대인으로서 로마 시민권을 가진 소수의 사람들 중 한 사람이었습니다.

우리는 여기서 하나님께서 당신의 도구로 쓰실 사람을 얼마나 주도면밀하게 준비, 훈련시키는가를 깨닫게 됩니다.

2. 바울이 그리스도인들을 핍박한 이유는 무엇입니까?

☞ 그는 철저한 유대인이었기 때문에 예수가 그리스도이심을 부인했고, 하나님을 위하는 길이 그리스도인들을 핍박하는 것이라고 생각했습니다.

초대교회는 예수의 주 되심, 메시아 되심, 죽음과 승리의 부활, 그리고 영광스러운 하나님의 아들 되심을 증거했습니다. 그러나 초대교회의 이러한 주장은 바울을 비롯한 유대교 지도자들의 전통적인 메시아관을 혼란스럽게 했습니다. 유대인들이 생각했던 메시아상은 다윗 왕과 같이 이 땅에서 하나님의 나라를 실현하는 정치적인 강력한 메시아였습니다(요 6:1-15).

그러므로 전통적인 유대인이었던 바울은 유대인 그리스도인들을 이단자 또는 배교자로 생각하고 그들을 핍박하는 일이 유대 민족을 이민족으로부터 보호하고 하나님의 이름을 더럽히지 않는 일이라고 생각한 것입니다.

3. 바울이 예루살렘에서 다메섹으로 간 이유는 무엇입니까?

☞ 그리스도인들을 결박하여 잡아 오기 위해서.

"다메섹 여러 회당에 가져갈 공문을 청하니 이는 만일 그 도를 따르는 사람을 만나면 남녀를 막론하고 결박하여 예루살렘으로 잡아오려 함이라"(행 9:2).

다메섹은 예루살렘 동북쪽 약 230km 정도 거리에 위치한 고대 도시로 유대인들이 많이 거주하던 곳이었습니다. 예루살렘 박해 때(행 8:1-3) 그리스도인들이 이곳으로 피신을 갔고, 후에 많은 그리스도인 개종자들이 있었습니다.

바울은 대제사장에게 허락을 받아 이들을 잡아오기 위해 다메섹으로 향한 것입니다.

4. 다메섹으로 가는 도중 어떤 일이 일어났습니까?

1) 주님의 음성을 들음

"사울이 길을 가다가 다메섹에 가까이 이르더니 홀연히 하늘로부터 빛이 그를 둘러 비추는지라 땅에 엎드러져 들으매 소리가 있어 이르시되 사울아 사울아 네가 어찌하여 나를 박해하느냐 하시거늘"(행 9:3-4).

다메섹으로 향하던 바울은 하늘로부터 비추는 홀연한 빛을 보고 놀라 즉시 땅에 엎드립니다. 이때 '사울아 사울아' 하는 주님의 음성을 듣게 됩니다. 하나님이 바울을 당신의 종으로 선택하시기 위하여 초자연적인 현상으로 나타나신 겁니다.

2) 같이 가던 사람들은 소리만 듣고 아무것도 보지 못함

"같이 가던 사람들은 소리만 듣고 아무도 보지 못하여 말을 못하고 서 있더라"(행 9:7).

바울과 함께 동행하던 사람들은 이러한 초자연적인 현상에 소리만 듣고 아무것도 감지하지 못했다고 기록되어 있습니다. 아마도 그들은 무슨 소리를 듣기는 하였으나 그 소리가 무엇을 의미하는지 이해할 수 없었을 것입니다. 이러한 경험을 한 사람은 사울 즉 바울뿐이었습니다.

3) 사울은 아무것도 보지 못하게 됨

"사울이 땅에서 일어나 눈은 떴으나 아무것도 보지 못하고 사람의 손에 끌려 다메섹으로 들어가서 사흘 동안 보지 못하고 먹지도 마시지도 아니하니라"(행 9:8).

사울은 빛을 경험한 순간부터 눈이 멀어 아무것도 보지 못하게 됩니다. 하지만 주님의 음성만큼은 똑똑히 듣게 됩니다. 성경에선 이렇게 하나님을 직접 대면하게 된 사람들은 그 영광의 빛으로 인해 주님을 똑바로 쳐다볼 수가 없어 얼굴을 피했다고 말하고 있습니다.

5. 하나님은 눈이 멀게 된 사울을 누구를 통하여 고쳐 주십니까?

☞ 아나니아

"아나니아가 떠나 그 집에 들어가서 그에게 안수하여 이르되 형제 사울아 주 곧 네가 오는 길에서 나타나셨던 예수께서 나를 보내어 너로 다시 보게 하시고 성령으로 충만하게 하신다 하니 즉시 사울의 눈에서 비늘 같은 것이 벗어져 다시 보게 된지라 일어나 침(세)례를 받고 음식을 먹으매 강건하여지니라"(행 9:17-19).

사울은 사흘 동안 아무 음식도 입에 대지 않았습니다. 이것은 단순히 음식을 먹지 않은 사실을 나타내는 것이 아니라 이 사흘 동안 사울에게 내면적인 큰 움직임이 있었다는 것을 보여줍니다. 아마도 사울은 지금까지 배워왔고 자랑스럽게 생각했던 유대교와 자신의 모습을 다메섹 도상에서 경험한 예수님의 음성과 연관 지어 깊은 생각에 빠졌을 것입니다.

특히 '사흘' 이란 시간은 물고기 뱃속에서 사흘을 보낸 요나와 사흘 만에 다시 살아나신 예수님의 부활처럼 사건의 대전환을 예고합니다. 이처럼 사울의 회심은 자기 자신의 엄청난 내면적 고통을 통한 결단이었습니다.

한편 주님은 아나니아에게 나타나셔서 사울에게 가서 안수하고 그의 눈을 고쳐주라고 명령하십니다. 여기서 제자로 언급되는 '아나니아'는 '하나님은 은혜로우시다'란 뜻으로 그 이름에 걸맞게 유대인들로부터 칭찬을 듣는 경건한 사람이었습니다(행 22:12). 아나니아의 기도로 사울은 눈을 뜨게 됩니다. 이로써 사울은 예수님을 그리스도로 고백하고 믿음의 공동체에 들어오게 됩니다.

6. 예수님을 만난 사울은 어떻게 변했습니까?

☞ **즉시 예수님이 하나님의 아들임을 전파함.**

"즉시로 각 회당에서 예수가 하나님의 아들이심을 전파하니"(행 9:20).

눈을 뜬 사울은 즉시 회당에 가서 복음을 선파했습니다. 그가 그리스도인들을 핍박하기 위해 방문하기로 되어 있던 다메섹의 회당이 복음을 전파하는 장소로 바뀐 것입니다. 사울은 다메섹 도상에서 만난 이가 예수이심을 확신했기 때문에 그 예수님과 하나님의 아들을 서로 연관 지을 수 있었습니다.

Application of Bible

1. 하나님은 당신의 종을 선택하실 때 특별한 방법을 사용하시기도 합니다.

그리스도인들을 핍박하던 사울을 눈여겨보시고, 비록 스데반의 순교 현장에서 그의 죽음에 앞장섰던 사람이었지만 그를 하나님의 종으로 세우신 것입니다.

2. 그는 이방인의 사도로 특별히 선택된 사람이었습니다.

사울은 어려서부터 구약성경을 배우고 유대인의 철저한 교육을 받고, 헬라 사상에도 학문적 조예가 깊은 사람이었습니다. 또한 자신의 믿음과 신념을 위해 행동으로 옮길 수 있는 용기 있는 사람이었습니다. 이렇게 지성과 용기를 갖춘 사울을 하나님이 사용하신 것입니다, 우리도 하나님께 쓰임받기 위해서 지적인 실력을 키우고 용기 있는 자세와 신앙을 갖추어야 합니다.

3. 하나님은 치밀한 과정을 통해 사울을 회심시키셨습니다.

그동안 가지고 있었던 사울의 철저한 유대교적 사상과 기독교를 탄압했던 광신적 열정만큼이나 사울의 회심은 간단하게 이루어지지 않았습니다. 그가 겪었던 깊은 고뇌와 예수님의 집요한 노력이 사울의 회심을 가능하게 한 것입니다.

4. 회심한 사울은 결단을 하고 즉각적인 행동을 보이는 용기 있는 사람이었습니다.

하나님의 아들인 예수님을 만났을 때 그가 곧 그리스도 메시아임을 깨닫고 주저하지 않고 즉시 복음을 전했습니다. 위대한 진리 앞에 바로 반응을 보인 것입니다. 우리에게도 이러한 결단과 행동이 필요합니다.

Tip of Bible

다소

사울이 태어난 도시인 다소는 길리기아 지방의 가장 큰 도시로 당시 세계 문명의 주류였던 그리스 로마 문명이 꽃피운 전형적인 도시였습니다. 동양과 서양이 만나는 지점에 위치했기 때문에 철학과 교육, 문학, 법학, 의학 등 다방면의 학문에 있어서 탁월한 수준을 보였습니다. 특히 아카데미, 에피쿠로스, 스토아 학파의 철학이 다소의 사상계를 주름잡고 있었습니다. 사울은 복합적 문명이 함께 어우러진 이러한 도시에서 성장함으로써 그 시대를 주도하는 사회, 문화, 정치, 도덕을 친근하게 접할 수 있었고, 결과적으로 기독교를 그 세계에 효과적으로 전파할 수 있는 인물이 되었습니다.

SMILE

Introduce

단 원 주 제	위대한 복음전도자 바울
단 원 해 설	사도 바울의 제1차, 2차, 3차 전도여행을 통해 바울이 세운 교회들을 살펴보고, 전도여행 중에 일어났던 하나님의 역사의 현장을 이해한다.
중 심 구 절	"이르되 주 예수를 믿으라 그리하면 너와 네 집이 구원을 받으리라 하고" (행 16:31).
단원학습목표	바울의 전도여행을 통해 가는 곳마다 교회를 개척하게 하신 성령의 역사하심과 사역을 살펴본다.
단원핵심정리	복음이 이방 세계로 퍼짐.

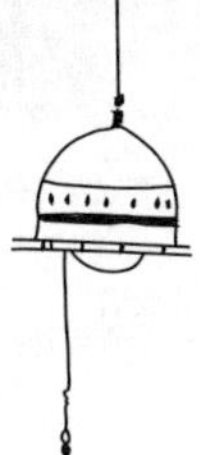

2 바울의 전도여행

신약편

2 단원

단 원 소 개

다메섹 도상에서 주님의 음성을 들은 바울은 예수님을 구주로 영접하고 자신을 하나님께 헌신합니다. 그리고 바나바와 함께한 제1차 전도여행을 시작으로 그의 남은 생애를 이방 선교를 위해 온전히 하나님께 드립니다.

바울은 가는 곳마다 예수님을 소개하고 복음을 전파합니다. 곧 많은 그리스도인들을 얻는 놀라운 성령의 역사가 일어납니다. 그러나 그에 못지않은 온갖 종류의 핍박과 박해를 받게 됩니다. 하지만 그는 그의 사역을 멈추지 않았습니다.

사도 바울과 함께 전도여행을 떠나 봅시다.

틴틴파워 in 지저스

제4과 복음이 예루살렘을 벗어나다

학습목표 : 바나바와 바울의 제1차 전도여행의 경로와 전도지에서 일어난 일들을 이해한다.
중심진리 : 복음의 사도 바울과 바나바
본문말씀 : 사도행전 13–14장

행 13:2
"주를 섬겨 금식할 때에 성령이 이르시되 내가 불러 시키는 일을 위하여 바나바와 사울을 따로 세우라 하시니 이에 금식하며 기도하고 두 사람에게 안수하여 보내니라."

Question About It

1. 예루살렘 교회 이외의 지역에 최초로 설립된 교회는 어떤 교회입니까?

☞ 안디옥 교회입니다.

안디옥 교회는 주로 이방인들로 구성된 교회였기 때문에 유대주의에 얽매이지 않고 복음을 순수하게 받아들일 수 있었고, 그로 인해 이방 선교의 전초기지가 될 수 있었습니다.

특히 바나바는 안디옥 교회의 부흥 소식을 들은 예루살렘 교회에서 파견된 사람으로서 안디옥 교회의 계속되는 양적 부흥에 질적인 성장을 접목시키고자 다소에서 활동 중이었던 바울을 초빙하여 같이 교회를 이끌었습니다(행 11:25, 26). 그 후 바나바와 바울은 안디옥 교회의 실질적인 지도자로서 안디옥 교회가 후일 선교의 전초 기지가 되는 데 견인차 역할을 감당하게 되었습니다.

2. 지도를 보고 바울과 바나바의 제1차 전도여행지를 살펴봅시다.

View of Bible

예루살렘 교회 이외의 이방 지역에 최초로 설립된 교회는 안디옥 교회였습니다. 안디옥 교회는 주로 이방인들로 구성된 교회였기 때문에 복음의 핵심을 받아들이는 데 적극적이었고, 때문에 이방 선교를 위해 정열적으로 헌신하기에 적합한 조건들을 가지고 있었습니다. 제1차 전도여행은 이처럼 유능한 교사들과 지도자들을 가진 안디옥 교회에서부터 시작되었습니다.

Learn of Bible

1. 안디옥 교회에서 선교를 위해 특별히 세운 두 사람은 누구입니까?

☞ **바나바와 사울**

"주를 섬겨 금식할 때에 성령이 이르시되 내가 불러 시키는 일을 위하여 바나바와 사울을 따로 세우라 하시니 이에 금식하며 기도하고 두 사람에게 안수하여 보내니라"(행 13:2-3).

바나바와 사울은 위대한 주님의 선교 사업을 위하여 안디옥 교회에서 부름을 받게 됩니다. 안디옥 교회는 금식하며 기도한 후, 그들에게 안수하여 첫 번째 선교사로 파송했습니다.

특히 바나바는 착하고 성령과 믿음이 충만한 사람으로(행 11:24) 예루살렘 교회가 안디옥 교회의 부흥 소식을 접하고 특별히 파견한 사람이었습니다. 그는 안디옥 교회의 성장을 위해 다소에서 활동 중이던 바울을 초빙했습니다(행 11:25-26). 그 후 바나바와 바울은 안디옥 교회의 실질적인 지도자로서 후일 안디옥 교회가 선교의 전초 기지가 되는 데 큰 역할을 감당하였습니다.

2. 바나바와 사울이 배를 타고 처음으로 도착한 섬은 어디입니까?

☞ **구브로 섬**

"두 사람이 성령의 보내심을 받아 실루기아에 내려가 거기서 배 타고 구브로에 가서"(행 13:4).

그들이 구브로를 처음으로 택한 이유는 아마도 이 섬이 바나바의 고향이었기 때문이었을 것입니다(행 4:36). 이곳에는 많은 유대인들의 회당이 있어서 그들에게 복음을 전할 좋은 기회가 될 수 있었을 뿐 아니라 또 그곳에 이미 믿는 자들이 있었습니다(행 11:19).

3. 구브로 섬의 '바보'라는 도시에서 바나바와 사울을 대적한 마술사는 누구입니까?

☞ **엘루마**

"이 마술사 엘루마는 그들을 대적하여 총독으로 믿지 못하게 힘쓰니"(행 13:8).

바나바와 사울이 바보에 들어가자 당시 로마의 총독이었던 서기오 바울이 그들에게 하나님의 말씀을 듣기를 청했습니다. 그런데 엘루마라는 마술사가 총독으로 하여금 하나님의 말씀을 듣지 못하도록 방해를 했습니다. 그러자 사울은 그를 마귀의 자식으로 선포하고 얼마 동안 해를 보지 못할 것이라고 선언했습니다. 엘루마는 곧 소경이 되었습니다. 이것을 본 총독은 바나바와 사울이 하나님의 보내심을 받은 사람임을 확신했습니다.

그리고 이때부터 이름이 사울에서 바울로 바뀝니다. "바울이라고 하는 사울이 성령이 충만하여 그를 주목하고"(행 13:9).

사울? 바울?

성경의 기록에는 사울을 바울로 고쳐 부르게 된 사실에 대해서 그 직접적인 동기나 이유를 말하고 있지 않습니다.

일반적으로 우리는 바울이라는 이름은 사울이 개종한 이후에 붙여진 것이라고 알고 있습니다. 예수 믿는 자들을 핍박할 때의 사울과, 예수를 전도하는 바울을 구분 짓는 것입니다.

그러나 사도행전 13:9절에는 바울과 사울이라는 이름이 나란히 언급되어 있습니다. 바울이란 헬라어로 '작다'라는 뜻을 가지고 있고, 사울은 '구하다', '하나님께 청함을 받다'라는 뜻을 가지고 있습니다. 종종 사울의 이름을 '큰 자'라는 뜻으로 해석하는 것은 잘못된 것입니다. 즉 예수를 핍박하며 스스로 '큰 자'로 자칭하던 사울이 예수를 영접한 후 '작은 자'로 자처했다는 것은 근거 없는 해석입니다.

사울은 회심한 뒤에도 사울이라는 이름을 가지고 예수를 열심히 전파했고(행 9:19, 22, 26, 28), 안디옥 교회에서 선교사로 파송 받을 때도 사울이라는 이름을 가지고 있었습니다(행 13:1).

그러므로 히브리식 이름인 사울은 주로 이방 선교를 하기 전에 사용되었고, 선교 여행이 시작된 이후부터는 바울이라는 이름을 주로 사용했던 것입니다.

4. 바나바와 바울은 다시 배를 타고 버가에 도착한 뒤 어느 도시에 가서 설교를 하게 되었습니까?

☞ 비시디아 안디옥

"바울과 및 동행하는 사람들이 바보에서 배타고 밤빌리아에 있는 버가에 이르니 요한은 그들에게서 떠나 예루살렘으로 돌아가고 그들은 버가에서 더 나아가 비시디아 안디옥에 이르러 안식일에 회당에 들어가 앉으니라"(행 13:13-14).

바보에서 이들은 버가로 배를 타고 갔습니다. 이곳에서 마가 요한이 바울 일행을 떠나 예루살렘으로 돌아갔습니다. 이때 바울이 제2차 전도여행 때 마가를 데리고 가려고 하지 않은 것은 정확하진 않지만 극히 사소한 이유였던 것 같습니다.

비시디아 안디옥은 바울과 바나바 일행이 바보 다음으로 도착한 곳입니다. 이들은 말씀을 전할 장소를 물색하던 중 유대인 회당을 그 거점으로 정했습니다. 유대인들은 관습적으로 안식일마다 회당에 모여서 율법과 선지서를 읽으며 예배를 드렸습니다. 그 기회를 이용해서 바울은 그들에게 복음을 증거하고 설교할 기회를 가졌습니다.

설교 후에 곧 개종자는 없었으나 몇몇 사람이 다음 안식일에 다시 와서 설교해 달라는 요청을 했습니다. 그 다음 안식일에 더 많은 사람들이 바울의 설교를 듣기 위해 모였습니다. 바울 일행은 그들의 생활에서 율법을 포기시키고 예수를 따르게 했는데 이로 인해 유대의 지도자들의 미움과 시기를 받게 되었습니다. 유대인들은 이미 하나님을 알고 있었으나 그리스도를 메시아로 받아들임을 거절한 것입니다. 이것은 복음을 거절한 것입니다.

그러나 비시디아 안디옥에 있는 이방인들은 믿음을 받아들이게 되었고(행 13:48), 그들로 인해 여러 곳에 교회를 개척하게 되었습니다. 하지만 복음의 반대자들이 바울과 바나바를 핍박하여 그 성에서 내쫓음으로 이들은 이고니온 지방으로 가게 됩니다.

5. 이고니온에선 어떤 일들이 일어났습니까?(행 14:1-7)

☞ 많은 수의 신자들을 얻었으나 복음 반대자들에 의해 쫓겨남.

"이에 이고니온에서 두 사도가 함께 유대인의 회당에 들어가 말하니 유대와 헬라의 허다한 무리가 믿더라"(행 14:1).

이고니온에서 바울과 바나바는 많은 수의 신자들을 얻었습니다. 이들의 설교는 교리적인 면에서 율법보다 더 우월했고 그들의 증거는 의심 없이 신임할 수 있는 사실들이었습니다. 물론 이고니온에서도 다루지방과 마찬가지로 그 지방에 사는 모든 사람들이 그리스도인이 되었던 것은 아닙니다. 그 가운데 어떤 유대인들은 그리스도의 복음을 받아들였지만 어떤 유대인들은 거절했습니다. 그리하여 복음을 거절하는 자들은 바나바와 바울의 적이 되었습니다. 결국 복음을 반대하는 자들이 바나바와 바울을 돌로 치려 함으로 그들은 그곳을 빠져나올 수밖에 없었습니다.

6. 루스드라에서 앉은뱅이를 고치자 사람들이 바울과 바나바를 어떻게 대했습니까?(행 14:8–19)

☞ **그들을 신으로 여기고 섬기려 함.**

"무리가 바울이 한 일을 보고 루가오니아 방언으로 소리 질러 이르되 신들이 사람의 형상으로 우리 가운데 내려오셨다 하여"(행 14:11).

이고니온을 떠나 루스드라에 온 바울은 나면서부터 앉은뱅이가 되어 한 번도 걸어보지 못한 사람을 고쳐 주었습니다. 이것을 목격한 루스드라 사람들은 자기들이 섬기던 신들 가운데 두 신이 사람의 모양을 하고 나타난 것으로 생각하고 바울과 바나바를 신으로 섬기려 했습니다. 그들은 곧 소를 끌고 와서 바울과 바나바 앞에서 제사를 드릴 준비를 했습니다.

바울과 바나바는 이 소식을 듣고 옷을 찢으며 그들의 참람함을 향하여 분노하며 호통쳤습니다. 그것은 인간이 인간에게 경배를 받을 수 없기 때문입니다. 바울은 그들이 생명이 없는 우상들(쓰스와 허메)을 떠나 살아계신 하나님께 돌아오게 하기 위해 전도했습니다.

얼마 후에 바울 일행을 반대하는 유대인 무리가 이고니온과 안디옥에서부터 공모하여 루스드라로 내려왔습니다. 이들은 루스드라 사람들을 충동하여 바울 일행을 돌로 쳐서 성 밖으로 끌어내어 버리게 했습니다.

7. 제1차 전도여행지의 마지막 방문지는 어느 곳입니까?

☞ **더베**

"제자들이 둘러섰을 때에 바울이 일어나 그 성에 들어갔다가 이튿날 바나바와 함께 더베로 가서"(행 14:20).

마지막 여행지인 더베로 가서 복음을 전한 바울과 바나바는 많은 결실을 맺고 지금까지의 여행 경로를 거꾸로 해서 처음 파송되었던 안디옥 교회로 돌아갑니다.

8. 바울의 제1차 선교 여행의 경로를 적어 봅시다.

안디옥 → 실루기아 → 살라미 → 바보 → 버가 → 비시디아 안디옥 → 이고니온 → 루스드라 → 더베 → 루스드라 → 이고니온 → 비시디아 안디옥 → 앗달리아 → 안디옥

Application of Bible

1. 바나바와 바울은 이방 선교를 위해 부름 받은 최초의 선교사들이었습니다.

2. 이들은 가는 곳마다 하나님의 말씀을 전하고 병자를 고치는 위대한 사역을 감당했습니다. 하나님이 함께하시면 놀라운 능력이 나타나게 됩니다.

3. 루스드라에서 앉은뱅이를 고치는 사건으로 인해 사람들이 신으로 섬기려 할 때 이들은 스스로 교만해 하지 않고 자신들을 낮추며 하나님의 이름을 높였습니다.

4. 바울과 바나바는 가는 곳마다 반대자들을 만났으며 핍박을 받고 심지어는 돌에 맞기까지 했습니다. 우리가 하나님의 일을 할 때 결코 좋은 일만 생기지 않습니다. 어려움도 같이 찾아옵니다. 그것은 우리가 그리스도의 영광뿐만 아니라 고난도 함께 받기 때문입니다.

바울의 1차 전도여행

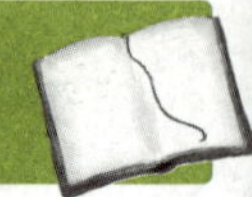

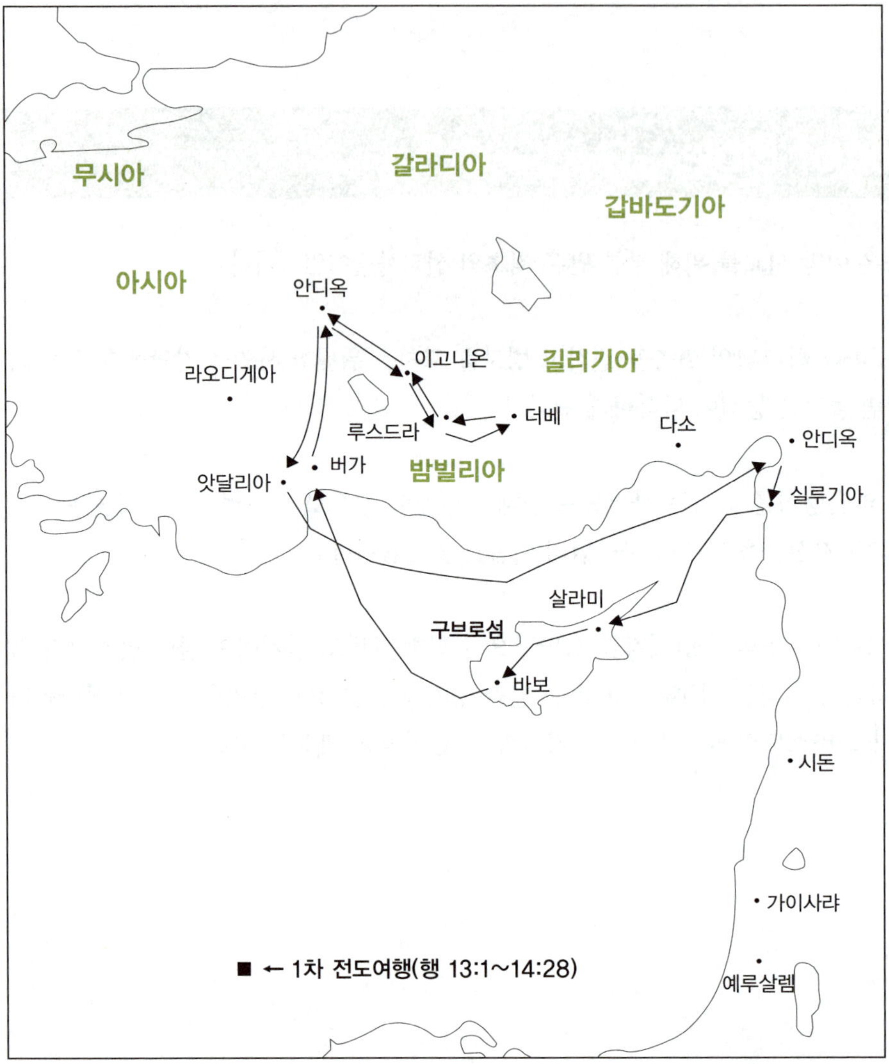
무시아
갈라디아
갑바도기아
아시아
안디옥
이고니온
길리기아
라오디게아
더베
루스드라
다소
안디옥
버가
밤빌리아
앗달리아
실루기아
살라미
구브로섬
바보
시돈
가이사랴
예루살렘
■ ← 1차 전도여행(행 13:1~14:28)

제5과 복음이 퍼져 나가다

학습목표 : 바나바와 바울의 제2차 전도여행의 경로와 전도지에서 일어난 일들을 이해한다.
중심진리 : 복음의 사도 바울과 실라
본문말씀 : 사도행전 15:36–18:17

행 16:31
"이르되 주 예수를 믿으라 그리하면 너와 네 집이 구원을 받으리라 하고."

Question About It

1. 바울의 제2차 전도여행 시 바울과 처음부터 끝까지 함께 동역했던 사람은 누구입니까?

☞ 실라 후에 디모데, 누가, 아굴라, 브리스길라가 동행합니다.

2. 지도를 보고 바울과 실라의 제2차 전도여행지를 살펴봅시다.

View of Bible

예루살렘 회의가 끝난 후(행 15장) 바울은 바나바에게 제2차 전도여행을 제의했습니다(행 15:36). 바나바는 즉시 그 제안을 받아들였습니다. 그러나 바나바가 제2차 전도여행을 위해서 마가라 하는 요한도 데리고 가자고 건의했을 때, 이들 사이에 의견의 차가 있었습니다. 바울은 마가라 하는 요한이 제1차 전도여행 때 자기들을 떠나서 협동하지 않았던 사실을 지적하고 그를 반대했습니다(행 13:13). 이러한 의견의 차이가 결국 바울과 바나바로 하여금 서로 갈라져 사역을 하게 한 계기가 되었습니다.

그러나 이들의 논쟁은 개인적인 의견일 따름이지, 신앙의 문제와는 관계가 없는 것이었습니다. 훗날 바울은 이들에 대한 사랑을 그의 서신서에서 말하고 있습니다(딤후 4:11).

바울과 바나바는 둘 사이의 개인적인 충돌 때문에 전도여행을 멈추지 않았습니다. 바나바는 마가를 데리고 제1차 전도여행 때 세워진 교회들을 방문하기 위해서 구브로를 향해 떠났습니다. 바울은 그의 새로운 동역자인 실라와 함께 새로운 개척지를 향하여 수리아와 길리기아 지방으로 떠났습니다.

Learn of Bible

바울은 1차 전도여행의 마지막 장소였던 더베를 지나 루스드라로 갑니다. 이 도시는 지난번 전도여행 때 바울이 돌에 맞아 거의 죽을 뻔한 곳입니다.

1. 루스드라에서 바울은 훌륭한 조력자를 얻습니다. 그는 누구입니까?

☞ **디모데**

"바울이 더베와 루스드라에도 이르매 거기 디모데라 하는 제자가 있으니 그 어머니는 믿는 유대 여자요 아버지는 헬라인이라"(행 16:1).

디모데는 제1차 전도여행 때 개종한 그리스도인으로 그의 모친도 함께 복음을 받아들인 유대인이었습니다. 그는 루스드라에 교회가 세워진 후 바울이 돌아올 때까지 복음 전도자로서의 역할을 훌륭하게 감당함으로써 많은 사람들에게 칭찬받는 사람이었습니다(행 16:2).

바울은 디모데를 전도여행에 동참시켰고, 이렇게 맺어진 관계는 바울의 마지막 생애까지 함께하게 됩니다. 바울은 그를 "믿음 안에서 참 아들 된 디모데"(딤전 1:2)로 불렀고, 몇 해 후 빌립보 신자들에게 보낸 편지 가운데서도 바울은 디모데를 지극히 칭찬했습니다(빌 2:19-24).

2. 바울은 드로아에서 어떤 환상을 보게 됩니까?

☞ 와서 우리를 도우라는 마게도냐 사람의 환상

"밤에 환상이 바울에게 보이니 마게도냐 사람 하나가 서서 그에게 청하여 이르되 마게도냐로 건너와서 우리를 도우라 하거늘"(행 16:9).

다음으로 바울은 아시아 지역으로 들어가기를 원했으나 성령께서 그러한 계획을 막으셨습니다. 그는 북쪽에 속한 비두니아로 가고자 했으나 이것도 성령께서 막으셨습니다. 좌우 어느 쪽도 가지 못하게 되자 바울과 그 일행은 드로아로 가게 됩니다.

드로아에 도착했을 때 밤에 환상을 보게 되는데, 그것은 마게도냐 사람이 자기들에게로 건너와서 우리를 도우라는 것이었습니다. 바울은 이것을 하나님의 명령으로 생각하고 마게도냐로 건너갑니다.

3. 마게도냐 지방에서 바울이 얻은 첫 번째 개종자는 누구입니까?

☞ 루디아

"두아디라 시에 있는 자색 옷감 장사로서 하나님을 섬기는 루디아라 하는 한 여자가 말을 듣고 있을 때 주께서 그 마음을 열어 바울의 말을 따르게 하신지라"(행 16:14).

바울과 그 일행은 드로아에서 배를 타고 사모드라게에 도착한 후 이튿날 네압볼리를 거쳐 빌립보로 갑니다. 빌립보에서 바울은 회당을 찾지 못하다가 어떤 유대 여인들이 강변에서 안식일에 예배를 드린다는 소식을 듣고 그곳으로 갔습니다.

거기 예배드리는 사람 가운데 루디아란 여인이 있었습니다. 그녀는 "하나님을 섬기는"이라는 기록 속에 나타나 있는 것처럼 신실한 자였습니다. 그리스도의 복음을 접하기 이전에는 모세의 율법을 성실하게 지켰습니다. 그 증거로 루디아는 다른 자색 염료업자들이 상점 문을 열고 장사할지라도 안식일이면 반드시

루디아

루디아는 소아시아에 위치해 있는 두아디라에서 온 자색 옷감 장수였습니다. 당시 자색 염료는 값이 비싸서 부자들만이 살 수 있었고, 그들만이 자색 옷과 고운 베옷을 입었습니다(눅 16:19). 루디아가 자색 염료를 팔고 있었다는 것은 그녀가 경제적으로 부유했음을 말해 줍니다. 더구나 그녀의 집은 바울과 그의 동역자를 모두 수용할 만큼 컸다는 사실을 봐도 그녀가 빈궁하지 않았음을 알 수 있습니다(행 16:15).

가게 문을 닫고 그날을 거룩하게 지켰습니다. 주님은 그런 루디아의 마음을 열어서 바울의 가르침을 듣게 했고, 그녀와 그녀의 집이 다 함께 침(세)례를 받게 하셨습니다.

4. 빌립보에서 바울은 귀신들린 소녀를 고쳐주게 되는데, 이 일로 인해 바울과 실라는 감옥에 갇히게 됩니다. 그런데 그 감옥에서 바울과 실라가 기도하자 어떤 일이 일어납니까?

☞ **큰 지진이 나서 감옥 문이 열림.**

"이에 갑자가 큰 지진이 나서 옥터가 움직이고 문이 곧 다 열리며 모든 사람의 매인 것이 다 벗어진지라" (행 16:26).

빌립보에 귀신들린 소녀 하나가 그녀의 주인에게 돈을 벌게 하기 위해서 점쟁이 노릇을 하고 있었습니다. 이 불행한 소녀는 바울과 그 일행을 보고 "이 사람들은 지극히 높은 하나님의 종으로서 구원의 길을 너희에게 전하는 자라"하면서 그들을 며칠 동안 따라 다녔습니다(행 16:17). 바울은 몇 날을 계속해서 따라다니는 이 소녀에게서 예수의 이름으로 귀신을 쫓아 버렸습니다.

그러자 이 귀신들린 소녀의 주인은 자기 수입의 원천이 끊어진 것을 억울해 하며 바울과 실라를 모함하여 감옥에 가두어 버립니다. 바울과 실라는 옷이 벗겨진 후 매를 맞고 감옥에 갇히게 되었습니다.

그러나 감옥에 갇힌 바울과 실라가 기도하고 하나님께 찬송하자 큰 지진이 일어나 옥터가 움직이고, 감옥 문이 열리며, 죄수들을 묶었던 쇠고랑이 끊어졌습니다. 그때 잠이 깬 간수는 옥문이 열려 있는 것을 보고 죄수들이 모두 탈옥한 것으로 생각하여 칼을 빼어 자결하려고 합니다.

이때 바울이 그 자리를 떠나지 않고 그를 안심시키며, 구원의 길을 가르쳐 줍니다. "주 예수를 믿으라 그리하면 너와 네 집이 구원을 받으리라"(행 16:31).

이튿날 감옥에서 풀려난 바울과 실라는 데살로니가로 떠납니다.

5. 빌립보를 떠난 바울은 계속 복음을 전하고 많은 신자들을 얻었으나, 핍박 또한 계속되었습니다. 빌립보에 이어 찾아간 두 도시는 어느 곳입니까?(행 17:1-15)

☞ **데살로니가, 베뢰아**

바울은 데살로니가와 베뢰아에서 경건한 헬라인 사람들과 많은 귀부인들을 신자로 얻게 되고 이들로 하여금 교회를 세우게 합니다. 그러나 언제나 복음을 전하는 곳에는 박해가 있었습니다. 믿지 아니하는 유대인들이 떼를 지어 바울과 실라를 찾아와 그들을 방해하고 모함했습니다. 그래서 바울과 그 일행은 또 그곳을 떠나야만 했습니다.

6. 베뢰아를 떠나 찾아간 우상으로 가득 찬 도시는 어디입니까?(행 17:15-34)

☞ 아덴

"바울을 인도하는 사람들이 그를 데리고 아덴까지 이르러 그에게서 실라와 디모데를 자기에게로 속히 오게 하라는 명령을 받고 떠나니라"(행 17:15).

아덴은 우상으로 가득 차 있는 도시였는데, 바울은 그곳에 복음을 전할 수 있는 기회를 얻게 됩니다.

아덴 사람들은 하나님을 믿지 않는 헬라인이었기 때문에, 유대인에게 선하는 방식으로 말씀을 전할 수가 없었습니다. 그런데 이때 바울은 이들이 자신들이 알고 있던 신들을 위해서 제단을 모두 세운 후에 나중에는 이름도 없는 신에게까지 제단을 바치는 것을 발견하게 되었습니다. 그래서 바울은 이 알지 못하는 신이 바로 하나님이라고 소개하였습니다.

바울은 아덴에서 몇 사람의 신자를 얻게 됩니다(행 17:34).

7. 고린도에서 만난 동역자는 누구입니까?

☞ 아굴라와 브리스길라

"아굴라라 하는 본도에서 난 유대인 한 사람을 만나니 글라우디오가 모든 유대인을 명하여 로마에서 떠나라 한 고로 그가 그 아내 브리스길라와 함께 이달리야로부터 새로 온지라 바울이 그들에게 가매"(행 18:2).

고린도에 온 바울은 생계를 해결하기 위해 직업을 갖지 않을 수 없었습니다. 그에게 있는 기술이 장막을 만드는 것이었으므로 그 일에 종사할 기회를 얻고자 했습니다. 그가 고린도에 머무는 동안 함께 지낸 아굴라와 브리스길라를 만나게 된 이유가 바로 이것이었습니다.

바울이 그들을 만났을 때 그들이 이미 그리스도인이었는지 아닌지는 알 수가 없습니다. 그러나 그 후 바울의 증언에 의하면 그들이 성실한 그리스도인이었던 것만은 분명합니다(롬 16:3-4).

바울은 고린도에서 18개월 동안이나 머물면서 복음을 전하고 교회를 세웠습니다. 이후 바울은 에베소를 거쳐 안디옥 교회로 돌아오면서 제2차 전도여행을 마감합니다.

8. 바울의 제2차 선교 여행의 경로를 적어 봅시다.

예루살렘 → 다소 → 더베 → 루스드라 → 이고니온 → 비시디아 안디옥 → 드로아 → 네압볼리 → 빌립보 → 데살로니가 → 베뢰아 → 아덴 → 고린도 → 에베소 → 가이사랴 → 예루살렘

Application of Bible

1. 바울은 가는 곳마다 훌륭한 동역자들을 만났습니다.

하나님의 사역은 혼자 하는 것이 아니라 서로 도와 협력해서 하는 것입니다. 위대한 전도자인 바울이었지만 그의 곁에는 항상 그에 못지않은 조력자들이 있었습니다. 그들의 도움이 있었기에 바울의 사역이 더 빛날 수 있었습니다.

2. 바울과 실라는 제2차 전도여행지 거의 모든 곳에서 핍박과 박해를 받았습니다.

하나님의 역사가 강하게 임하는 곳에는 사탄의 훼방과 방해도 적극적으로 나타납니다. 그러나 이 모든 것으로부터 하나님은 우리를 지켜 주시고 당신의 계획을 실현해 가십니다.

Tip of Bible

바울의 2차 전도여행

■ ← 2차 전도여행(행 15:22~18:22)

제6과 마지막 목적지

학습목표 : 바나바와 바울의 제3차 전도여행의 경로와 전도지에서 일어난 일들을 이해한다.

중심진리 : 복음의 사도 바울

본문말씀 : 사도행전 18:23-21:15

행 20:24

"내가 달려갈 길과 주 예수께 받은 사명 곧 하나님의 은혜의 복음을 증언하는 일을 마치려 함에는 나의 생명조차 조금도 귀한 것으로 여기지 아니하노라."

Question About It

1. 바울의 제3차 전도여행에서 가장 큰 비중을 차지하던 도시는 어느 곳입니까?

☞ 에베소

2. 지도를 보고 바울의 제3차 전도여행지를 살펴봅시다.

View of Bible

2차 전도여행이 끝날 무렵에 바울은 에베소에 들러서 회당에 온 많은 사람들과 변론했습니다. 에베소 사람들이 바울 일행에게 더 오래 체류하기를 간곡히 요청했을 때 '만일 하나님의 뜻' 이라면 다시 돌아오겠다는 약속을 했습니다(행 18:19-21).

바울의 3차 전도여행은 그 약속대로 에베소를 다시 방문한 이야기부터 시작합니다.

Learn of Bible

1. 바울이 에베소에서 약 2년간 머물면서 이룬 사역은 어떤 것들이 있습니까?

1) 12명에게 다시 침(세)례를 줌(행 19:1-7).

"그들이 듣고 주 예수의 이름으로 침(세)례를 받으니 바울이 그들에게 안수하매 성령이 그들에게 임하시므로 방언도 하고 예언도 하니 모두 열두 사람쯤 되니라"(행 19:5-7).

에베소에 도착했을 때 바울은 요한의 침(세)례를 받은 사람들을 만났습니다. 요한의 침(세)례는 그리스도의 그것과 다릅니다(마 28:18-20). 요한은 장차 오실 그리스도를 믿고 침(세)례 받기로 한 사람들에게 회개를 요구했습니다. 그러나 그리스도의 침(세)례는 이미 오신 그리스도를 믿는 사람들에게 베풀어졌습니다. 요한의 침(세)례는 그 성격상 주님이 오셔서 침(세)례를 선포하셨을 때 그 의미를 잃게 되었습니다.

분명히 이 열두 사람은 의미가 없어진 요한의 침(세)례를 받은 듯싶습니다. 그래서 그들은 다시 침(세)례를 받았습니다. 그들이 결코 옳은 침(세)례를 받지 못했기 때문입니다.

2) 회당과 두란노 서원에서 가르침(행 19:8-12).

"바울이 회당에 들어가 석 달 동안 담대히 하나님 나라에 관하여 강론하며 권면하되 어떤 사람들은 마음이 굳어 순종하지 않고 무리 앞에서 이 도를 비방하거늘 바울이 그들을 떠나 제자들을 따로 세우고 두란노 서원에서 날마다 강론하니라"(행 19:8-9).

바울은 석 달 동안 회당에서 복음을 전했습니다. 그러나 이것을 비방하는 사람들로 인해 바울은 두란노 서원으로 옮긴 후 거기서 설교를 계속했습니다. 뿐만 아니라 바울은 하나님의 능력을 힘입어 많은 이적을 행했습니다. 여러 가지 이적과 함께 2년 동안 에베소에서 아시아와 로마를 향해 전도를 한 결과 많은 사람들이 말씀을 받아들이게 되었습니다.

3) 마술 책들을 불사름(행 19:13-20).

"또 마술을 행하던 많은 사람이 그 책을 모아 가지고 와서 모든 사람 앞에서 불사르니 그 책 값을 계산한즉 은 오만이나 되더라"(행 19:19).

에베소에 있는 사람들은 악령을 쫓아내는 능력을 주장했습니다. 그런데 많은 이적을 행한 바울이 예수의 이름을 사용한 것을 보고 그들도 예수의 이름을 사용하려고 했습니다. 그래서 그들이 예수의 이름으로 마귀를 쫓아내려고 했을 때 마귀가 "예수도 내가 알고 바울도 내가 아는데 너는 누구냐"고 하면서 덤비자 그들은 감당하질 못했습니다.

이 사건이 알려지자 예수의 이름은 영광을 얻게 되었고 바울의 사역은 더욱 큰 성공을 거두게 되었습니다. 에베소에 있는 모든 사기꾼들은 불신의 대상이 되고 말았습니다. 마술을 행하던 이들은 그들의 마술 책들을 가지고 나와 모든 사람들 앞에서 불태웠습니다.

4) 은장색들의 난동(행 19:23-41)

에베소에서 은장색들은 아데미의 신상을 만들어 많은 돈벌이를 했습니다. 이때 가장 유력한 은장색인 데메드리오가 바울의 전도로 인하여 그들의 직업이 망하게 된 것을 보고 여러 은장색들을 충동하여 바울에 대항하도록 했습니다.

그의 발언은 청중들을 격노케 했고, 아데미 여신이 모욕을 당했다고 생각하는 에베소 사람들의 감정을 자극시켰습니다. 바울은 미쳐 날뛰는 군중이 모인 연극장에 가려고 했으나 다른 그리스도인들과 아시아 관원들이 제지함으로 들어가지 못했습니다. 그때 에베소의 서기장이 나와서 그들의 감정을 가라앉히고 그들을 해산시켰습니다.

우상의 도시 '에베소'

에베소는 소아시아 서쪽에 있는 항구 도시로 교통과 무역의 관문 역할을 하던 번영한 도시였습니다. 그런데 이러한 에베소의 상업적 번영은 다산의 신인 아데미 숭배와 밀접한 관련이 있었습니다. 이 신전엔 많은 매춘부들이 사제로 봉사하고 있어서 인간과 짐승과 식물의 다산을 보증하는 우상 숭배의 행위로 도덕적 타락과 부패의 온상이 되었습니다.

그러므로 에베소에는 아데미 우상과 각종 부적을 만드는 은장색이 성행하게 되었고 이 직업에 종사하는 사람들은 커다란 부를 누렸습니다. 그래서 에베소는 우상과 미신으로 가득 찬 도시였고, 미신으로 인한 각종 상업에 크게 의존하는 도시였습니다.

2. 에베소를 떠난 바울이 다음 행선지로 삼은 곳은 어디입니까?

☞ 마게도냐와 헬라를 방문함.

"소요가 그치매 바울은 제자들을 불러 권한 후에 작별하고 떠나 마게도냐로 가니라 그 지방으로 다녀 가며 여러 말로 제자들에게 권하고 헬라에 이르러"(행 20:1-2).

군중의 폭동이 있은 후에 바울은 에베소를 떠나 마게도냐로 갔습니다. 여기서 그는 제2차 전도여행 때 세워진 교회들을 방문하고 그곳 신자들을 격려했습니다. 또 바울은 헬라로 가서 석 달을 머물면서 수리아로 가고자 했으나 유대인들이 그의 생명을 해하려고 한다는 음모를 듣고 마게도냐로 돌아와 드로아로 항해를 떠났습니다.

3. 바울이 드로아에서 죽었던 사람을 다시 살리게 되는데 그 사람은 누구입니까?(행 20:7-12)

☞ 유두고

"유두고라 하는 청년이 창에 걸터 앉아 있다가 깊이 졸더니 바울이 강론하기를 더 오래 하매 졸음을 이기지 못하여 삼 층에서 떨어지거늘 일으켜보니 죽었는지라"(행 20:9).

바울은 드로아에 7일 동안 머물면서 집회를 가졌습니다. 그의 설교는 밤늦게까지 계속되었습니다. 그런데 다음날 떠나기로 작정한 바울이 최선을 다해서 말씀을 전하고 있을 때 창에 걸터앉아 잠을 이기지 못해 졸고 있던 유두고가 그만 바닥으로 떨어지고 말았습니다. 유두고가 떨어져 죽었을 때 바울이 그를 껴안자 그가 다시 살아났습니다.

4. 드로아에서 밀레도까지 간 바울은 밀레도에서 누구를 청합니까?(행 20:17-38)

☞ 에베소에 있는 장로들

"바울이 밀레도에서 사람을 에베소로 보내어 교회 장로들을 청하니"(행 20:17).

드로아에서 앗소까지 도보로 이동한 바울은 앗소에서 배를 타고 그의 동역자들과 밀레도에 도착했습니다. 이곳에서 바울은 30마일 정도 떨어진 에베소의 장로들을 청했습니다. 배의 출항 시간을 알 수 없어서 에베소에 가지 못한 것입니다. 바울은 그곳에서 에베소 교회를 향한 고별사를 남기게 됩니다.

고별사를 마치고 작별을 하게 되자 에베소에서 온 사람들은 다시는 바울을 보지 못하게 됨을 인하여 슬퍼하며 눈물을 흘렸습니다(행 20:37-38).

이후 바울은 여러 도시를 거쳐 예루살렘으로 들어갑니다.

5. 바울의 제3차 선교 여행의 경로를 적어 봅시다.

안디옥 → 다소 → 더베 → 루스드라 → 이고니온 → 비시디아 안디옥 → 에베소 → 드로아 → 빌립보 → 데살로니가 → 베뢰아 → 아덴 → 고린도 → 베뢰아 → 데살로니가 → 빌립보 → 드로아 → 앗소 → 밀레도 → 두로 → 가이사랴 → 예루살렘

Application of Bible

1. 바울의 전도여행은 이방 선교의 전초 기지였던 안디옥으로부터 출발하여(행 13:1-3), 세계 선교의 결실을 가져왔습니다.

2. 제1차 전도여행에서 바울은 갖은 핍박에도 불구하고 구브로와 비시디아 안디옥, 이고니온, 루스드라 등 이방 지역에서 복음을 전했으며,

3. 제2차 전도여행은 마게도냐 환상을 통하여 유럽에서 이루어졌습니다. 곧 빌립보, 데살로니가, 베뢰아, 아덴, 그리고 고린도가 선교의 중심지였습니다.

4. 약 3년간에 걸친 제3차 전도여행은 대부분 소아시아 서부 지방에서 이루어졌으며, 주로 에베소의 복음화에 주력했습니다.

Tip of Bible

바울의 3차 전도여행

Introduce

단 원 주 제	그리스도인의 새 생활
단 원 해 설	일반서신서 중 히브리서, 야고보서, 베드로전후서의 말씀을 통해 기본적인 교리와 실천적인 삶을 배운다.
중 심 구 절	"믿음은 바라는 것들의 실상이요 보이지 않는 것들의 증거니"(히 11:1).
단원학습목표	사도들의 말씀을 통해 그리스도인이 지켜야 할 덕목들을 이해한다.
단원핵심정리	복음과 실천

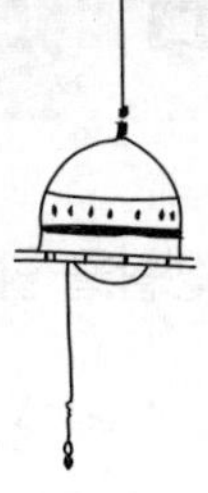

3 일반서신

단 원 소 개

신약성경에는 사도 바울이 기록한 13개의 서신서들을 포함하여 다른 사도들이 기록한 서신들도 있습니다. 본 단원에서는 그 중 히브리서, 야고보서, 베드로전후서를 살펴보려고 합니다.

히브리서는 구약성경과 밀접한 관계가 있는 말씀입니다. 특히 구약의 제사법이 신약시대에 어떻게 바뀌었는지에 대해 귀한 정보를 제공합니다. 야고보서는 '이신득의'의 교리를 주장한 바울서신과 그 교리가 반대되는 듯이 보이지만 오히려 그리스도인의 참된 믿음을 소개한다는 면에서 우리에게 귀중한 말씀입니다. 베드로전후서 또한 실천적인 삶의 자세에 대해 가르쳐주고 있습니다.

땁땁파워 in 지저스

제7과 모든 이름 위에 뛰어난 이름

학습목표 : 예수 그리스도께서 새 언약을 주심으로 온전한 예배와 믿음 생활을 할 수 있게 되었음을 이해한다.

중심진리 : 모든 이보다 뛰어나신 그리스도

본문말씀 : 히브리서 1:4-14

히 10:22-24
"우리가 마음에 뿌림을 받아 악한 양심으로부터 벗어나고 몸은 맑은 물로 씻음을 받았으니 참 마음과 온전한 믿음으로 하나님께 나아가자 또 약속하신 이는 미쁘시니 우리가 믿는 도리의 소망을 움직이지 말며 굳게 잡고 서로 돌아보아 사랑과 선행을 격려하며."

Question About It

1. 모든 이들보다 뛰어나신 분은 누구십니까?

☞ 예수 그리스도

2. 우리가 구약의 제사를 더 이상 드리지 않는 이유는 무엇입니까?

☞ 예수께서 십자가 위에서 자신을 단번에 드림으로써 우리의 죄를 모두 담당하셨기 때문입니다. 예수님 자신이 희생 제물이 되셨고, 대제사장이 되심으로 구약의 제사를 폐하시고 새로운 영적 예배를 완성하신 것입니다.

View of Bible

히브리서는 유대교에서 기독교로 개종한 그리스도인들이 박해와 고난을 당하자 그들에게 위로와 격려를 주기 위해서 기록한 말씀입니다. 여기서 저자는 히브리서의 독자가 유대인들이었기 때문에 구약성경을 가지고 기독교를 변증하는 방법으로, 그들이 다시 유대교로 돌아가지 않도록 연약한 신자들을 권면했습니다.

핍박과 박해를 이기는 길은 오직 예수 그리스도에 대한 소망을 견고히 잡고 인내하는 길 밖에 없음을 강조합니다. "믿음의 주요 온전케 하시는 이인 예수를 바라보자"(히 12:2)라고 선포합니다.

Learn of Bible

1. 히브리서에서는 예수님을 어떤 분으로 설명하고 있습니까?

1) 천사보다 뛰어나신 분

"그가 천사보다 훨씬 뛰어남은 그들보다 더욱 아름다운 이름을 기업으로 얻으심이니"(히 1:4).

예수님은 하나님의 아들로서 이 세계를 창조하셨습니다(히 1:2). 천사는 피조물로서 하나님의 목적을 위해 만들어졌지만 그리스도는 하나님께서 정하신 창조 사역의 대행자이십니다. 천사는 하나님이 아래에 두고 부리는 종이지만 그리스도는 하나님의 아들이심으로 천사보다 높습니다(히 1:4-14). 천사들은 예배를 드리는 자들이지만 그리스도는 예배의 대상이시므로 천사보다 우월합니다. 천사는 하늘에 있는 존재로 모든 인간보다 뛰어난 하나님의 사자이지만 그들에게 영원한 승리와 영광은 없습니다. 그러나 아들로서 이 세상에 오신 그리스도에게는 죽음을 이기신 승리와 영원한 영광이 임하였으므로 그는 천사보다 뛰어난 존재입니다(히 2:5-18).

2) 모세보다 뛰어나신 분

"그는 모세보다 더욱 영광을 받을 만한 것이 마치 집 지은 자가 그 집보다 더욱 존귀함 같으니라"(히 3:3).

모세는 이스라엘의 지도자였고 하나님의 집에서 종으로 충성했지만, 그리스도는 아버지의 집을 맡아 다스리는 아들로 충성했으므로 그 신분에 있어서 그리스도는 모세보다 뛰어난 분입니다(히 3:5-6).

모세는 이스라엘의 지도자이자 하나님의 집을 섬기는 종으로 자신을 세우신 하나님께 충성을 다했기 때문에 영광을 받을 만합니다. 더욱이 그는 이스라엘의 출애굽 직후 시내 산에서 십계명을 받을 때 하나님을 대면함으로 그의 얼굴에 하나님의 영광의 흔적을 얼마간 간직한 자였습니다(출 34:33). 그러나 그 영광은 결국 사라져 버릴 영광에 불과했습니다.

그러나 그리스도는 하나님의 본체시요(빌 2:6), 영광과 빛의 근원이시기에(요 1:4-5) 그와 비교될 만한 영광스런 존재는 이 세상에 없습니다. 그리스도는 자기의 피로 하나님의 집을 세우셨으므로 그 집에 속한 자에 불과한 모세보다 더욱 존귀하신 분입니다.

3) 아론보다 뛰어나신 분

"이 존귀는 아무도 스스로 취하지 못하고 오직 아론과 같이 하나님의 부르심을 받은 자라야 할 것이니라" (히 5:4).

구약 시대의 제사장은 인간을 대표해 일하는 자로 그 역시 인간인 동시에 인간을 이해할 줄 알아야 했으며(히 5:2-3), 하나님의 임명을 받은 자여야 했습니다. 아론은 대제사장으로 하나님의 부르심을 받은 자이며 하나님과 백성 사이에 충성스럽게 중재자의 역할을 감당했습니다. 그러나 아론을 비롯한 모든 사람들은 연약한 자들인지라 자신의 약함에 대해 매번 반복되는 제사를 드려야만 했습니다.

그러나 그리스도는 하나님께로부터 대제사장의 임명을 받고(히 5:5-6), 성육신 하신 후 인간과 더불어 온갖 고난을 겪고(히 5:7-10), 영원한 대제사장이 되셨으므로 아론보다 뛰어나신 분입니다. 그리스도는 단번에 자기를 드려 온전케 되심으로(히 7:26-28), 우리의 큰 제사장이 되셨습니다(히 4:14).

2. 가장 뛰어나신 예수 그리스도로 말미암아 우리에게 주어진 것들을 살펴봅시다.

1) 더 좋은 약속인 그리스도

"그러나 이제 그는 더 아름다운 직분을 얻으셨으니 그는 더 좋은 약속으로 세우신 더 좋은 언약의 중보자시라" (히 8:6).

여기서 '첫 언약' 이란 하나님께서 모세를 통하여 이스라엘 백성들과 맺었던 계약을 가리킵니다(출 19:3-8). '새 언약' 은 하나님께서 이스라엘과 더불어 세우셨으며 예수 그리스도로 말미암아 성취된 새로운 계약을 의미합니다(막 14:24; 요 19:30).

예수 그리스도가 오심으로 옛 언약에 의한 제사 제도는 완전히 무효화되고 새 언약의 시대가 온 것입니다. 자신을 희생 제물로 바쳐 새 언약을 이루신 그리스도는 친히 중보자의 직분을 수행하심으로써 불완전한 옛 언약 아래의 대제사장 직분을 폐기시킨 것입니다.

더 좋은 약속인 새 언약에 있어서는 그리스도의 십자가를 통해서 영적 예배를 드릴 수 있게 된 것입니다.

2) 더 좋은 제사인 그리스도

"염소와 송아지의 피로 하지 아니하고 오직 자기의 피로 영원한 속죄를 이루사 단번에 성소에 들어가셨느니라"(히 9:12).

구약과 신약의 제사는 생명의 근원이 되는 피를 드린 것에서 동일성을 가지지만 제사의 희생 제물이 어린 양에서 예수로, 중보자가 제사장에서 예수로 바뀐 차이점을 가집니다. 그래서 이제 우리는 구약의 제사 제도인 번제, 소제, 화목제, 속죄제, 속건제와 같이 짐승을 죽이는 형식의 제사를 드릴 필요가 없게 되었습니다.

그리스도의 제사는 '흠 없는 자기희생'의 제사입니다. 자기 자신을 온전히 드림으로써 모든 언약을 완성하신 것입니다. 예수님은 단번에 제사를 드림으로써 죄를 없게 하실 수 있는 분이시며(히 9:26), 단번의 제사에 모든 사람들의 죄를 담당하시는 분이십니다(히 9:28).

3) 더 좋은 길인 믿음, 소망, 사랑의 길

"우리는 뒤로 물러가 멸망할 자가 아니요 오직 영혼을 구원함에 이르는 믿음을 가진 자니라"(히 10:39).

그리스도께서 자신의 피로써 우리를 위해 열어주신 길은 휘장 가운데로 열려진 생명의 길입니다. 이 길이 열리므로 그리스도인은 누구든지 하나님이 계시는 성소에 직접 나아갈 수 있게 되었고, 이렇게 하나님과 맺어진 긴밀한 관계는 이웃을 진정으로 사랑하는 삶의 모습으로 나타나야 하는 것입니다.

따라서 그리스도인들은 참 마음과 온전한 믿음으로 하나님께 나아가며(히 10:22), 믿음으로 소망을 굳게 잡고(히 10:23), 서로 사랑과 선행을 격려하며 모이기를 힘쓰는 것입니다(히 10:24).

Application of Bible

1. 예수님은 가장 뛰어나고 높으신 분입니다.

예수님은 천사나 모세나 아론, 그 누구와도 비교될 수 없는 뛰어난 분이십니다. 그는 하나님의 모습을 지니셨으나, 하나님과 동등함을 당연하게 생각하지 않으시고 오히려 자기를 비워서 종의 모습으로 사람들과 같이 되셔서 이 땅에 오셨습니다(빌 2:6-8).

2. 예수 그리스도께서 오심으로 새 언약이 이루어졌습니다.

우리는 그리스도인입니다. '그리스도인' 이란 그리스도와 같은 사람을 뜻하고 한자말인 '기독교' 의 '기독(基督)' 도 그리스도에 대한 한자음입니다. 즉 기독교인은 예수 그리스도를 하나님의 아들인 메시아로, 우리의 구세주로 받아들이고 믿는 사람들을 가리킵니다. 구약에서의 예언이 신약에서 이루어졌음을 믿습니다.

그러나 똑같이 구약성경을 믿는 유대인들은 그 메시아가 아직 나타나지 않았다고 생각하며 신약성경을 부인하고 예수 그리스도를 부인하는 사람들입니다. 또 이슬람교도들은 그 메시아가 마호메트라고 믿는 사람들입니다.

3. 예수께서 오심으로 더 이상 구약의 제사 의식은 그 의미가 사라졌습니다.

구약시대에는 죄를 지었을 경우 반드시 제사를 드려야 했으나 신약시대에는 그리스도께서 자기를 드림으로 십자가에서 피 흘려 우리 대신 죄 값을 치렀으므로 그리스도인은 더 이상 자신들의 죄를 용서받기 위해 짐승을 잡고 제사를 드릴 필요가 없습니다.

4. 그러나 이제 그리스도인이 구약의 제사를 드리지는 않지만 하나님의 은혜를 찬양하며 하나님에 대한 사랑과 그의 계명을 지키고자 하는 마음으로 하나님 앞에 나아가야 합니다. 이것을 히브리서에서는 교회와 공동체 안에서 드려야 할 찬양과 선행으로 묘사합니다.

"그러므로 우리는 예수로 말미암아 항상 찬송의 제사를 하나님께 드리자 이는 그 이름을 증언하는 입술의 열매니라 오직 선을 행함과 서로 나누어 주기를 잊지 말라 하나님은 이같은 제사를 기뻐하시느라"(히 13:15-16).

Tip of Bible

히브리서의 구약성경 인용

히브리서의 저자는 자신의 주장을 설득력 있게 기록하기 위해 많은 구약성경 구절들을 인용했습니다. 그 인용된 횟수를 보면 모세오경에서 51회, 시편에서 13회, 예언서에서 15회, 역사서에서 1회, 그리고 잠언에서 2회를 인용하고 있습니다.

결코 길지 않은 서신인 히브리서에서 이렇게 구약성경을 많이 인용한 것은 서사가 유대교에 익숙하면서도 초기 유대 그리스도인 공동체에 속하고 있음을 보여주는 것입니다. 즉 구약성경에 익숙한 독자들에게 구약성경이 예언한 메시아가 바로 그리스도임을 밝히고자 한 것입니다.

민민파워 in 지저스

제8과 믿음은 동사다!

학습목표 : 야고보서를 통해서 참 믿음은 그 사람의 행함을 통해 나타남을 이해한다.

중심진리 : 행함이 없는 믿음은 죽은 것

본문말씀 : 야고보서 2:1-20

약 2:17

"이와 같이 행함이 없는 믿음은 그 자체가 죽은 것이라."

Question About It

1. 우리는 세상과 구별된 그리스도인으로 살아갑니다. 그리스도인은 예수를 믿는 믿음으로 그 증거를 드러냅니다. 우리는 우리가 가지고 있는 믿음을 다른 사람들에게 어떻게 보여줄 수 있습니까?

☞ 예배를 열심히 드리는 것, 헌금을 빼먹지 않고 드리는 것, 성경을 열심히 읽는 것, 교회 일에 적극적으로 봉사하는 것 등 이 모든 것이 믿음의 행위이지만 보다 더 중요한 것은 우리가 하나님의 말씀대로 이 세상에서 실천하며 살아가는 것입니다.

하나님의 말씀대로 사는 것은 '하나님 사랑하기'와 '이웃 사랑하기'를 실천하는 행동들입니다. 사랑의 마음을 품고 하나님과 이웃을 대하는 것이 곧 믿음 생활입니다.

2. 우리의 믿음 생활을 통해 나타나는 행동은 어떤 모습입니까? 그리고 그러한 삶을 살기 위해 어떤 노력을 하고 있습니까?

View of Bible

야고보서는 당시 로마 제국의 핍박에 직면해서 믿음과 사랑의 교제를 잃어버린 유대인 성도들에게 주의 재림을 소망하는 가운데 고난을 이겨내고 아울러 그들이 소유한 믿음을 적극적인 행위로 드러내어 사랑과 화평의 교제를 회복할 것을 권고하고 있습니다. 그러므로 야고보서는 '믿음을 일상생활에서 어떻게 적용해야 하는가' 라는 믿음과 행함의 문제를 다루고 있습니다.

우리는 야고보서를 통해 진정한 신앙은 단순히 입으로 고백하는 데 그치지 않고 구체적인 삶 속에서 그 신앙의 실체를 드러내는 것임을 깨닫게 됩니다.

Learn of Bible

야고보서는 교리보다는 그리스도인들의 실생활에 관한 교훈을 주고 있습니다. 특히 2장은 행함을 강조하는 장입니다. 그러나 마틴 루터(Martin Luther)는 '이신득의' 즉 '오직 믿음으로 말미암아 구원을 얻는다' 는 교리에 벗어나는 야고보서를 믿음이 아니라 행함을 강조한다는 이유 때문에 '지푸라기 서신' 이라며 그 가치를 폄하하기도 했습니다.
그러나 야고보서는 단지 '행함' 을 강조한다기보다 오히려 '참된 믿음' 을 강조하는 말씀으로 보아야 합니다. 참된 믿음은 구체적인 생활에서 어떤 모습으로 나타나야 하는가에 대해 말하고 있기 때문입니다.
야고보는 믿음이 있다고 말만 하면서 실제로는 행함이 없는 잘못된 믿음을 책망한 것이지 믿음 그 자체를 책망하는 것이 아닙니다.

1. 야고보는 사람을 만날 때 어떻게 대하라고 말합니까?

☞ **차별하여 대하지 말 것.**

"내 형제들아 영광의 주 곧 우리 주 예수 그리스도에 대한 믿음을 너희가 가졌으나 사람을 차별하여 대하지 말라"(약 2:1).

외모를 본다는 것은 사람의 얼굴과 모습을 보고 판단하는 것입니다. 곧 사람의 외적인 지위나 재물에 따라 판단하는 것을 뜻합니다. 이것은 그 사람을 인격이나 심성에 따라 공의롭게 판단하지 않고 겉으로 보이는 얼굴과 신분을 따라 차별하는 것입니다.

야고보는 구체적으로 회당 안에서 빈부에 따라 사람을 차별하는 것을 강하게 책망합니다. 두 사람이 회당에 들어오는데, 한 사람은 '금 가락지를 끼고 아름다운 옷을 입은 사람' 이고 다른 사람은 '남루한 옷을 입은 가난한 사람' (약 2:2)입니다.

금 가락지를 끼고 아름다운 옷을 입은 사람은 당시에 권세 있는 공무원이거나 유력한 부자를 가리킵니다. 반면에 남루한 옷을 입은 사람은 초라하고 보잘 것 없는 가난한 사람을 가리킵니다.

교회에서는 이들을 차별해서는 안 됩니다(약 2:4). 이러한 차별은 악한 것으로 하나님의 구원 원리와 정반대되는 것입니다. 왜냐하면 하나님께서는 이 세상에서 가난한 자들을 택하여 믿음에 부요하게 하시며, 하나님 나라를 유업으로 주셨기 때문입니다(약 2:5; 고전 1:26-29). 하나님께서 택하시고 복 주신 자들을 교회가 멸시하고 천대하는 것은 하나님의 뜻을 거스르는 것이고 교회의 본질에 위배되는 모순된 행동입니다. 야고보는 이에 대해 강하게 비판합니다(약 2:6-7).

2. 야고보는 사람을 차별하지 말고 어떻게 대하라고 말합니까?

☞ 네 이웃을 네 몸과 같이 사랑하라.

"너희가 만일 성경에 기록된 대로 네 이웃 사랑하기를 네 몸과 같이 하라 하신 최고의 법을 지키면 잘하는 것이거니와"(약 2:8).

야고보는 이처럼 사람을 외모로 취하는 행동이 율법을 어기는 죄임을 말하고 "네 이웃을 사랑하기를 네 몸과 같이 하라"고 하신 계명을 인용합니다(약 2:8; 레 19:18). 그는 이 계명을 최고의 법이라고 부릅니다. 그것은 이 계명이 다른 모든 계명들을 포함하는 계명이기 때문입니다.

이어서 야고보는 율법의 모든 계명을 다 지켜야 할 것을 말합니다(약 2:10-11). 율법 중에 하나만 어겨도 전체 율법을 어긴 것이 되기 때문에 다 지켜야 한다는 것입니다. 이것이 마치 엄격한 율법주의인 것처럼 보이지만 결국 야고보가 말하려는 것은 그리스도인들은 하나님이 주신 율법을 '삶의 표준' 으로 지켜야 한다는 것을 말하는 것입니다.

그리고 그리스도인들이 지키는 율법은 유대주의자들이 주장하는 할례나 절기와 같은 의식법이 아니라 '네 이웃을 네 몸과 같이 사랑하라' 는 도덕법을 말합니다.

결국 야고보는 율법의 참 정신이 되는 '사랑' 의 관점에서 율법을 이해하고 있으며, 이것은 또한 예수 그리스도가 강조하고 몸소 보여 주신 것입니다.

따라서 야고보가 말하고자 하는 것은 율법의 세밀한 것들을 다 지켜야 한다는 율법주의가 아니라 교회 안에서 가난한 자를 멸시하고 천대하는 것이 율법을 어기는 큰 죄임을 상기시키려는 것입니다.

곧 율법들을 잘 지키고 있다고 자부하는 유대인 그리스도인들을 향하여 비록 다른 계명들은 다 지켰다고 할지라도 가난한 자들을 멸시하면 이는 곧 율법 전체를 어긴 범법자가 됨을 강조하는 것입니다.

3. 이웃을 사랑하기 위해서 우리가 가져야 할 마음은 어떤 것이라고 말합니까?

☞ 자유의 율법과 긍휼.

"긍휼을 행하지 아니하는 자에게는 긍휼 없는 심판이 있으리라 긍휼은 심판을 이기고 자랑하느니라" (약 2:13).

'자유의 율법' 이라 한 것은 '자유롭게 하는 온전한 율법' (약 1:25)과 같은 의미입니다. 이는 그리스도인이 지켜야 할 법인데 강제나 두려움에 의해서가 아니라, 자유와 사랑에 의해 지키는 법입니다. 이는 우리가 구원 얻기 위한 수단으로 지키는 율법이 아니라, 구원받은 성도가 감사함으로 지키는 율법입니다.

따라서 이 율법은 그리스도인들에게 더 이상 정죄의 기능을 하는 율법이 아니라 삶의 표준이 되는 율법입니다.

'긍휼' 은 곧 가난한 자, 힘없는 자를 불쌍히 여기는 것을 말합니다. 이 긍휼은 율법의 근본정신이며 하나님께서 우리에게 원하시는 것입니다. 그러므로 이 긍휼은 구체적으로 가난한 자들을 불쌍히 여기는 것으로 나타나야 합니다. 즉 교회 안에서 가난한 자들을 돌봐주고 구체적인 관심을 기울여야 합니다.

4. 행함이 없는 믿음은 어떤 것입니까?

☞ 죽은 것

"이와 같이 행함이 없는 믿음은 그 자체가 죽은 것이라"(약 2:17).

행함이 없는 믿음은 헛된 것입니다(약 2:14). 곧 어떤 사람이 믿음이 있다고 말하면서 행함이 없다면 아무 유익이 없다는 것입니다. 여기서 주의할 것은 이 사람이 믿음은 있는데 행함이 없다는 것이 아니라, 스스로 믿음이 있다고 말할 뿐 행함이 없다는 것입니다.

야고보에 의하면 참된 믿음이란 반드시 행함으로 나타나야 함을 말합니다. 그렇지 못하다면 그것은 처음부터 잘못된 것이고 아예 믿음이 없었다고 결론지을 수밖에 없습니다. 이런 믿음은 그 자체가 죽은 것이기 때문입니다(약 2:17).

5. 믿음과 행함과의 관계는 어떤 것입니까?

☞ 결코 떨어질 수 없는 불가분의 관계

"어떤 사람은 말하기를 너는 믿음이 있고 나는 행함이 있으니 행함이 없는 네 믿음을 내게 보이라 나는 행함으로 내 믿음을 네게 보이리라 하리라"(약 2:18).

정확히 번역을 하면 "혹이 가로되 너는 믿음이 있고 나는 행함이 있으니 너는 너의 행함으로 네 믿음을 내게 보이라 그리하면 나도 나의 행함으로 내 믿음을 네게 보이리라"입니다. 여기서 '나'라는 사람이 요구하는 것은 '네'가 믿음을 가지고 있다고 주장하는데 그렇다면 '네'가 가지고 있는 보이지 않는 믿음을 보이는 행함을 통해 보여 달라는 것입니다. 그러면 행함이 있다고 주장하는 '나'도 나의 행함을 통해 나의 믿음을 증명해 보이겠다는 것입니다.

그러므로 여기에 나오는 두 사람의 주장하는 바는 내용에 있어서 차이가 있는 것이 아니라 상대방에게 먼저 '네 믿음을 증명해 보이라'는 것입니다. 문제의 핵심은 상대방에게 '먼저' 무엇을 요구하고 상대방이 그렇게 할 경우에 '그러면 나도' 그렇게 하겠다는 것으로, 즉 서로 다른 두 주장의 시간적 선후가 핵심입니다.

결국 이 구절에서 야고보가 말하고자 하는 것은 믿음과 행함은 나눌 수 없다는 것입니다. 야고보는 이것을 당연시 하면서 도리어 책망의 말투로 질문을 던집니다. "네가 하나님은 한 분이신 줄을 믿느냐 잘하는도다 귀신들도 믿고 떠느니라"(약 2:19). 하나님을 둘로 나눌 수 없듯이 믿음과 행함을 이론적으로 나누어 생각할 수 없다는 것이 이 구절에서 말하고자 하는 것입니다.

야고보가 여기서 귀신들도 믿는다고 하는 것은 단순히 지적으로 아는 것은 우리가 말하는 믿음이라고 할 수 없다는 것입니다. 그것은 아무 소용이 없고 의미도 없기 때문입니다.

야고보는 결국 당시의 그리스도인들이 가지고 있었던 형식적인 믿음을 강하게 비판하고 행함이 있는 참 믿음을 강조하고 있습니다.

Application of Bible

1. 예배와 기도회, 성경공부, 제자훈련과 같은 개개인의 믿음을 성장시키기 위한 프로그램이나 행사도 중요하지만 그 믿음을 나타내는 행함에 대해서도 관심을 가져야 합니다.

2. 특히 우리는 교회 안과 바깥의 가난한 자와 소외된 자들에 대해 관심과 배려를 가져야 합니다.

3. 참 믿음은 뜨거운 체험이나 자기만족으로 나타나는 것이 아니라 '사랑'으로 표현되는 것입니다. 곧 형제와 이웃을 돌보는 사랑으로 역사하는 믿음이 성경이 가르치는 참 믿음입니다.

Tip of Bible

야고보

당시에 야고보라는 이름은 흔했으며, 신약성경에는 네 명의 야고보가 등장합니다.
① 예수님의 형제 야고보(막 6:3),
② 세베대의 아들 야고보(마 4:21),
③ 알패오의 아들 아고보(마 10:3),
④ 열두 사도 중 하나인 유다의 아버지 야고보(눅 6:16) 등입니다.

이들 중 야고보서의 저자는 예수님의 형제 야고보입니다. 그는 예수께서 지상에서 사역하시는 동안에는 예수를 믿지 않았지만(요 7:5), 부활하신 주님의 나타나심을 보았고(고전 15:7), 성령의 강림을 기다리고 있던 사도들과 제자들의 모임에도 참여했습니다(행 1:13-14). 그리고 후에 야고보는 예루살렘 교회의 지도자가 됩니다(행 12:17; 21:18).

인인파워 in 지저스

제9과 너희는 택하신 족속 왕 같은 제사장

학습목표 : 베드로서의 말씀을 통해 거룩한 하나님의 백성은 거듭난 그리스도인으로 어떻게 살아야 하는지를 이해한다.

중심진리 : 하나님의 백성이 된 그리스도인

본문말씀 : 베드로전서 2:1-10

벧전 2:9

"그러나 너희는 택하신 족속이요 왕 같은 제사장들이요 거룩한 나라요 그의 소유가 된 백성이니 이는 너희를 어두운 데서 불러내어 그의 기이한 빛에 들어가게 하신 이의 아름다운 덕을 선포하게 하려 하심이라."

Question About It

1. 예수 그리스도를 믿고 그리스도인이 된 후 달라진 것이 있다면 무엇이 있나요?

2. 주변에 여러 가지 어려움으로 고난을 당하고 있는 친구가 있다면 우리는 어떻게 그들을 도울 수 있을까요?

View of Bible

베드로전서는 네로 황제에 의한 본격적인 기독교 박해가 시작될 즈음에 소아시아에 흩어져 살고 있는 성도들에게 구원의 소망을 가지고 박해에 대해 인내할 수 있도록 격려하기 위해 기록되었습니다. 즉 베드로는 구약성경의 내용과 예언들을 예수 그리스도 안에서 새로운 의미로 해석하고 고난 가운데 살아가는 성도들에게 참된 소망과 위로를 주고 있습니다.

베드로후서는 교회 내부에서 발생한 문제, 즉 거짓 교사들에 대한 경고를 중심으로 다루고 있습니다. 당시 초대교회에는 많은 이단자들이 나타나 그리스도인들을 잘못된 길로 인도하며 교회를 분열의 위기로 몰고 갔습니다. 이에 그리스도인들이 신앙이 성숙할 때에만 거짓 교사들의 위험을 능히 극복할 수 있다는 사실을 깨달은 베드로는 본서를 통해 하나님의 말씀 위에 기초한 올바른 신앙관을 가르침으로써 이단의 유혹으로부터 자신을 보호할 것을 권면한 것입니다.

Learn of Bible

베드로전서 2장에서는 거듭난 성도들이 하나님의 백성으로서 지켜야 할 의무에 관하여 말씀하고 있습니다. 먼저 베드로는 거룩한 제사장으로서의 백성의 신분을 언급한 후에 그들이 이 세상을 살아가는 동안 공동체의 일원으로서 취해야 할 행동에 관하여 교훈합니다.
본과에서는 베드로전서 2:1-10절의 말씀을 통해 그리스도인은 각자 신령한 말씀을 사모하여 완전한 구원에 이르도록 성장해 나가야 하며, 만방에 그리스도의 복음을 전함으로 거룩한 제사장으로서의 임무를 수행해 나가야 함을 배우고자 합니다.
그러면 하나님의 거룩한 백성으로 거듭난 공동체는 과연 무엇을 하며 살아가야 하는지 살펴봅시다.

1. 먼저 그리스도인들이 버려야 할 것은 무엇입니까?

☞ 모든 불의와 악한 것

"그러므로 모든 악독과 모든 기만과 외식과 시기와 모든 비방하는 말을 버리고"(벧전 2:1).

먼저 거듭난 사람은 거듭나기 이전의 생활 태도를 버려야 합니다. 남을 해하려는 무자비한 모든 악을 버리고, 타인이 잘 되는 것을 시기하거나, 비방하지 말아야 합니다(롬 13:14; 엡 4:22; 골 3:8, 10).

2. 그리스도인이 온전히 사모해야 할 것은 무엇입니까?

☞ 신령한 젖, 곧 진리의 말씀

"갓난아기들 같이 순전하고 신령한 젖을 사모하라 이는 그로 말미암아 너희로 구원에 이르도록 자라게 하려 함이라"(벧전 2:2).

거듭난 그리스도인들이 거룩하게 된다는 것은 모든 악을 버리고 그리스도의 선하심을 맛보아 아는 자로서 마치 갓난아기가 젖을 사모하듯이 신령한 젖, 곧 순수한 진리의 말씀을 사모하여 무럭무럭 자라가는 것을 말합니다.

그리스도인이란 새롭게 태어나서 하나님 나라에 대한 소망을 품은 사람입니다(벧전 1:3). 이러한 소망의 근거는 예수님의 부활의 증거와 하나님의 약속(벧전 1:25) 때문입니다.

하나님의 거룩한 백성은 공동체 안에서 영적 성숙을 향해 계속 성장해 나가야 하는데, 마치 어린 아기가 어머니의 젖을 먹고 자라 장성한 어른이 되는 것처럼, 완전한 구원에 이르기까지 계속 하나님의 말씀을 간직하고 그 말씀대로 살아야 합니다.

베드로가 말하는 신령한 젖이란 하나님의 말씀을 의미합니다(고전 3:2). 그리스도인들은 하나님의 신령한 말씀을 통해서만 영적으로 성장할 수 있습니다. 그러므로 이미 주의 인자하신 구원의 역사를 체험한 그리스도인들은 거룩한 삶을 유지하기 위하여 주의 말씀을 사모하고 묵상하는 자세를 잃지 말아야 합니다(수 1:8; 시 1:2; 119:97).

3. 그리스도인은 오직 누구에게 나아가야 합니까?

☞ 산 돌이신 예수

"사람에게는 버린 바가 되었으나 하나님께는 택하심을 입은 보배로운 산 돌이신 예수께 나아가"(벧전 2:4).

그리스도인이 된다는 것은 개인의 평안과 행복의 추구만을 의미하는 것이 아닙니다. 그리스도인은 홀로 존재하지 않고 그리스도와 연합하여 하나 된 자이며, 또한 그리스도를 중심으로 한 공동체의 일원입니다.

베드로는 그리스도를 '살아있는 돌'에 비유하고 있습니다. 신약성경에서는 예수 그리스도가 흔히 돌로 비유되고 있습니다. 즉, '모퉁이의 머릿돌'(마 21:42), '신령한 반석'(고전 10:4), '산 돌'(벧전 2:4), '부딪히는 돌'(벧전 2:8) 등입니다. 본문에서 베드로는 구약의 선지자 이사야의 말씀(사 28:16)을 인용하여 예수께서 시온의 모퉁이 돌, 즉 새 성전의 초석이 되심을 암시하고 있습니다.

예수 그리스도는 사람들에게 배척을 받고 마침내 죽임을 당하여 외견상으로는 건축자가 쓸모없다고 버린 죽은 돌같이 보였습니다. 그러나 사실은 하나님께서 선택하신 존귀한 자로서 하나님 집의 가장 중요한 모퉁이 돌이 되어 인류를 구원하시고 하나님의 나라를 이룩하는 돌이 되셨습니다. 그러므로 모퉁이 돌이신 그리스도께서는 믿는 자들에게 보배의 역할을 하시지만, 불신자들에게는 건축자가 버린 돌처럼 부딪히고 넘어지는 올무가 됩니다(시 118:22; 사 8:14; 마 21:44). 우리는 이렇게 살아있는 돌이 되시는 예수께 나아가야 합니다.

4. 그리스도인인 우리도 공동체를 위해 어떤 역할을 해야 합니까?

☞ 산 돌의 역할로 하나님께 예배드림

"너희도 산 돌 같이 신령한 집으로 세워지고 예수 그리스도로 말미암아 하나님이 기쁘게 받으실 신령한 제사를 드릴 거룩한 제사장이 될지니라"(벧전 2:5).

공동체의 구성원 역시 그리스도와 마찬가지로 '산 돌'이며 그들은 함께 모여 '신령한 집'을 구성합니다. 즉 그리스도인 각자는 건축에 필요한 요긴한 돌이며, 모퉁이 돌이신 그리스도와 연합하여 하나님의 거룩한 집을 만들어야 합니다. 이러한 사실에 대해 바울도 교회의 구성원들은 예수 그리스도를 머리로 하는 그의 몸의 지체들이 되어야 한다고 역설합니다(고전 12:27).

5. 그리스도인은 하나님 앞에서 어떠한 사람들입니까?

"그러나 너희는 택하신 족속이요 왕 같은 제사장들이요 거룩한 나라요 그의 소유가 된 백성이니 이는 너희를 어두운 데서 불러내어 그의 기이한 빛에 들어가게 하신 이의 아름다운 덕을 선포하게 하려 하심이라"(벧전 2:9).

1) 택하신 족속

유대인들은 아브라함의 육신적 혈통으로 하나님의 택하신 족속이 되었다고 자랑하지만 진정한 택함을 받은 족속은 혈통이나 민족의 차별 없이 그리스도 안에서 그와의 연합을 통해 영적으로 새롭게 태어난 그리스도인들입니다.

2) 왕 같은 제사장

그리스도인은 왕이신 그리스도와의 연합을 통해 그리스도와 함께 보좌에서 만국을 통치하며, 동시에 제사장으로서 하나님을 섬기며 예배하는 사람입니다.

3) 거룩한 나라

그리스도인의 현재의 직책이 과거 이스라엘 민족을 대신하고 있음을 보여줍니다. '거룩한' 은 구별되어 하나님께 드린 것을 나타내는 말로, 본문은 그리스도인들이 하나님께서 쓰시고자 선택하신 존재들임을 나타냅니다.

4) 소유가 된 백성

그리스도인은 하나님께서 자신의 독생자이신 그리스도의 희생으로 사셔서 그의 자녀로 삼으신 언약의 백성입니다.

그리스도인은 그리스도와 연합하여 하나님의 신령한 집을 구성하며 살아 있는 공동체로서의 사명을 수행하는 자들입니다. 이러한 그리스도인들은 택하신 족속(사 43:20), 왕 같은 제사장(출 19:6; 계 1:6), 거룩한 백성(출 19:6), 그분의 소유된 백성입니다(신 7:8; 말 3:17). 즉 그리스도인은 거룩한 제사장의 직분을 맡은 자로서 하나님께서 기쁘게 받으실 만한 신령한 제사를 드리는 공동체를 이루는 자들입니다.

6. 우리는 이제부터 누구의 백성이 되었습니까?

☞ 하나님의 백성, 긍휼을 얻은 자

"너희가 전에는 백성이 아니더니 이제는 하나님의 백성이요 전에는 긍휼을 얻지 못하였더니 이제는 긍휼을 얻은 자니라"(벧전 2:10).

그리스도인들은 새 계약의 백성들이며 참 이스라엘입니다(갈 6:16). 그들은 선택된 자들이며 옛 계약의 백성들과는 달리 하나님과 세상 사이에서 세상을 위하여 중재하고 화해시키는 거룩한 제사장의 임무를 맡은 사람들입니다. 전에는 이방인으로서 하나님을 알지 못하였으나 지금은 하나님의 백성이 되었고, 전에는 긍휼을 얻지 못하였으나 이제는 긍휼함을 얻은 자로 변화되었습니다.

이렇듯 구원의 축복을 받고 거룩한 백성으로 변모된 것은 하나님을 알지 못하고 하나님의 긍휼을 받지 못하는 자들에게 빛을 밝혀주고 그분의 크신 덕을 널리 선포하기 위함입니다. 하나님의 거룩한 백성이 된다는 것은 이처럼 거룩한 사명을 수행하는 것을 의미합니다.

Application of Bible

1. 그리스도인은 모든 악에서 떠난 사람입니다.

2. 그리스도인은 온전히 하나님의 말씀을 사모하는 사람입니다.

3. 그리스도인은 오직 예수 그리스도께로만 나아가야 합니다.

4. 그리스도인은 교회 공동체를 이루는 구성원들입니다.

5. 그리스도인은 이제 하나님의 백성이 된 사람입니다.

Tip of Bible

베드로

베드로의 본명은 히브리어로 '듣다' 라는 뜻인 '시몬' 으로 이는 '시므온' (창 29:33)의 단축형 명칭입니다. 이 시몬과 그의 형제 안드레는 요나의 아들이자 어부 출신으로서(마 4:18-20), 예수님의 제자가 되기 전에 이미 침(세)례 요한의 제자였던 것 같습니다(요 1:35-42).

한편 예수께서는 시몬에게 아람어로 '게바' 라는 새 이름을 지어 주셨는데(요 1:42), 이를 헬라어로 번역하면 '반석' 이라는 뜻의 '베드로' 가 됩니다(마 16:18). 그 후 '베드로' 라는 이름이 사도로서의 공적 지위를 나타내는 데 사용되었습니다.

베드로는 가장 대표적인 제자로서 예수께서 부활하신 후에도 제자들 중 대표자로서의 역할을 담당하게 됩니다. 실로 충동적이고 감정적이었던 베드로는 예수의 십자가 사건과 부활 사건 이후 신실한 예수의 증인으로 변화되어 초대교회의 기둥 같은 존재로 활약했습니다.

성경에서는 예루살렘 공의회(행 15장) 이후 그의 행적에 대해 침묵하고 있으나 전언에 의하면 바벨론까지 선교 활동을 하다가 말년에 로마에서 십자가에 거꾸로 매달려 순교했다고 전합니다.

Introduce

단 원 주 제	그리스도인의 사랑
단 원 해 설	요한서신서 중 요한일서와 요한계시록의 말씀을 통해 하나님 사랑과 형제 사랑, 그리고 하나님의 칭찬을 받는 교회의 모습들을 이해한다.
중 심 구 절	"누구든지 하나님을 사랑하노라 하고 그 형제를 미워하면 이는 거짓말하는 자니 보는 바 그 형제를 사랑하지 아니하는 자는 보지 못하는 바 하나님을 사랑할 수 없느니라"(요일 4:20).
단원학습목표	하나님을 사랑하는 것은 형제를 사랑하는 것으로 나타남을 이해한다.
단원핵심정리	하나님 사랑하기와 형제 사랑하기

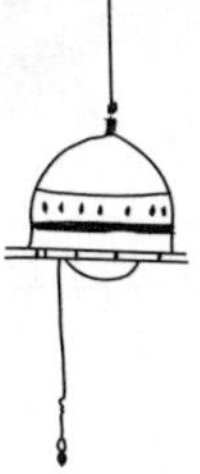

4 요한서신

신약편

4 단원

단원소개

"하나님은 사랑이시라"(요일 4:8)는 말씀처럼 사랑의 하나님이 먼저 우리를 사랑하셨고 우리에게 사랑을 주셨습니다(요일 3:1). 그 사랑은 자신의 아들을 내어주심으로 나타났습니다. 그러므로 사랑은 하나님으로부터 나온 것이며(요일 4:7), 하나님 그 자체입니다(요일 4:8).

이런 사랑의 하나님은 우리에게 또한 사랑을 요구하십니다. 우리가 하나님을 사랑한다는 것은 전인격적으로 하나님을 신뢰하는 것입니다. "네 마음을 다하고 목숨을 다하고 뜻을 다하여 주 너의 하나님을 사랑하라"(마 22:37)는 말씀은 우리의 전 삶을 하나님께 의탁하는 것을 말합니다. 이것은 곧 하나님을 믿는 것입니다. 성경에 나오는 위대한 하나님의 사람들은 그들의 전 삶을 하나님께 드린 신앙의 위인들이었습니다(히 11:4-40).

본 단원에서는 사랑의 하나님을 소개하고, 계시록에 나오는 일곱 교회 중 에베소 교회와 빌라델비아 교회를 향한 하나님의 칭찬과 책망을 살펴보겠습니다.

믿믿파워 in 지저스

제10과 하나님은 사랑이시라!

학습목표 : 사랑의 하나님이 먼저 우리를 사랑하셨음을 알고 우리도 그 사랑을 구체적으로 실천하는 삶을 살아야 함을 이해한다.

중심진리 : 하나님은 사랑이시라.

본문말씀 : 요한일서 4:7-21

요일 4:7-8

"사랑하는 자들아 우리가 서로 사랑하자 사랑은 하나님께 속한 것이니 사랑하는 자마다 하나님으로부터 나서 하나님을 알고 사랑하지 아니하는 자는 하나님을 알지 못하나니 이는 하나님은 사랑이시라."

Question About It

1. 하나님은 우리 인간을 사랑하십니다. 하나님이 우리를 위해 보여주신 최고의 사랑은 무엇입니까?

☞ 독생자 예수 그리스도를 이 세상에 보내심.

2. 우리는 하나님이 보여주신 그 사랑에 대해 어떻게 반응해야 합니까?

☞ 하나님의 말씀에 순종하여 믿고 실천함.

View of Bible

요한은 요한1서 4장에서 특별히 기독교의 본질인 사랑에 대해서 심도 있게 다루고 있습니다. 즉 사랑의 본질과 그것으로부터 비롯되는 그리스도인의 사랑의 필요성을 강력하고도 직접적인 어조로 말씀하고 있습니다. 이런 이유로 바울이 쓴 고린도전서 13장은 '사랑 장' 이라고 불리며, 본 장은 '제2의 사랑 장' 이라고 불립니다. 고린도전서 13장은 사랑의 특성 자체를 말하고 있는 반면 요한1서 4장은 사랑의 기원과 성격, 그 의미를 말하면서 아울러 사랑은 그리스도인이 필연적으로 실천해야 할 덕목임을 강조하고 있습니다.

Learn of Bible

요한1서 4:7-21절은 전체 성경 중에서 가장 강력하고도 직접적으로 사랑의 실천을 강조하고 있는 부분입니다. 그리스도인에게 있어서 사랑은, 하면 도움이 되고 안 하면 조금 부족할 뿐인 덕목 중의 하나가 아니라 반드시 실천해야 할 필수적 덕목입니다. 이런 의미에서 그리스도인이란 사랑해야 하는 자이고 반대로 사랑하지 않는 자는 참된 그리스도인이 아닙니다.

요한이 말하고 있는 '사랑' 이란 주제는 2:1-11절과 3:10-24절에서도 이미 말씀한 바 있습니다. 2:1-11절에서는 사랑의 계명에 대한 순종이 언급되어 있으며, 3:10-24절에서도 역시 사랑의 실천이 강조되고 있습니다. 이제 요한은 이 가르침을 확장해서 4:7-21절에서 그리스도인에게 요구되는 사랑의 본질과 그 당위성에 대하여 역설하고 있습니다.

1. 사랑은 누구에게로부터 시작되었습니까?

☞ 하나님

"사랑하는 자들아 우리가 서로 사랑하자 사랑은 하나님께 속한 것이니 사랑하는 자마다 하나님으로부터 나서 하나님을 알고 사랑하지 아니하는 자는 하나님을 알지 못하나니 이는 하나님은 사랑이심이라"(요일 4:7-8).

사랑의 근원은 하나님이시고 하나님은 사랑 그 자체이십니다. 따라서 하나님은 그의 자녀 된 그리스도인에게 자발적인 사랑의 실천을 요구하십니다. '하나님께 속한 것이니' 는 사랑이 하나님에게서 비롯되었음을 말씀합니다. 하나님은 본질상 사랑이시며 모든 사랑의 근원으로서 그 사랑을 그리스도를 통해서 먼저 우리에게 보여주셨습니다.

그러므로 그리스도인들은 사랑의 행위를 통해서 자신이 하나님에게서 난 자녀이며 하나님을 아는 자임을 드러낼 수 있어야 합니다. 자신의 삶 속에서 사랑을 표현해야 합니다.

2. 하나님은 자신의 사랑을 어떻게 보이셨습니까?

☞ 자기 아들을 제물로 우리에게 보내심으로

"사랑은 여기 있으니 우리가 하나님을 사랑한 것이 아니요 하나님이 우리를 사랑하사 우리 죄를 속하기 위하여 화목 제물로 그 아들을 보내셨음이라"(요일 4:10).

하나님은 사람의 생각을 뛰어넘는 초월적 사랑을 나타내셨습니다(요일 4:9-11). 자신을 배반하고 떠난 인간을 찾아오셨을 뿐만 아니라 온갖 수치와 고통의 대명사였던 십자가를 지시도록 자신의 아들 예수님을 보내어 주심은 그 자체가 사랑의 모습이었습니다.

여기서 우리는 성경이 말하는 사랑에 대한 진리를 발견하게 됩니다. 그것은 내가 먼저 사랑했기 때문에 하나님이 나를 사랑한 것이 아니라 하나님이 먼저 나를 사랑해 주셨기 때문에 우리도 하나님과 다른 사람을 사랑할 수밖에 없다는 것입니다. 즉 구원을 받은 그리스도인에게 있어서 사랑은 선택의 문제가 아니라 행할 수밖에 없는 필연적인 행동이라는 것입니다. 다시 말해 억지로 선심 쓰듯 사랑을 베푸는 것이 아니라 사랑을 하지 않고는 견딜 수 없다는 것입니다.

3. 우리가 사랑을 실천하는 삶을 산다는 것은 우리 안에 누군가 계시다는 증거가 됩니다. 그분은 누구입니까?

☞ 하나님의 성령

"그의 성령을 우리에게 주시므로 우리가 그 안에 거하고 그가 우리 안에 거하시는 줄을 아느니라"(요일 4:13).

그리스도인이 사랑을 실천하는 일은 성령의 내주하심의 자연스러운 결과입니다(요일 4:13-16). 곧 그리스도인이 그의 믿음과 사랑을 보이는 것은 성령을 받은 증거가 되며, 성령을 받았다는 것은 하나님이 우리 안에 거하신다는 증거가 됩니다(요 14:7; 고전 6:19). 이처럼 성령을 통한 하나님의 내주하심은 따로 떼어놓고 생각할 수 없는 것이고 전인격적인 것입니다.

우리가 하나님 안에 거하는 것처럼 하나님도 우리 안에 거하십니다. 이 영원한 연합은 그리스도인의 생활 가운데 사랑의 열매를 맺게 합니다.

4. 우리 그리스도인의 사랑은 어떤 모습으로 완성되어집니까?

☞ 형제 사랑

"누구든지 하나님을 사랑하노라 하고 그 형제를 미워하면 이는 거짓말하는 자니 보는 바 그 형제를 사랑하지 아니하는 자는 보지 못하는 바 하나님을 사랑할 수 없느니라"(요일 4:20).

하나님을 사랑한다고 하면서 형제를 미워하는 것은 사실상 불가능합니다. 왜냐하면 하나님 사랑과 형제 사랑은 분리될 수 없는 하나의 계명이기 때문입니다. 이 계명은 하나님을 사랑하고 이웃을 내 몸과 같이 사랑하라는 예수님의 말씀을 반영한 것입니다(막 12:29-31).

참된 사랑은 하나님과의 수직적인 관계에만 머무는 것이 아니라 이웃을 향한 수평적인 관계에까지 그 영역이 확대되어져야 하며, 추상적인 생각이나 논리의 영역을 뛰어 넘어 그리스도인의 구체적인 삶과 실천으로 나타나야 합니다. 이처럼 그리스도인이 서로 사랑할 때 하나님의 사랑은 그리스도인 안에서 완전해집니다.

Application of Bible

1. 하나님이 사랑 그 자체이십니다.

2. 하나님이 먼저 우리를 사랑하셨습니다.

3. 그리스도인이란 사랑의 삶을 사는 자들입니다.

4. 사랑의 삶의 구체적인 표현은 이웃 사랑하기에서 나타납니다.

Tip of Bible

사랑

사랑은 인간이 생각해 낸 것이 아니고, 발견한 것은 더더욱 아닙니다. 사랑은 하나님의 경륜과 의지를 좇아 인간에게 나타난 것입니다(요일 4:9). 하나님이 먼저 우리를 사랑하셨고 또 사랑을 주셨습니다(요일 3:1). 그러므로 사랑은 하나님으로부터 나온 것이며(요일 4:7), 하나님 그 자체입니다(요일 4:8).

사랑의 하나님은 그리스도인들에게 역으로 사랑을 요구하십니다. 우리가 하나님을 사랑한다는 것은 전인격적으로 하나님을 신뢰하는 것입니다. "네 마음을 다하고 목숨을 다하고 뜻을 다하여 주 너의 하나님을 사랑하라"(마 22:37)는 말씀은 우리의 전 삶을 하나님께 의탁하는 것을 말합니다. 이것은 곧 하나님을 믿는 것입니다. 성경에 나오는 위대한 하나님의 사람들은 그들의 전 삶을 하나님께 드린 신앙의 위인들이었습니다(히 11:4-40).

틴틴파워 in 지저스

제11과 처음 사랑을 회복하라!

학습목표 : 처음 사랑을 잃어버린 에베소 교회에 대한 하나님의 경고의 말씀을 이해한다.

중심진리 : 처음 사랑을 회복하라.

본문말씀 : 요한계시록 2:1-7

계 2:5

"그러므로 어디서 떨어졌는지를 생각하고 회개하여 처음 행위를 가지라 만일 그리하지 아니하고 회개하지 아니하면 내가 네게 가서 네 촛대를 그 자리에서 옮기리라."

Question About It

1. 에베소 교회는 어떤 교회입니까?

☞ 에베소 교회는 바울이 제3차 전도여행 때 브리스길라, 아굴라와 함께 세운 교회입니다(행 18:18, 19; 19:1-10). 바울이 3년 동안 머물면서 심혈을 기울여 사역에 임했고 그 결과 예루살렘과 안디옥에 이어 제3의 기독교 중심지가 된 곳입니다.
그 후 디모데가 이 교회를 관할하는 최초의 감독이 되었고(딤전 1:3), 후에는 사도 요한이 에베소를 중심으로 활동하였습니다. 그러나 교회가 세워진지 40여 년이 지나자 성도들은 차츰 복음의 열정을 잃어버리게 되었습니다.

2. 에베소 교회가 어떠한 이유로 책망을 받았는지 알아봅시다.

☞ 에베소 교회의 선한 행위, 신앙의 인내, 이단을 용납하지 않은 것에 대해서는 칭찬하시면서도(계 2:2, 3, 6), 그들이 처음 사랑을 잃은 것에 대해서는 책망하셨습니다(계 2:4, 5). 당시 에베소는 문명의 중심지였으며 각종 종교들이 성행하던 곳이었기 때문에 이기적인 정욕이 팽배했던 당시 상황 속에서 내적, 외적인 사랑의 모양을 유지시키기 어려웠을 것입니다. 결국 처음 사랑을 회복하라는 것은 믿음과 교리 수호도 중요하지만 무엇보다 중요한 것은 사랑(요일 2:10)임을 일깨워 줍니다.

View of Bible

요한계시록은 성경의 마지막 책으로 베일에 가려진 상징적 표현이 가장 많은 책입니다. 특히 세상의 종말과 영원한 새 하늘과 새 땅에 대해 주로 다루고 있습니다. 물론 창세기부터 유다서에 이르기까지 다른 65권의 말씀도 이 땅의 역사의 종말과 영원한 새 나라의 도래와 이 땅에 살았던 모든 사람들의 하나님 보좌 앞 심판과, 그리고 이 모든 일들이 예수 그리스도의 재림과 함께 있을 것이라는 사실을 말하고 있습니다. 그러나 그 중에서도 요한계시록은 세상 끝 날의 징조와 그 후에 있을 새 나라에 대해 매우 상세하게 말씀하고 있습니다.

사도 요한이 계시록을 기록할 당시 종교적 박해로 인해 많은 이들이 믿음을 버리기도 하고, 많은 그리스도인들이 순교를 당하고, 남은 그리스도인들도 계속해서 극심한 박해와 핍박 속에서 믿음을 지키기 위해 힘든 투쟁을 하고 있었습니다.

사도 요한은 핍박 속에서 고통당하고 있던 그리스도인들에게 계시록의 말씀을 통해 하나님에 대한 신앙을 버리지 말고 소망을 품고, 오직 주님 오심을 사모하며 항상 깨어서 말씀대로 살아갈 것을 권면하고 있습니다.

Learn of Bible

요한계시록 2장과 3장은 소아시아의 일곱 교회에 보내는 편지입니다. 이 편지의 순서는 항구인 에베소로부터 시작하여 북쪽으로 35마일 정도 떨어져 있는 또 하나의 항구인 서머나를 거쳐 더 북동쪽으로 진행하여 버가모에 이른 뒤, 동쪽과 남쪽을 향하여 네 개의 또 다른 도시로 이어지고 있습니다.
이들 교회는 다가올 미래에 모든 교회가 경험할 상황들과 어려움에 대비하기 위하여 선택된 교회입니다. 그러므로 바울의 서신이 비록 당대의 개별적인 교회들에게 보내졌지만 그 이후 편지의 내용은 모든 교회를 향한 말씀이 되었듯이 이들 일곱 개의 교회에게 보내진 교훈 역시 오늘날 우리의 교회를 위해 주신 말씀으로 볼 수 있습니다.
본과에서는 에베소 교회에게 주신 그리스도의 말씀을 살펴보겠습니다.

1. 에베소 교회는 언제 개척된 교회였습니까?

☞ 바울의 3차 전도여행 때 세워진 교회

"그러므로 여러분이 일깨어 내가 삼 년이나 밤낮 쉬지 않고 눈물로 각 사람을 훈계하던 것을 기억하라"(행 20:31).

에베소 교회는 바울의 3차 전도여행 때 세워졌는데(행 20:31), 아굴라와 브리스길라가 바울과 함께 이곳을 개척한 것으로 알려져 있습니다(행 18:18-19). 바울이 제2차 전도여행 중에 이곳에 잠깐 들르기는 했으나 본격적인 활동을 펼친 것은 제3차 여행 때로, 이곳에 찾아와 3년 동안 심혈을 기울여 에베소뿐만 아니라 인근 지방까지(골로새, 라오디게아) 전도하는 등 바울의 선교 절정기를 이곳에서 보냈습니다. 그 결과 에베소는 예루살렘과 안디옥에 이어 제3의 기독교 중심지가 되었습니다.

2. 이후 에베소 교회를 이끈 지도자는 누구입니까?

☞ **디모데와 사도 요한**

"내가 마게도냐로 갈 때에 너를 권하여 에베소에 머물라 한 것은 어떤 사람들을 명하여 다른 교훈을 가르치지 말며"(딤전 1:3).

바울 이후에는 디모데가 에베소 교회의 지도자가 되었고, 후에는 사도 요한이 에베소를 중심으로 활동했습니다. 일설에 의하면 요한은 예수의 어머니 마리아를 이곳에 모셔서 함께 생활했다고 합니다. 그러나 교회가 세워진 지 40여 년이 지나자 성도들은 차츰 복음의 열정을 잃어 버렸습니다.

3. 예수님은 에베소 교회에 어떤 모습으로 나타나십니까?

☞ **오른손에 일곱 별을 가지고 일곱 개의 촛대 사이를 걸어 다니시는 분으로**

"에베소 교회의 사자에게 편지하라 오른손에 있는 일곱 별을 붙잡고 일곱 금 촛대 사이를 거니시는 이가 이르시되"(계 2:1).

이는 그리스도께서 교회를 보호하시고 통치하시며 지배하고 계심을 나타냅니다.

4. 주님이 에베소 교회에 칭찬한 내용은 무엇입니까?

☞ **선한 행위와 수고, 인내, 게으르지 아니한 것, 악한 자와 이단을 멀리한 것**

"내가 네 행위와 수고와 네 인내를 알고 또 악한 자들을 용납하지 아니한 것과 자칭 사도라 하되 아닌 자들을 시험하여 그의 거짓된 것을 네가 드러낸 것과 또 네가 참고 내 이름을 위하여 견디고 게으르지 아니한 것을 아노라(계 2:2,3), 오직 네게 이것이 있으니 네가 니골라 당의 행위를 미워하는도다 나도 이것을 미워하노라(6절)."

'행위' 는 전체적인 삶의 모습(엡 2:10; 4:1-4),

'수고' 는 단순한 노력의 차원이 아니라 고통스런 노동을 동반할 최선의 삶(엡 4:28; 빌 2:22),

'인내' 는 어떤 어려움도 개의치 않고 적극적으로 극복해 나가는 확고부동한 마음(약 1:3)을 나타냅니다. 곧 에베소의 그리스도인들은 믿음의 행위, 사랑의 수고, 소망의 인내를 가지고 선한 생활을 한 것입니다.

이들은 또한 악한 것을 구별할 줄 아는 영적인 분별력도 가지고 있었습니다. '자칭 사도라' 하는 자들은 예수를 부인할 뿐만 아니라 자신들이 주장하는 교리나 확신을 통해서 이익을 추구하는 사람들이었습니다. 교회는 자칭 사도라 하는 이러한 거짓된 자들의 거짓을 구별할 줄 알아야 하며, 에베소 교회는 그러한 훌륭한 영적 분별력을 가지고 있었습니다.

당시 에베소 교회는 로마 황제 숭배 강요 때문에 심한 박해 가운데 있었고, 그리스도의 성육신을 부인하는 이단들의 내적 도전들이 많았으나, 그리스도의 이름을 붙잡고 복음에 확고히 서서 그리스도에 대한 자신들의 신앙을 굳게 지켰습니다.

5. 그렇다면 에베소 교회가 책망 받은 것은 무엇입니까?

☞ 처음 사랑을 잃은 것

"그러나 너를 책망할 것이 있나니 너의 처음 사랑을 버렸느니라"(계 2:4).

'처음 사랑' 은 처음 그리스도를 영접하면서 가졌던 예수님과 하나님에 대한 사랑을 의미하지만, 또한 기독교적인 사랑, 즉 형제에 대한 사랑을 의미하기도 합니다. 그러므로 개인적인 뜨거운 신앙이 식은 것으로 볼 수도 있으나, 그리스도인들끼리의 사랑, 즉 형제를 사랑하지 않고 서로 미워하고 시기하고 질투하는 모습을 가지고 있었다는 의미로 해석할 수 있습니다.

에베소 교인들은 자신들의 교회에 있던 거짓 사도들을 분별하느라고 형제를 의심하고 엄격하게 구별함으로 형제에 대한 사랑이 식어진 것입니다. 그러나 예수님이 말씀하신 것처럼 형제에 대한 사랑을 하나님께 대한 사랑과 분리해서 생각할 수 없습니다. 그리스도에 대한 사랑은 형제 사랑을 동반하기 때문에 진정한 사랑은 형제 사랑에서 나타나야 합니다(요일 4:20, 21).

6. 그러므로 주님께서 에베소 교회에게 어떻게 할 것을 요구하십니까?

"그러므로 어디서 떨어졌는지를 생각하고 회개하여 처음 행위를 가지라 만일 그리하지 아니하고 회개하지 아니하면 내가 네게 가서 네 촛대를 그 자리에서 옮기리라"(계 2:5).

1) 처음에 가졌던 뜨거운 사랑을 다시 생각하고(Remember)

현재 그들의 상황이 초기의 하나님에 대한 헌신과 열정으로부터 얼마나 멀리 떨어져 있는가를 돌이켜 생각해 보라는 것입니다. 그리고 무슨 까닭에 그 지경에 이르렀는가를 살펴보라는 것입니다. 이러한 실천이 없는 결단은 무의미합니다.

2) 하나님 앞에서 겸손히 회개하고(Repent)

여기서 '회개'는 잘못의 책임이 전적으로 자기에게 있음을 고백하는 것이며 그것으로부터 완전히 돌이키는 진실하고 겸손한 마음입니다.

3) 처음 행위를 가질 것(Repeat)

제아무리 훌륭한 죄의 고백과 앞으로의 계획이 있더라도 그 회개에 대한 열매가 없으면 거짓입니다. 회개의 참된 증거는 구체적으로 변화된 행동과 삶을 통해서만 나타나기 때문입니다.

'생각하라'(Remember), '회개하라'(Repent), 그리고 처음 사랑의 행위를 '반복하라'(Repeat)가 바로 처음 사랑으로 되돌아 갈 수 있는 하나님의 법칙입니다. 그러나 이를 행동으로 옮기지 않을 때 하나님은 그 촛대를 옮기십니다.

Application of Bible

1. 에베소 교회가 범한 것과 같이 주님의 사랑을 잊어버리는 일이 우리 주변에서 너무나 자주 일어납니다. 많은 그리스도인들이 주님의 말씀에는 능통하고 진리를 열심히 추구하지만 그분의 위대한 사랑을 잊어버리는 잘못을 저지르고 있습니다.

2. 우리는 하나님을 처음 만났을 때, 주님을 영접했을 때의 첫사랑을 회복해야 합니다. 그 사랑이 다시 살아난다면, 우리의 삶이 더욱 풍성해질 뿐만 아니라 그 사랑은 우리의 이웃 사랑을 통해서도 나타날 수 있습니다.

Tip of Bible

계시록 교회지도

제12과 칭찬받은 교회 칭찬 듣는 성도

학습목표 : 주님께 칭찬받았던 빌라델비아 교회의 모습을 통해 우리의 신앙을 점검하고, 칭찬 받기 위해 해야 할 일을 이해한다.

중심진리 : 주님께 칭찬받는 자

본문말씀 : 요한계시록 3:7-13

계 3:10
"네가 나의 인내의 말씀을 지켰은즉 내가 또한 너를 지켜 시험의 때를 면하게 하리니 이는 장차 온 세상에 임하여 땅에 거하는 자들을 시험할 때라."

Question About It

1. 빌라델비아 교회에 대해서 알아봅시다.

☞ 고원 도시인 빌라델비아는 '작은 아덴'이라는 별명이 붙을 만큼 문화의 꽃을 피웠던 곳이며, 포도생산지로 유명한 곳이었습니다. 빌라델비아는 주요 도로가 나 있어서 교통의 요지였으며 그 결과 상공업의 발달로 매우 부유한 도시였습니다.
빌라델비아 교회가 어떻게 시작되었는지에 관해서는 알려진 바가 없습니다. 다만 주변의 모든 도시가 이교도로 넘어간 상황에서도 이 교회는 1392년까지 기독교 도시로 남아 있었습니다.

2. 빌라델비아 교회처럼 칭찬받기 위해서는 어떻게 해야 합니까?

☞ 빌라델비아 교회는 서머나 교회와 함께 책망 받는 일은 없고 칭찬만 받았습니다. 이들은 적은 능력을 가지고 있었음에도 불구하고 주의 말씀을 지켰고, 주의 이름을 부인하지 않았습니다.
우리도 적은 능력을 가지고 있을지 모르지만 주님의 말씀을 따를 때 주님의 칭찬을 받을 수 있습니다.

View of Bible

빌라델비아 교회는 믿음의 시련 가운데에서도 복음과 사도들의 가르침에 충실하여 하나님께 칭찬을 받는 교회였습니다. 실제 주변 도시가 모두 이슬람 화 된 상황에서도 빌라델비아 교회는 1392년까지 기독교 도시로 남아 있었습니다. 이 같은 신실함에 대해서 주께서는 '시험의 때'를 면하게 해주리라 약속하셨는데(10절), 이는 전혀 환란을 당하지 않게 하겠다는 뜻이 아니라 그러한 시련을 능히 이겨낼 수 있도록 주께서 함께하시겠다는 의미였습니다.

Learn of Bible

빌라델비아 교회는 사데 동남쪽 약 40km 지점에 위치한 고원 도시로 '작은 아덴'이라는 별명이 붙을 만큼 문화의 꽃을 피웠던 곳이며 포도 생산지로 유명했습니다. 이곳은 서머나와 서북 아시아 및 동방을 연결시켜주는 주요 도로가 나 있었으며 특히 로마로부터 드로아, 버가모, 사데를 지나는 1세기의 최고 교통 요지이기도 했습니다. 그 결과 이 도시는 상공업의 발달로 부를 축적할 수 있었으며 정치적, 군사적 힘을 키워나갈 수 있었습니다. 또한 이러한 지리적 이점 때문에 주변 도시들에게 상당한 영향력을 행사했으며, 문화와 언어(헬라어)의 통일도 유도할 수 있었습니다.
빌라델비아 교회는 한 가지 책망 받는 일 없이 칭찬만을 받았는데, 그렇게 된 특징들을 살펴보겠습니다.

1. 빌라델비아 교회가 칭찬받은 것은 무엇입니까?

"볼지어다 내가 네 앞에 열린 문을 두었으되 능히 닫을 사람이 없으리라 내가 네 행위를 아노니 네가 작은 능력을 가지고서도 내 말을 지키며 내 이름을 배반하지 아니하였도다"(계 3:8).

1) 열린 문을 가짐

여기서 '열린 문'은 신실한 그리스도인이 하나님 나라에 들어갈 때 통과할 문을 가리킵니다. 그들은 믿음의 시련 속에서도 복음과 사도들의 가르침에 충성을 다했으므로 열린 구원의 문, 즉 천국 문 앞에 서 있는 것입니다.

2) 작은 능력을 가짐

'작은 능력'은 '능력이 거의 없다'는 의미로 그 지역에서 빌라델비아 교인들의 신분이나 지위 등의 외적 능력이 변변치 못함을 나타냅니다.

빌라델비아 교회는 작은 능력을 가진 교회였습니다. 주님은 이 교회의 강하고 큰 힘을 기뻐하신 것이 아닙니다. 오히려 주님이 기뻐하시고 칭찬하신 것은 작은 능력을 사용하여 할 수 있는 대로 주님의 말씀을 지킨 것입니다.

3) 주님의 말씀을 지킨 것

빌라델비아 교인들은 세상의 다른 어떤 것보다 주의 말씀에 주의를 기울였으며 매일의 삶에서 그 말씀을 지켜나갔습니다.

4) 주님의 이름을 부인하지 않은 것

말씀이 주님을 표현한 것이라면, 이름은 주님 자신입니다. 그러므로 주의 말씀을 벗어나는 것은 신앙을 버리는 것이고, 주의 이름 외에 다른 이름을 부르는 것은 영적인 간음입니다. 그리스도께 배필이 되는 순결한 신부인 교회는 예수 그리스도 외에는 어떤 이름도 갖지 말아야 합니다. 교회가 교회 안에서 예수 이외의 다른 이름을 높이는 것은 타락한 증거입니다.

이렇듯 우리는 빌라델비아 교회의 특징들을 통해 '주님의 교회' 요 '주를 믿는 성도' 들이 지녀야 할 충성되고 신실한 믿음의 자세를 배울 수 있었습니다. 주님의 말씀을 지키며 주의 이름을 배반하지 않는 교회, 작은 능력이지만 절망하지 않고 은혜를 구하며 힘껏 충성하는 교회만이 끝내 구원의 문에 들어설 수 있으며 주께 칭찬받고 격려 받을 수 있습니다.

2. 빌라델비아 교회에 주시는 격려와 약속은 무엇입니까?

주님은 빌라델비아 교회를 칭찬하셨습니다. 그러나 주님은 이 교회의 어려움도 알고 계셨습니다. 그래서 주님은 그들에게 격려와 위로의 말씀을 주십니다. 그리스도는 자신을 사랑하는 자를 사랑하시며 끝까지 책임져 주신다는 것이 다음의 격려와 약속을 통해 나타납니다.

1) 유대인들의 인정을 받음

"보라 사탄의 회당 곧 자칭 유대인이라 하나 그렇지 아니하고 거짓말 하는 자들 중에서 몇을 네게 주어 그들로 와서 네 발 앞에 절하게 하고 내가 너를 사랑하는 줄을 알게 하리라"(계 3:9).

빌라델비아 교회가 처한 문제는 외적인 황제 숭배나 핍박 같은 것도 아니었고 부도덕한 이세벨의 혼합주의나 니골라당 같은 내적 문제도 아니었습니다. 그들이 처한 위기는 예수의 메시아 되심을 부정하고 예수 그리스도를 따르는 이들을 핍박하는 유대인들로부터 비롯된 것이었습니다.

이들은 혈통적인 면에서 하나님의 선택된 백성이고, 자신들만이 하나님 나라를 소유하였다고 주장하나 예수님의 메시아성을 부정함으로 사단의 세력 밑으로 들어간 사람들이었습니다.

그러나 이렇게 예수님이 메시아가 아니라고 맹렬히 부인하고 예수님을 메시아로 믿는 사람들을 적극적으로 핍박한 유대인들이 오히려 빌라델비아 교인들이 참 하나님의 백성임을 깨닫고 시인하게 될 것이라고 말씀하십니다. 이로써 빌라델비아 교인들은 참으로 주님께 사랑받는 자임이 입증된 것입니다.

2) 시험의 때를 면하게 해주심

"네가 나의 인내의 말씀을 지켰은즉 내가 또한 너를 지켜 시험의 때를 면하게 하리니 이는 장차 온 세상에 임하여 땅에 거하는 자들을 시험할 때라"(계 3:10).

주님께서는 그들을 지키어 시험의 때를 면하게 하시리라 하셨습니다. '시험의 때'란 주님이 재림하시기 전의 큰 환란의 날입니다. 신실한 그리스도인들은 이 시험의 때를 무사히 통과하게 될 것입니다.

3) 주님께서 속히 임하시겠다고 약속하심

"내가 속히 오리니 네가 가진 것을 굳게 잡아"(계 3:11a).

주님께서 속히 임하시겠다고 약속하십니다. 예수님께서 이 땅에 속히 임하시는 것은 공의의 심판과 악한 자들의 멸망을 위함이며(마 24:48-51; 살후 1:7-9), 그리스도를 믿음으로 인해 고난 받는 자들을 위로하시며 보호하시기 위함입니다(히 10:37; 약 5:8).

예수님께서 속히 임하시겠다고 하신 말씀은 심판의 위협이 아니라 충성된 자들에게 주신 위로의 약속입니다.

4) 면류관을 빼앗기지 않음

"아무도 네 면류관을 빼앗지 못하게 하라"(계 3:11b).

주님께서는 이들에게 이미 면류관이 확보되어 있으며, 아무도 이 면류관을 빼앗지 못하게 하시겠다고 약속하셨습니다.

5) 하나님의 성전에 기둥이 되게 하심

"이기는 자는 내 하나님 성전에 기둥이 되게 하리니 그가 결코 다시 나가지 아니하리라 내가 하나님의 이름과 하나님의 성 곧 하늘에서 내 하나님께로부터 내려오는 새 예루살렘의 이름과 나의 새 이름을 그이 위에 기록하리라"(계 3:12).

예수님께서는 빌라델비아 교인들 중 신앙의 승리를 거둘 자들에게 '내 하나님 성전에 기둥이 되게 하시겠다' 고 약속하셨습니다. 신실한 그리스도인은 어떤 고난과 어려움이 닥치더라도 하나님이 거하시는 성소에 하나님을 위해 존재하며, 하나님의 영광을 떠받드는 기둥으로 남아 있을 것을 말씀하셨습니다. 뿐만 아니라 이 기둥에는 당시의 풍습대로 하나님께서 자신의 이름을 새겨서 새긴 자(하나님)와 새김 받은 자(그리스도인)의 일치를 표시할 것이며, 그들을 새 예루살렘 곧 하나님 나라의 시민으로 공개적으로 인정하시며 또한 끝까지 믿음을 지킨 자들에게 예수님의 '새 이름' 을 붙여주어 더 이상의 개명 작업이 없게 해주시겠다고 약속하셨습니다.

Application of Bible

1. 주님께서는 자신을 위해 수고하며 눈물 흘리며 세속에 물들지 않기 위해 최선을 다한 자들에게 다양한 축복으로 채워주십니다.

2. 그러므로 그리스도인에게 필요한 것은 주께 대한 절대적인 충성입니다.

3. 모든 교회들이 주님의 영광스러운 왕국 기둥으로 완성될 때까지 주님은 우리에게 인내를 요구하십니다.

Tip of Bible

일곱 교회의 특징

1. 에베소 교회

악을 미워하고 인내한 사실과 거짓 교리를 배척한 사실로 칭찬을 받지만 처음 사랑을 잃어버리므로 책망을 받습니다. 그리고 회개 촉구와 함께 생명나무의 과실을 약속받습니다.

2. 서머나 교회

환란과 궁핍 가운데서도 견뎌낸 서머나 교회는 아무 책망 없이 칭찬을 받고 이어서 생명의 면류관을 약속받습니다.

3. 버가모 교회

박해 속에서 믿음을 지킨 사실에 대해 칭찬을 받지만 니골라당의 교훈을 지키는 행위에 대해서는 신랄한 책망을 받습니다. 그리고 승리하는 자에게 만나와 흰 돌에 관한 약속이 주어집니다.

4. 두아디라 교회

사랑과 믿음, 그리고 섬김과 인내를 칭찬받습니다. 반면 거짓 선지자 이세벨을 용납한 사실로 인해 책망을 받습니다.

5. 사데 교회

교회 안에 옷을 더럽히지 않은 의로운 자들이 있다고 칭찬을 받은 반면, 영적인 죽음과 불완전한 행위로 인해서는 책망을 받습니다. 그리고 이어서 흰옷과 생명책에 기록된 이름에 관한 약속이 주어집니다.

6. 빌라델비아 교회

이 교회는 말씀을 지키고 배반하지 않았으므로 칭찬을 듣습니다. 그리고 하나님의 성전 기둥에 관한 약속을 받습니다.

7. 라오디게아 교회

이 교회는 전혀 칭찬을 듣지 못한 채 차지도 덥지도 않다는 책망을 받지만 이어서 하늘 보좌에 관한 약속이 주어집니다.

STOP

I ♥ JESUS

1단원 : 기본 생활공간 속의 청소년

제1과(서론) 우리의 생활은 사랑입니다! | 제2과 넌 어디로 가니?(진로)
제3과 집을 나가고 싶어요!(가출) | 제4과 아름다운 교제, 형제님! 자매님!(교제)

2단원 : 청소년의 생활관리

제5과 아름다운 언어(인터넷 통신언어) | 제6과 떨어질 수 없는 내 몸의 일부(휴대전화)
제7과 난 비싼 메이커가 좋아!(유행)

3단원 : 청소년의 정서생활

제8과 나의 미래는?(자기 이해) | 제9과 최고의 작품(나를 사랑하기)
제10과 우울해요! 도와주세요!(나를 극복하기)

Introduce

단 원 주 제	기본 생활공간 속의 청소년
단 원 해 설	기본 생활공간 속에서 하나님 주신 말씀의 교훈을 실천함으로 보다 건강하고 원만한 인관관계와 신앙 인격을 이루어가도록 돕는다.
중 심 구 절	" 그가 경건하여 온 집안과 더불어 하나님을 경외하며 백성을 많이 구제하고 하나님께 항상 기도하더니"(행 10:2).
단원학습목표	청소년들이 기본 공간이 되는 가정과 학교, 교회에서 하나님 말씀의 교훈을 따라 생활하는 태도를 갖는다.
단원핵심정리	청소년을 둘러싸고 있는 생활환경 속에서 청소년들이 하나님의 말씀을 따라 생활함으로써 진로와 직업에 대한 바른 관점을 가지고, 가정생활에서 발생하는 가출 충동을 잘 다스려 나가며, 보다 친밀하고 바람직한 교제생활을 해 나갈 수 있다.

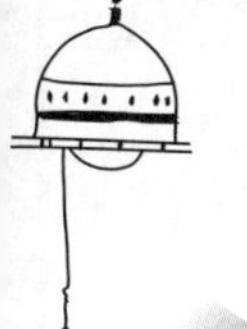

1 기본 생활공간 속의 청소년

생활편

1 단원

단 원 소 개

청소년을 둘러싼 기본적인 생활공간이라면 크게 학교와 가정, 그리고 교회를 들 수 있습니다. 이 생활공간들은 우리 크리스천 청소년들이 가장 많은 시간을 보내는 곳입니다.

따라서 청소년들이 많은 시간을 보내는 공간 안에서 좋은 관계를 맺고, 그 공간을 아름다운 환경으로 만들어 가는 것은 무척 중요합니다. 그럴 때 우리 청소년들이 보내는 많은 시간들이 행복해질 수 있기 때문입니다.

그러한 의미에서 1단원은 크리스천 청소년의 발달에 영향을 미치는 기본적인 생활공간 속에서 청소년의 건강한 성장을 도모하기 위해 계획되었습니다. 첫 과인 2과에서는 청소년들이 대부분의 시간을 보내는 학교생활에서 보다 구체적인 직업과 진로에 관한 방향성을 살펴보게 됩니다. 그리고 3과에서는 가정에서 빈번히 경험할 수 있는 가출충동을 어떻게 잘 다스려 나갈 수 있을 것인지에 관해 생각해 보게 됩니다. 마지막으로 4과에서는 우리 크리스천 청소년들의 신앙 성장에 직접적인 영향력을 미치는 교회에서 하나님이 기뻐하시는 친밀하고 바람직한 이성간의 교제생활에 대해 살펴보게 될 것입니다.

우리의 생활은 사랑입니다!

학습목표 : 일상생활 속에서 예수 그리스도를 통해 받은 사랑을 실천하는 삶을 산다.

중심진리 : 사랑을 실천하는 삶

본문말씀 : 에베소서 5:2

본과를 소개합니다

이번 과는 청소년들로 하여금 그들의 모든 생활이 하나님께로부터 받은 사랑을 실천하는 삶을 살아야 함을 강조하고 있습니다. 앞으로 각 단원을 통해 다루게 될 가정, 학교, 교회와 같은 기본 생활공간을 비롯해 청소년들의 자기관리 영역, 그리고 정서생활에 이르기까지 모든 삶의 영역에서 청소년들이 그리스도를 통해 받은 사랑을 실천해 나갈 수 있도록 성경적 원리를 확고히 세우도록 지도합니다.

Story of Life

제2차 세계대전을 승리로 이끈 주역(主役) 가운데 한 사람을 꼽으라면, 미국의 '루즈벨트' 대통령을 들 수 있을 것입니다. 그는 미국 사람들이 가장 존경하는 역대 대통령 중의 한 사람이기도 합니다. 많은 미국인들이 그를 좋아하는 이유는 그가 영웅적인 일을 해서가 아닙니다. 오히려 다리를 못 쓰는 장애인이었음에도 불구하고 불굴의 의지로 인생을 승리로 이끌었기 때문입니다. 그가 이렇게까지 될 수 있었던 것은 그의 아내 '엘레나' 여사의 헌신적인 사랑이 있었습니다.

엘레나 여사는 루즈벨트와 결혼해서 여섯 명의 아이들을 낳아 기르는 동안, 항상 가난으로 고통스런 세월을 보내야 했습니다. 심지어는 돈이 없어서 아이 하나를 애처롭게 잃은 적도 있었습니다. 설상가상으로 남편 루즈벨트마저 병을 얻어 다리를 못 쓰게 되어 평생을 휠체어 신세를 지게 되었습니다. 그러자, 친척 중에 한 사람이 엘레나 여사를 찾아와 그녀를 유혹했습니다. 구태여 힘들게 고생하며 살지 말고 차라리 그와 이혼하라고 권유했던 것입니다. 그때 엘레나 여사가 정색을 하며 이렇게 말했다고 합니다. "나는 돈이나 남편의 다리를 사랑한 것이 아니라 남편을 사랑했습니다. 그렇기 때문에 남편이 가난해도, 다리를 절어도 내게는 상관이 없습니다." 루즈벨트 대통령이나 엘레나 여사는 사람이 물질로 사는 존재가 아니라 사랑으로 사는 존재라는 것을 생활로 생생하게 보여준 사람이었습니다.

Talk Talk about Life

고린도전서 13장 4-5절에 비추어 본 내 생활 속 사랑의 모습

청소년들로 하여금 그리스도인으로서 자신의 생활 속에서 드러나는 사랑의 모습을 고린도전서 13장 4-5절의 말씀에 비추어 점검해 보는 시간을 갖도록 합니다.

"사랑은 오래 참고 사랑은 온유하며 시기하지 아니하며 사랑은 자랑하지 아니하며 교만하지 아니하며 무례히 행하지 아니하며 자기의 유익을 구하지 아니하며 성내지 아니하며 악한 것을 생각하지 아니하며"(고전 13:4-5).

드러나야 할 사랑의 모습과 사랑한다면 드러나지 말아야 할 모습들	매우 그렇다	약간 그렇다	보통 이다	별로 그렇지 않다	전혀 그렇지 않다
오래 참음					
온유					
투기(시기와 질투)					
자랑					
교만					
무례히 행함					
자기의 유익을 구함(자기중심적)					
성냄					
악을 생각함					

말씀탐구

1. 성경은 하나님을 무엇으로 표현하고 있습니까?

"사랑하는 자들아 우리가 서로 사랑하자 사랑은 하나님께 속한 것이니 사랑하는 자마다 하나님으로부터 나서 하나님을 알고 사랑하지 아니하는 자는 하나님을 알지 못하나니 이는 하나님은 사랑이심이라"(요일 4:7-8).

성경은 하나님을 사랑이라고 정의하고 있습니다.

사랑은 무엇이며 어디에서 오는 것일까요? 먼저 우리가 알아야 할 것은 사랑의 본질(本質)과 기원(起源)에 관한 것입니다. 요한일서 4장 7-8절의 말씀을 보면, 사랑은 순전히 하나님과 관계된 사건이라는 것을 알 수 있습니다. 성경은 하나님 자신이 곧 사랑이라고 가르치고 있습니다. 그래서 하나님을 믿고 아는 사람에게 사랑이 있고, 하나님을 모르고 믿지 않는 사람에게는 사랑이 없다고 말씀하고 있습니다. 사랑은 인간에게서 나온 것이 아닙니다. 그것은 철저히 하나님께 속한 것이기 때문에 하나님이 아니면 아무도 사랑할 수 없습니다. 이 사랑은 하나님께로부터 온 것입니다.

2. 하나님의 사랑은 어떻게 표현되었을까요?

"하나님의 사랑이 우리에게 이렇게 나타난 바 되었으니 하나님이 자기의 독생자를 세상에 보내심은 그로 말미암아 우리를 살리려 하심이라 사랑은 여기 있으니 우리가 하나님을 사랑한 것이 아니요 하나님이 우리를 사랑하사 우리 죄를 속하기 위하여 화목 제물로 그 아들을 보내셨음이라"(요일 4:9-10).

독생자 예수 그리스도를 보내어 우리를 구원하시는 사랑으로 표현되었습니다.

화목 제물이란 죄로 인하여 깨어진 피조물과 하나님과의 관계를 회복하기 위하여 바치는 제물, 즉 십자가에 못 박혀 죽은 예수를 가리킵니다. "이 예수를 하나님이 그의 피로써 믿음으로 말미암는 화목 제물로 세우셨으니 이는 하나님께서 길이 참으시는 중에 전에 지은 죄를 간과하심으로 자기의 의로우심을 나타내려 하심이니 곧 이 때에 자기의 의로우심을 나타내사 자기도 의로우시며 또한 예수 믿는 자를 의롭다 하려 하심이라"(롬 3:25, 26). 죄는 하나님과 사람 사이를 갈라놓았습니다(사 59:2). 이 상태를 바울은 "원

수 되었을 때에"(롬 5:10)라고 표현하였습니다. 본래 하나님과 인간 사이에는 아무런 원수 관계가 없었으나 죄로 말미암아 하나님과 인간이 원수가 되었던 것입니다. 그러나 하나님께서 예수님을 화목 제물로 세우시므로 그 예수님이 죄로 갈라지고 원수 된 하나님과 인간의 화목을 위한 제물이 되셨습니다. 우리는 독생자를 주신 하나님의 사랑을 받은 존재입니다.

3. 이와 같은 사랑을 받은 우리에게 하나님이 주시는 명령은 무엇입니까?

"새 계명을 너희에게 주노니 서로 사랑하라 내가 너희를 사랑한 것같이 너희도 서로 사랑하라 너희가 서로 사랑하면 이로써 모든 사람이 너희가 내 제자인 줄 알리라"(요 13:34-35).

"내 계명은 곧 내가 너희를 사랑한 것 같이 너희도 서로 사랑하라 하는 이것이니라"(요 15:12).

그리스도께서 우리를 사랑하신 것처럼 우리도 서로 사랑하라고 명령하십니다. 주님이 주신 새로운 계명인 사랑의 실천은 우리가 예수님의 제자가 되었다는 증거이기 때문입니다.

그러나 서로 사랑하라고 하시는 주님의 말씀은 사실 새로운 계명이 아닙니다. 왜냐하면 모든 율법의 핵심이 사랑이며 사랑은 처음부터 율법의 완성이기 때문입니다. 그럼에도 불구하고 주께서 모든 믿는 자들에게 새 계명을 주신다고 하신 것은 이제 이들이 예수 그리스도 안에서 그 사랑으로 살아갈 수 있는 존재, 즉 제자가 되었음을 선포하는 것입니다. 이를 달리 표현하면 죄 가운데 살아갈 때에는 어둠에 속하여 그 어둠으로 형제를 미워할 수밖에 없었으나 예수 안에서 새 생명을 얻은 이후에는 빛에 속한 제자의 삶, 곧 예수님의 사랑을 받아서 그 사랑을 실천하는 자의 삶을 살게 되었다는 의미입니다. 또한 하나님은 우리에게 사랑하라는 명령뿐 아니라 사랑을 실행할 수 있는 능력도 주셨습니다. 이 능력은 예수 그리스도의 십자가 사랑에서 나오는 것입니다. 우리는 예수님의 사랑을 힘입어 사랑의 명령을 실천할 수 있습니다.

4. 사랑하라는 명령을 지키는 자에게 주시는 약속은 무엇입니까?

"어느 때나 하나님을 본 사람이 없으되 만일 우리가 서로 사랑하면 하나님이 우리 안에 거하시고 그의 사랑이 우리 안에 온전히 이루어지느니라"(요일 4:12).

"사랑 안에 거하는 자는 하나님 안에 거하고 하나님도 그의 안에 거하시느니라"(요일 4:16).

사랑이 있는 곳에 하나님이 계십니다. 우리가 서로 사랑하면 하나님이 우리와 함께 하십니다.

하나님은 그를 믿는 모든 사람들의 마음속에 사랑으로 거주(居住)하십니다. 우리가 하나님을 눈으로 볼 수는 없지만 사랑으로 느낄 수 있는 이유가 바로 거기에 있습니다. 그래서 우리가 서로 사랑하면 할수록 우리 안에 계신 하나님을 더욱 충만하게 체험하게 되는 것입니다. 그러나 하나님이 우리 안에 거하실지라도 사랑으로 거하시기 때문에, 사랑하지 않으면 하나님이 그 안에 계시는지 알지 못합니다.

예 화

리더스 다이제스트에 소개되었던 이야기입니다. 미국의 한 유명한 축구선수가 어느 날 갑자기 구단에 은퇴를 선언하고 집으로 내려갔습니다. 이 일은 구단뿐만 아니라 세인들에게도 깜짝 놀랄 만한 사건이었습니다. 그만큼 그는 워낙 잘 나가던 유명한 선수였습니다. 그러나 진상을 알고 나서는 아무도 그의 독단적인 행동에 대해 문제를 삼지 않았습니다. 오히려 그의 그러한 결단에 대해 격려하고 찬사를 보냈습니다. 왜냐하면 그의 아내가 가망성이 없는 악성 유방암으로 죽어가고 있었기 때문입니다.

그는 하루 종일 아내의 곁을 떠나지 않고 아내를 보살펴주었습니다. 아내가 계속되는 방사선 치료와 독한 약물 투입으로 말미암아 머리를 밀었을 때에는 그도 역시 자신의 머리를 밀었습니다. 아내의 고통에 조금이라도 동참하고 싶었던 것입니다. 그는 아내의 치료를 위해 모든 시간을 헌신했습니다. 마치 경기를 위해서 미식축구를 연구하는 것 같이, 아내의 몸 상태를 찍은 필름을 연구했습니다. 전문서적을 뒤져보기도 하고, 같은 병에 걸렸다가 완치된 사람들을 찾아가서 어떻게 완치되었는지 들어보기도 했습니다. 마치 운동장에서 경기할 때와 같이 계획성 있게 투병생활을 같이 했습니다. 지성이면 감천이라고, 결국 아내의 병이 완치되었습니다.

그 소식이 전해지자 기자들이 그들 부부를 찾아와 인터뷰를 요청했습니다. 그들 중에 어느 한 기자가 그의 아내에게 이렇게 물어보았습니다. 당신이 기적같이 나을 수 있었던 이유가 무엇이라고 생각합니까? 그녀가 대답했습니다. 내 남편이 나를 사랑했기 때문입니다."

5. 그렇다면 우리가 사랑해야 할 대상은 누구입니까?

"예수께서 이르시되 네 마음을 다하고 목숨을 다하고 뜻을 다하여 주 너의 하나님을 사랑하라 하셨으니 이것이 크고 첫째 되는 계명이요 둘째도 그와 같으니 네 이웃을 네 자신 같이 사랑하라 하셨으니 이 두 계명이 온 율법과 선지자의 강령이니라"(마 22:37-40).

우리의 사랑의 대상은 하나님과 이웃입니다.

먼저 온 힘과 정성을 다해 하나님의 계명을 좇는 삶을 살아감으로 하나님을 사랑해야 합니다(요 14:15). 그리고 나 자신을 사랑하듯 이웃을 사랑해야 합니다. 우리의 이웃은 누구입니까? 우리의 부모님과 형제, 믿음의 교우들과 학우들, 지역사회 이웃들입니다. 우리의 사랑은 가정과 교회 안에서 먼저 실현되어야 하며, 다음에 사랑으로 연합된 가정과 교회를 통하여 사회로 퍼져나가야 합니다. 사랑은 깊은 헌신, 염려 및 애정의 감정입니다. 하나님과 이웃에 대한 사랑은 예수 그리스도의 제자들이 지니는 특성입니다. 친절하며, 경청하며, 함께 슬퍼하며, 위로하고, 봉사하고, 위하여 기도하고, 복음을 나누고, 친구가 되어줌으로써 우리의 사랑을 표현하고 실천할 수 있습니다.

Change of Life

생활 속에서 실천하는 사랑

독생자를 주시기까지 우리를 사랑하신 하나님의 사랑을 받은 우리는 이제 '서로 사랑하라'는 새 계명을 실천하는 생활을 통해 하나님을 향한 우리의 사랑을 드릴 수 있어야 하겠습니다. 하나님의 말씀을 경청하는 것, 예배를 소중히 여기는 것, 사랑한다고 부모님께 말씀드리는 것, 청소를 도와드리는 것, 음식을 맛있게 먹는 것, 어깨를 두드려 드리는 것, 화내지 않는 것, 믿어 주는 것, 참아주는 것, 함께 기뻐해 주는 것 등 우리가 하나님과 부모님, 친구들에게 실천하고 표현할 수 있는 사랑은 많습니다.

하나님은 예수 그리스도를 주시기까지 우리를 사랑하셨습니다. 이러한 사랑을 받은 우리는 어떻게 그 사랑을 생활 속에서 실천해야 할까요?

□ 하나님을 향하여 : ______________________________

□ 부모님을 향하여 : ______________________________

□ 친구들을 향하여 : ______________________________

Decision of Life

우리가 '하나님은 사랑이시라' 고백하는 것처럼 우리 주변의 사람들 또한 우리를 향해 '그 사람은 참 그리스도인이라' 라고 인정하고 있습니까? 참 그리스도인이란 사랑을 말하는 사람이 아니라 삶 가운데에서 사랑을 실천하는 자들입니다. 우리가 하나님으로부터 받은 사랑을 생활 속에서 실천하며 살아갈 때 사람들은 비로소 살아계신 하나님께 눈을 돌리고 그리스도인들이 증거하는 복음에 귀를 기울이게 될 것입니다. 우리의 생활은 사랑입니다! 그리스도인의 생활은 하나님의 사랑을 받는 것에서 출발하여 이웃을 향해 사랑을 실천하는 것으로 나타나야 합니다. 우리 그리스도인들은 하나님으로부터 사랑을 받아서 그 사랑을 세상에 나타내야 하는 존재이기 때문입니다.

제2과 넌 어디로 가니?(진로)

학습목표 : 직업에 대한 성경적 이해를 바탕으로 자신의 진로에 대해 고민하는 기회를 갖는다.

중심진리 : 하나님의 자녀는 모든 일을 하나님의 일이라는 관점을 가지고 직업과 진로를 선택해야 하며, 이를 위해 성실한 태도로 학업에 임한다.

본문말씀 : 에베소서 4:1

본과를 소개합니다

이번 과는 청소년들로 하여금 그들의 모든 생활이 하나님께로부터 받은 사랑을 실천하는 삶을 살아야 함을 강조하고 있습니다. 앞으로 각 단원을 통해 다루게 될 가정, 학교, 교회와 같은 기본 생활공간을 비롯해 청소년들의 자기관리 영역, 그리고 정서생활에 이르기까지 모든 삶의 영역에서 하나님의 자녀인 청소년들이 그리스도를 통해 받은 사랑을 실천해 나갈 수 있도록 그 성경적 원리를 확고히 세우도록 지도합니다.

Story of Life

한겨레 신문에 실린 기사 내용입니다.

"「어린 왕자」라는 소설의 내용 가운데 '사람들에게 배를 만들게 하고 싶다면 목재와 못을 가져오게 하지 말고, 저 멀리 수평선 너머에 우리들의 꿈을 실현할 터가 있음을 알게 하라'는 말이 나옵니다. 반기문 유엔사무총장은 43년 전인 고교생 때부터 외교관이 되겠다는 꿈을 키웠습니다. 그리고 그는 지금 세계 외교 무대의 중심에 우뚝 서있습니다. 박지성 선수는 초등학교 때에 이미 '국가대표 축구선수가 되겠다'는 일기를 썼다고 합니다. 김연아 선수도 마찬가지입니다. 교사들이 학교 현장에서 느끼는 학생들의 가장 큰 문제 가운데 하나는 구체적인 꿈이 없다는 것입니다. 꿈이 없으면 목표의식이 없고, 학습에 적극성이 없어집니다. 조금만 힘든 상황에 부딪혀도 의욕을 상실하고 맙니다. 스스로의 삶에 주인의식이 있어야만 미래를 꿈꿀 수 있기 때문입니다."

거의 300만 명의 젊은이들이 해마다 대학을 선택하고 있는 미국의 경우 약 3분의 1에 달하는 학생들이 자신의 선택에 만족하지 못하고 있는 것으로 조사되었습니다. 우리나라의 경우에도 전공을 바꾸거나 이직을 하는 등 자신의 진로와 직업에 대한 고민을 하는 대학생과 직장인들이 많은 현실입니다. 학업을 하는 과정에 있는 여러분은 자신의 인생 진로와 직업을 결정하셨나요?

Talk Talk about Life

나의 직업 가치관은?

직업과 관련하여 나의 가치관을 파악한다면 효율적으로 직업을 결정할 수 있고, 결정한 직업에 대한 만족도 또한 높아질 것입니다. '매우 중요하다' 를 5개, '중요하다' 를 10개, '그저 그렇다' 를 5개 선택하고 서로 이야기를 나누도록 합니다.

가 치	자기에게 중요한 정도 (∨)		
	매우 중요	중요하다	그저 그렇다
다른 사람을 돕는다.			
여러 곳을 돌아다닌다.			
오랜 기간 계속 일할 수 있다.			
남에게 인정받는다.			
월급이 많다.			
독창적인 일이다.			
많은 사람을 거느린다.			
여가 시간이 많다.			
자율적으로 일한다.			
여러 사람을 만난다.			
자부심을 느낀다.			
장래성이 있다.			
능력에 따른 승진 기회가 많다.			
성취감을 느낄 수 있다.			
많은 사람이 존경한다.			
나의 능력을 개발시킬 수 있다.			
근무시간이 적당하다.			
나라 발전에 기여한다.			
신앙생활에 지장을 받지 않는다.			
전도할 기회가 많다.			

말씀탐구

1. 창세기 1장과 2장을 통해 알 수 있는 인간 창조의 목적은 무엇입니까?

"하나님이 이르시되 우리의 형상을 따라 우리의 모양대로 우리가 사람을 만들고 그들로 바다의 물고기와 하늘의 새와 가축과 온 땅과 땅에 기는 모든 것을 다스리게 하자 하시고 하나님이 자기 형상 곧 하나님의 형상대로 사람을 창조하시되 남자와 여자를 창조하시고 하나님이 그들에게 복을 주시며 하나님이 그들에게 이르시되 생육하고 번성하여 땅에 충만하라, 땅을 정복하라, 바다의 물고기와 하늘의 새와 땅에 움직이는 모든 생물을 다스리라 하시니라"(창 1:26-28).

"여호와 하나님이 그 사람을 이끌어 에덴동산에 두어 그것을 경작하며 지키게 하시고"(창 2:15).

하나님께서 인간을 창조하신 목적은 그가 지으신 세계를 다스리도록 하기 위함입니다.

자기 형상대로 사람을 지으신 하나님께서는 복을 주신 후 땅을 정복하고 모든 생물을 다스리는 청지기 직을 명하셨습니다. 하나님의 대리자로서 하나님의 목적과 계획을 따라서 피조세계를 보전하라고 명령하신 것입니다. 또한 하나님의 창조 세계를 지키며 개발하여 하나님의 영광을 드러내게 하라는 명령인 것입니다. 우리가 알 수 있는 것은 직업(일)이라는 것이 타락 이후에 먹고 살기 위한 수단으로 생겨난 것이 아니며, 타락 이전에도 사람들은 자기의 일을 통하여 하나님의 계획하신 바를 이루고 하나님께서 그 속에 숨겨놓은 영광을 온 세상에 드러내었다는 사실입니다.(오성춘, 「기독교인의 직업과 영성」, 장로회신학대학교 출판부, 2001, pp8-9.)

2. 하나님의 형상을 따라 하나님이 계획하신 인간은 어떤 존재입니까?

"예수께서 그들에게 이르시되 내 아버지께서 이제까지 일하시니 나도 일한다 하시매"(요 5:17).

하나님은 인간을 일하시는 하나님의 형상을 따라 일하는 존재로 창조하셨습니다.

하나님이 계획하신 인간은 일하는 인간입니다. 하나님이 지으신 세상은 하늘과 땅과 바다와 거기에 충만한 모든 생물을 포함하고 있습니다. 인간은 땅 위에 번성하여 충만한 모든 생물을 질서와 조화를 이루도록 다스리라는 사명을 받았습니다. 하나님은 인간에게 온 세상의 질서를 세우며 모든 생물들 간의 화해를 이루어 평화로운 세상을 만들기 원하셨습니다.

따라서 사람의 진정한 행복은 하나님이 계획하신 대로 질서를 세우고 화해를 이루며 평화를 이루는 데 달려 있다고 할 수 있습니다. 이것은 우리 직업의 목적을 가르칩니다. 직업은 평화공존의 지구공동체를 달성하는 한 가지 길입니다. 그 직업이 무엇이든 간에 직업을 통해서 평화를 이루는 데 기여하며 하나님의 평화(shalom)로 가득한 직업이 되어야 할 것입니다. 직업 자체가 목적이 되는 것이 아니라 그 직업을 통해서 하나님의 나라를 이 땅 위에 성취하고 있느냐에 직업의 목적이 있다고 할 것입니다.(오성춘, 「기독교인의 직업과 영성」, 장로회신학대학교출판부, 2001, pp10-11.)

3. 하나님 나라와 직업 간에는 어떤 관계가 있을까요?

"종들아 두려워하고 떨며 성실한 마음으로 육체의 상전에게 순종하기를 그리스도께 하듯 하라 눈가림만 하여 사람을 기쁘게 하는 자처럼 하지 말고 그리스도의 종들처럼 마음으로 하나님의 뜻을 행하고 기쁜 마음으로 섬기기를 주께 하듯 하고 사람들에게 하듯 하지 말라"(엡 6:5-7).

직업 활동 그 자체가 하나님 나라의 일입니다.

하나님의 나라는 교회생활 뿐 아니라 가정생활, 학교생활, 직장생활 등 세상에서의 모든 생활 속에 그리스도께서 임재 하도록 하며, 모든 생활 속에 그리스도의 뜻과 계획을 실현하며, 마귀와 죄악이 지배하는 곳을 하나님이 다스리는 장으로 변화시켜 나가는 그리스도인의 삶 속에 이루어집니다. 따라서 직업 활동은 하나님을 섬기며, 사람들을 사랑하며, 하나님의 영광을 드러내는 일, 즉 그 자체가 하나님 나라의 일입니다. 바울은 로마 시대의 노예가 주인을 위해 일하는 것을 주 예수 그리스도를 섬기는 것이라고 말하고 있습니다. 노예와 주인의 관계는 세상의 제도에 따른 신분관계이지만 이것은 타락한 세상의 제도입니다. 하나님은 이 제도를 바꾸기를 원하시지만 그보다 먼저 관계를 바꾸시기를 원하십니다. 예수님은 노예와 주인 사이의 관계 속에 오셔서 그 관계 속에 화해와 평화를 이루시고 사랑과 축복의 관계로 회복시키고자 하십니다. 그리스도인인 노예는 지금 주인을 위해 일하고 있지만, 그는 그리스도의 사랑과 평화를 주인에게 전달하고 그 관계 속에 하나님의 영광을 드러나게 하기 위해 일하는 것입니다. 이것은 단순히 주인을 위한 희생이 아니라 예수님께서 그곳에 오셔서 성취하려는 그리스도의 일을 대신하는 것입니다. 그러므로 노예는 주인을 섬기지만 동시에 그리스도를 섬기는 종이 되는 것입니다.

이것은 모든 직업에 그대로 적용됩니다. 직장에서 일하는 모든 사람은 그 일을 하는 동시에 그곳에 하나님의 사랑, 화해, 평화를 가져오기 위해 일합니다. 직장은 하나님의 계획이 이루어지는 하나님의 나라요, 직장인은 하나님 나라를 이 땅 위에 성취시키는 하나님 나라의 종이 되는 것입니다.(오성춘, 「기독교인의 직업과 영성」, 장로회신학대학교출판부, 2001, pp18-20.)

예 화

중세기의 "부엌 성자"'로 알려진 로렌스는 수도원에 들어온 후 부엌에서만 일하고 봉사했지만 그로 말미암아 놀라운 하나님의 기적이 나타나고 수많은 사람들에게 감명을 주는 지혜가 빛나고 있었습니다. 한번은 그를 찾아온 방문자가 그에게 질문했습니다. "당신은 언제나 부엌에서 청소하고 그릇을 씻고 음식을 만드는 일만 하는데 그것 때문에 불평하거나 불만을 느껴 본 적은 없습니까?" 그러자 로렌스는 이렇게 대답했습니다. "나는 불만을 느끼거나 불평을 이야기할 시간이 없답니다. 이상히 여긴 방문자가 불만과 불평할 시간은 언제든지 열려 있지 않습니까?" 하고 묻자, 로렌스가 한 대답은 놀라운 것이었습니다. "나는 음식을 만들면서 계속 기도합니다. 이 음식을 먹는 자마다 하나님의 평강으로 채우소서!' 그리고 청소하면서는 이런 기도를 드립니다. '하나님, 하나님의 아름다운 동산을 더욱 아름답게 만드소서!' 그릇을 씻으면서도 이 그릇에 음식을 담아 먹는 자마다 건강하게 하소서!''라고 기도를 드린답니다. 그러니 저는 하나님께 기도할 시간밖에는 남는 시간이 없답니다"

4. 직업에 대해 성경이 말씀하는 기본적인 원리는 무엇입니까?

성경에서 직업(vocation)이라는 단어는 흠정역(King James Version)의 에베소서 4:1절에만 나옵니다. 그것은 클레시스(Klesis)로, "불러내다"의 의미를 지닌 헬라어 동사 칼레인(kalein)에서 나온 것입니다. 그러므로 명사형은 "부름"(calling)으로 되어야 마땅합니다. 많은 기독교인들이 이 "부름"의 개념을 두 가지의 매우 제한적이고 상호배타적인 개념으로 전락시켰는데, 두 가지 모두 성경 내용을 다루는 데는 적합하지 못합니다. 이들 중 한 가지 관점은 부름을 단지 기독교적인 봉사에만 국한시키고서, "선교 영역에 부름을 받거나" 또는 "말씀을 가르치는 일을 위해 부름 받은" 사람만을 강조합니다. 다른 관점은 전혀 상반되게 "부름"을 일, 직업 또는 전문직과 같은 순수하게 세속적인 이해와 관련시키고 있습니다.(Zuck, Roy & Warren Benson, 「교회의 청소년교육」, 신청기 역, 생명의말씀사, 1987, p660.)

"각 사람은 부르심을 받은 그 부르심 그대로 지내라"(고전 7:20).

그리스도인이 되었다고 해서 꼭 직업의 변화를 가져와야 하는 것은 아닙니다.

"그러므로 주 안에서 갇힌 내가 너희를 권하노니 너희가 부르심을 받은 일에 합당하게 행하여"(엡 4:1).

그리스도인의 직업은 '합당한 생활'과 불가분의 관계를 지니고 있습니다.

"무슨 일을 하든지 마음을 다하여 주께 하듯 하고 사람에게 하듯 하지 말라 이는 기업의 상을 주께 받을 줄 아나니 너희는 주 그리스도를 섬기느니라"(골 3:23-24).

하나님의 부르심은 각자가 하는 모든 일을 통해서 그분께 찬양을 돌리기 위한 뚜렷하고도 고귀한 목적을 수반하고 있습니다.

내가 생각하는 직업은…

앞에서는 학생들 자신이 가지고 있는 직업 가치를 탐색해보고 성경이 말씀하시는 일과 직업에 관한 교훈들을 살펴보았습니다. 이제 학생들의 관심 직업을 더욱 구체화하고 그 진로를 위해 힘써야 할 사항이 무엇인지 점검해 보도록 합니다.

다음 문항을 읽고 자신에게 해당하는 것이나, 어른이 되면 하고 싶다거나 좋아하는 활동에는 ○, 자신과는 다르거나 하고 싶지 않거나 싫어하는 활동이면 ×로 표시해 주세요.

1. 친구들과 어울려 하는 놀이보다는 철봉 등 기구를 사용하는 놀이를 좋아한다. ( )
2. 무엇이든지 조사하고 따져보는 경향이 있다. ( )
3. 나는 상상력이 풍부한 편이다. ( )
4. 친구 사귀는 것을 좋아한다. ( )
5. 나는 다른 친구들을 잘 이끌어가는 지도력이 있다. ( )
6. 일을 할 때는 내 마음대로 하기보다 정해진 방법이나 순서대로 한다. ( )
7. 친구와 함께하는 것보다는 무엇을 만들거나 기계를 만지는 게 더 재미있다. ( )
8. 여러 가지에 대해서 알아보고 이해하는 것이 재미있다. ( )
9. 나는 성격이 까다로운 편이다. ( )
10. 처음 보는 사람들과도 쉽게 친해진다. ( )
11. 나는 나의 주장을 쉽게 굽히지 않는 고집 같은 것이 있다. ( )
12. 보통 정해진 규칙대로 하기를 좋아한다. ( )
13. 책을 읽기보다는 바깥 놀이나 운동을 더 좋아한다. ( )
14. 무엇을 보든지 자세하게 관찰하는 습관이 있다. ( )
15. 나는 감정이 풍부해서 조그만 일에도 쉽게 감동한다. ( )
16. 나는 다른 친구들보다 따뜻하고 인정이 많은 편이다. ( )
17. 나는 적극적이고 주장이 강하며 모임에서 중요한 결정을 내가 내릴 때가 많다. ( )
18. 무엇이든지 정리정돈을 잘해 둔다. ( )
19. 부속품들을 맞추어서 복잡한 기계를 만든다. ( )
20. 과학과 관련된 책을 읽는다. ( )
21. 음악회에서 발표를 하기 위해 피아노 연습을 한다. ( )
22. 다른 사람을 잘 돕는다. ( )
23. 많은 친구들과 함께하는 활동을 계획하고 친구들을 이끌어간다. ( )
24. 가게에서 물건이 들어오고 나가는 것을 정확히 확인한다. ( )

25. 기계를 만들기 위해 설계도를 만든다. ( )
26. 혼자 과학실에서 하루 종일 실험을 한다. ( )
27. 영화나 드라마의 극본을 쓴다. ( )
28. 가난하고 병든 불쌍한 사람들을 돕는 일을 좋아한다. ( )
29. 많은 사람들을 관리하고 책임지는 일을 한다. ( )
30. 은행에서 정확하게 돈을 받고 내주는 일을 한다. ( )
31. 자전거나 장난감이 고장 나면 잘 고칠 수 있다. ( )
32. 학자가 되어 학문을 깊이 연구한다. ( )
33. 작곡발표회를 준비하기 위해 열심히 작곡을 한다. ( )
34. 놀이방에서 아이들을 돌보거나 유치원에서 아이들을 가르친다. ( )
35. 힘 있고 능력 있는 반장으로서 일을 한다. ( )
36. 회사에서 서류정리나 사무 처리를 한다. ( )
37. TV, 라디오 등을 사용하다 고장 나면 고치기 위해 뜯어보기도 한다. ( )
38. 암이 왜 생기는지 그 이유를 찾는 연구를 한다. ( )
39. 미술전시회 준비를 위해 그림을 그린다. ( )
40. 병원의 간호사로 환자들을 보살핀다. ( )
41. 국회의원에 당선되기 위해 선거운동을 열심히 한다. ( )
42. 상점에 들어온 물건의 개수와 가격이 맞는지 확인한다. ( )
43. 망치, 드라이버 같은 것을 잘 다루는 편이다. ( )
44. 어려운 산수 문제를 잘 푼다. ( )
45. 나는 음악, 미술, 무용 등에 소질이 있다. ( )
46. 나는 어려운 사람을 보면 불쌍한 마음이 생기고 도와주고 싶다. ( )
47. 학급회의의 사회자로 회의를 잘 이끌어 나갈 수 있다. ( )
48. 학용품, 준비물을 깨끗하게 정리해 둔다. ( )
49. 과학상자, 모형 라디오 같은 것을 맞추거나 만들기를 잘한다. ( )
50. 자연에 대한 공부를 잘하는 편이다. ( )
51. 미술, 음악 등에 대해 아는 것이 많다. ( )
52. 고민이 있는 친구의 말을 끝까지 잘 들어주고 이해해 주는 편이다. ( )
53. 많은 친구들 앞에서 나의 의견은 분명하게 말할 수 있다. ( )
54. 약속한 것은 꼭 지킨다. ( )
55. 무엇을 만들고 고치는 데 소질이 있다. ( )
56. 과학을 연구하기 위해 바위와 돌을 분석하고 관찰한다. ( )
57. 다른 사람들보다 노래를 잘한다. ( )
58. 주위 사람들의 마음을 잘 이해하는 편이다. ( )
59. 말을 짜임새 있게 잘한다. ( )
60. 공책을 깨끗하게 정리한다. ( )

이 검사는 미국의 진로 심리학자인 'John L. Holland'의 이론에 입각해서 제작된 검사로 사람들의 성격과 직업생활의 유형을 분석하여 여섯 개의 유형 즉, R(Realistic), I(Investigative), A(Artistic), S(Social), E(Enterprising), C(Conventional)로 분류하여 개인의 성격, 흥미, 가치의 유형이 직업적 생활 유형과 일치할 때 그러한 직업을 선택하는 것이 바람직하다는 직업적 성격유형론에 바탕을 두는 검사입니다. 각각의 문항에 O, X를 한 후 아래의 유형합계표에 기입하고, O를 한 문항의 합계를 내어 어느 유형이 자신에게 해당하는지를 육각형 도표를 통해 확인한 다음 그 유형의 특징을 살펴보도록 합니다.

실습 중심형(R)	학습 흥미형(I)	감성 중시형(A)	관계 협동형(S)	자신 만만형(E)	성실 노력형(C)
1	2	3	4	5	6
7	8	9	10	11	12
13	14	15	16	17	18
19	20	21	22	23	24
25	26	27	28	29	30
31	32	33	34	35	36
37	38	39	40	41	42
43	44	45	46	47	48
49	50	51	52	53	54
55	56	57	58	59	60
61	62	63	64	65	66

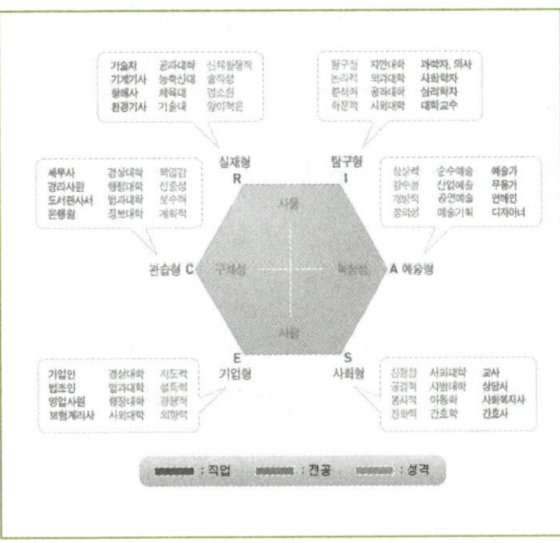

유형별 특성

R (실제형)	
성격 특징	남성적이고, 솔직하고, 성실하며, 검소하고, 지구력이 있고, 신체적으로 건강하며, 소박하고, 말이 적으며, 고집이 있고, 직선적이며, 단순하다.
자기 평가	단순한, 말이 적은, 냉정한, 건실한, 기계적인, 구체적인, 실리적인, 비사교적인, 솔직한, 순응적인, 고집스런, 거친, 실제적인, 검소하다.
직업활동 선호	분명하고, 질서정연하고, 체계적인 대상, 연장, 기계, 동물 등의 조작을 주로 하는 활동 내지는 신체적 기술들을 좋아하고, 교육적, 치료적 활동은 좋아하지 않는다.
적성 유능감	기계적, 운동적인 능력은 있으나 대인관계 능력은 부족하다. 수공, 농업, 전기, 기술적 능력은 높으나 교육적 능력은 부족하다.
가치	특기, 기술, 기능, 전문성, 유능성, 생산성
생의 목표	기계나 장치의 발견 및 기술자, 전문인, 뛰어난 운동선수
대표 직업	기술자, 자동기계 및 항공기 조종사, 정비사, 농부, 엔지니어, 전기 기계기사, 운동선수

I (탐구형)	
성격 특징	탐구심이 많고, 논리적, 분석적, 합리적이며, 정확하고, 지적 호기심이 많으며, 비판적, 내성적이고, 수줍음을 잘 타며 신중하다.
자기 평가	분석적인, 지적인, 호기심 많은, 학구적인, 꼼꼼한, 정확한, 비판적인, 신중한, 합리적인, 나서지 않는, 소극적이다.
직업활동 선호	관찰적, 상징적, 체계적이며, 물리적 생물학적 문화적 현상의 창조적인 탐구를 수반하는 활동들에 흥미를 보이지만, 사회적이고 반복적인 활동들에서는 관심이 부족한 면이 있다.
적성 유능감	학구적, 지적인 자부심을 가지고 있으며, 수학적, 과학적 능력은 높으나 지도력이나 설득력은 부족하다. 연구능력이 높다.
가치	탐구, 지식, 학문, 지혜, 합리성
생의 목표	사물이나 현상의 발견 및 과학에 대한 이론적 기여
대표 직업	과학자, 생물학자, 화학자, 물리학자, 인류학자, 지질학자, 의료기술자, 의사

A (예술형)	
성격 특징	상상력이 풍부하고, 감수성이 강하며, 자유분방하며, 개방적이다. 또한 감정이 풍부하고, 독창적이고, 개성이 강하고, 협동적이지 않다.
자기 평가	상상력이 풍부한, 직관적인, 독창적인, 감수성이 강한, 까다로운, 감정적인, 관념적인, 복잡한, 순응하지 않는, 개방적인, 충동적이다.
직업활동 선호	예술적 창조와 표현, 변화와 다양성을 좋아하고, 틀에 박힌 것을 싫어한다. 모호하고 자유롭고, 상징적인 활동들을 좋아하지만 명쾌하고, 체계적이고 구조화된 활동에는 흥미가 없다
적성 유능감	미술적, 음악적 능력은 있으나 사무적 기술은 부족하다. 상징적, 자유적, 비체계적 능력은 있으나 체계적, 순서적인 능력은 부족하다.
가치	예술, 창의성, 재능, 변화, 자유, 개성
생의 목표	예술계의 유명인, 독창적인 작품 활동
대표 직업	예술가, 작곡가, 음악가, 무대감독, 작가, 배우, 소설가, 미술가, 무용가, 디자이너

S (사회형)	
성격 특징	사람들을 좋아하며, 어울리기 좋아하고, 친절하고, 이해심이 많으며, 남을 잘 도와주고, 봉사적이며, 감정적이고, 이상주의적이다.
자기 평가	이해심 있는, 친절한, 우호적인, 사회성 있는, 외향적인, 관대한, 따뜻한, 재치 있는, 도움을 주는, 협동적이다.
직업활동 선호	타인의 문제를 듣고 이해하고 도와주고 치료해주고, 봉사하는 활동들에 흥미를 보이지만, 기계, 도구, 물질과 함께 하는 명쾌하고 질서정연하고 체계적인 활동에는 흥미가 없다
적성 유능감	사회적, 교육적 지도력과 대인관계 능력은 있으나 기계적, 과학적 능력은 부족하다. 기계적, 체계적 능력이 부족하다.
가치	사랑, 평등, 헌신, 인간존중, 공익, 용서, 봉사
생의 목표	타인들을 도우고 희생, 존경받는 스승, 치료전문가
대표 직업	사회복지가, 교육자, 간호사, 유치원교사, 종교지도자, 상담가, 임상치료가, 언어치료사

E (기업형)	
성격 특징	지배적이고, 통솔력, 지도력이 있으며, 말을 잘하고, 설득적이며, 경쟁적이고, 야심적이며, 외향적이고, 낙관적이고, 열성적이다.
자기 평가	외향적인, 지배적인, 열성적인, 설득적인, 지도력 있는, 획득하려고 하는, 모험심이 있는, 과시적인, 쾌락추구의, 말을 잘하는, 야심 있는, 활기찬, 자신감 있다.
직업활동 선호	조직의 목적과 경제적 이익을 얻기 위해 타인을 선도, 계획, 통제, 관리하는 일과 그 결과로 얻어지는 위신, 인정, 권위를 얻는 활동들을 좋아하지만 관찰적, 상징적, 체계적 활동에는 흥미가 없다.
적성 유능감	적극적이고, 사회적이고, 지도력과 언어의 능력은 있으나 과학적인 능력은 부족하다. 대인 간, 설득적인 능력은 있으나 체계적 능력은 부족하다.
가치	권력, 야망, 명예, 모험, 자유, 보상
생의 목표	사회의 영향력 있는 지도자, 금융과 상업 분야의 전문가
대표 직업	기업경영인, 정치가, 판사, 영업사원, 상품구매인, 보험회사원, 판매원, 관리자, 연출가

C (관습형)	
성격 특징	정확하고, 빈틈이 없고, 조심성이 있으며, 세밀하고, 계획성이 있으며, 변화를 좋아하지 않으며, 완고하고, 책임감이 강하다.
자기 평가	보수적인, 관습적인, 절제된, 적응력 있는, 순응적인, 방어적인, 실천적인, 유순한, 사무적인, 능률적인, 검소한, 질서정연한, 상상력이 없다.
직업활동 선호	정해진 원칙과 계획에 따라 자료들을 기록, 정리, 조직하는 일을 좋아하고 체계적인 작업환경에서 사무적, 계산적 능력을 발휘하는 활동을 좋아한다. 창의적, 자율적이며 모험적, 비체계적인 활동은 매우 혼란을 느낀다.
적성 유능감	사무적이며, 계산적이고 회계정리 능력은 있지만 예술적, 상상적인 능력은 부족하다. 체계성, 정확성은 있으나 탐구적, 독창적 능력은 부족하다.
가치	능률, 체계, 안전, 안정
생의 목표	금융과 회계의 전문가, 사무행정 전문가
대표 직업	공인회계사, 경제분석가, 은행원, 세무사, 경리사원, 컴퓨터프로그래머, 감사원, 안전관리사, 사서, 법무사

하나님의 영광을 위하여 내가 이 땅에서 담당하기에 적합하다고 생각되는 직업은 어떤 것입니까?

☐ ________________ ☐ ________________

☐ ________________ ☐ ________________

시간이 허락되는 경우, 위의 검사를 활용하여 더욱 구체적인 대화를 유도할 수 있습니다.

나의 진로를 위해 더 관심을 갖고 노력해야 할 과목은 무엇입니까?

☐ ________________ ☐ ________________

Decision of Life

우리 그리스도인은 무슨 직업에 종사하든 그것은 궁극적으로 하나님의 일을 하는 것입니다. 그것은 우리 각자가 하는 모든 일에는 하나님께 영광을 돌리기 위한 뚜렷하고 고귀한 목적이 있기 때문입니다. 이제 우리가 우리 자신을 향하여 던져야 할 질문이 있습니다.

"내가 어떻게 하면 나의 재능과 능력으로 주님께 최선을 다해 영광을 돌릴 수 있을까? 내가 어떻게 하면 다른 사람이 하나님을 알고 사랑하도록 인도하는 일을 하기 위해 나의 삶을 활용할 수 있을까? 내가 생각하는 직업은 하나님께 영광이 되는 일인가? 나는 정말로 그 직업에 흥미를 느끼고 있는가? 나는 그 직업을 위해 필요한 재능을 충분히 소유하고 있는가? 학생으로서 나에게는 어떤 준비와 노력이 더욱 요구되는가?"

자녀의 흥미와 적성에 따른 유망 직업 찾아주기

성적에 따라 학과를 결정한다는 이야기는 옛말. 이제 우리 아이의 행복을 위해 적성에 맞는 직업을 소개해 줄 때다. 내 아이의 적성과 흥미에 맞는 직업은 어떤 분야인지 탐색해보자.

이제는 직업을 선택할 때 적성만큼이나 흥미도가 중요해졌다. 얼마나 성공하느냐 못지않게 그 직업으로 얼마나 행복하느냐가 중요해진 것. 따라서 학생의 진로를 지도할 때도 적성검사만큼이나 흥미검사에 대한 관심이 높아졌다.

초등학교 때부터 이미 자신의 색깔을 드러내는 우리 아이에게 어울리는 직업이 무엇인지 궁금해 하는 게 엄마의 마음. 〈우먼센스〉에서는 아이의 유형에 따라 어떤 직업이 어울리는지를 살펴보았다. 유형별로 소개한 직업은 한국직업능력개발원에서 발표한 〈미래의 직업세계 2005〉를 참고하여 향후 고용 증가가 예상되는 유망 직종만을 뽑은 것. 보다 자세한 내용을 원한다면 중앙고용정보원(www.work.go.kr)이나 한국직업능력개발원(www.krivet.net) 사이트를 방문해보자.

case 1_ 뚝딱뚝딱 고치고 만드는 걸 좋아하는 '현실형'

블록을 가지고 노는 걸 좋아하거나, 시계나 가전제품을 엄마도 모르게 가져다 분해해보는 아이가 여기에 속한다. 연장, 기계를 만지는 걸 좋아하는 아이는 수업 중에서도 만들기 시간을 제일 좋아한다. 신체적인 활동은 무엇이든 재빠르게 하는 편이라서 축구나 농구, 달리기를 좋아한다. 하지만 비싼 조립용 로봇이나 비행기를 사달라고 조르는 게 문제. 때론 친구와 노는 것보다도 장난감 가지고 노는 걸 더 좋아한다.(잘하는 과목 : 기술, 체육)

어떤 직업이 어울릴까?

현실형은 사무실 책상에 앉아서 하는 작업보다 밖에서 일하는 걸 선호한다. 여러 사람과 일하는 것보다는 혼자서 일하는 걸 좋아한다. 기계를 고치거나 수리하는 등, 손을 사용하는 일에도 재능이 있다. 또한 기계적인 능력이나 운동 능력을 사용하는 직업에서 탁월한 능력을 발휘할 수 있다. 그러므로 경찰관, 원예사, 중장비 운전사, 직업군인, 프로 운동선수, 항공기 조종사 등이 어울린다.

▷ **경호원**–경호원은 의뢰인의 신변을 보호하고, 도난이나 테러를 미연에 방지하여 경호대상자에게 심리적 · 신체적 안정감을 제공해주는 직업. 경제와 산업이 발전할수록 안전에 대한 인식이 높아지므로 향후 고용 증가가 예상되는 직

업이다. 고등학교 졸업 이상의 학력만 소지하면 되지만, 경호관련 학과를 나오면 취업에 유리하다. 관련 과목인 도덕과 체육을 열심히 해두는 게 좋다. 무엇보다도 태권도, 유도, 합기도 등의 무술을 익혀 어릴 때부터 몸을 다져놓는 게 좋겠다.

▷ **항공기 조종사**–여객과 화물을 안전하게 수송하는 일을 하는 항공기 조종사는 항공관련학과(항공학, 항공운학, 항공조종)를 졸업하고 민간항공사에 취직해서 되는 경우가 대부분이다. 아 · 태지역 항공 시장의 확대로 향후 고용 증가가 예상되는 유망 직종이다. 직업상 많은 외국인을 만나게 되므로 외국어에 능통하고, 건강한 신체를 가지고 있어야 한다. 관련과목인 지리, 영어를 열심히 해두는 게 좋다.

case 2_ 호기심이 생기면 금세 집중하는 '탐구형'

수수께끼와 퍼즐 맞추기를 좋아하는 아이, 수학 문제를 잘 푸는 아이가 탐구형의 대표적인 아이이다. 호기심이 많아서 다들 지나쳐버리는 자연현상을 오랫동안 관찰하거나 친구들과 노는 것보다도 책 읽는 걸 재밌어 한다. 예술가보다 과학자의 전기를 좋아한다. 책을 잡았다 하면 누가 불러도 모른다는 소리를 듣는 아이이다.(잘하는 과목 : 수학, 과학)

어떤 직업이 어울릴까?

대학이나 연구소에서 일하는 걸 좋아한다. 여러 사람과 함께 일하기보다는 혼자서 일하는 걸 좋아한다. 때때로 복잡한 문제를 해결하기 위해 밤늦게까지 일하는 것을 좋아한다. 다른 사람이 자신을 감독하는 것도, 자신이 다른 사람을 감독하는 것도 싫어하는 자유인이다. 문제 해결을 위해 조사하고 분석하며 함께 일하는 것은 좋아한다. 그러므로 의사, 물리학자, 사회학자, 수학자, 연구개발 관리자, 컴퓨터 프로그래머 등이 어울린다.

▷ IT컨설턴트–기업의 물적, 인적 자원을 분석해서 현재 상태를 고려해 정보 시스템을 구축해주는 직업. 정보 시스템이 기업의 경쟁력을 강화한다는 인식하에 고용 증가가 예상되는 유망 직종. 정보통신학과 경영학을 모두 익혀야 가능한 전문직이다. 관련 과목인 컴퓨터와 수학을 열심히 해두는 게 좋다.

▷ 응용 소프트웨어 개발자–응용 소프트웨어를 제작, 응용하는 직업. E–비즈니스의 증가, 행정정보화 추진으로 향후 고용 증가가 예상되는 유망 직종이다. 출퇴근 시간에 구애받지 않고 규제가 적어서 자유롭지만, 며칠씩 밤을 새워 일하기 때문에 정신적, 육체적 스트레스가 강한 직업. 분석적 사고와 도전 정신이 필요하다. 관련 과목인 컴퓨터와 수학을 열심히 해두는 게 좋다.

case 3_ 자기 표현을 좋아하는 '예술형'

자신의 방을 멋지게 꾸미는 아이, 색종이로 종이접기를 좋아하는 아이, 노래를 부르거나 그림 그리는 걸 너무 재밌어 하는 아이가 여기에 속한다. 다른 아이들에 비해서 별난 생각을 많이 한다는 소리도 듣고, 만들기와 그림을 잘 그려 '손재주가 많다' 는 소리도 자주 듣는다. 상상력이 풍부해서 글짓기를 잘하는 아이도 여기에 속한다. 동화책을 즐겨 읽고, 영화도 좋아한다. 낙서를 많이 해서 꾸중을 듣기도 한다.(잘하는 과목 : 음악, 미술)

어떤 직업이 어울릴까?

자신만의 독특한 작품을 만들거나 다른 사람을 즐겁게 하는 일을 좋아한다. 자기표현을 위해서 재능을 활용하려고 한다. 독창적이고 감각적이며 아름다움을 추구하는 예술형은 규제가 많은 직업을 좋아하지 않는다. 직업으로 예술을 택하지 않더라도 여가시간에 그림을 그리거나 공연을 보거나 전시회에 가는 활동을 즐기는 사람이 된다. 그러므로 큐레이터, 사진가, 성악가, 시인, 작가, 카피라이터, 연극연출가가 어울린다.

▷ 큐레이터-박물관이나 미술관에서 작품을 관리하는 직업이다. 문화 복지국가를 실현하기 위해 2011년까지 500관의 박물관을 건립한다는 정부 계획에 따라 고용 증가가 예상되는 유망 직종이다. 규모가 큰 미술관에서 일하려면 반드시 미술관련 학과를 졸업해야 하는 전문직. 예술과 역사에 대한 풍부한 지식, 전시회를 구성해내는 창조력이 필요한 직업이다. 관련 과목인 미술, 역사, 국사를 열심히 해두는 게 좋다.

▷ 연출가-연출가는 한 편의 방송, 연극, 영화를 제작하기 위해 전 스태프와 연기자를 이끌어가는 지휘자다. 방송 채널이 다양해지고, 한국 영화산업이 성장하면서 고용 증가가 예상되는 유망 직업. 다방면의 풍부한 지식과 창의력, 리더십이 요구된다. 관련 과목인 국어, 음악, 미술을 열심히 해두는 게 좋다.

case 4_ 누구에게나 친절한 '사회형'

친구가 모르는 것을 물어볼 때 친절하게 가르쳐주는 아이, 친구들이 몰려와서 고민을 털어놓는 아이가 여기에 속한다. 혼자 있는 것보다 어울려 다니는 걸 좋아하기 때문에, 사회형 아이의 주위에는 늘 친구들이 많이 있다. 버스나 지하철에서 어른에게 자리 양보를 잘하고, 구걸하는 사람을 잘 도와준다. 몸이 아픈 친구도 그냥 지나치지 못하고 어떻게든 보살펴주는 유형이다.

어떤 직업이 어울릴까?

다른 사람을 가르치고 개발시키며, 가이드하고 치료하는 일이 잘 어울린다. 사회형은 사람과 잘 어울리기 때문에 언어 기술이 뛰어난 편이다. 기계를 다루거나 밖에서 노동하는 것보다는 여러 사람과 함께 일하는 걸 좋아한다. 다른 사람을 위해 봉사하는 데서 보람을 느낀다. 간호사, 상담가, 성직자, 교사, 특수교사, 임상심리사 등이 어울린다.

▷ 특수교사–장애가 있는 학생들의 장애 극복과 사회 참여를 돕는 직업. 전국의 특수학교 수가 꾸준히 증가하고 있고, 정부가 정한 장애의 범위가 점차 넓어지고 있기 때문에 고용 증가가 예상되는 유망 직업. 책임감과 도덕심이 요구되고, 직업을 넘어서 희생과 봉사 정신이 필요하다. 대학이나 대학원에서 특수교육을 전공해야 하는 전문 직종이다. 관련 과목인 도덕, 국어를 열심히 해두는 게 좋다.

▷ 임상심리사–심리 장애가 있는 사람들의 건강 증진을 돕는 직업. 심리 장애의 원인을 밝히고 치료를 진행한다. 삶의 질이 높아지고 인간 소외 현상이 빈번해지면서 고용 증가가 예상되는 유망 직종으로, 따뜻한 마음과 인내심, 외향적인 성격을 가지고 있다면 도움이 된다. 관련 과목인 국어와 사회를 열심히 해두는 게 좋다.

출처 : http://cafe.daum.net/wmdwofhr/A9oN/3801

흥미 분야별로 본 직업

흥 미	내 용	관련 직업
문학적 흥미	시, 문학, 어학, 편집 등에 관련된 흥미가 있다.	문인, 저술가, 번역, 교정직, 평론가, 내레이터, 르포작가
물상 과학적 흥미	물리, 화학, 지구과학 등에 흥미가 있다.	자연과학 과학자, 공학직, 연구원,
생물 과학적 흥미	생물, 동물 의학, 미생물학 등에 흥미가 있다.	생물학자, 의사, 농학자, 심리학자
사회 과학적 흥미	정치, 광고, 법률, 외교 등 인간 사회에 흥미를 느낀다.	공무원, 법관, 사회과학 연구직, 행정 관리직
기계적 흥미	기계, 금속, 조선, 섬유, 교통수단, 전기 등의 제작 · 수리에 관심이 크다.	엔지니어, 기술 전문직, 기관사, 제도사, 설계기사

전자적 흥미	전자 공학, 기술 분야에 흥미가 있다.	전자 기술자 및 연구직, 컴퓨터 관련직
상업적 흥미	경제, 경영, 무역, 관리 등 기업의 운영과 경제에 관심이 크다.	경영인, 경제학자, 판매인, 영업관계직, 중개인
봉사적 흥미	사회사업, 사회복지, 교육, 종교 등에 관심이 크다.	교사, 성직자, 사회사업가, 법률가, 간호사, 공무원
사무적 흥미	계산, 경리, 회계, 서기 활동 등에 흥미가 있다.	은행원, 사무원, 회계사, 법조인, 공무원, 도서관 사서
옥외 활동적 흥미	스포츠에 흥미가 있고, 옥외 활동을 좋아한다.	스포츠 관계 직업, 토목, 건축 관계 직종
예능적 흥미	음악, 미술 등에 흥미가 있다.	예술가, 일러스트레이터, 연출가, 디자이너, 사진작가

각 교과의 흥미와 관련된 직업

교 과	관련된 작업
도 덕	특수학교 교사, 성직자, 카운슬러, 사회사업가, 교육 심리학자, 철학자
국 어	시인, 소설가, 아나운서, 원고 정리, 인쇄인, 기자, 교사, 배우, 목사, 편집인, 카운슬러, 정치가, 속기사, 교정직, 사서, 검열인, 법률가, 경매인
수 학	은행· 회계원, 응용통계인, 공인회계사, 경제학자, 계리사, 조사직, 건축가, 수학 교사, 보험사 직원, 사업 중개인, 비행사, 항해사, 항공설계인, 물리학자, 감리사, 보험계리인, 세무사, 관세사
영 어	외교관, 통역사, 기자, 관광요원, 항공승무원, 수출요원, 속기사, 배우, 선교사, 어학 교사, 판매인, 번역가, 도선사, 선물거래 중개사
사 회	경제학자, 사회학자, 법률가, 사회과 교사, 기자, 홍보관, 지리학자, 기록보관인, 노동경제학자, 목사, 인류학자, 사회심리학자, 외신통신원, 신문편집인, 정치가, 공인회계사, 증권분석사, 감정평가사
물 리	전기기사, 핵엔지니어, 전기공학가, 물리화학자, 전자공학자, 지구물리학자, 토목공학가, 원자물리학자, 교사
화 학	요업공학자, 지질학자, 농업 화학자, 약사, 외과 의사, 화학 연구인, 교사, 물리학자, 영양사, 생화학자, 세균학자
생 물	동물학자, 곤충학자, 조경사, 간호원, 세균학자, 의사, 생물학자, 생화학자, 박물관 관리자, 농부, 목장인
기 술	기사, 디자이너, 기계공, 교사, 총포공, 벌목사, 항공기술자, 산소용접인, 도장공, 도안 기능공, 목수, 전기 보조원
가 정	영양사, 의상디자이너, 의복검사인, 간호사, 미용사, 요리사, 식품전문가, 아동 감독인, 식품감독관, 연구기사, 보모, 의복수선사, 사회병리학자
체 육	직업운동가, 코치, 수영 강사, 물리요법사, 운동 아나운서, 오락 지도자, 위생관리, 공중보건 통제인
음 악	작곡자, 지휘자, 음악 비평가, 가수, 무용가, 배우, 각본 리더, 피아노조율사, 음악조판공, 관현악 단원, 음악치료사, TV 디렉터, 오락 지도자
미 술	실내장식가, 만화가, 재단사, 광고설계인, 건축업, 조각가, 상업 사진사, 목공, 미술비평가, 구성도안인, 미용사, 분장사

부모와 자신이 바라는 직업

순 위	청소년 시기에 부모가 바라는 직업	순 위	순 위
1	교사	637	25.3
2	공무원(경찰, 장관)	516	20.5
3	의사	180	7.2
4	회사원	153	6.1
5	간호사	104	4.1
6	주부	88	3.5
7	법조인(검사, 변호사, 판사, 법무사)	86	3.4
8	교수	67	2.7
9	금융관련(은행원, 금융업)	57	2.3
10	직업군인(여군)	52	2.1
11	기업가	49	1.9
	기술자		
13	디자이너	26	1.0
14	농림어업인(농업, 축산업, 어업)	25	1.0
15	상업인(자영업, 유통업)	24	1.0
16	정치인(대통령, 국회의원)	22	0.9
17	약사	21	0.8
18	미용사	20	0.8
19	운동선수	19	0.8
20	성직자	13	0.5
21	기타	306	12.2
총계		2,514	100.0

순 위	청소년 시기에 자신이 바라는 직업	순 위	순 위
1	교사	406	16.1
2	공무원(경찰, 장관)	378	15.0
3	상업인(자영업, 유통업)	315	12.5
4	기업가	192	7.6
5	의사	137	5.4
6	교수	69	2.7
7	회사원	66	2.6
8	디자이너	55	2.2
9	법조인(검사, 변호사, 판사, 법무사)	50	2.0
	기술자		
11	프리랜서	44	1.8
12	전문직	39	1.6
13	간호사	35	1.4
14	컴퓨터 프로그래머	32	1.3
15	주부	28	1.1
16	미용사	27	1.1
	컴퓨터 관련 직업		
18	서비스업	26	1.0
	운동선수		
20	회계사	16	0.6
21	기타	496	19.7
총계		2,514	100.0

출처: 한국직업능력개발원(2003), 한국인의 직업의식(Ⅱ).

미래 유망직업 10선

다음은 『2020 미래한국』에서 제시한 미래 유망직업 15선을 10선으로 간추린 것이다.

1. **테크니컬 라이터(Technical writer)** : 새로 개발된 기술이나 제품을 세상에 소개하는 작가. 해당 분야 전문성과 영어, 중국어, 일어 등 외국어를 통번역이 가능한 수준으로 구사할 수 있어야 한다.

2. **교육훈련 전문가** : 급변하는 기업환경에 맞춰 직원들을 재교육하는 시장이 성장하리라는 것은 쉽게 예상해 볼 수 있다. 공급은 부족하고 수요가 넘치는 분야가 될 것이다. 기술 등 전문분야 재교육은 물론, 커뮤니케이션, 자기계발, 건강관리 등에 대한 대규모 수요가 예상된다. 이 분야에서 일하기 위해서는 심리학, 교수법, 조직 관리에 대한 지식과 경험이 요구된다.

3. **기업이미지 관리 전문가** : 기업브랜드의 가치가 점점 중요해지고 있다. 반면 인터넷 등 네트워크화가 진행되면서 작은 틈으로 인해 수십 년간 구축해온 기업 이미지는 순식간에 붕괴되기도 한다. 이에 대한 초동대처가 수천억 원의 가치를 좌우할 수 있는 만큼 이에 대한 전문가가 많이 필요해 질 것이다. 언론사, 광고회사 등에서 경력을 쌓으며 진출할 수 있는 분야다.

4. **라이프 코치** : 평균연령이 급속도로 증가하는 가운데 기존의 인생설계와는 다른 평생 직업을 위한 진로나 경력개발을 원하는 수요가 증가할 것이다. 라이프 코치는 경력관리 전문가로서 자신의 길을 스스로 설계할 수 있도록 도움을 주는 직업이다. 해외의 성공사례로 볼 때 국내에도 본격화할 것으로 예상된다.

5. **전자상거래 전문가** : 전자상거래의 비중이 계속 높아지는 가운데 성공적인 전자상거래 전반을 기획 설계하고 운영 감독할 수 있는 전문가의 몸값은 계속 올라갈 것이다. 기술적인 기반과 경영 전반에 대한 종합적인 지식과 경험이 요구된다. 웹마스터에서 출발할 수도 있고 소호 인터넷 사업에서 출발하여 경력을 늘려갈 수도 있다.

6. **컴퓨터 보안 전문가** : 사회 전반의 모든 운영시스템이 컴퓨터와 네트워크에 대한 의존도를 높여가기 때문에 보안 전문가의 몸값은 점점 오를 수밖에 없다. 해커들의 기술은 점점 고도화할 것이고 이에 대한 투자도 점점 늘어가야 한다. 보안시장 전망은 밝다.

7. **실버 플래너** : 고령화 사회를 맞아 실버 세대가 소비시장의 주류로 자리매김할 날이 멀지 않았다. 고령 인구의 욕구와 가치를 파악해 여행, 레저, 운동, 직업 등 다각도의 만족을 제공하는 직업으로 실버 플래너가 등장할 것이다. 개인 플래너도 가능하고 실버타운 등 대규모 실버 시설에서 활동할 수도 있다.

8. **공해방지 전문가** : 공해는 공공기관의 관리감독만으로는 막을 수 없다. 공해를 줄이는 신기술에 대한 지원과 육성이 본격화되는 가운데 공해방지 기술을 보유한 기업과 오염관리를 전담하는 기업이 성장할 것이다. 공공기관과 기업에서 이 분야 전문가를 필요로 하게 되며 지금보다 체계적인 자격증 등의 형태로 전문가를 선별하게 될 것이다.

9. **첨단 분야 연구자** : 바이오유전공학, 나노공학, 뉴로테크 등 첨단 분야 연구자들이 증가하게 될 것이며 이러한 기술을 응용하여 빌 게이츠와 같은 성공을 거두는 사례도 많이 등장하게 될 것이다. 각국에서 국가의 미래존망을 걸고 개발하는 분야이므로 국제적으로도 대접을 받을 수 있는 분야이기도 하다.

10. **기타** : 아바타 캐릭터를 개발하고 꾸미는 산업에 종사하는 아바타 MD, 휴대전화 관련 벨소리와 기타 부가서비스를 개발하는 모바일 뮤직디렉터, 실버산업 관련한 노인식품설계사, 실버시터, 비애치료사 등과 환경운동과 관련하여 재활용품 전문가가 미래 유망 직업으로 선정되었다.

출처: http://innovative.kr/129

참고 도서

1. Martine E. Clark, 「내게 꼭 맞는 직업, 이렇게 선택하라」, 생명의말씀사, 2002.
2. 송병일 박영주, 「직업진로설계와 취업전략」, 학지사, 2005.

민민파워 jn 지저스

제3과 집을 나가고 싶어요!(가출)

학습목표 : 청소년으로 하여금 가정에서 일어날 수 있는 가출충동을 잘 다스릴 수 있도록 한다.

중심진리 : 하나님의 자녀들은 가정에서 일어나는 갈등 상황을 가출로써 해결하려 해서는 안 된다.

본문말씀 : 누가복음 15:18

본과를 소개합니다

이번 과에서는 청소년을 둘러싼 기본적인 환경 중 가정생활 속에서 빈번히 경험하게 되는 가출충동과 가출 기도의 문제에 관해 다루고 있습니다. 본과를 통해 절반 이상의 청소년들이 느낀다고 보고되고 있는 가출충동의 가장 큰 원인이 가정 내에 있다는 인식을 바탕으로, 가출충동을 느끼는 상황들과 가출 시 발생할 수 있는 여러 가지 문제 및 가출을 미연에 방지할 수 있는 방법들에 관해 청소년들 스스로 깊이 고민하는 기회를 가지도록 합니다. 또한 가출충동을 느낄 수는 있으나(매우 특별한 경우를 제외하고) 그 충동을 잘 다스려 나가는 하나님의 자녀로 성장하도록 지도합니다.

Story of Life

요즘에 아빠의 잔소리도 늘고, 엄마는 용돈도 별 시원찮게 주고, 성적표 보더니 성적 떨어졌다고 컴퓨터도 못하게 인터넷을 막아버렸어요. (인터넷 끊는 건 생명을 끊는 거랑 같은데-_-;;;)

그래서 요즘 스트레스를 많이 받고 있습니다.

학원 한 시간 빠졌다고 뒤지게 맞고,

학교 담임 샘이 지각을 많이 한다고 전화하는 바람에 엄마한테 또 엄청 맞고…

그것도 그렇지만 엄마가 1주일동안 컴퓨터 못하게 하니 정말 미쳐버릴 것 같습니다. 확 가출이나 해버릴까 하는 생각밖에 안 들어요.

지금 집에 안 들어가고 싶어서 친구들이랑 밖에서 빙빙 돌다 글 올리는데요…

출처: 네이버

참고

국가청소년위원회가 2006년 전국 중고교 재학생과 가출 청소년 등 만 6천 명을 대상으로 조사한 결과, 청소년 5명 중 1명이 가출 경험이 있다고 답했습니다. 이는 2004년의 10명 중 1명꼴에 비해 배로 급증한 것입니다. 또 일반 청소년의 절반이 넘는 57.1%가 가출 충동을 느낀 것으로 조사됐습니다. 또한 청소년 100명 가운데 3명은 성매매를 제안 받은 경험이 있는 것으로 나타났습니다. 부모와의 갈등 요인은 주로 학업 성적이나 컴퓨터 이용 문제 때문인 것으로 조사됐습니다.

2006년 5월 31일 강원도 청소년쉼터에 따르면 춘천 시내 중•고등학생 226명을 대상으로 설문조사를 실시한 결과 응답자의 35%가 아버지와의 갈등, 30%가 어머니와의 갈등 때문에 가출충동을 느낀다고 답했습니다. 또 가정 내의 폭행 또는 학대(4%), ' 가정의 경제적인 어려움(2%) 등 가출충동을 겪는 이유의 70% 이상이 가족 내 문제였으며 공부에 대한 부담감과 학교의 엄격한 규율과 통제 때문이라고 답한 학생도 각각 12%와 5%를 차지했습니다.

Talk Talk about Life

가출이요??

청소년늘로 하여금 어떤 상황에서 가출하고 싶은 충동을 느끼는지, 또 가출에 대해 가지고 있는 생각은 어떤 것인지 자유롭게 이야기를 나눌 수 있게 합니다.

가출충동, 이럴 때 느끼죠!

- □ 부모님이 다투실 때
- □ 주로 성적 문제로 부모님에게서 꾸중을 듣거나 잔소리 듣고 짜증날 때
- □ 친구들이 가출했을 때
- □ 아무도 나에게 관심이 없다고 느낄 때
- □ ________________
- □ ________________

가출! 제 생각은요…

- □ 가출은 청소년기엔 자연스러운 일이라고 생각해요.
- □ 상황에 따라 가출할 수 있다고 생각해요.
- □ 가출하면 고생밖에 없다고 생각해요.
- □ ________________
- □ ________________

청소년 가출의 이유

▣ **도피성 가출 유형 (→ 일회성으로 끝나기 쉬운 가출 유형)**

- 부모가 매일 다투는 등 가정에서 참기 힘든 괴롭고 고통스러운 일에서 도피하기 위한 가출
- 부모나 친척들로부터 받는 신체적 혹은 성적인 폭력과 학대를 피하기 위한 가출
- 부모에게 자기의 비밀(성적저하, 임신 등)이 발각될까 두려워서 하는 가출
- 경제적인 어려움에서 도피하기 위한 가출 등

▣ **쾌락추구 가출 유형 (→상습적이 되기 쉬워 교정이 어려운 가출 유형)**

- 비행청소년끼리 어울려 자유를 만끽하며 성적인 행위나 술과 담배를 부모의 간섭 없이 즐기기 위한 가출

(출처 : 김계현 외 6인, 「학교상담과 생활지도」, 학지사, 2003, p247.)

Standard of Life

말씀탐구

1. 누가복음 15장 11-13절에서 우리는 누구를 만나게 되나요?

"또 이르시되 어떤 사람에게 두 아들이 있는데 그 둘째가 아버지에게 말하되 아버지여 재산 중에서 내게 돌아올 분깃을 내게 주소서 하는지라 아버지가 그 살림을 각각 나눠 주었더니 그 후 며칠이 안 되어 둘째 아들이 재물을 다 모아 가지고 먼 나라에 가 거기서 허랑방탕하여 그 재산을 낭비하더니"(눅 15:11-13).

아버지의 집을 떠나는 둘째 아들을 만나게 됩니다.

예수님의 비유 중 하나인 '잃어버린 아들' 의 비유(일명 탕자의 비유)에 나오는 둘째 아들은 아버지에게 자신의 분깃(유산을 한 몫 나누어 줌 또는 그 몫)을 요구하여 그것을 다 모아(거두어들여, 현금으로 바꾸어) 아버지의 집을 떠나 먼 나라로 갑니다. 아버지의 재물에 대한 권리만을 주장하는 둘째 아들의 모습에서 아들로서 아버지의 일을 돕는 것에 대한 관심이나 고마워하는 마음은 찾아볼 수가 없습니다. 우리의 모습 속에는 둘째 아들과 같은 모습은 없을까요? 둘째 아들은 아버지의 품 밖에서, 가정 밖에서 인생의 즐거움을 찾으러 먼 나라로 떠납니다.

2. 누가복음 15장 14-16절에서 만나게 되는 둘째 아들의 처지는 어떠합니까?

"다 없앤 후 그 나라에 크게 흉년이 들어 그가 비로소 궁핍한지라 가서 그 나라 백성 중 한 사람에게 붙여 사니 그가 그를 들로 보내어 돼지를 치게 하였는데 그가 돼지 먹는 쥐엄 열매로 배를 채우고자 하되 주는 자가 없는지라"(눅 15:14-17).

둘째 아들은 모든 것을 잃고 궁핍하게 되어 종살이 신세가 되었습니다.

둘째 아들은 붙여 사는, 즉 '더부살이하는' 신세가 되었고, 유대인들이 수치로 여기는 종의 신세가 되어 불결한 짐승인 돼지를 치게 되었습니다. 그럼에도 불구하고 배고픔을 채우지 못하는 극단적인 상황에 처하게 되었습니다. 이는 오늘날 가출 청소년들이 직면하게 되는 상황(생존의 어려움, 착취와 학대에의 노출, 범죄자로의 전락 등)을 연상하게 합니다. 처음에 둘째 아들은 자기 힘으로 살면 더 멋지게 해 낼 수 있을 것이라 생각했습니다. 그에게 있어서 자유는 가족으로부터 멀리 떠나는 것이었습니다. 그러나 그는 곧 생존과 자기 주인의 노예가 되고 말았습니다. 마찬가지로 거리에서 자유를 찾는 청소년들도 거의 하룻밤 사이에 생존과 불안, 범죄의 노예가 되고 마는 것입니다.

참 고

쥐엄 열매 : 지중해 동부 연안에서 볼 수 있는 상록 교목인 구주콩나무(carob tree)의 열매. 이 나무는 30cm 정도 되는 꼬투리가 맺히는데 그 안에 5~15개의 열매가 들어있습니다. 약간 단맛이 나는 이 열매는 기근 시나 아주 가난한 사람이 먹기도 하는데 일반적으로는 사료로 사용되었습니다.

3. 누가복음 15장 17-18절에서 둘째 아들은 어떤 결심을 하게 될까요?

"이에 스스로 돌이켜 이르되 내 아버지에게는 양식이 풍족한 품꾼이 얼마나 많은가 나는 여기서 주려 죽는구나 내가 일어나 아버지께 가서 이르기를 아버지 내가 하늘과 아버지께 죄를 얻었사오니"(눅 15:17-18).

둘째 아들은 스스로 돌이켜, 즉 회개하고 아버지께로 돌아가기로 결심합니다.

둘째 아들이 뉘우치게 된 동기는 배고픔이었지만 그가 되돌아가기를 원했던 곳은 아버지 집이었습니다. 둘째 아들이 자신의 자리에서 '일어나' 아버지에게로 '가는' 것은 그의 뉘우침에 따른 의지의 결단이었습니다. 그는 자신이 하늘, 즉 하나님과 아버지께 죄를 지었다고 고백하고 있습니다. 둘째 아들은 아버지의 재산을 탕진하고 방탕한 삶을 살았으며 부정한 짐승과 접촉하는 등의 죄악을 범했습니다. 중요한 것은 아버지께 불효하고 불순종하는 것은 곧 하나님께도 범죄함이 된다는 사실입니다. 부모를 주 안에서 순종하고 공경하는 것이 약속 있는 첫 계명이기 때문입니다(엡 6:1-3). "자녀들아 모든 일에 부모에게 순종하라 이는 주 안에서 기쁘게 하는 것이니라(골 3:20)."

Change of Life

가출충동 잠재우기

가출하고 싶은 마음이 들 때, 가출충동을 잠재우는 데 도움이 될 수 있는 다음과 같은 질문들을 스스로에게 던져보도록 합니다.

가출을 통해 문제가 잘 해결될 가능성은?

가출을 통해 문제가 잘 해결될 수 있을지, 문제가 더 나빠지거나 또 다른 문제가 생기지는 않을지 스스로에게 질문해 보도록 합니다.

가출 후 나 자신에게 일어날 수 있는 문제는?

어디서 자고 어떻게 먹고 살 것인지의 문제, 심리적인 불안감을 해결하는 문제, 학업 중단의 문제, 장래 진로의 문제(자신의 미래를 준비할 기회 상실) 등에 관해 생각해 보도록 합니다.

가출 후 가족에게 일어날 수 있는 문제는?

부모님이 받을 충격, 마음의 상처 등. '내가 얼마나 소중한 존재인지 가출을 하고 나면 부모님이 아실 거야' 라는 나름대로의 기대를 가질 수 있으나, 가족 간의 갈등으로 인하여 가출할 경우 서로가 얻는 것보다는 잃는 것이 더 많을 수 있음을 알려줍니다.

내가 생각하는 가출의 장점과 단점은?

가출을 할 경우 집에서 부딪히는 힘겨운 문제들과 갈등에서 벗어날 수 있다는 장점이 있겠으나, 스스로 먹고 살 길을 찾아야 한다는 것과 긴 안목으로 보았을 때 자신의 미래를 준비할 수 없다는 단점이 있습니다. 집에서 지낸다면 나를 힘들게 하는 문제를 계속 안고 살아야 한다는 단점이 있겠지만, 자신과 자신의 미래를 위해 어떤 것이 더 좋은 결정인지를 생각해 보도록 합니다.

가출을 대체할 다른 방법은?

가출을 하지 않기로 결정했다면 나를 힘들게 하는 문제에 대해 조력을 구할 필요가 있습니다. 자신이 느끼고 있는 걱정, 스트레스, 불안 등에 대해 가족이나 친구, 선생님, 상담자와 이야기를 나누는 방법이 도움이 될 것입니다. 경우에 따라서는 가족의 신체적, 심리적 학대나 구타 등으로 인해 집에서 벗어나는 것이 최상의 길이라고 결정을 내릴 수도 있습니다. 그러나 유일한 대안이 가출밖에 없는 상황에서도 철저한 준비가 필요합니다. 전문가 선생님과의 충분한 상담, 주위에 도움을 받을 수 있는 쉼터와 같은 기관과 사람을 알아보는 것이 필요합니다.

Decision of Life

부모님의 꾸지람이 싫어서, 다투기만 하는 부모님이 지긋지긋해서, 나쁜 가정형편 때문에, 계부(계모)와의 관계가 힘들어서, 나만 집을 떠나면 부모님이 이혼하지 않을 것 같아서, 친구가 권해서, 호기심에, 성적은 떨어지고 학교가기 싫어서, 선생님이 미워서, 학교 폭력(왕따) 때문에, 자유롭고 싶어서, 돈을 벌어 성공하고 싶어서… 가출을 한 번쯤 생각해 볼 수 있는 시기가 청소년시기입니다. 하지만 흔들릴 수는 있어도 넘어지진 맙시다! "새가 머리 위를 지나가는 것을 막을 수 없고, 새가 어쩌다가 머리 위에 앉을 수도 있지만, 새가 머리 위에 둥지를 틀게 해서는 안 된다"는 격언을 되새겨 봅시다!

참고자료

빨라진 청소년 가출… 13세 이전이 절반

청소년들의 가출 시기가 점점 빨라져 가출 청소년 절반 이상이 13세 이하에 집을 나가는 것으로 조사됐다. 특히 가출 전 친부모 모두와 살았던 청소년은 6명 중 1명에 불과해 결손 가정이 청소년들의 가출을 자극하는 것으로 나타났다.

국가청소년위원회는 지난 8~9월 전국 53개 청소년쉼터에 머물고 있는 가출 청소년 414명의 실태를 분석한 결과를 23일 발표했다.

◇ 어려지는 가출 청소년 첫 가출 나이는 13세 이하가 50.3%로 가장 많았다. 14~16세 39.6%, 17~19세 9.9%가 뒤를 이었다. 남자가 평균 12.8세, 여자는 13.4세로 가출 청소년들은 보통 중 1~2년 시기에 집을 나가기 시작한 셈이다. 특히 13세 이하 청소년의 가출 비율은 2004년 10~11월 조사 때의 35.0%보다 15.3%나 높은 것으로 나와 청소년 가출 연령이 점점 낮아지는 추세임을 보여줬다. 2004년 당시 첫 가출 시기는 14~16세가 51.5%로 가장 높았고 이어 13세 이하 35.0%, 17~19세 14.5%로 나타났다. 따라서 청소년쉼터를 찾는 가출 청소년의 나이도 어려져 2004년에 비해 13세 이하는 1.8%, 14~16세는 8.3% 증가했다. 반면 17세 이상은 5% 정도 감소했다.

◇ 가출은 가정 해체의 산물 청소년들의 가출 전 가족 형태를 보면 편부모 응답이 36.7%로 가장 많았다. 어느 한쪽이 친부모이거나 새 부모인 경우와 친척이나 형제와 같이 생활한 청소년이 각각 17.5%였다. 양쪽 친부모와 함께 지냈던 청소년은 16.5%였다. 가출 청소년들은 가출 이유 1순위로 가족적 요인(62.6%)을 꼽았다. 이어 심리적 요인(18.1%), 학교적 요인(6.9%), 친구 및 이성 친구(4.1%) 순이었다. 가출 청소년 53.5%는 집으로 돌아갈 마음이 없다고 답했다. 그 이유로 51.3%가 '귀가해도 같은 문제가 반복될까 걱정돼서'를, 12.3%는 '돌아갈 집이 없어서'를, 10.3%는 '가출은 간섭이 없어 자유로워서'를 꼽았다. 또 응답 청소년의 26.7%는 기초생활보장 수급 대상자인 것으로 조사됐다. 최영희 청소년위 위원장은 "가출 청소년은 가족 해체의 피해자"라며 "청소년 가출 예방을 위한 조기 개입 및 이들이 가정이나 사회로 복귀하는 것을 돕기 위한 맞춤식 청소년 쉼터를 확충하겠다"고 말했다.

2006년 10월 23일자 〈국민일보〉

가출의 몇 가지 유형

'부모나 보호자의 동의 없이 집을 떠나서 24시간 이상 집에 들어오지 않는 18세 미만의 청소년'을 '가출 청소년'이라고 부른다. 청소년 가출과 관련되어 시대 별로 접근 방법이 변화되었는데, 70년대에는 가출 당사자의 개인적 문제에, 80년대에는 개인보다는 가정과 사회 환경을 고려하기 시작하였고, 90년대에 이르러 이러한 모든 요인을 동시에 감안한 다각적인 접근이 이루어졌다.

1. 동기에 따른 분류
   목적지향적 가출 – 경제적인 이유로 인한 가출
   도피형 가출 – 자신의 의사와 맞지 않는 가족 구성원으로부터의 도피
   단순형 – 단순한 호기심과 놀이 등 소속감을 느끼기 위해

2. 인원중심에 따른 분류 : 개인 가출, 집단 가출, 연쇄 가출, 재 가출

3. 원인에 따른 분류
   시위성 가출 – 가족들의 관심 획득을 위한 온건하고 제한적인 성격
   현실탈피형(도피성) 가출 – 긴장유발적인 전면적, 적극적인 성격
   추방형(추출성) 가출 – 가정으로부터 버려지거나 쫓겨나는 형식
   동정형 가출

4. 준비성에 따른 분류
   충동성 가출 – 계획이나 준비 없이 충동적인 경우
   계획적 가출 – 시간적 여유와 준비기간을 가짐

5. 가출횟수에 따른 분류 : 일과성, 만성

어떤 생각에서 집을 나가는가?

스스로 집을 떠나는 청소년의 경우 나름대로는 어떤 문제의 해결책인 경우가 많다. 가출 청소년의 50%에서 공통적으로 말하는 것은 부모와 대화가 안 된다는 것이다. 대부분 가족 규칙이 지나치게 엄격하고 무조건 따르라고 한다며 불평을 한다. 다음과 같은 생각에서 가출을 결심하게 된다.

▷ 획일적인 생활에서 벗어나고 싶다.

▷ 구속과 억압에서 해방되고 싶다.

▷ 공부라는 현실을 도피하고 싶다.

▷ 여행이나 자기발전을 해보고 싶다.

▷ 집안의 규율이 지나치게 엄격해서 대화나 협상할 여지가 없다.

▷ 자신에 대한 부모의 부정적 행동에 좌절감을 느낀다.

▷ 자신이 현재 가족문제의 원인이 된다고 생각한다. "나만 떠나면 우리 집안의 문제가 해결될 수 있을 것이다, 우리 부모가 이혼하지 않을 것이다."

▷ 이런 좋지 않은 분위기에 사는 것보다는 가정에서 벗어나는 것이 나 자신을 위해 훨씬 나을 것이다.

▷ 다른 가족의 분위기는 다를 것이다.

요인별로 본 가출 원인

1. 개인적 요인

정신적 요인 – 개인의 내적인 문제, 우울적 성향, 병리적 성향, 신경질적 기질 등이 가출에 영향을 준다.

행동적 요인 – 약물남용, 비행, 부적절한 성적 표현, 공격성, 적절한 통제의 어려움, 피해의식, 자살 시도와 연관되어 있다.

건강함 – 가출을 청소년기에 있어서 극히 정상적인 행동으로 보는 관점, 즉 독립과 자율성 획득을 위한 발달기능의 하나로 본다.

생활사건 요인 – 스트레스를 유발하는 생활사건에 대한 대처능력의 결함이 가출을 유발한다.

2. 가족적 요인

구조적 요인 – 가족 기능의 결손

심리적 요인 – 핵가족화와 여성의 사회참여로 인한 자녀양육에 대한 다른 기관의 의뢰로 인해 가족 내의 교육적, 심리적 기능의 약화

학대 요인 – 가정 안에서 신체적 성적 학대가 있다.

기타 가정 요인 – 빈곤가정, 교육수준이 낮을 경우, 부모의 수입이 낮은 경우

3. 또래 요인 : 가족 내의 구조적 기능적 결함 혹은 부가된 사회 표준에 대한 반발이 가출에 대한 방출 요인인 반면 또래집단은 이를 수용함. (예 – 줄줄이 가출, 집단가출)

4. **학교 요인** : 입시위주의 교육으로 인한 압박감과 열등의식을 조장하고 있다.

5. **지역사회, 환경 요인** : 도시화와 산업화로 인한 사회 구성원의 결속과 도덕심이 약화되어 있다.

가출에 대해 부모와 교사가 할 수 있는 일

다음의 몇 가지를 생각해보자.

▷ 자녀의 생각에 진심으로 귀를 기울이지 못했음을 깨닫자. 대화의 부족, 이해의 부족이 원인인 경우가 많다. 가출 사건이 아이를 새롭게 이해하는 기회라는 자세로 일단 침착성을 가진다. 지나친 죄책감은 해롭다.

▷ 나름대로 문제를 해결하려는 시도일 수 있다는 점을 받아들인다. 품안의 아이가 아닌 한 인격체로 대할 수 있는 마음자세가 필요하다.

▷ 집을 나가겠다고 통보하는 경우에는 "그래 나가라, 짐 챙겨줄테니까… 네가 나가면 시원하겠다" 보다는 "서로 잠시 떨이져 있는 것도 도움이 될 수 있겠다. 하지만 우리 관계가 완전히 어긋난 것은 아니니까… 같이 문제를 해결해보자"는 태도를 가진다. 잠시 친구나 친척과 지내도록 하는 것도 방법이다.

▷ 가출한 경우에는 먼저 자녀의 안전을 위해 소재를 파악한다. 자녀가 있을 만한 곳을 알아보는 노력이 중요하다. 꼭 경찰이 발견할 수 있도록 가출신고를 한다.

▷ 연락이 닿는다면 중립적인 장소에서 만난다. 이성을 잃지 않고 서로 이야기를 할 수 있는 적절한 장소와 기회가 필요하다.

▷ 현재는 힘들지만, 부모는 자녀가 집으로 돌아오기를 바라고 있으며 사랑하는 마음이 있다는 것을 전달한다.

▷ 집으로 돌아오기 전에 부모가 준비한다. 집으로 돌아오는 자녀는 환영한다. 가출했던 것 보다는 '돌아 온 것' 에 대한 부모의 기쁨을 전해줄 필요가 있다.

▷ 가출 문제가 생긴 경우 감추지 말고 교사, 친구, 친척에게 이런 문제에 대해 터놓고 상의한다.

▷ 문제 해결을 위해 청소년 문제 전문가와 상담을 한다.

가출의 예방

▷ 평소에 자녀에게 관심을 보여준다. 자녀가 말하면 귀 기울여 들어야 한다. TV 시청을 하면서 건성으로 고개를 끄덕이기만 하는 태도를 아이들은 예민하게 바라보고 있다.

▷ 존중해 주어라. 청소년의 성장과 관련된 다양한 욕구를 이해하고 도와주어야 한다.

▷ 이해하라. 자녀가 무엇을 하고 있는지, 그 과정에서 어떤 어려움을 겪는지를 공감해주어라. 부모 자신의 청소년기의 기억을 되살려 보자.

▷ 설교하지 마라. 질문에 대한 명료한 답을 해주고 강의식으로 가르치려고 들지 않는 것이 좋다.

▷ 느낌이나 감정에 대해 말해보자. 자신에 대해 말하는 것을 격려하고 강렬한 감정 상태를 어떻게 다스릴 수 있는지를 평소에 가르치자.

▷ 책임감을 심어준다. 명령을 내리지 말고 스스로가 선택할 수 있는 기회를 준다. 그 선택의 결과에 대해 미리 생각해보도록 가르친다.

▷ 칭찬하자. 보다 구체적으로 자녀의 긍정적 행동에 대한 당신의 기쁨을 전달해 주어야 한다.

▷ 자녀를 들볶지 말자. 너무 많은 명령과 질문은 자녀의 마음의 문을 닫게 만든다. 자발적인 표현을 격려해 보자.

▷ 항상 부모가 정답을 제시할 수는 없다. 청소년 자신이 스스로의 문제를 해결할 수 있는 기회를 주는 것이 좋다. 스스로가 자신의 인생의 책임을 진다는 자세를 심어준다.

▷ 가족이 한 팀을 이루어서 평소에 집안일을 상의하고 해결책을 강구해 나간다. 자녀가 가족의 중요한 구성원임을 심어준다.

▷ 사랑하라. 말하지 않아도 부모가 사랑한다는 것을 자녀가 알 것이라고 지레짐작하지 마라. 자주 사랑을 표현해준다. 어떤 일이 발생하더라도 그 사랑에는 변함이 없음을 평소에 확인시켜 주자.

▷ 가출에 대해 미리 이야기한다. 가출한 친구의 이야기, 매스컴에서의 가출 보도가 있는 경우 자연스럽게 관계가 나빠지면 어떻게 할 것인가, 간다면 어디로 갈 것인가? 등에 대해 대화한다. 혹시 가출하더라도 어디에 있는지, 안전하다는 전화라도 하라는 메시지도 잊지 마라.

참고 도서

1. McDowell, Josh & Bob Hostetler, 「청소년상담 핸드북(상)」, 오성춘 역, 서울: 장로교출판사, 2000, pp.416-429.(제24장 가출 위협과 가출 기도)

딘딘파워 in 지저스

제4과 아름다운 교제, 형제님! 자매님!(교제)

학습목표 : 하나님과의 친밀한 교제뿐 아니라 교회 안에서 형제자매들과의 바람직한 교제생활을 실천하는 청소년이 되도록 한다.

중심진리 : 하나님은 형제자매들과 사랑하고 인내하고 용서하며 서로의 필요를 채우는 교제생활을 기뻐하신다.

본문말씀 : 사도행전 2:42

본과를 소개합니다

이번 과에서는 청소년을 둘러싼 기본적인 환경 중 청소년의 신앙성장과 발달에 직접적인 영향력을 미치는 교회에서의 교제생활에 관해 다루고 있습니다. 본과를 통해 청소년들이 현재의 교제생활을 돌아보고, 성경이 말씀하는 교제의 바른 의미를 깨달아 하나님이 기뻐하시는 친밀하고 바람직한 교제생활을 실천해 나가도록 지도합니다.

Story of Life

어느 목사님이 마음의 상처가 생겨 교회에 출석하지 않고 있는 성도의 집을 심방했습니다. 목사님은 집안에 있는 벽난로 앞에 앉았습니다. 말없이 벽난로의 불꽃을 바라보던 목사님은 부집게를 가지고 활활 타고 있던 석탄 하나를 집어 화로 앞쪽에 놓았습니다. 곧 석탄은 빛을 잃고 식어서 검게 변했습니다. 목사님은 말없이 그 석탄을 불타고 있던 석탄 무더기 위에 다시 옮겨 놓았습니다. 그러자 석탄은 곧 전처럼 힘차게 타오르기 시작했습니다. 그러자 그 성도는 "목사님! 무슨 뜻인지 알겠습니다. 다음 주일 교회에 나가서 다른 교우들과 사랑의 교제를 나누겠습니다"라고 대답했다고 합니다.

Talk Talk about Life

나의 교제생활 점검하기

청소년들로 하여금 구원받은 다른 그리스도인들과 어떻게 교제하며 지내고 있는지 자신의 상태를 점검해 보도록 합니다. 또 교회 내에서 교제의 대상이 거의 없는 학생에 대해 관심을 갖는 기회로 삼도록 합니다.

저는 이렇게 교제를 나누고 있어요

□ 함께 예배에 참석하면서
□ 성경공부를 함께하면서
□ 특별 프로그램(수련회, 전도행사 등)에 참가하면서
□ 기도제목을 함께 나누고 같이 기도해 주면서
□ ______________________________
□ ______________________________

제가 가까이 지내며 교제를 나누는 사람은요…

□ (　　　　　　　), (　　　　　　　), (　　　　　　　)

Standard of Life

말씀탐구

1. 우리 구원받은 그리스도인은 다른 그리스도인들과 어떤 관계일까요?

"거룩하게 하시는 이와 거룩하게 함을 입은 자들이 다 한 근원에서 난지라 그러므로 형제라 부르시기를 부끄러워하지 아니하시고"(히 2:11).

"우리는 하나님의 동역자들이요 너희는 하나님의 밭이요 하나님의 집이니라" (고전 3:9).

우리 그리스도인들은 형제요 동력자입니다.

우리가 구원받았을 때 마귀의 가족에서 하나님의 가족으로 옮겨졌고, 영적으로 예수 그리스도 안에서 많은 형제들이 있는 새로운 가족을 갖게 됩니다. 우리 모든 그리스도인들은 주 예수 그리스도 안에서 형제들입니다. 모든 그리스도인들은 하나님의 가족으로서 친밀한 구성원이 될 특권을 가지고 있습니다. 또한 그리스도인들은 형제일 뿐만 아니라 예수 그리스도를 섬기는 데 함께하는 동역자입니다(고전 3:5-10). 우리는 모두 하나님의 일의 동역자로 부름을 받았습니다. 하나님은 믿음의 분량대로 직분을 맡기셨습니다. 그러므로 각자가 자기가 맡은 직분을 성실히 행하면서, 다른 사람의 결점을 덮어주고 보완하면서, 아름다운 교제 속에서 날로 성숙해지고 성장하며 아름다워지는 관계를 만들어 나가야 하겠습니다.

어느 날 목공소의 연장들이 회의를 열었다고 합니다. 사회는 평소와 같이 망치가 맡아보았습니다. 그런데 회의 도중에 회원 몇 명이 반기를 들고 사회자 망치에 대한 불만을 토로하였습니다. "망치는 항상 깨고 부수는 자요, 늘 소란을 피우는 자니, 여기서 떠나야 합니다." 그러나 망치가 말했습니다. "좋습니다. 나 스스로도 나의 결점을 인정하므로 이곳을 떠나겠습니다. 하지만 나와 함께 떠나야 할 자가 있으니, 바로 대패입니다. 왜냐하면 대패가 하는 일에는 전혀 깊이가 없고, 늘 남의 껍질을 감싸기보다는 벗기기 때문입니다." 이에 화가 난 대패가 말했습니다. "나뿐만 아니라 줄자도 나가야 합니다. 왜냐하면 줄자는 자기만 옳은 듯이 항상 남을 측량하므로 모두에게 덕이 되지 못하기 때문입니다." 그러자 조용히 듣고 있던 줄자가 벌떡 일어나더니 톱을 지적하면서, "톱은 연합 운동보다는 분리 운동만 하고 있으니, 여기서 가장 불필요한 자입니다."라고 했습니다. 이 말을 들은 톱은 사포를 향해 소리쳤습니다. "사포! 너도 너무 거칠어." 이렇게 서로가 한창 다투고 있을 때, 목수가 들어왔습니다. 그런데 그는 이 모든 연장들을 총동원하여 순식간에 아름다운 가구를 만들어 놓았습니다. 서로 약점만을 들추며 다투던 그들은 결점이 많은 자신들이 이처럼 좋은 일에 쓰임을 받은 사실에 감탄하면서, 다음과 같이 말하며 기뻐했다고 합니다, "우리가 모두 나사렛 목수의 동역자들이구나!"

(출처: http://sgti.kehc.org/myhome/sermon/person/6.htm)

2. 교제의 참다운 의미는 무엇입니까?

"우리가 보고 들은 바를 너희에게도 전함은 너희로 우리와 사귐이 있게 하려 함이니 우리의 사귐은 아버지와 그의 아들 예수 그리스도와 더불어 누림이라"(요일 1:3).

우리의 사귐은 아버지와 아들과 함께하는 교제가 될 때 진정한 의미를 갖습니다.

우리는 먼저 하나님 아버지와 그 아들과 함께 교제해야 합니다. 먼저 하나님과 교제가 이루어지는 것이 구원입니다. 그리스도인들은 예수 그리스도의 보혈로 구원받은 하나님의 자녀가 되었기 때문에 예수 그리스도의 이름으로 아버지 하나님과 교제를 나누고 있는 것입니다.

그리고 우리는 하나님의 자녀로 다시 태어나 이제는 믿음의 형제자매로서 다른 그리스도인들과 교제해야 합니다. 우리에게는 서로 힘을 북돋우고 격려하기 위해 함께 모이고, 함께 대화하고, 함께 기도하고, 함께 찬송하고, 함께 웃고 우는 이런 교제가 필요합니다. 혼자 떨어져 있는 그리스도인은 신앙을 잃어버리기 쉽습니다. 우선 기도와 말씀으로 주님과 교제하고, 그 후 다른 형제자매들과도 교제해야 합니다. 그리고 명심해야 할 것은 하나님과의 교제는 등한히 한 채 형제자매들과만 교제하는 것은 육적인 교제 즉 하나님과 분리된 교제임을 기억해야 합니다.

3. 우리가 교제를 나누는 목적은 무엇일까요?

"서로 돌아보아 사랑과 선행을 격려하며"(히 10:24).

교제의 목적은 서로 상대방을 자세히 살펴(돌아보아) 사랑과 선행을 격려하는 데 있습니다.

'서로 돌아본다' 는 것은 상대방의 형편을 자세히 살펴 그의 필요가 무엇인지를 알아 채워주는 것을 말합니다. '격려한다' 는 것은 박차를 가한다는 의미로, 교제를 나누는 목적은 사랑과 선행을 더욱 열심히 행하도록 하는 데 있는 것입니다.

4. 그리스도인으로서 우리가 교제할 때 가져야 할 기본적인 자세는 무엇입니까?

"무엇보다도 뜨겁게 서로 사랑할지니 사랑은 허다한 죄를 덮느니라"(벧전 4:8).

형제자매들을 사랑하는 것입니다.

"또 형제들아 너희를 권면하노니 게으른 자들을 권계하며 마음이 약한 자들을 격려하고 힘이 없는 자들을 붙들어 주며 모든 사람에게 오래 참으라"(살전 5:14).

형제자매들에 대해 인내하는 것입니다.

"누가 이 세상의 재물을 가지고 형제의 궁핍함을 보고도 도와 줄 마음을 닫으면 하나님의 사랑이 어찌 그 속에 거하겠느냐 자녀들아 우리가 말과 혀로만 사랑하지 말고 행함과 진실함으로 하자"(요일 3:17-18).

형제자매들의 필요에 민감하게 반응하는 것입니다.

"누가 누구에게 불만이 있거든 서로 용납하여 피차 용서하되 주께서 너희를 용서하신 것 같이 너희도 그리하고"(골 3:13).

형제자매들 서로가 용서하는 것입니다.

5. 우리는 어떤 친구와 교제해야 합니까?

"나는 주를 경외하는 모든 자들과 주의 법도들을 지키는 자들의 친구라"(시 119:63).

우리는 하나님을 경외하고 그 말씀을 지키는 참된 그리스도인들과 교제하기를 더욱 힘써야 합니다.

교제는 그리스도인의 생활 가운데 매우 중요한 요소 중 하나입니다. 시편 기자는 하나님을 경외하고 그 계명을 지키는 사람들과의 유대감을 강하게 표현하였습니다. 성경은 교제의 수많은 예들을 보여줍니다. 다윗에게는 요나단이 있었습니다. 바울에게는 실라가 있었습니다. 마가에게는 바나바가 있었습니다. 예수님께는 제자들이 있었습니다. 사도행전에 나오는 교회들은 박해와 어려움을 함께 견디었던 사람들의 모임이었습니다. 우리 각자의 요나단, 실라, 바나바는 누구입니까? "지혜로운 자와 동행하면 지혜를 얻고 미련한 자와 사귀면 해를 받느니라.(잠 13:20)"

참고

런던을 방문하는 동안 주님께서는 그리스도인의 교제에 있어서 가장 중요한 측면을 생각나게 해주셨습니다. 최근 태풍이 영국 전역을 강타하였는데, 아직도 곳곳에 그 상흔이 역력하였습니다. 그런데 태풍으로 인한 피해보고 중에서 런던 근교의 한 숲에서 발생한 일은 참으로 이상한 현상으로 보였습니다. 많은 나무, 대부분의 나무가 아니라 모든 나무가 뿌리 채 뽑혀 땅바닥에 넘어져 있었습니다. 이를 조사한 과학자들은 너무도 놀랐습니다. 어떻게 이런 일이 있을 수 있단 말입니까? 태풍이 불면 숲에 피해가 있을 것이라는 생각은 누구나 할 수 있는 일이지만 이와 같은 현상은 지금까지 본 바가 없었던 것입니다. 그래서 과학자들은 조사팀을 구성하여 그 원인을 규명하는 작업을 시작했습니다. 조사팀이 발견한 것은 그 나무들을 심을 때 누군가가 끔찍한 실수를 했다는 것입니다. 나무를 심을 때 나무 사이의 간격을 너무 띄워 나무들끼리 뿌리가 서로 얽힐 수 없게 만들었던 것입니다. 나무들은 각각 따로 따로 서 있었고 강풍이 불자 모두 넘어진 것이었습니다.

우리는 서로를 필요로 합니다. 우리에게는 서로의 사랑과 관심과 기도가 필요합니다. 그리스도 안의 형제자매들과 긴밀한 교제 가운데 있지 않고 홀로 있으려 하는 사람은 언젠가 어려운 상황에 빠지게 되고 말 것입니다. 하나님께서는 우리가 동료 그리스도인들의 관심과 보살핌 없이 혼자 살아가도록 계획하신 적이 없습니다. 실제로 성경은 우리를 한 몸이라고 말씀하고 있습니다(고전 12:21).

-리로이 아임스

Change of Life

더욱 친밀하고 바람직한 교제생활을 위하여…

말씀의 교훈을 기준으로 이제까지의 친교와 교제생활을 비추어보고 반성함으로써 더욱 친밀하고 바람직한 교제생활을 위해 버리고 절제해야 할 자세와 태도를 점검해보고 결단하도록 합니다.

기도제목이나 깊은 고민을 함께 나누고 싶은 대상이 있다면 누구인가요?

□ (　　　　　　　　　), (　　　　　　　　　), (　　　　　　　　　)

반드시 또래 친구가 아니어도 깊은 교제를 나누고 싶은 교회 선후배, 교사 등 그 대상을 생각해보도록 함으로써 교회 전체를 그리스도의 한 몸으로 생각할 수 있도록 합니다.

저는 지금부터 다음과 같은 교제의 자세를 버리기로 다짐합니다!

□ 소외감을 느끼게 하는 끼리끼리만의 교제

□ 세상적인 즐거움을 추구하며 따라가는 교제

□ ______________________________

□ ______________________________

집단생활을 통한 건전한 교제의 중요성이 그 어느 때보다 큰 청소년기의 교제는 자칫 절제를 상실하고 자기들끼리의 즐거움에 빠질 가능성을 동반한다는 것을 기억하고 더욱 바람직한 교제생활을 위해 삼가고 버려야 할 교제의 모습을 함께 생각해 보도록 합니다.

참고

그리스도인이 함께 모이고, 큰 구원에 관해 함께 이야기를 나누고, 새 생활과 그들에게 있는 복된 소망과 장차 올 영광과 행복 등에 관하여 얘기를 나누고, 문제들을 함께 의논하고, 서로 도와주고, 서로 강하게 해 주고, 서로 일깨워 주는 것– 세상이 최선을 다 한다 해도 그런 것을 줄 수 없습니다. 그것이 교회생활을 통해서 얻을 수 있는 그리스도인의 기쁨입니다.

–마틴 로이드 존스

Decision of Life

코이노니아(Koinonia), 즉 교제는 하나님의 백성들이 서로 섬기고, 하나님의 인도하심을 함께 구하며, 서로에 대한 책임을 받아들이며, 서로 사랑하고, 길을 잃고 방황하는 이들에게 바른 길을 제시해주고, 참회하는 이들을 회복시키며, 서로의 필요에 대해 그것이 물질적이든 정서적인 것이든 영적인 것이든 충족시켜주기 위해 노력하는 것을 의미합니다. 따라서 교제는 하나님의 백성에게 지극히 중요한 것입니다. 우리는 그리스도 안에서 한 가족이 된 성도들과 서로 사귀기를 힘써야 합니다. 아무리 잘 타는 석탄도 난로 속에서 한 개를 꺼내 놓으면 꺼지기 마련이고, 활활 타오르는 장작불 속에는 생나무를 넣어도 불이 붙어 타오르게 되는 것과 같습니다. 하나님을 경외하며 그 말씀을 지키는 형제자매들과 더욱 깊이 교제함으로 예수 그리스도의 몸을 이루어 갑시다! 그리고 하나님이 기뻐하시지 않는 교제의 모습을 살펴 절제하며 버리기로 결단합시다!

Introduce

단 원 주 제	청소년의 생활관리
단 원 해 설	청소년들로 하여금 하나님 말씀의 기준을 따르는 언어와 여가 및 소비생활을 영위하도록 함으로써 보다 거룩하고 정결하고 온전한 그리스도인의 신앙 인격으로 성장하도록 한다.
중 심 구 절	"내가 그리스도를 본받는 자가 된 것 같이 너희는 나를 본받는 자가 되라"(고전 11:1).
단원학습목표	청소년들이 하나님의 자녀로서 언어생활, 여가생활, 소비생활 속에서 말씀의 교훈을 따라 생활하도록 한다.
단원핵심정리	그리스도인 청소년은 하나님의 말씀의 기준을 좇아 생활함으로써 경건한 언어생활과 참된 여가생활, 겉치레의 과도한 소비가 아닌 아름다운 신앙 인격을 추구하는 소비생활로 자신의 생활을 관리해 나갈 수 있다.

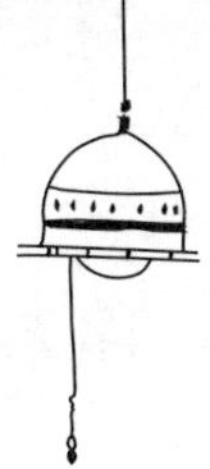

2 청소년의 생활관리

생활편

2 단원

단 원 소 개

2단원은 '청소년의 자기관리'에 대한 내용입니다. 청소년은 정서적으로나 신체적으로 불완전하면서도 급속히 성장이 진행되는 시기입니다. 그리고 다양한 외부환경의 영향을 받는 시기이기도 합니다. 본 단원에서는 이처럼 환경의 영향을 많이 받는 청소년들이 어떻게 자신의 생활을 관리해야 하는지를 성경말씀에 근거해서 배우게 됩니다.

본 단원의 첫 과인 5과에서는 청소년의 언어생활과 관련하여 인터넷 통신언어에 관하여 다룹니다. 청소년들이 컴퓨터를 매개로 한 가상공간에서 통신언어를 사용함에 있어서도 바르고 건전한 언어습관을 가져야 함을 배우게 됩니다. 6과에서는 청소년의 여가생활의 많은 부분을 차지하고 있는 휴대전화에 관하여 생각해 보도록 합니다. 휴대전화에 의존한 여가생활은 성경이 말하는 참된 쉼이 아니며 참된 쉼은 안식을 주시는 주님 안에서 가능한 것임을 깨닫게 함으로써 건강하고 바람직한 여가생활의 바른 방법을 모색해 보는 기회를 갖게 될 것입니다. 7과에서는 소비생활에 있어서 청소년들의 유행추구 경향에 관해 다루고 있습니다. 참된 만족이 없는 유행을 좇는 것보다 변치 않는 하나님의 진리에 바로 서서 이 세상의 유행을 바른 방향으로 선도하는 그리스도인이 되는 것이 더욱 필요함을 깨닫도록 도울 것입니다.

틴틴파워 in 지저스

제5과 아름다운 언어(인터넷 통신언어)

학습목표 : 언어 파괴적인 인터넷 통신언어의 사용을 절제하고, 경건하고 덕을 세우는 통신언어를 사용하는 청소년이 되도록 한다.

중심진리 : 경건한 그리스도인의 생활은 경건한 언어생활로 나타난다.

본문말씀 : 에베소서 4:29

본과를 소개합니다

이번과는 청소년의 생활 속 자기관리 영역 중 언어생활과 관련하여 인터넷 통신언어에 관하여 다루고 있습니다. 본과를 통해 컴퓨터 통신환경에서 사용되는 통신언어와 인터넷 속 청소년들 자신의 언어를 점검해보고 우리의 모든 생활이 하나님께 드리는 거룩한 예배가 되어야 할 기독청소년으로서 어문 규범 파괴적인 표기 관행을 반성하고 바르고 건전한 언어생활 태도를 가질 수 있도록 지도합니다.

Story of Life

79드라, 할루ㅋㅋㅋ
넘넘 방가방가 *_* 알쥐?
어젠 증말 잼떠떠
정부하로 도서관 갔는뎅 아주 머찐 58 만나꺼덩.
꺽 범생 가타써. 어느 하껴 오빵인지 - - a 구래서 거민중이얌
셤이 시빌 아피라서 올만에 정부하려고 하는뎅
ㅁㅌㅁㅌ 몰게땅
문뒈는 졸라 덩말 어려버 앙 풀리거 증말루 짱난다.
어눌은 어마눠 말쌍대루 꺽 안 널려고 했는딤
아 *~* 피건해 거뎜 담에바여
20000써야게따 - - Z zzz, = o
친子들Ø?r 우ø?1우ㅈ?ə 변ㅊ?1말ㅈ?Ł(친구들아 우리 우정 변치 말자)

Talk Talk about Life

인터넷 속 우리 언어는요…

최근 네트워크 게임 이용자 증가와 클럽 사이트의 증가로 대화방, 게시판, 이메일을 통한 네티즌들, 특히 10대들의 언어 파괴 현상이 극에 달하고 있습니다. 이러한 현상은 사회적으로 문제가 되고 있는 세대 간의 괴리감 형성은 물론 또래 간 의사소통에도 장애를 일으키고 있는 실정입니다. 통신언어의 폭력성 또한 심각한 수준에 이르렀다고 보는 것이 전문가들의 진단입니다. 다음의 질문들을 통해 청소년들로 하여금 자신의 인터넷 속 통신언어습관을 점검해 보고 서로의 의견을 나눠보는 기회를 갖게 합니다.

컴퓨터로 통신을 하면서 보내는 시간은 얼마나 되나요?

- 평일: ① 1시간 이내 ② 1~2시간 ③ 2~3시간 ④ 3~4시간 ⑤ 4~5시간 ⑥ 5시간 이상
- 주말(휴일): ① 1시간 이내 ② 1~2시간 ③ 2~3시간 ④ 3~4시간 ⑤ 4~5시간 ⑥ 5시간 이상

이 말이 무슨 뜻일까요?

- 어솨요 → 뜻 : 어서오세요
- 안냐세요 → 뜻 : 안녕하세요
- 잼썼다 → 뜻 : 재미있었다
- 띰띰해 → 뜻 : 심심해
- 2?Yo → 뜻 : 이뻐요
- !25=I-you → 뜻 : 느낌이 오는 아이는 너

다음 말을 바르게 고치면…

- 꽁짜 → 공짜
- 짤려 → 잘려
- 절때루 → 절대로
- 나아질꺼야 → 나아질 거야
- 다되서 → 다 돼서
- 않웃었는데 → 안 웃었는데

통신언어 사용에서 맞춤법 규정과는 달리 기호와 부호의 남용, 의도적으로 다르게 적기, 띄어쓰기 무시 등의 방법으로 한글을 적음으로써 어문 규정을 크게 어기고 있습니다. 물론 일부 틀린 표기는 맞춤법에 대한 지식의 부족으로 나타난 것('않되고'⇒'안 되고', '잘 돼니?'⇒'잘 되니?' 등)도 있지만, 의식적으로 규범과 다르게 적으려는 경향이 강한데, 여기에는 '사이버 공간에서는 우리말 규정에 따르지 않아도 된

다' 는 생각이 한 몫을 하고 있습니다. 그리고 청소년들 사이에서는 기존의 언어 규범이나 일상생활에서의 언어보다는 통신에서 사용하는 그들만의 언어가 더 큰 호응을 얻고 있는 게 사실입니다. 통신망 속에서 표기의 잘못뿐만 아니라 은어, 비속어 등의 남용과 주요 문장 성분을 생략하고 경어법의 규칙을 어기는 등의 문법 구조에 대한 변형을 일탈 현상이 아니라 일상적인 것으로 받아들이게 됨으로써 학교에서 학습한 문법을 필요 없는 것으로 생각할 가능성이 높아집니다. '복잡하고 머리 아픈 문법' 을 지키지 않아도 통신망에서 의사가 잘 통하는데 그것을 왜 배워야 하는가 식의 의식이 팽배해지면서 문법준수 의식의 약화 또는 혼란이 발생한다는 것입니다. 따라서 현재 우리가 쓰고 있는 통신언어의 습관을 살펴보고 그것을 바르게 고쳐보면서 이러한 점들을 생각해 보는 기회를 갖도록 합니다.

Standard of Life

말씀탐구

1. 우리가 하지 말아야 할 말은 무엇입니까?

"내가 너희에게 이르노니 사람이 무슨 무익한 말을 하든지 심판 날에 이에 대하여 심문을 받으리니"(마 12:36).

하나님의 자녀인 우리는 무익한 말을 하지 말아야 합니다.

'무익한' 말, 즉 '부주의하고', '부적절하며', '불필요하고', '유익이 없는', '경솔한' 말은 하나님의 자녀가 해서는 안 될 말입니다. 사이버 공간에서 사용하는 인터넷 통신언어 또한 우리 청소년들의 중요한 언어가 된 상황에서, 하나님의 자녀들은 통신언어를 사용할 때에도 무익한 말을 해서는 안 됩니다. 아름답고 바른 우리말을 심각하게 파괴하는 표현이나 상대방을 불쾌하게 하는 부주의하고 경솔한 말을 하지 말아야 하는 것입니다. "네 말로 의롭다 함을 받고 네 말로 정죄함을 받으리라(마 12:37)"하셨기 때문입니다.

"누추함과 어리석은 말이나 희롱의 말이 마땅치 아니하니 오히려 감사하는 말을 하라"(엡 5:4).
"무릇 더러운 말은 너희 입 밖에도 내지 말고…"(엡 4:29).

하나님의 자녀인 우리는 어리석은 말, 희롱의 말, 더러운 말을 하지 말아야 합니다.

우리는 항상 하나님을 모시고 있는 하나님의 자녀다운 말을 해야 합니다. 우리가 우리의 일반생활에서 더러운 농담과 어리석은 이야기를 함으로써 하나님의 자녀의 거룩함을 상실하게 된다면 그것은 하나님을 경외하는 삶이 아닌 것입니다. 골로새서 4장 6절에 "너희 말을 항상 은혜 가운데서 소금으로 맛을 냄과 같이 하라…"하셨듯이 우리의 말 자체가 경건해야 되는 것입니다. 성도의 말은 소금의 역할과 같이 불순함이나 외설 됨을 제거하고 깨끗해져야 하는 것입니다. 이것은 우리의 통신 언어생활에도 적용이 되는 원리이며 명령입니다. 하나님의 자녀인 우리는 통신언어를 사용할 때에도 '욕설' 이나 '음란한 발언', '비속한 표현' 을 하지 않아야 합니다.

2. 우리가 해야 할 말은 무엇입니까?

"무릇 더러운 말은 너희 입 밖에도 내지 말고 오직 덕을 세우는 데 소용되는 대로 선한 말을 하여 듣는 자들에게 은혜를 끼치게 하라"(엡 4:29).

하나님의 자녀인 우리는 덕을 세우는 선한 말을 해야 합니다.

하나님의 자녀인 우리는 우리의 모든 행동뿐 아니라 말에 있어서도 덕을 세워야 합니다. 우리 청소년들은 통신언어의 부정적인 면에 대해 올바른 인식을 갖고 통신언어를 순화하고 바로잡아나가는 데 앞장서는 경건한 하나님의 자녀가 되어야겠습니다. 통신언어는 이미 하나의 언어, 즉 우리의 의사소통 수단의 하나가 되고 있기 때문입니다. 그러므로 사이버 공간에서 통신언어를 사용할 때에도 선한 말, 즉 건전하고 올바른 언어를 사용하려는 마음가짐을 지니고 실천하는 것이 바로 경건한 그리스도인의 모습입니다.

Change of Life

인터넷 속 우리가 가꾸어 갈 소중한 언어는…

청소년들로 하여금 무의식적으로 또 부주의하게 써왔던 인터넷 속 언어생활에 대해 인식하고 그러한 언어를 사용하는 이유와 그에 따르는 문제들을 점검하며, 나아가 하나님의 자녀로서 올바른 통신언어를 사용하는 방법에 대해 생각해 보도록 합니다.

다양한 통신언어를 사용하게 되는 이유는 무엇일까요?

□ 우리끼리의 친근감을 높여 주고 일체감을 주기 때문에.
□ 줄임말, 약어 등을 사용하여 시간을 절약할 수 있어서.
□ 창의적이고 독창적인 언어 표현이 많아서.
□ 쉽고 재미있는 표현이 많아서.
□ ______________________________
□ ______________________________

다양한 통신언어를 사용하는 데 따르는 문제는 무엇일까요?

□ 지나치게 축약(줄임)이 심하고 맞춤법, 띄어쓰기 등이 문제가 된다.
□ 지나친 은어 사용으로 세대 간의 의사소통이 단절된다.
□ 대화에서 높임법이 이루어지지 않고 있다.
□ 욕설이나 속어 등의 표현이 많다.
□ ______________________________
□ ______________________________

통신언어를 바르게 사용하기 위해 우리는 어떻게 해야 할까요?

□ 우리말을 소중히 여기는 마음으로 되도록 표준어와 맞춤법에 맞는 말을 사용한다.
□ 자칫 언어폭력이 될 수 있는 욕설이나 저속한 표현을 삼간다.
□ 지나치게 해석이 불가능한 외계어의 사용을 줄인다.
□ ______________________________
□ ______________________________

Decision of Life

우리는 통신언어를 가지고 컴퓨터 속에서 의사소통을 하는 시대를 살아가고 있습니다. 특별히 인터넷 통신언어 사용자의 중심은 바로 우리 청소년들 자신입니다. 따라서 인터넷 속에서 언어를 변용시키는 일을 주도하고 있는 것 역시 우리 자신이라 할 수 있습니다. 우리가 인터넷 통신을 하며 과도하게 사용하는 축약어, 맞춤법을 무시한 비어, 은어들이 문법을 파괴하고 우리말을 오염시키고 있는 것입니다.

우리는 우리의 모든 생활이 예배가 되도록 경건한 삶을 살아야 할 하나님의 자녀들입니다. 따라서 우리의 통신언어에서도 무익한 말, 어리석은 말, 더러운 말을 버리고 하나님의 자녀로서 덕을 세우는 선한 말을 사용해야 합니다. 일상생활에서뿐 아니라 가상의 공간에서도 경건한 하나님의 자녀로서의 언어생활을 실천해나가야 하는 것입니다. 나아가 언어파괴적인 게시물에 반성을 촉구하는 리플도 달고 올바른 언어를 사용하고자 하는 적극적인 노력을 기울여 보다 건전한 통신문화를 만들어가는 데 기여하는 우리가 되어야겠습니다.

컴퓨터 통신언어의 발생원인

▶ 경제적 동기

통신상의 대화 상황은 즉각적인 상호작용 의사소통 상황으로서 일상 대화보다도 더욱 즉각적인 반응을 요구하는 대화 형태라 할 수 있다. 즉, 상대방이 묻는 말에 자판으로 빨리 응답을 해야 하다 보니 일상적인 입말을 그대로 문장으로 옮기는 것은 대단히 비효율적인 것이 된 것이다. 따라서 의사소통상의 이러한 비효율성을 극복하기 위한 대안으로서 음운 축약이나 생략, 교체, 연철 표기와 약어, 상징어와 이모티콘 등이 의도적으로 행해지게 되는 것이다.

▶ 표현적 동기

이는 통신상의 대화 상황에서 자신의 의사를 표현함에 있어서 일상적 언어 표현과는 다르게 형태를 바꾸어 표현함으로써 대화 참여자들 사이의 통신 분위기를 화기애애하게 조성하려는 목적에서 이루어진다. 심적 거리감, 부담감을 줄여 편안한 분위기를 유지함으로써 친밀감을 나누려는 목적으로 유발되는 의도적 성격이 짙은 행위이다. 이는 다분히 개인적이며, 의사 표현이 솔직하고 거리낌이 없는 N세대의 독특한 성향과 연관성이 높은 것으로 보인다. N세대라 불리는 컴퓨터 통신 공간의 주 점유 계층은 언어 표현에 있어서도 감각적이고 직설적인 언어를 선호하고, 뭔가 기존의 것과는 다른 새로운 표현을 통해 신선함과 재미를 추구하고자 하는 경향이 짙다.

▶ 사회 심리적 동기

컴퓨터 통신이 가지는 익명성과 폐쇄성이 N세대라는 집단의 특성과 결부되면서 언어규범의 파괴는 기존 권위에 대한 도전의 의미를 띠게 된다. N세대들은 변화를 좋아하고 현재 상황에서 일탈, 해방되고자 하는 의식이 강하다. 세계에 대한 독자적인 시각과 스스로 가치 체계를 창조하려는 강한 욕구를 바탕으로, 현실 세계를 부정하고 세속적인 것을 무조건 거부하고 배척하려는 경향이 강한 그들에게 정해진 절차에 따라 이루어진 언어 규범은 하나의 권위에 불과할 뿐이다. 이는 통신언어의 오용 면에서 은어와 약어의 무분별한 남용, 의도적인 어법 파괴, 새로운 언어의 조합, 욕설, 반말성 어휘 등의 특징으로 나타난다.

통신언어가 갖는 특성

▶ 입말과 글말의 성격을 모두 지니고 있다.

컴퓨터 통신언어는 PC라는 공간에서 문자로 실현되지만 실제로 쓰이는 언어는 음성으로 발화되는 언어라는 점이 주목할 만한 특징이다. 즉, 입말과 글말의 특징을 모두 지닌 언어인 것이다. 특히 대화방에서 소통되는 언어는 표현되는 양식만 문자이지 음성언어에 더 가깝다고 볼 수 있다.

▶ 발화들이 완전한 문장의 형태를 지니기보다는 짧은 단어나 구절의 형태를 지닌다.

이는 컴퓨터 통신이라는 매체 자체의 특성과 결부되어 나타나는 결과로, 짧은 발화로도 충분한 의사소통이 가능하기 때문에 통신 이용자들은 굳이 긴 문장을 쓸 필요를 느끼지 못하는 것이다.

▶ 기존의 언어 규범을 벗어난 형태의 표기가 많다.

즉, 소리 나는 대로 적기, 음절 줄이기, 자음과 모음의 해체, 어순이나 띄어쓰기를 무시하는 등 기존의 언어 규범을 무시한 형태의 표기들이 많다.

▶ 은어와 신조어가 많이 만들어지고 있다.

이러한 은어와 신조어는 통신에 익숙하지 않은 사람이나 통신에 참여하지 않는 사람들과의 의사소통에 상당한 영향을 주어 세대 내는 물론 세대 간에 많은 문제점을 야기하고 있다. 이런 은어나 통신 신조어 외에도 비속어를 남용한다든지 외래어나 외국어를 많이 사용하는 등의 언어적인 특성들이 나타난다.

▶ 의성어나 의태어를 이용한 감정 표현이 많다.

기존의 의성어 의태어는 사물의 소리나 모양을 흉내 낸 말들이었지만, 통신 공간에서의 의성어나 의태어는 인간의 감정이나 정서를 표현하는 말들이 대부분이다. 이는 컴퓨터 통신이 비 면대면의 의사소통 방식을 취하기 때문에 나타나는 현상으로, 문자로 표정이나 감정까지 표현하고자 하는 이용자들의 심리가 반영된 표현들이라 할 수 있다.

▶ 숫자나 기호를 이용한 표기가 많다.

비언어적 의사소통을 담당하는 시각기호는 통신 언어를 구성하는 중요한 부분이 되는데, 주로 담화자의 심리적 상태나 대상의 묘사 그리고 언어적 표현까지지도 기호화함으로써 통신 매체가 지니고 있는 의사소통의 한계를 극복하고자 하는 노력의 결과로 볼 수 있다.

통신언어의 영향

교육적 측면

▶ 어문 규범의 파괴 현상이다.

통신언어 사용에서 맞춤법 규정과는 달리 기호와 부호의 남용, 의도적으로 다르게 적기, 띄어쓰기 무시 등의 다양한 방법으로 한글을 적음으로써 어문 규정을 크게 어기고 있는 것이다. 물론 일부 오표기는 맞춤법에 대한 지식의 부족으로 나타난 것('않되고', '잘 돼니?' 등)도 있지만, 의식적으로 규범과 다르게 적으려는 경향이 강하다. '사이버 공간에서는 우리말 규정에 따르지 않아도 된다'는 생각이 한 몫을 하고 있다.

▶ 청소년들의 변용된 통신언어 사용은 문법 의식의 약화를 가져온다.

청소년들 사이에서는 기존의 언어 규범이나 일상생활에서의 언어보다는 통신에서 사용하는 그들만의 언어가 더 큰 호응을 얻고 있다. 통신망 속에서 표기의 잘못뿐만 아니라 은어, 비속어 등의 남용과 주요 문장 성분을 생략하고 경어법의 규칙을 어기는 등의 문법 구조에 대한 변형을 일탈 현상이 아니라 일상적인 것으로 받아들이게 됨으로써 학교에서 학습한 문법을 필요 없는 것으로 생각할 가능성이 높다. '복잡하고 머리 아픈 문법'을 지키지 않아도 통신망에서 의사가 잘 통하는데 그것을 왜 배워야 하는가 하는 의식이 팽배해지면서 문법의식의 약화 또는 혼란이 발생할 수 있다.

▶ 옳지 않은 선지식에 의한 지적 혼돈과 수학 장애 현상이다.

앞서 기술한 문법 의식의 약화로 문법 교육에 대해 반감을 갖거나 저항할 수 있으며, 기존에 받았던 교육도 통신언어의 간섭으로 혼돈 상태에 이를 수 있다. 이는 표준어나 맞춤법 쓰기가 아직 완전히 숙달되지 않은 초등학생들에게는 더욱 악영향을 미칠 수 있다. 나이가 어릴수록, 학년이 낮을수록, 새로운 단계의 문법교육에 있어서 통신언어에 익숙해진 나머지 바른 지식의 습득에 방해를 받게 되는 현상을 가져올 수 있다. 그 결과 무엇이 올바른 언어 형식인지를 판단하는 능력이 떨어질 수 있다.

사회적 측면

▶ 일상생활에까지 통신언어가 무분별하게 확산 사용되는 현상을 들 수 있다.

이는 비단 어린이나 청소년에게만 해당되는 것이 아니라 통신언어를 사용하는 모든 사람들에게 영향을 미칠 수 있다. 현재 학생들은 통신망 안에서만 쓰는 것이 아니라 이제는 '오프라인' 공간인 일상생활에서도 통신언어를 사용하고 있다. 특히 학생들의 일기나 편지, 쪽지 등에서 통신언어를 어렵지 않게 발견할 수 있을 정도로 일상 언어로의 전이가 심각하다. 심지어는 공식 문서와도 같은 이력서의 자기소개서에까지 통신언어를 남발하고 있다고 한다.

▶ 의사소통이 단절되고 있다.

통신상에서 독특한 문화를 창출하려는 신세대들의 심리가 처음에는 개성적인 표현으로 출발하였으나 이제는 복잡하고 해석이 어려운 '외계어'까지 형성되다 보니 세대 간 또는 세대 내에서도 의사소통이 단절되고 있다. 그리고 해석이 불가능할 정도의 외계어를 사용하는 집단은 은근한 우월감을 나타내려는 성향까지 보이며, 그렇지 못한 사람들은 상대적으로 소외감을 느끼게 된다. 또한 또래 내에서도 통신언어를 사용하지 않으면 이용자들 사이에서 무시당하거나 왕따를 당하기 쉽다.

▶ 언어폭력이 행해지고 있다.

통신상의 비속어는 통신을 주고받는 사람들에게 불쾌감은 물론 인격적 피해도 준다. 통신의 가장 큰 특징인 익명성을 이용하여 언어폭력이 수위를 넘고 있다. '존나', '열라' 등의 비속어를 청소년들이 자주 사용함으로 인해 정서가 메마르고 성격이 거칠어지며 난폭해지게 된다. 이러한 폭력적이고 거친 언어는 상대방을 불쾌하게 만들고 정서를 불안하게 하는 결과를 초래하게 된다. 뿐만 아니라 말이 거칠면 행동도 거칠고 과격해지며, 폭력적인 행동을 일으킬 우려가 크며, 폭력적인 사고가 형성되는 것은 자명한 일이다.

▶ 청소년들의 준법의식이 부족해지며, 인간을 경시하는 풍조가 만연된다.

사회 구성원들의 약속으로 이루어진 표준어를 사용하지 않고 비속어와 은어, 외래어, 비문법적인 언어와 문장 등을 사용함으로써 국어를 함부로 바꾸어 쓰고 파괴하다 보면, 청소년들에게 사회 규범을 지켜야 한다는 준법의식이 부족해지기 쉽다. 또한 욕설과 비속어의 사용과 함께 상대방의 말을 중간에서 끊고, 부정적이며 냉소적인 반응을 보이는 데서 상대방을 존중할 줄 아는 마음이 사라지며, 나아가 인간의 존엄성을 망각하게 되고, 인간을 경시하는 풍조가 만연하게 된다.

▶ 저급한 언어로 인해 저급한 문화가 형성될 수 있으며, 사고나 행동이 단순해지면서 재미와 쾌락만을 추구하게 된다.

청소년들은 또래끼리 문법 규범에 어긋난 언어, 즉 비속어나 욕설을 비롯하여 변형된 외국어를 사용함으로써 저급한 언어문화를 습득하게 되며, 그 속에서 저급한 청소년문화를 형성하게 된다. 이러한 현상이 지속되면 깊이 생각하고 남을 이해하고 배려하는 사려 깊은 행동은 생각할 수조차 없게 된다. 깊은 사고력과 이성적인 판단력, 상대방을 위한 배려 등을 상실한 채 생활하게 되면 자연히 사고와 행동이 단순해지게 되고, 쾌락과 재미를 추구하는 저급한 문화를 형성하게 된다.

▶ 청소년들의 언어가 황폐해지면 말의 품위가 떨어지게 되고 아울러 그 사람의 인품도 떨어지게 된다.

언어는 그 사람의 내면이기도 한 동시에 외형이기도 하다. 언어를 바르고 곱게 사용하게 되면 자연히 행동이 바르게 되고 따라서 그의 인품도 올곧아질 것이다. 아무리 심성이 바르고 인격이 다듬어졌던 사람이라도 거칠고 황폐한 언어를 함부로 사용하면 자신도 모르는 사이에 그의 인격은 타락해지고 말 것이다. 황폐하고 거친 말은 말하는 사람과 듣는 사람 모두에게 인격적으로 좋지 않은 영향을 미치게 된다.

▶ 공동체 의식의 부족 현상을 가져오게 된다.

오늘의 청소년들은 웃어른께 존댓말을 사용하는 것이 부족하다. 이는 자기만 생각하고 가족공동체, 사회공동체를 생각하지 않는 이기적이고 개인적인 사고방식에서 비롯되었다고 볼 수 있다. 사회 구성원 간에 예의와 질서를 지키는 일은 매우 중요하다. 이것은 서로간의 믿음과 신뢰를 바탕으로 형성될 수 있는 공동체 윤리의 기본이기 때문이다. 이렇게 통신언어의 사용으로 표준어에 대한 지식이 무너지고 올바른 맞춤법 사용의 필요성이 약화되면 올바른 언어사용에 악영향을 미칠 수 있다. 특히 통신언어의 부정적 요소들이 우리말과 글을 바르게 배우고 익혀야 할 언어사용 능력의 성장기에 있는 학생들에게 끼칠 부정적 영향들을 고려해 보면 그 심각성이 지대하다고 하겠다. 통신언어는 개인의 의사나 감정을 자유롭게 표현할 수 있고, 새로운 문화의 형성이라는 점에서 의의를 가진다고 할 수 있지만, 통신에서 사용되고 있는 변용된 언어가 가지고 있는 부정적인 여러 문제점들은 이제 더 이상 '그들만의 언어, 그들만의 문제' 가 아닌 '우리의 언어, 우리가 함께 풀어가야 할 문제' 임을 보여준다.

(출처: 조국선, "통신언어 교정 지도를 통한 규범적 쓰기 능력 향상 연구", 한국교원대학교 교육대학원, 2006.)

외계어의 개념

외계어를 처음 접하는 사람이라면, 이 말이 외계인이 사용하는 언어 라 인식될 수 있기 때문에 의아해 할 수도 있습니다. 초기의 외계어는 '붧, 쿄쿄쿜' 등과 같이 단순히 한글의 자모만을 혼합 변형하여 사용하기도 하고, '乙ㅏ면' 과 같이 한자의 자획 또는 글자의 모양을 빌려 쓰는 데 그쳤습니다. 그러나 현재의 외계어라 부르는 통신언어는 다른 사람들이 알아보기 힘들 정도로 한글에 여러 가지 다국어 글자를 차용하여 사용하고 있습니다. 이렇게 해석이 난해해진 한글 적기 방식은 초등학생, 중·고등학생, 그리고 대학생에까지 폭넓은 사용자층을 가지고 있습니다.

국어의 음절을 구성하는 방법에는 '모음', '자음+모음', '모음+자음', '자음+모음+자음'의 네 가지 방법이 있습니다. 그런데 외계어에는 음절의 구성요소를 축소하여 사용하는 경우가 많이 나타납니다. 예를 들면, 국어의 음절 강 의 경우에는 ' ㄱ+ㅏ+ㅇ' 인 자음+모음+자음 의 형태를 가지고 있는데 반해서, 외계어에서는 'ㄱБ'이라 하여 자음+러시아 글자 의 두 글자가 결합된 형태를 가지게 됩니다. 즉, 모음과 자음이 결합한 것과 비슷한 모양의 러시아 글자 'Б'를 사용하는 것입니다. 이러한 현상은 형태상으로는 통신 언어의 생성 원인인 경제성의 원리 에 부합되는 것처럼 보이나 실제로는 'ㄱБ'을 실현할 경우에 글쇠판의 'ㄱ 을 먼저 입력하고 Ctrl + F10 키를 동시에 눌러 러시아 글자 목록에서 'Б'을 찾아내는 등의 수고를 더해야 합니다. 소위 외계어라 불리는 이 언어는 최근까지 사용하던 통신언어에서 오락적 기능과 심리적 기능이 더 강하게 반영되어 형성된 것으로 파악되고 있습니다. 또한 외계어는 일반 누리꾼들이 한 번에 해석하기가 어렵고, 심지어는 외계어를 만든 사람만 이해할 수 있습니다. 더 심한 경우에는 시간이 지난 뒤에는 외계어를 만든 자신조차도 알아보지 못할 정도로 한글에 변화를 준 것도 많습니다.

예 : じ?ド?ズ?ノ?金, ば?r뱹늬㊐?(나 지금 바쁩니다)
ユ?で?й보고?싶Ю?서 ㅁ i ?칠것 같Oг?요 (그대 보고 싶어서 미칠 것 같아요)
 Ł?Й?ブ?r ⓔ?萬 Aㅏ?乙ㅜ?Ø ?F도Й(내가 이만 사라져야 돼)

외계어 모음

이뭐병-'이건, 뭐, 병신도 아니고'의 줄임말
제길슨-'제길'의 다른 표현
듣보잡-'듣도 보도 못한 잡놈'의 줄임말
여병추-'여기 병신 하나 추가요'의 줄임말, 일반적으로 바보 같은 사람이 있을 때 쓰는 말
직찍사-'직접 찍은 사진'의 줄임말
게토레이- 개또라이'와 같이 상대방을 욕하는 말
OME-'Oh My Eyes'를 줄인 표현으로, 못 볼 것을 봤을 때 쓰는 말
솔까말-'솔직히 까놓고 말해서'의 줄임말
흠좀무-'흠, 이게 사실이라면 좀 무섭군요'의 줄임말
킹왕짱-king 王 짱의 합성어. 최고라는 뜻
우왕ㅋ굳ㅋ-우와 정말 좋다의 표현
악플-악성댓글
지못미-'지켜주지 못해서 미안해'의 줄임말, 자신들이 좋아하는 스타들의 웃긴 사진들이 올라 왔을 때 처음 쓰였던 표현
크리-'critical'에서 온 말로 '결정적인'이나 '치명적인'와 같은 용도로 사용
뉴비-'Newbie'에서 나온 말로 사전적으로는 '미숙자' '신출내기'를 의미하지만, 활동한지 얼마 되지 않아서 다른 사용자에게 피해가 되는 사용자를 의미

버로우-스타크래프트에서 유래된 말로, '자신 있게 떠벌리다가 약점이 발견되어 자취를 감출 때' 사용
젭라-'제발'의 오타인데, 일부러 오타로 사용함
정줄놓-정신줄을 놓다
글설리-글쓴이를 설레게 하는 리플
스설리-스스로 위안되게 하는 리플
오나전-'완전'의 오타로, '젭라'와 마찬가지로 일부러 오타를 사용함
넘사벽-'넘을 수 없는 사차원의 벽'
엄친아-엄마 친구 아들
아친딸-아버지 친구 딸
캐안습-꽤 안구에 습기차는 현상(?) 안쓰럽고 황당하다는 표현
떡실신-녹초가 되어 지쳐 나가 떨어지다의 속어인 '떡이 되다'와 정신을 잃고 쓰러진다는 의미로 '실신'이 합성된 말.
안여돼-안경, 여드름, 돼지(뚱뚱)의 세 가지 요소를 모두 갖춘 사람. 폭탄과 거의 비슷한 뜻으로 쓰이는 말.
개탤맨-개그맨과 탤런트의 합성어

틴틴파워 in 지저스

제6과 떨어질 수 없는 내 몸의 일부 (휴대전화)

생활편

학습목표 : 휴대전화에 지나치게 편중되어 있는 청소년들의 여가생활을 점검하고, 성경적인 여가 개념에 기초하여 보다 바람직한 여가생활을 모색하는 청소년이 되도록 돕는다.

중심진리 : 쉼이 필요한 존재인 우리는 주님이 공급하시는 참된 쉼을 낭비함 없이 누려야 한다.

본문말씀 : 출애굽기 31:14-17

본과를 소개합니다

이번 과에서는 청소년의 생활 속 자기관리 영역 중 여가생활과 관련하여 '휴대전화'에 관하여 다루고 있습니다. 본과를 통해 청소년들로 하여금 자신의 여가 생활이 얼마나 휴대전화에 빠져 있는지 점검해 보도록 하고, 휴대전화에 의존한 여가 생활의 영위는 성경이 말하는 참된 쉼이 아님을 인식시킵니다. 따라서 참된 쉼은 안식을 주시는 주님 안에서 가능한 것임을 깨닫게 하여 우리의 모든 생활 속에서 승리의 삶을 살아야 할 기독청소년이 휴대전화에 의해 여가를 빼앗김 없이 더욱 건강하고 바람직한 여가 생활의 바른 방법을 모색할 수 있도록 지도합니다.

Story of Life

어느 여중생의 고백

공부하는 시간 빼고 남는 시간에 뭐하냐고요? 핸드폰 하나면 끝이죠.

아침에 눈을 뜨면 맨 먼저 밤사이에 온 문자에 답장을 하고, 그날의 기분에 맞춰 배경화면부터 바꿉니다.

수업시간에도 스릴을 느끼며 친구랑 문자를 주고받죠. 거의 신의 경지라고나 할까?ㅋㅋ 그래서 그런지 수업에 집중을 못해서 성적도 점점 떨어지고ㅠㅠ 손목에 시계를 차고 있어도 시간 확인은 폰으로 하고… 폰에 다운받은 음악 들으며 등하교 하고, 학원도 가고, 숙제도 하고… 폰카놀이랑 게임하다보면 시간은 어떻게 가는지도 모르게 흘러가버리고… 손에서, 내 몸에서 한시라도 떨어뜨려놓지 못하죠. 이제 핸드폰은 내 몸의 일부? 아니, 어떨 땐 나 자신처럼 느껴져요. 문제는 성적이 또 떨어졌다는 거죠. 엄마는 또 휴대폰 탓을 하고… 요즘에는 내가 뭐만 잘못하면 꼭 휴대폰을 걸고넘어진다니까요. 한번은 내 휴대폰을 빼앗아 훔쳐보려고까지 했다니까요. 잠금기능 설정해 놓길 잘했지. 친구들과 학교에서 얼굴 보고 할 수 없는 얘기들을 밤늦게까지 하는데 그게 엄마 비위를 건드린 것 같아요.

나도 알죠. 휴대폰을 켜놓으면 공부에 집중하기 힘들다는 거. 자꾸만 날아드는 문자 때문에 어디까지 공부했는지 자꾸만 까먹거든요. 그나저나 학년말까지 평균 85점을 어떻게 만들지? 난 죽었다. 폰 뺏는 댔는데…

여가시간요? 핸드폰 하나면 끝!

여가시간이란 하루 중 잠자는 시간, 학교나 학원을 오가는 시간, 학교나 학원 혹은 집에서 공부나 숙제를 하는 시간, 밥 먹는 시간 등을 제외한 나머지 우리가 자유롭게 쓸 수 있는 시간을 말합니다. 2007년 7월 26일 서울YMCA 시민중계실이 전국 중 · 고등학생 780명을 면접 조사한 '청소년들의 휴대전화 사용 실태'를 보면, 열 명 가운데 여덟 명 이상(84.9%)이 휴대전화를 쓰고 있는 것으로 나타날 만큼 이제 휴대전화는 일상생활의 도구가 되었다고 할 수 있습니다. 통화뿐 아니라 문자 보내기, 음악 감상, TV보기, 사진 찍기, e-mail 보내기, 게임 등 일상적으로 사용하는 디지털기기의 모든 기능을 갖춘 휴대전화는 청소년들에게 너무나 매력적인 매체임이 분명합니다.

그러나 '휴대전화 중독'이라는 말이 나올 정도로 휴대전화의 무분별한 사용이 문제시되고 있는 것이 현실이기도 합니다. 여가 활동 시간을 '자신을 풍요롭게 하고 자아를 완성시킬 수 있는 시간으로서 자유로운 상태에서 활동이 가능한 모든 시간'이라고 정의할 때, 갈수록 부족해져만 가는 청소년의 여가시간을 채우는 활동이 TV, 인터넷과 같은 각종 미디어에 심하게 편중되어 있고, 그에 더하여 휴대전화에 과도히 집착하는 현상을 보이고 있어 청소년의 여가시간 활동은 다양성과 건강성을 잃어가고 있다고 볼 수 있습니다. 전문가들은 "청소년들이 학업이나 진학 때문에 여가나 취미생활, 또래 관계를 누릴 만한 시간 · 공간적 여유가 없어 더 휴대전화에 집착하게 된다"고 분석하기도 합니다.

평소 하루에 여가시간은 어느 정도인가요?

평일(학교 가는 월~금요일 기준)	휴일(일요일이나 공휴일)
(　　)시간 (　　)분 정도	(　　)시간 (　　)분 정도

여가시간에 휴대전화를 가지고 보내는 시간은 어느 정도인가요?

평일(학교 가는 월~금요일 기준)	휴일(일요일이나 공휴일)
(　　)시간 (　　)분 정도	(　　)시간 (　　)분 정도

각 항목을 읽고 점수를 체크해 보세요.

휴대전화 중독 자가진단표입니다. 채점기준은 전혀 아니다(1점), 약간 그렇다(2점), 적당히 그렇다(3점), 그렇다(4점), 아주 그렇다(5점)이고, 총점은 50점입니다.

점수별 진단은, "30점 이상: 당신은 휴대전화에 상당히 많이 의존하고 있다, 20점 이상: 당신은 휴대전화에 비교적 의존하고 있다, 20점 미만: 당신은 휴대전화를 통신수단으로 적절히 사용하고 있다"라고 볼 수 있습니다.

- □ 집에 휴대전화를 두고 오면 하루 종일 불안해요. 〔 점〕
- □ 휴대전화의 배터리가 한 눈금만 남으면 불안해져요. 〔 점〕
- □ 휴대전화 요금이 과도하게 나와서 사용량을 줄이려 노력한 적이 있어요. 〔 점〕
- □ 수업시간에도 휴대전화의 전원을 끄지 못해요. 〔 점〕
- □ 휴대전화를 남과 다른 나만의 모습으로 만들고 싶어요(벨소리, 튜닝 등). 〔 점〕
- □ 휴대전화 전원이 꺼지면 외워서 걸 수 있는 전화번호가 별로 없어요. 〔 점〕
- □ 심심하고 시간이 나면 아는 사람에게 별다른 용건 없이도 휴대전화를 걸어요. 〔 점〕
- □ 전화가 오지 않더라도 자주 휴대전화를 꺼내 확인해요. 〔 점〕
- □ 집 전화를 써도 되는 상황에서 휴대전화로 통화를 해요. 〔 점〕
- □ 수업시간이라도 문자메시지가 오면 바로 답장을 해요. 〔 점〕

Standard of Life

말씀탐구

1. 사람들에게 일하라는 명령을 주신 하나님은 또한 무엇을 명하셨나요?

"너희는 안식일을 지킬지니 이는 너희에게 거룩한 날이 됨이니라…엿새 동안은 일할 것이나 일곱째 날은 큰 안식일이니 여호와께 거룩한 것이라 안식일에 일하는 자는 누구든지 반드시 죽일지니라…이는 나와 이스라엘 자손 사이에 영원한 표징이며 나 여호와가 엿새 동안에 천지를 창조하고 일곱째 날에 일을 마치고 쉬었음이니라 하라"(출 31:14-17).

하나님은 일(노동)뿐 아니라 안식, 즉 쉼과 여가에 대해서도 분명하게 말씀하셨습니다.

여가에 대한 신학적인 기초는 하나님께서 창조 질서 가운데 심으신 안식의 원리에 있습니다. 일로부터 안식하는 것은 인간의 필요조건으로 성경에서 제시한 것입니다. 성경에 하나님께서 사람들에게 일하라고 명령하신 것을 볼 때, 우리는 일이 하나님께서 주신 소명이라 확신할 수 있습니다. 그러나 동시에 하나님께서는 우리가 안식하도록 부르셨습니다. 일과 마찬가지로 안식도 하나님께서 주신 소명인 것입니다. 하나님께서는 휴식과 쉼이 필요한 존재로 사람을 창조하셨기 때문입니다. 이처럼 여가의 신학적이고 성경적인 근거를 하나님의 안식의 원리에서 찾아볼 수 있는 것입니다. 하나님은 인간들에게 일(노동)을 명령하셨을 뿐만 아니라 안식에 대해서도 분명하게 말씀하셨습니다. 여가는 하나님의 창조의 선물이며 우리는 여가를 통하여 삶을 더욱 풍성하게 누릴 수 있으며 그 안에서 영적으로 성장하고 하나님이 지으신 본래의 상태로 회복되는 재창조의 경험을 할 수 있습니다.

참고

안식: 창조의 축제

여가는 창세기적 개념입니다. 하나님의 안식 안에서 주어진 안식의 선물을 누리는 것입니다. 여기에는 경배와 찬양과 감사가 있습니다. 그러므로 안식일이란 하나님 의존의 상징이며 하나님과 피조물 관계의 상징입니다. 안식일은 "창조의 축제일"입니다.

창세기는 하나님의 안식에 관하여 증거하고 있습니다. "천지와 만물이 다 이루어지니라. 하나님이 그가 하시던 일을 일곱째 날에 마치시니 그가 하시던 모든 일을 그치고 일곱째 날에 안식하시니라. 하나님이 그 일곱째 날을 복되게 하사 거룩하게 하셨으니 이는 하나님이 그 창조하시며 만드시던 모든 일을 마치시고 그 날에 안식하셨음이니라"(창 2:1-3).

첫째, 안식일은 하나님이 복을 주시고 거룩하게 하신 날입니다. 이 날은 휴일(holiday)이 아니라 하나님 앞에서 거룩한 날(holy day)입니다. 복 받는 날입니다. 안식일은 자연적인 일이 아니라 하나님에 의하여 제정된 복된 날입니다. 안식일의 존재는 이 날 스스로 있는 것이 아니라 창조주 하나님의 안식에 있는 것입니다. 안식일은 종교적인 날입니다. 하나님이 제정하신 날이기 때문입니다.

둘째, 안식일은 하나님이 쉬신 날입니다. 일곱째 날 하나님은 창조의 모든 일을 마치시고 쉬셨습니다. 그러므로 안식이란 피조물에게 유익한 날이며 삶을 향유할 수 있는 날입니다. 자연에게도 마찬가지로 안식년이 적용됩니다. 7년에 한번은 땅도 경작하기를 쉬어야 합니다. 쉰다는 것은 생산성이 떨어지는 것 같으나 하나님의 복 주심에 의존하는 것이며 땅은 쉬게 됨으로 비옥해지면서 생산성을 높입니다. 안식일에는 하나님이 준비하심에 의존하기 때문에 노동할 필요가 없습니다. 하나님의 주심으로 우리의 삶은 노동의 피곤함에서 벗어나고 우리의 생체리듬은 활력을 되찾고 새로운 창조를 위한 힘을 충전합니다.

셋째, 안식일은 인간을 위한 것이지 일을 위한 것이 아닙니다. 예수님은 안식일을 제도화 하는 것에 대하여 반대하면서 안식일의 인간화를 표명하셨습니다. "안식일이 사람을 위하여 있는 것이요 사람이 안식일을 위하여 있는 것이 아니니 이러므로 인자는 안식일에도 주인이니라"(막 2:27-28). 예수님은 안식일이 일하는 날 때문에 제정된 것이 아니라 인간의 쉼과 안식을 위하여 제정된 것으로 이해하십니다. 안식일의 의미는 눌린 인간의 해방이며 하나님의 은혜의 선포입니다.

넷째, 안식 계명은 다가오는 하나님의 나라를 소망으로 바라보고 그것은 선취(先取)하는 것입니다. 삶이란 인간의 노동에 의존하는 것이 아니라 궁극적으로 하나님의 말씀에 의존하는 것입니다. 노동은 이것을 위한 수단이며 하나님의 선하신 뜻을 실현하는 도구입니다. 안식일이란 창조와 종말이라는 시간의 틀 사이에 있는 하나님 의존의 삶을 묘사해줍니다. 몰트만에 의하면 "안식일이란 하나님 창조의 목표이며 창조의 완성입니다." 다가오는 하나님의 나라는 매주의 안식을 통해서 미리 앞당겨지고 미리 경험됩니다.

출처: '여가와 놀이의 신학: 기독교적 레저문화' – 김영한 교수(숭실대 기독교 대학원)

2. 주님께서는 우리에게 무엇을 주시는 분입니까?

"수고하고 무거운 짐 진 자들아 다 내게로 오라 내가 너희를 쉬게 하리라"(마 11:28).

주님은 피곤한 우리에게 쉼을 주시는 분입니다.

'수고하고(호이 코피온테스)' 는 스스로 많은 일들을 하여 계속해서 피곤에 지친 상태를 말하고, '무거운 짐 진 자(페포르티스메노이)' 는 타인에 의해 무거운 짐을 진 채 계속해서 지쳐있는 자들을 가리킵니다. 현대인은 한 마디로 '수고하고 무거운 짐 진 사람들' 이라 할 수 있습니다. 남자도 여자도 어른도 아이도 입버릇처럼 하는 말이 바로 '피곤하다' 는 것입니다. 현대인은 피곤한 삶을 살아가고 있습니다. 기독교심리학자인 네레모어(Clyde M. Narremoa)박사는 사람을 이루는 영과 혼과 몸(살전 5:23), 이 세 영역은 독립적으로 존재하지 않고 서로 중첩되어 있어서 서로에게 영향을 미치기 때문에 한 영역에 문제가 생기면 그것은 다른 영역에 곧바로 영향을 주게 되므로 한 영역에서 발생한 문제는 총체적인 문제가 된다고 하였습니다. 이는 극도의 육체적 피로는 영적인 허약을 유발한다는 사실을 증명해주고 있습니다.

성경의 가르침을 보면 이처럼 피곤한 인생들에게 휴식이란 것이 얼마나 중요하고 가치 있는 것인가를 가르쳐 줍니다. 시편 23편에 보면 하나님은 양떼를 잔잔한 물가와 푸른 초장으로 인도하여 쉬게 하시는 목자로 묘사하고 있습니다. "여호와는 나의 목자시니 내게 부족함이 없으리로다 그가 나를 푸른 풀밭에 누이시며 쉴 만한 물 가로 인도하시는도다(시 23:1-2)" 하나님은 열심히 일하게도 하시지만, 또한 푹 쉬게 하시는 자비로우신 분임을 보여 줍니다. 또한 예수님은 구원과 안식(rest)으로 우리를 초대하시는 분입니다. 그리고 예수님이 주시는 쉼은 마지막 날의 영원한 안식만이 아니라 일상생활에서의 모든 갈등을 해소(解消)한 후의 평화와 안식까지도 포함하는 것입니다. 우리는 주님 품안에서 참된 쉼을 얻게 됩니다.

3. 그리스도인에게 있어서 여가가 의미하는 것은 무엇일까요?

"…내가 온 것은 양으로 생명을 얻게 하고 더 풍성히 얻게 하려는 것이라"(요 10:10).

여가는 우리의 삶을 더욱 풍성하게 하기 위한 삶의 일부분이라 할 수 있습니다.

예수님은 사람들에게 "생명을 얻게 하고 더 풍성히 얻게 하려" 오셨다고 말씀하셨습니다. 그러므로 여가는 최선의 수준으로서 풍성한 생활을 위한 인간 삶의 일부분이라 할 수 있습니다. 여가는 한 사람의 육체적, 정신적, 정서적 힘과 완전함을 회복시킵니다. 여가의 목적은 한 사람을 재창조하는 데 있습니다. 즉 한 인간을 본래의 상태로 회복시키는 것입니다. 여가는 인간이 영적으로 성장하는 시간이며, 완전한 휴식과 회복 그리고 재발견을 위한 시간이기 때문에, 여가는 그리스도인이 주체성을 다시 채울 수 있는 여유를 제공해 줍니다.

4. 우리의 삶이 풍성하도록 하나님께서 허락하신 여가를 어떻게 사용해야 할까요?

"또한 제자들에게 이르시되 어떤 부자에게 청지기가 있는데 그가 주인의 소유를 낭비한다는 말이 그 주인에게 들린지라"(눅 16:1).

우리에게 주어진 여가를 낭비, 즉 헛되이 사용해서는 안 됩니다.

이 비유 자체에서는, 모든 사람들은 이 세상의 재물의 '청지기'로 표현되어 있고, 우리가 바로 청지기임을 얘기합니다. 우리가 가진 모든 것은 하나님의 것이며, 우리는 단지 우리 주님이 지시하는 방향으로 그의 영광을 위해 사용되어야 할 뿐입니다. 그런데 이 '청지기'는 주인의 소유를 낭비했습니다. 착복 횡령했고, 잘못 투자했으며 또는 부주의하게 관리하여 손실과 손해를 입혔습니다. 이 일 때문에 그는 주인에게 고발되었습니다. 그런데 우리도 똑같은 고소를 당하고 있음을 알아야 합니다. 우리는 청지기로서 하나님이 이 세상에서 맡겨 주신 모든 것들을 마땅히 선하게 사용하고 증진시켜야 하는데 그러지 못한 채 오히려 목적에 어긋나도록 관리하고 사용하므로 고소를 당하게 됩니다. 시간과 관련하여 볼 때에도 하나님이 허락하신 시간, 특별히 여가시간 역시도 많은 것을 남겨서 하나님께 영광을 돌리는 것으로 사용해야 함이 마땅함을 알 수 있습니다. 그러므로 우리도 이 말씀을 통하여 주님의 심판을 받지 않도록 자신을 돌이켜 볼 수 있어야 할 것입니다.

참 고

여가의 사사화(私事化)와 개별화

여가의 사사화(私事化)와 개별화는 현대 여가의 특징이라 할 수 있습니다. 과거 축제와 같이 여가가 타인과 함께 어울리면서 공동체적인 연대성을 형성했던 것에 비하여 현대 여가는 타인과의 정서적인 교류가 약해지고, 개별적이고 개인적인 여가 형태로 변화되고 있습니다. 대표적인 여가 형태가 바로 집에서 TV를 시청하거나 컴퓨터 게임을 즐기는 것, 휴대전화에 빠져 있는 것 등입니다. 사실, 여가의 사사화와 개별화가 그 자체로 사회문제가 되는 것은 아니지만, 정도가 지나치면 공동체의 연대감을 감소시키고 여가의 사회화 기능이 약화되는 문제점이 드러나기도 합니다. 그리고 극단적인 경우에는 무절제하고 비이성적인 행동으로 변질되어 사회문제가 되는 경우도 있습니다.

대중매체와 멀티미디어를 통한 여가 본질의 왜곡

한국 사회 여가문화의 특징은 한마디로 자신의 인격을 함양하고 개성을 살리는 고급 여가문화가 부족하고, 반대로 소비적이고 감각적인 즐거움에 치중하는 단순 오락적 여가문화가 많다는 점입니다. 이는 구한말 이후 격변기를 지나면서 전통문화는 붕괴되고 새로운 여가문화를 창출할 기회가 없었다는 점에서 원인을 찾을 수 있습니다. 특히 일제 강점기와 해방, 미군정과 군사정권 시기를 거치면서 전통문화는 무시당하고 산업화와 함께 제대로 검증을 거치지 않은 서구 문화가 지식층을 중심으로 유입되었는데, 특별히 이 시기 대중매체는 이러한 현상을 주도하고 정치적으로 이용되면서 대중이 건전한 여가문화를 즐기고 판단하는 기회를 단절시켰습니다. 그리고 지금은 인터넷과 멀티미디어의 급속한 보급으로 여가문화의 편재 현상을 더욱 부추기고 있습니다. 결국 오늘날 한국사회에서 일반 대중은 대중매체와 멀티미디어의 영향권에서 벗어나 주체적이고 창조적인 여가문화를 만들어나간다는 것이 매우 어렵게 되었습니다.

현대인들의 여가생활이 대중매체와 멀티미디어의 영향에서 벗어날 수 없는 상황이라는 것을 전제할 때, 이러한 환경으로부터 가장 많은 영향을 받는 계층은 당연히 어린이와 청소년들입니다. 그들은 삶 전체가 놀이라고 할 정도로 여가가 활동시간의 상당 부분을 차지하며, 교육적으로도 성장기에 있는 어린이와 청소년들에게는 대단히 큰 의미를 가집니다. 하지만 과거와는 달리 오늘날 이들이 누리는 여가환경은 심각한 문제점을 가지고 있습니다. 좁고 획일화된 주거공간과 놀이공간의 부족은 어린이와 청소년들이 TV와 라디오, 컴퓨터 게임, 인터넷, 휴대전화 등 정적이고 수동적인 여가환경에 머물도록 하고 있습니다. 특히 80-90년대 까지는 TV 시청이 어린이와 청소년들의 여가시간에 절반을 차지하였는데, 최근 IT산업의 발전과 인터넷 보급으로 온라인 게임이나 웹 서핑을 즐기는 시간이 늘어나고 있는 추세이며, 휴대전화를 비롯한 각종 멀티미디어에 대한 중독현상이나 범죄, 청소년 성문제 등 이미 심각한 사회문제로 대두되고 있는 실정입니다.

이렇게 현대사회가 신체적인 발육뿐 아니라 지적 · 정서적 성장과 사회성 발달이 왕성한 어린이와 청소년들의 특성을 고려하지 않고 대중매체에 한정된 여가생활을 즐기는 것을 방치하는 것은 심각한 사회문제로 드러날 뿐만 아니라 궁극적으로 그들에게서 올바른 여가생활을 즐길 수 있는 권리를 빼앗고 그릇된 여가 개념을 주입시키는 결과를 가져 오게 됩니다. 따라서 대중매체와 멀티미디어 서비스를 제공하는 기업과 이들을 보호할 의무가 있는 사회는 이러한 점을 우선적으로 고려하고 대책을 세워야 합니다.

출처: 김정우, "현대 여가 문화에 대한 윤리 신학적 고찰"

휴대전화에 휴식을…

대중매체와 멀티미디어의 영향 하에서 청소년들의 여가 형태는 대단히 왜곡되고 있는 것이 현실입니다. 역동적이고 적극적이며 균형 잡힌 여가생활은 감소되고 TV와 라디오, 컴퓨터 게임, 인터넷, 휴대전화 등 정적이고 수동적인 여가환경 속에 머물고 있는 것이 오늘날 청소년들의 모습입니다. 신체적인 발육뿐 아니라 지적 · 정서적 성장과 사회성 발달이 왕성한 어린이와 청소년들이 대중매체에 한정된 여가생활을 즐기게 되는 것은 올바른 여가생활의 모습이라고 할 수 없습니다. 청소년의 TV 및 컴퓨터를 비롯한 휴대전화와 같은 e-미디어의 지나친 사용은 과도한 시간낭비, 게임중독, 신체활동 부족 등으로 창의력 저하와 체력 감소 및 청소년 비만을 유발하는 한편, 지나친 음란 · 폭력물에의 노출로 인한 청소년 범죄 및 폭력 문제 등의 사회적 문제를 빚을 수 있기 때문입니다. 이제 그릇된 여가 개념에서 벗어나 중독과 집착으로까지 발전하고 있는 휴대전화를 잠시 쉬게 하고 보다 풍성하고 균형 잡힌 여가생활에 대해 모색해 보는 시간을 갖도록 합니다.

하루 동안 휴대전화를 어떻게 사용하고 있는지 점검해 볼까요?

□ 기상 ~ 등교 전까지	알람, 문자 메시지 확인 등
□ 등교 길에서	수시로 친구와 문자 등
□ 학교, 쉬는 시간	친구와 문자, 사진 찍기 등
□ 학교, 점심시간	친구와 문자, 사진 찍기, 게임 등
□ 하교, 학원가는 길	친구와 수시로 문자 등
□ 잠들기 전까지	친구와 문자, 사진, 동영상, 모바일 게임 다운로드 등

현재 휴대전화 사용 습관에서 문제가 되는 부분이 있다면 어떤 것이 있나요?

□ 성적이 내려감　□ 과다한 비용　□ 수면 부족, 피로

□ 부모님과 대화 감소　□ 틀린 맞춤법 사용　□ ____________

휴대전화를 쉬게 하고 내가 하면 좋을 여가활동은 무엇이 있나요?

- □ 휴대전화를 쥐지 않은 손으로 (어머니 손/배드민턴 라켓/농구공 등)을 잡고 싶어요.
- □ 휴대전화를 쉬게 하고 (   )을 하고 싶어요.

보기) 독서, 체육 · 운동, 수련, 체험, 자원봉사, 공연 등의 문화 활동, 박물관 등 관람, 가족 간 · 세대 간 이해 및 유대강화 활동(대화, 여행, 놀이, 장보기, 요리하기 등)

Decision of Life

우리는 쉼이 필요한 존재로 창조되었습니다. 성경은 하나님께서 일(노동)뿐 아니라 안식, 즉 쉼과 여가도 명하셨다고 말씀하십니다. 우리를 구원하신 주님은 피곤한 우리에게 쉼을 주시는 분이기도 합니다. 우리의 삶을 더욱 풍성하게 만드는 것이 여가라고 할 때, 우리에게 주어진 여가를 낭비 없이 주님 품 안에서 더욱 온전히 누리는 우리가 되어야 할 것입니다.

휴대전화는 우리 생활을 편리하게 하는 도구를 넘어 한시라도 떨어지지 않고 모든 시간을 함께하는 내 몸의 일부와도 같이 되었습니다. 그런데 휴대전화가 우리의 생활을 보다 윤택하게 하기보다 우리 생활의 지배자로 군림하여 줄어들기만 하는 우리의 여가를 더욱 감소시키고 있지는 않나요? 휴대전화에게 빼앗긴 여가생활을 되찾는 우리가 되어야 하지 않을까요?

신주단지 휴대전화 '냉정과 열정사이'

휴대전화를 놓고 부모와 자녀 사이에 다툼이 일어나지 않은 가정이 있을까? 부모들은 휴대전화에 매달리는 자녀를 보면서 성적을 떨어뜨리는 '주범'이 아닐까 걱정한다. 걱정은 의심을 낳고 의심은 간섭으로 옮겨지고 마침내 다툼으로 이어진다. 그렇다면 아이들에게 휴대전화는 무엇일까? 부모들이 알아야 학습의 최대 딜레마인 휴대전화 문제를 풀 수 있다. 경기도 안양시 연현중학교 1,2학년 학생 146명한테 물어봤다.

1318 부모세대 대타협 접점은?

휴대전화는 '라이프 스타일'이다. "휴대전화가 없으면 나만의 비밀이 없어진다." 1학년 박혜빈양의 말이다. "쑥스러운 말을 문자로 하고", "평소에 못하는 말을 그 친구에게만 할 수 있기에" 아이들은 문자나 휴대전화 통화가 좋다. 부모한테 숨기고 싶은 일들이 많아지는 시기, 청소년들은 친구와의 은밀한 의사소통을 통해 부모한테서 정서적으로 독립한다.

휴대전화는 자기관리 도구다. 시험일정을 달력에 입력해 '디데이 카운트'를 하고 영화 보러 가기로 한 날이나 친구들의 생일도 '일정관리'에 입력한다. 용돈의 씀씀이를 정리할 때는 계산기로 활용한다. 손목시계보다 휴대전화의 전자시계를 선호한다. 아침을 깨우는 것도 휴대전화의 모닝콜 기능이다.

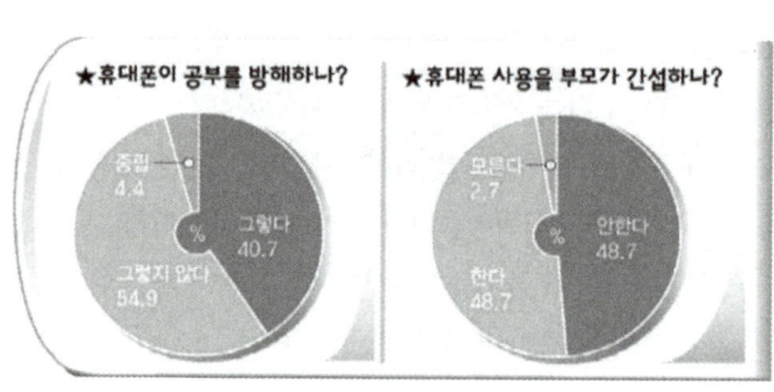

휴대전화는 '놀이 상대'다. 통계청이 지난 4월 발표한 자료를 보면, 지난해 우리나라 15세~19세 청소년은 하루에 60건의 문자메시지를 보냈다. 수면시간 8시간을 빼면 시간당 평균 3.75개, 16분에 1개를 썼다. 휴대전화가 없으면 '심심하다.' 공부 중간에 친구들의 안부도 묻고 음악도 들으면 '기분전환에도 좋다.'

휴대전화가 '공부 방해꾼'이라는 부모들의 걱정에 아이들은 어떻게 받아들일까? 부정하지 않았다. "휴대전화를 하면서 공부할 시간이 없어진다." 1학년 유우현군의 고백이다. "나도 모르게 계속 만지게 된다"는 학생들도 적지 않다. 공부를 하는 중에도 친구에게서 문자가 오면 답장을 해야 하기 때문에 "집중력이 약해지는 게 사실"이라고 털어놨다.

휴대전화와 공부는 상관이 없다고 주장하는 아이들조차 공부할 때 휴대전화를 꺼두는 경우가 많았다. "공부하다 머리 식힐 때 컴퓨터 게임보다 문자를 보내는 게 낫다"는 1학년 김현주양의 말도 공부에 집중한 뒤의 얘기다. 휴대전화가 공부를 방해한다는 견해에 반대하는 학생들의 대부분은 쉬는 시간에만 휴대전화를 켜서 쓸 만큼 자기 절제를 할 줄 아는 것으로 볼 수 있다. 찬반 어느 쪽도 아니라고 답한 2학년 김경은양은 "사람에 따라 다르다"면서 "자기절제능력이 중요하다"고 했다. 휴대전화의 악영향을 아이 스스로 알고 있다는 사실은 그것을 최소화할 수 있는 부모나 교사의 지도가 통할 수 있음을 보여주는 대목이다.

이런 현실이라면 휴대전화를 둘러싼 다툼은 부모의 관심이 지나치거나 혹은 모자란다는 데 있는 것은 아닐까? 조사 대상 학생의 절반 정도는 부모가 자녀의 휴대전화 사용에 대해 특별히 언급하지 않는다고 응답했다. 휴대전화 탓에 실제로 공부에 불편을 느끼는 학생들이 적지 않은 현실을 고려하면 부모들의 이런 태도는 무관심이나 다름없다.

관심을 보이는 부모들의 경우에도 그 방식에 문제가 있었다. 2학년 이혜민양은 "엄마가 가끔 문자 내용을 보시려고 할 때가 있다"고 했다. 부모가 문자메시지를 확인하거나 검사한다고 말한 아이들이 많았다. 한 달에 한번 정기검사를 고집하는 부모도 있다고 했다. "검사해서 문자에 욕설이 있으면 혼나는" 경우처럼 아이들의 언어생활이나 일상예절 등을 지도하기 위해 부모들이 선택한 방법이겠지만, 어린 자녀의 '프라이버시'를 존중하는 아량이 필요함을 보여주는 대목이다. 자녀의 '보이지 않는 삶'이 궁금하다면 문자를 훔쳐보는 대신 스스로 얘기할 수 있게끔 대화로 유도할 일이다.

아이들에게 휴대전화는 '양날의 칼'이다. 자아독립에 긍정적인 구실을 하는 반면, 학습에 방해가 되기도 한다. 부모에게도 '야누스의 얼굴'이긴 마찬가지다. 자녀의 안전을 편하게 확인할 수 있지만, 방심하는 사이 휴대전화 중독이라는 복병에 당할지도 모른다. 그래서 휴대전화에 관한 한 부모와 자녀 사이에 '대타협'이 필요하다. 거창한 게 아니다. 휴대전화 구입시기부터 사용방법까지 대화와 토론을 통해 서로 동의하는 원칙을 만들면 된다. 그 과정에서 아이도 부모도 휴대전화를 제대로 쓸 수 있는 지혜를 얻게 될 것이다.

부모- 자녀간 휴대전화 협약서 쓰기

▶ 협약서, 왜 필요한가?

자녀가 동의한 문서, 약속 지키게 만들어

협약서는 휴대전화가 어떤 '물건'인지에 대한 올바른 이해를 도모할 수 있다. 생활복합기 휴대전화, 쓰임새가 많다보니 100% 좋을 수도 없고 나쁠 수도 없다. 하지만 대개 부모는 자녀한테 도움이 되는 순기능을 무시하고 자녀는 공부를 방해하는 역기능을 무시한다. 자녀의 성적이 떨어지거나 심할 경우 휴대전화 중독이라는 부작용이 생기는 이유도 여기에 있다. 부모도 자녀도 휴대전화의 실체를 알지 못하고 활용방법도 모르기 때문이다.

언제 살 건지, 어떻게 쓸 건지 등 협약서 내용을 합의하는 과정에서 휴대전화가 어떤 구실을 할 수 있는지 꼼꼼히 따져봐야 한다. 또한 협약서라는 형태를 취한다면 약속 이행에 구속력을 부여할 수도 있다. 구두로 이루어지는 부모와 자녀간의 약속은 깨지기 쉽다. '잔소리'와 구분하기 위해서라도 약속을 문서화하는 일은 필요하다. 물론 이 모든 과정은 철저하게 부모와 자녀의 친밀한 대화를 바탕으로 진행돼야 한다. "인터넷 중독 예방상담센터" 고영삼 팀장은 "부모의 일방적인 지시가 아닌 자녀의 동의를 구하려는 노력과 정성이 협약서의 핵심"이라고 했다.

▶ 자녀의 휴대전화 구입, 언제가 좋을까?

구입은 중학교 이후… 교체시기도 정해야

아직 자녀에게 휴대전화가 없다면 구입시기부터 합의해야 한다. 언제가 좋을까?

초등학교 때 휴대전화를 갖는 것은 득보다 실이 많다는 게 전문가들의 견해다. "휴대폰에 빠진 내 아이 구하기"의 저자 고재학씨는 "미국이나 유럽의 선진국은 초등학생들이 학교에 휴대전화를 갖고 오는 것을 용납하지 않는다"며 "어린 시절에 휴대전화를 사용하면 잘못된 공부습관이 배일 우려가 있다"고 했다. 자기조절능력이 없는 상황에서 휴대전화를 갖게 되면 문자나 게임 등에 중독될 가능성이 높다는 지적도 있다.

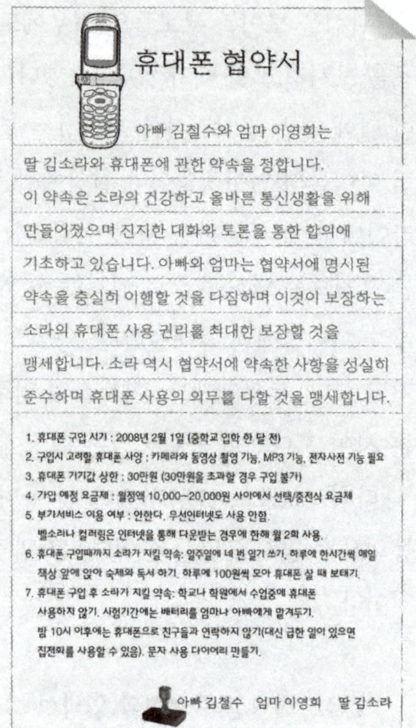

휴대폰 협약서

아빠 김철수와 엄마 이영희는
딸 김소라와 휴대폰에 관한 약속을 정합니다.
이 약속은 소라의 건강하고 올바른 통신생활을 위해
만들어졌으며 진지한 대화와 토론을 통한 합의에
기초하고 있습니다. 아빠와 엄마는 협약서에 명시된
약속을 충실히 이행할 것을 다짐하며 이것이 보장하는
소라의 휴대폰 사용 권리를 최대한 보장할 것을
맹세합니다. 소라 역시 협약서에 약속한 사항을 성실히
준수하며 휴대폰 사용의 의무를 다할 것을 맹세합니다.

1. 휴대폰 구입 시기 : 2008년 2월 1일 (중학교 입학 한 달 전)
2. 구입시 고려할 휴대폰 사양 : 카메라와 동영상 촬영 기능, MP3 기능, 전자사전 기능 필요
3. 휴대폰 기기값 상한 : 30만원 (30만원을 초과할 경우 구입 불가)
4. 가입 예정 요금제 : 월정액 10,000~20,000원 사이에서 선택/충전식 요금제
5. 부가서비스 이용 여부 : 안한다. 무선인터넷도 사용 안함. 벨소리나 컬러링은 인터넷을 통해 다운받는 경우에 한해 월 2회 사용.
6. 휴대폰 구입때까지 소라가 지킬 약속: 일주일에 네 번 일기 쓰기, 하루에 한시간씩 매일 책상 앞에 앉아 숙제와 독서 하기, 하루에 100원씩 모아 휴대폰 살 때 보태기.
7. 휴대폰 구입 후 소라가 지킬 약속: 학교나 학원에서 수업중에 휴대폰 사용하지 않기. 시험기간에는 배터리를 엄마나 아빠에게 맡겨두기. 밤 10시 이후에는 휴대폰으로 친구들과 연락하지 않기(대신 급한 일이 있으면 집전화를 사용할 수 있음). 문자 사용 다이어리 만들기.

아빠 김철수 엄마 이영희 딸 김소라

휴대전화는 중학교 이후에 마련하는 게 좋다. 연현중학교 학생들은 42%가 초등학교 고학년 때, 58%가 중학교 입학 후에 휴대전화를 갖게 된 것으로 나타났다. 저학년에 마련한 학생은 하나도 없었다. 부모가 맞벌이를 하는 등 부득이한 사정이 있어 어린 나이에 휴대전화를 가지게 된다면 사용법에 대한 부모의 세심한 지도가 필요하다.

이미 휴대전화를 갖고 있을 때는 교체시기에 대해 합의할 수도 있다. 2004년 소비자보호원이 발표한 자료를 보면, 중학생의 휴대전화 평균 사용기간은 13.49개월로 매우 짧다. 거의 1년을 주기로 부모와 자녀간에 휴대전화 실랑이가 반복되고 있다는 말이다. 지금이라도 합리적인 교체주기를 정해 못 박는다면 소모적인 기싸움을 방지할 수 있다. 부모의 휴대전화 교체 주기도 자녀와 동일하게 설정해 솔선하는 모습을 보여주는 것도 좋다.

▶ 휴대전화를 통한 동기부여

성적과 휴대전화 구매 연결시키지 말아야…

"이번에 평균 90점 넘으면 휴대전화 사줄게!" 부모들이 휴대전화를 걸고 흔히 하는 약속이다. 하지만 좋은 성적에 대한 보상으로 무언가를 해주는 게 교육적으로 좋지는 않다. 연세마인드케어 김영민 소장은 "만약 목표를 성취하지 못해서 원하는 것을 얻을 수 없게 되면 좌절과 실패의 경험만 가질 수 있다"며 "이것은 장차 공부에 대한 자신감을 저하시키고 성취동기가 약화되는 결과를 초래할 수 있다"고 했다.

휴대전화를 갖기 위해서 갖춰야 하는 능력은 절제와 자제력이다. 통화나 문자를 꼭 필요한 순간에 제한적으로 사용하고 요금제의 상한을 지키는 등 스스로의 통신생활을 조절할 줄 알아야 한다. 높은 평균점수를 요구하는 것보다 휴대전화를 사거나 교체하기로 정한 시점까지 몇 가지 행동 목표를 정해놓고 지키도록 유도하는 게 좋다. 자녀가 자금조달계획을 만들어 휴대전화 구입에 돈을 보태는 것도 책임감을 부여하는 한 방법이다. 용돈 관리하는 법을 배워 경제관념을 키워주는 일석이조의 효과도 누릴 수 있을 것이다.

▶ 내 아이에 맞는 기종과 요금제는?

기종 · 요금제 따져본 뒤 함께 결정을…

무조건 최신 휴대전화를 고집하는 자녀를 설득해 필요한 기능만을 내장하고 있는 휴대전화 기종을 선택하는 일도 협약서 작성할 때 빠뜨리면 안 된다. 꼭 필요한 기능을 자녀에게 선택하게 하고 함께 검토한 뒤, 그에 맞는 휴대전화를 검색해 보자. 가격대도 고려해야 한다. 자녀가 현재 휴대전화를 쓰고 있더라도 요금제도는 함께 짚어 볼 필요가 있다.

요금제도는 통신생활의 패턴을 결정하는 중요한 문제이므로 자녀의 동참은 필수조건이다. 사용 가능한 음성통화량은 적은 대신 문자메시지량이 적다거나 문자메시지만 무제한으로 이용하고 통화는 할 수 없는 요금제도 있다. 다양하고 복잡한 규정 탓에 자녀와 함께 각 이동통신사의 청소년 요금제를 꼼꼼히 비교해 봐야 한다. 휴대전화를 새로 구입하는 경우라면 지난 3월부터 통신3사가 도입한 '그린계약서' 제도도 유용할 것이다. 그린계약서는 청소년 전용 가입계약서로, 요금이 많이 나올 수 있는 서비스를 안내받아 해지시킬 수 있다. 요금제도를 선택할 때 주의사항 등에 관해서도 대리점 직원에게 상세한 설명을 요구할 수 있다. '무제한' 요금제는 요주의 대상이다. 비용을 아낄 수는 있지만 휴대전화 중독을 부채질 할 가능성이 있다. 문자메시지를 많이 써서 요금이 많이 나오면 자녀의 통신생활을 점검하는 계기로 삼으면 된다. 참고로 연현중학교 학생들의 요금사용 현황을 보면, 1만원-2만원(16%), 2만원-3만원(31%), 3만원-4만원(21%), 4만원 이상도 19%였다. 자신이 사용하고 있는 요금제를 모르는 학생도 13%나 됐다.

▶ 휴대전화 사용의 매뉴얼

다이어리에 사용량 기록하면 중독 막아

휴대전화를 어떻게 쓸 것이냐의 문제는 부모와 자녀간의 가장 많은 대화를 필요로 한다. 원칙을 정하기에 앞서 휴대전화 중독에 관한 신문기사를 함께 읽은 뒤 어떻게 쓰는 것이 좋겠다는 의견을 자녀와 나눈다면 자녀 스스로 휴대전화 사용의 한계를 정할 수 있을 것이다.

우선 공부와 휴대전화의 관계를 명확히 정리하자. 공부할 때는 휴대전화를 꺼 놓고 시험기간에는 배터리를 부모에게 맡기는 등 방해요소로서 휴대전화의 역기능을 최소화하는 조치가 필요하다. 학교나 학원 선생님에게 부탁해 수업 중에 자녀의 배터리를 보관하도록 부탁하는 것도 방법이다. 물론 자녀의 동의를 구한 다음의 일이다.

또한 친구들과의 연락도 대강의 원칙을 정하는 것이 좋다. 집에서의 휴대전화 통화는 금지하는 대신 좀 늦은 시간까지 유선전화를 쓸 수 있도록 허락한다. '휴대폰 사용 다이어리' 를 만들어 하루 사용한 문자량을 기록하는 방법도 있다. 간단한 문자내용까지 요약해 적으면 스스로 불필요한 문자 송수신을 조절할 수 있을 것이다. 부가서비스 관련한 내용은 개별적으로 다뤄야 한다. 벨소리나 컬러링, MP3 파일 등의 모바일콘텐츠 다운로드 횟수나 게임, 무선인터넷 사용에 관해서도 원칙을 정해야 한다.

출처: 한겨레뉴스 (2007-06-03)

"손에 없으면 불안" 37%, "수업 중 몰래 문자" 44%

정보통신부와 한국정보문화진흥원은 정부 차원에선 처음으로 청소년(14~19세)의 휴대전화 이용 실태를 조사했다. 이 조사는 7월 18~20일 서울 등 수도권 지역의 청소년 1100명을 대상으로 실시했다. 이에 따르면 10명 중 4명꼴로 수업 중에도 몰래 친구와 문자메시지를 주고받으며, 한 달에 문자를 1000건 이상 보내는 것으로 나타났다. 3명 중 1명은 '휴대전화가 없으면 불안하다' 고 답했다.

연구책임자인 극동대 최병목 교수는 "많은 청소년이 문자나 전화가 오지 않아도 휴대전화를 수시로 꺼내 확인하며, 걸어가면서도 휴대전화의 액정화면을 볼 정도"라고 설명했다. 그래서 청소년들이 가장 많이 이용하는 휴대전화 서비스도 문자전송(34.7%)이다. 문자전송의 주된 용도는 그저 '심심하기 때문(42.3%)' 과

'친구가 무엇을 하는지 확인하려(22.6%)' 등이다. 최 교수는 "응답자 중 하루 최고 400회 문자메시지를 발송한 사례가 있고, 1일 평균 문자발송도 45회에 달했다"고 소개했다.

청소년 전문 신경정신과인 '마음누리클리닉' 정찬호 원장은 모바일 중독은 인터넷 · 게임 중독과 달리 청소년들이 하루 종일 휴대전화를 손에 쥐고 살기 때문에 시간과 장소의 제약이 없어 더욱 심각하다고 말했다.

전문가들은 휴대전화 중독이 심하면 우울 · 불안 · 수면장애 · 적응장애 등을 일으킬 수 있다고 지적한다. 가톨릭대 성바오로병원 윤수정 교수는 이를 치유하려면 학부모들이 나서야 한다며 자녀들에게 '휴대전화 중독 자가측정표'를 통한 자가진단을 시켜볼 것을 권유했다.

〈청소년의 휴대전화 중독 이만큼 심하다〉

1. 휴대전화가 손에 없으면 심리적으로 큰 불안감을 느낀다(36.85%).
2. 1개월간 문자를 1,000건 이상 보낸다(38.18%).
3. 때와 장소를 가리지 않고 문자를 보낸다(40.24%).
4. 수업 중에도 선생님 몰래 친구들과 문자로 대화를 나눈다(43.75%).
5. 문자 ? 전화가 오지 않아도 휴대전화를 계속 꺼내 확인한다(39.52%).

출처 : 정통부, 청소년 '휴대전화 중독' 첫 실태 조사 (2005-11-29)

참 고 도 서

1. 고재학, 「휴대폰에 빠진 내 아이 구하기」, 서울 : 예담프랜드, 2006.

제7과 난 비싼 메이커가 좋아! (유행)

학습목표 : 청소년으로 하여금 세상의 유행을 좇는 소비생활 태도에서 벗어나 변하지 않는 하나님의 진리를 따르는 삶을 살게 한다.

중심진리 : 하나님의 자녀는 해 아래 새 것이 없는 이 세상의 유행과 풍속을 좇지 않고 변치 않는 하나님의 진리를 따른다.

본문말씀 : 전도서 1:9-10

본과를 소개합니다

이번 과에서는 청소년의 생활 속 자기관리 영역 중 소비생활과 관련하여 청소년 소비의 큰 특징이 되고 있는 유행추구 현상에 관하여 다루고 있습니다. 본과를 통해 청소년들이 자신의 소비생활에서 얼마나 유행을 추구하고 있는지 점검해 보도록 하고, 유행을 좇아갈 때 참된 만족이 없음을 깨달아 무작정 유행을 환영하고 따라가기보다 분별력을 가지고 세상의 유행을 바른 방향으로 선도하는, 소비생활에 있어서도 승리하는 기독청소년이 될 수 있도록 지도합니다.

Story of Life

요즘은 남학생이나 여학생 가릴 거 없이 거의 모두 뱅 헤어를 하고,
후드티나 바람막이 잠바에 스키니 진 입고,
단색 컨버스 스니커즈 신고,
폴로 모자 쓰고,
키플링 백팩이나 K-SWISS 크로스 백 메고,
화상폰으로 통화하고,
MP3로 유행음악 들으며 거리를 활보합니다.
신발은 나이키나 아디다스, 바지는 리바이스 정도…
아, 교복 줄이고 치마 짧게 고쳐 입는 것도 우리만의 유행이랄까…
또 하나 추가한다면 많은 아이들이 화장을 한다는 거죠.
유행하는 스타일을 어떻게 아냐고요?
친구들이나 인터넷을 통해서…, 참 연예인들 따라하는 아이들도 많고요.
모자, 신발, 옷, 가방, 시계… 뭐가 됐든 외제 좋아하고 메이커 따져요.
그래야 뽀대가 나니까… ㅋㅋㅋ

유행, 따라가기 바빠요!

청소년들은 어느 세대보다도 적극적이고 능동적인 소비자들이며 유행에 민감하고 강한 수용력을 지닌 소비집단이라 할 수 있습니다. 새로운 것을 받아들이는 데에도 매우 능동적이고 거부감이 없습니다. 또 청소년기는 다른 어떤 시기보다도 옷과 외모에 관심을 많이 기울이며, 유행에 민감하고 유행에 대한 수용도도 높은 시기입니다.

다음의 내용들을 통해 청소년들의 소비생활에 영향을 미치는 요소와 물건 선택의 기준에 대해 생각해보게 하고, 얼마나 유행을 중요하게 여기고 민감하게 반응하는지 점검해보는 시간을 갖도록 합니다.

참고

유행의 정의와 속성

'Anspach'라는 사회학자는 "넓은 의미로는 관습과도 같은데 특정한 시기에 동일 집단 사람들에 의해 채택된 의복, 음식, 동작, 언어 등에 걸쳐 받아들여진 방식이 동일한 경우"를 유행이라고 정의했으며, 유행은 "현재의 있는 그대로를 보존하려는 관습과는 달리 변화를 존중하는 현상"이라고 말했습니다. 'Horn'은 유행이란 "어떤 시기에 인기 있게 받아들여져 널리 보급된 스타일을 말하며, 특정 시기에 널리 받아들여지고 채택되는 스타일 또는 생활양식으로 새로운 것을 추구하며 주기적인 특성을 지닌 하나의 사회적인 집합현상"이라고 했습니다. 이와 같이 유행은 특정한 시기에 널리 받아들여지고 채택되는 스타일 또는 생활양식으로, 새로운 것을 추구하며 주기적인 특성을 지닌 하나의 사회적인 집합현상이라고 할 수 있습니다.

새로운 물건(의류, 신발, 모자, 가방, 휴대전화 등)을 구입할 때 가장 크게 영향을 받는 대상은 누구인가요?

□ 내 생각　　□ 친구　　□ 연예인이나 스포츠 선수
□ 잡지, TV, 인터넷광고　　□ 부모님 · 가족　　□ 기타＿＿＿＿＿＿＿＿

TV 노출이 낮은 아이들보다 TV에 많이 노출된 아이들이 광고된 상품에 대한 욕구가 더 높게 나타났으며, TV 시청량이 많을수록 소비에 대한 사회적 동기 및 비이성적 동기가 높으며, 물질주의적 태도가 높게 나타난다고 밝혀졌습니다. 중 · 고등학생의 과시 소비성향에 관한 연구한 결과에 따르면, 중학생의 경우에는 친구의 영향이, 고등학생의 경우에는 대중매체의 영향이 가장 큰 것으로 나타났습니다. 한편 요즘 들어 TV 못지않게 청소년들에게 영향력이 큰 것은 인터넷입니다. 한 연구에 의하면 조사대상 청소년 335명 중 92%가 거의 매일 인터넷에 접속하고 97%가 인터넷 광고를 접해 본 경험이 있으며, 그 광고를 통해 47%가 충동구매를 느낀 경우가 있는 것으로 나타났습니다. 인터넷을 통하여 물품을 구입할 때 가장 많은 영향을 미치는 요소를 살펴보면, 광고(30.9%), 과거의 구매경험(21.9%), 준거집단(19.5%) 순으로 나타나 상품을 구매할 때 광고의 영향력이 가장 크게 나타났음을 알 수 있습니다. 즉 대중매체는 소비재에 대한 상징적 의미와 소비의 표현적 · 정서적 요소를 전달하므로 대중매체와 상호작용을 많이 하고 대중매체의 수용도가 높은 청소년은 현시적 소비(남의 시선을 의식해 더 많은 소비를 하는 현상, 과시적 소비)성향이 높을 수밖에 없습니다. 또 청소년기는 이전 시기보다 자유재량으로 쓸 수 있는 돈이 증가하고 자신이 구매 의사결정을 함에 따라 소비자 역할이 확대되는 시기인 반면, 소비생활에 대한 지식이나 경험이 부족하여 동료집단의 영향을 많이 받고, 유행에 민감하고, 광고에 현혹되기도 쉬워 소비자로서의 역할을 제대로 수행하지 못하는 시기라 할 수 있습니다. 때문에 과시소비, 충동구매와 같은 바람직하지 못한 소비행동들로 나타나는 경향이 있습니다.

새로운 물건(의류, 신발, 모자, 가방, 휴대전화 등)을 구입할 때 무엇을 가장 중요하게 고려하나요?

□ 품질 □ 가격 □ 디자인과 색상 □ 유행 □ 상표 □ 기타____________________

중앙일보 경제연구소와 여론조사팀이 청소년의 소비형태와 의식을 조사한 결과 우리 청소년들이 합리적인 소비 등에 대한 교육을 제대로 받지 못한 채 상당수가 비합리적인 소비생활에 젖어든 것으로 나타났습니다. 특히 청소년들은 물건을 살 때 가격(16%)이나 품질(15.4%)보다 디자인 및 색상(47.8%)을 더 따지며, 유행(13.8%)이나 브랜드(6.4%)를 보고 구입하는 경우도 다섯 명 중 한 명꼴로 나타났습니다.

각 항목에 1점(전혀 아니다)에서 5점(아주 그렇다)까지 점수를 준다면…

☞ 전혀 아니다(1점), 약간 그렇다(2점), 적당히 그렇다(3점), 그렇다(4점), 아주 그렇다(5점)

□ 옷이나 가방을 살 때 친구들이 알아줄 수 있는 제품을 선택하는 편이다. (점)
□ 가격이 좀 비싸더라도 이름 있는 제품이 좋다고 생각한다. (점)
□ 물건을 선택할 때 상표(브랜드)에 신경을 쓰는 편이다. (점)
□ 물건을 고를 때 유행하는 것인지 아닌지를 따지는 편이다. (점)

□ 새로 유행하는 물건을 친구들보다 먼저 사서 사용하는 걸 좋아한다. 〔 점〕
□ 지금 유행하는 물건을 가지고 있으면 왠지 우쭐해지고 기분이 좋아진다. 〔 점〕

Standard of Life

말씀탐구

1. 우리를 기르시는 하나님이 우리에게 바라시는 삶은 어떤 것일까요?

"우리를 양육하시되 경건하지 않은 것과 이 세상 정욕을 다 버리고 신중함과 의로움과 경건함으로 이 세상에 살고"(딛 2:12).

하나님께서는 우리가 세상의 정욕을 버리고 이 세상에서 근신함으로 의롭고 경건한 삶을 살기를 바라시며 우리를 양육하십니다.

하나님께서는 '우리를 양육하시는' 분입니다. 하나님께서는 당신의 택한 자녀들을 구원할 뿐만 아니라 영생의 소망을 이루는 날까지 바르게 살아가도록 그리스도인들의 삶 속에서 '훈련시키고' (train, RSV), '가르치십니다' (teach, NIV). 이 훈련과 가르침은 성도의 믿음이 계속 성장하여 예수 그리스도를 닮기까지 계속됩니다(엡 4:13, 15).

그리고 하나님께서는 그리스도인들을 두 가지 측면에서 양육하십니다. 첫째로, 하나님께서는 경건하지 않은 것과 이 세상의 정욕을 버리도록 양육하십니다. '경건치 않은 것' 은 불신앙적인 요소이며, '세상 정욕' 은 하나님에 대한 무지에서 비롯되는 '세상적인 욕망' 으로서 세상의 쾌락과 악독과 다툼, 소유욕 등을 의미합니다(요일 2:16). 둘째는, 신중함, 의로움, 경건함으로 이 세상에서 살도록 양육하십니다. '신중함' 이란 자기 자신과의 관계에서 내면의 욕망을 제어하고 신중해야 함을 의미하고 '의로움' 이란 타인과의 관계에서 공정하게, 그리고 진리에 입각하여 행동해야 함을 나타냅니다. 그리고 '경건함' 이란 하나님과의 관계에서 하나님을 경외하고 순종하는 삶을 의미합니다. 또한 하나님께서는 '이 세상에 살고' 라는 말씀을 통해 그리스도인들의 삶 속에서 역사하여 양육하시는 현장이 천국이 아니라 현재 살아가고 있는 이 '세상' 임을 강조하고 있습니다. 그러므로 이 세상을 살아가는 우리 기독청소년들은 유행을 따라 살아가려 하는

'세상 정욕' 을 버리고 의롭고 경건하게 예수 그리스도를 닮아가는 삶을 살아야 하겠습니다. "오직 주 예수 그리스도로 옷 입고 정욕을 위하여 육신의 일을 도모하지 말라(롬 13:14)"

2. 우리가 좇지 말아야 할 것은 무엇입니까?

"너희는 너희가 거주하던 애굽 땅의 풍속을 따르지 말며 내가 너희를 인도할 가나안 땅의 풍속과 규례도 행하지 말고"(레 18:3).

우리는 이 세상의 풍속을 좇아서는 안 됩니다.

하나님께서는 출애굽한 이스라엘 백성들을 향하여 그들이 오랫동안 지켜왔던 애굽의 악한 풍속을 따르지 말고, 또 앞으로 들어가 살게 될 가나안 땅의 풍속을 행하지 말라고 명령하셨으며, 나아가 "너희는 내 법도를 따르며 내 규례를 지켜 그대로 행하라 나는 너희의 하나님 여호와이니라 너희는 내 규례와 법도를 지키라 사람이 이를 행하면 그로 말미암아 살리라 나는 여호와이니라"(레 18:4-5)하고 명령하셨습니다. 그리스도인들은 거듭나기 이전에 행하던 불신앙적인 세상 풍조를 따라서는 안 되는 것이며, 이미 거듭난 성도들을 향해 유혹해 오는 악한 사단의 온갖 간교한 술수 또는 타락한 옛 사람의 습성을 좇아 행해서도 안 되는 것입니다. 따라서 우리 기독청소년들은 하나님의 뜻에 위배되는 이 세상의 온갖 풍속과 유행을 무비판적으로 무감각하게 좇아가서는 안 되며 성령의 인도하심을 따라 적극적으로 하나님의 법도를 좇는 생활을 해야 합니다.

3. 이 세상의 모든 것에는 어떤 특징이 있을까요?

"이미 있던 것이 후에 다시 있겠고 이미 한 일을 후에 다시 할지라 해 아래에는 새 것이 없나니 무엇을 가리켜 이르기를 보라 이것이 새 것이라 할 것이 있으랴 우리가 있기 오래 전 세대들에도 이미 있었느니라"(전 1:9-10).

이 세상에 있는 모든 것은 새 것이 없고 오직 이전 것을 거듭하는 것뿐입니다.

이 말씀은 새로운 것들, 즉 유행을 애호하고 그 유행을 스스로 발견해 낸 것으로 착각하며, 또 그것들을 즐거워하고 자랑으로 삼는 인간들의 어리석음을 나타내고 있는 것입니다. 우리는 묵은 것들이라면 싫증을 느끼고, 이스라엘이 만나를 싫어했던 것처럼 우리 또한 오랫동안 익숙하게 접해 왔던 것에 대해 권태를 느끼는 버릇이 있습니다.

참 고

"그들 중에 섞여 사는 다른 인종들이 탐욕을 품으매 이스라엘 자손도 다시 울며 이르되 누가 우리에게 고기를 주어 먹게 하랴 우리가 애굽에 있을 때에는 값없이 생선과 오이와 참외와 부추와 파와 마늘들을 먹은 것이 생각나거늘 이제는 우리의 기력이 다하여 이 만나 외에는 보이는 것이 아무 것도 없도다 하니 만나는 깟씨와 같고 모양은 진주와 같은 것이라"(민 11:4-7).

하나님께서 제공하신 가장 완전한 건강식인 '만나'(출 16:15)를 팽개치고 과거의 자극적인 음식물을 찾기에 급급한 이스라엘 백성의 저급한 불만입니다. 실로 세상의 자극적인 향락과 탐욕에 취한 자들에게는 하늘의 순수하고도 담백한 신령한 음식이 눈에 차지 않는 법입니다(요 6:66-68). "이스라엘 중에 섞여 살던 무리"가 시작을 했고 그들은 "탐욕을 품었다"고 했습니다(4절). 그리고 "이스라엘의 자녀들" 까지도 거기에 감염되었습니다. 그 거룩한 자손들은 자기들 스스로 이 가증한 백성들과 연합되었고, 이스라엘 자녀들은 자기들의 특성과 품위를 망각하고 그들과 한 패가 되었던 것입니다. 현대를 살아가는 하나님의 백성인 우리도 이 이스라엘 백성들처럼 하나님이 허락하신 영원한 생명과 가치, 진리를 팽개치고 옛 생활이 주었던 세상의 일시적이고 저급하며 자극적인 유행을 좇는 어리석음을 범합니다. 우리는 민수기의 말씀을 통해 하나님께서는 우리가 이 세상의 유행과 행복을 구하거나 만족을 기대하기 원치 않으심을 잊지 말아야 하겠습니다.

4. 그렇다면 우리가 좇아야 할 것은 무엇일까요?

"내가 이르노니 너희는 성령을 따라 행하라 그리하면 육체의 욕심을 이루지 아니하리라"(갈 5:16).

"그 후로는 다시 사람의 정욕을 따르지 않고 오직 하나님의 뜻을 따라 육체의 남은 때를 살게 하려 함이라"(벧전 4:2).

우리는 하나님의 뜻, 곧 성령을 좇아 행해야 합니다.

육체의 욕심을 이루지 않는 비결은 성령을 좇아 행하는 것입니다. 성령의 임재하심과 능력 안에서 행하는 것만이 육체의 욕심을 따라 행하는 것을 물리칠 수 있게 하는 유일한 방법입니다. '사람의 정욕' 과 '하나님의 뜻' 은 강한 대조를 이룹니다. '사람의 정욕' 은 타락한 본성에서 비롯된 모든 죄악 된 욕망을 의미합니다(요일 2:16). 한편 '하나님의 뜻' 은 죄를 그치고(벧전 4:1) 부끄러운 죄악들을 행하지 않는 것입니다(벧전 4:2-3). 하나님의 자녀들은 육체의 욕심대로 따라가는 자가 아닙니다. 그리스도인들은 이 세상에서 살아가는 동안 인간의 타락된 본성에서 비롯된 죄악을 버리고 하나님의 뜻을 행해야만 합니다. 예수님께서 우리를 위하여 죽으신 목적은, 우리로 하여금 이 세상 욕심을 버리고 남은 생을 하나님의 뜻대로 살도록 하시려는 것이기 때문입니다.

유행, 날 따라와 ~

전도서 1장 9-10절의 말씀처럼 해 아래는 새 것이 없습니다. 따라서 사람은 만족을 누리지 못합니다. 오직 새로운 생명의 역사는 하나님께만 있습니다. 다음의 내용을 통해 날마다 새롭게 변하는 세상에서 살아가는 우리 하나님의 자녀들이 우리도 모르게 이 세상의 일시적이고 자극적인 유행에 익숙해져 있는 부분은 어떤 것인지 점검해보고, 유행을 따름으로써 우리가 경험하게 되는 문제점과 이를 극복하고 오히려 이 세상의 유행을 선도하여 우리 그리스도인들을 좇아오도록 할 수 있는 방안은 어떤 것인지에 대해 생각해보도록 합니다.

나도 모르게 유행에 익숙해 있거나 부모님을 졸라서 구입한 고액의 물건이 있다면 무엇인가요?

□ 신발　□ 휴대전화　□ 가방　□ 옷　□ 머리모양

□ 기타____________________

이 세상의 유행을 무작정 따라 할 때 생길 수 있는 문제점과, 그 문제점들을 극복하고 모범적인 삶을 살아가므로 이 세상이 도리어 하나님의 자녀들을 좇아오도록 할 수 있는 방안에는 무엇이 있을까요?

□ 하나님의 자녀로서의 정체성 상실 → [변치 않는 진리의 말씀을 좇아 절제하는 삶]

□ 과다한 지출 → [계획을 세워 용돈 범위 내에서 지출]

□ 잘못된 상품의 선택 → [충동구매 자제, 부모님의 의견 존중]

□ 과시를 위한 지출 → [상표(브랜드)보다 품질, 실용성, 필요성 고려]

□ ____________________ → [ ]

□ ____________________ → [ ]

Decision of Life

우리는 날마다 변하고 새로워지는 이 세상 속에서 살아가고 있습니다. 그래서인지 우리는 묵은 것들이라면 바로 싫증을 느끼고, 이스라엘 백성이 하나님이 공급하신 만나를 싫어하고 불평했던 것처럼 우리가 오랫동안 익숙하게 접해 왔던 것은 권태를 느끼는 버릇이 있습니다. 현대를 살아가는 하나님의 백성인 우리도 이 이스라엘 백성들처럼 하나님이 허락하신 영원한 생명과 가치, 진리를 팽개치고 옛 생활이 주었던 세상의 일시적이고 저급하며 자극적인 유행을 좇는 어리석음을 범하곤 합니다. 하지만 하나님께서는 우리가 그렇게 좋아하고 자랑스럽게까지 여기며 추구하는 유행을 비롯한 이 세상에 있는 모든 것은 새 것이 없고 오직 이전 것을 거듭하는 것뿐이라고 말씀하십니다. 언제나 새로워 보이는 유행이라는 것이 실상은 이미 지나간 것을 반복하고 있는 것에 불과하며, 그런 유행을 좇는 사람들에게 만족이란 있을 수 없다는 것입니다.

우리 자신도 모르게 이 세상의 일시적이고 자극적인 유행에 익숙해져 있는 부분은 어떤 것인지 점검해 봅시다. 그리고 오히려 이 세상의 유행을 선도하여 이 세상 사람들이 우리 그리스도인들을 좇아오도록 할 수 있도록 해야겠습니다. 진리는 유행을 타지 않습니다. 우리는 오직 변치 않는 하나님의 진리를 좇아 행해야 할 하나님의 자녀들이라는 사실을 잊지 맙시다. “너희는 이 세대를 본받지 말고 오직 마음을 새롭게 함으로 변화를 받아 하나님의 선하시고 기뻐하시고 온전하신 뜻이 무엇인지 분별하도록 하라”(롬 12:2).

참고자료

청소년 소비문화의 특징

청소년 소비문화로서 가장 특징적인 측면은 동조 소비라고 할 수 있다. 동조(Conformity)란 강요나 보상과 같은 수단이 부재한 상태에서 자발적으로 집단의 규범에 순응하거나 집단의 성원들과 비슷해지려는 경향성이라고 할 수 있다. 이러한 동조현상이 나타나는 소비활동을 동조 소비라고 하는데, 소비자 개인의 필요와 선호에 의해 소비하는 것이 아니라 다른 사람과 동일시되기 위해 또는 준거 집단에서 소외되지 않으려는 욕구에 영향을 받아 수동적으로 선택하는 소비행동이라고 할 수 있다. 동조 소비에 있어서 준거 집단은 다양한 영향력을 행사한다. 우선 유사한 형태의 소비 욕구가 형성되도록 유도한다. 심리적으로 특정 브랜드의 선택이 강요되기도 하고 특정 성능이나 기능을 갖고 있는 제품이 특별히 선호된다. 제품에 대한 평가 역시 유사한 방향으로 나타나는 경우가 많다.

청소년기는 자아 개념이 명확하지 않고 학교 공간 내의 또래집단 속에서 서로 영향을 주고받으면서 생활하기 때문에 동조 소비의 경향이 강하게 나타난다. 최근 청소년 사회에서 많이 문제가 되고 있는 왕따 문화가 소비의 동조화를 한층 부추긴다고 할 수 있다. 이러한 상황에서 청소년들은 자신에게 꼭 필요하고 어울리는 제품보다 또래집단에서 많이 구매하는 제품을 선호하게 되고 특정 브랜드의 선택이 집단의 규범으로 인식되기까지 한다.

중고생 사이의 휴대전화 소비 행태는 동조 소비의 대표적인 예이다. 휴대전화의 필요성에서부터 집단의 영향을 받는다. 즉 개별적으로 휴대전화가 필요해서 구매하기보다 다수의 동년배들이 갖고 있다는 사실이 구매 압력으로 작용하는 것이다. 기종이나 성능도 대부분의 아이들이 유사한데 요즘에는 64화음의 카메라폰이 보편적 기종으로 자리 잡고 있다. 본인이 휴대전화의 카메라 기능을 자주 사용하느냐 아니냐는 중요하지 않다. 휴대전화 교체 동기도 대부분 너무 오래 되어 못 쓰거나 망가져서 교체하는 경우보다 신기종이 나오면 또래의 압력으로 교체하게 된다.

▶ 확산되는 연예인 모방 소비

소비의 동조화 경향이 강한 상태에서 최근에는 TV · 잡지 · 인터넷 등 대중 매체의 영향으로 청소년 사이에 연예인 모방 소비가 급속히 확산되고 있다. 과거에는 일탈적 경향이 있는 몇몇 청소년들에게나 문제가 되었던 연예인 따라하기가 동조 소비와 왕따 문화가 결합되면서 청소년 집단의 보편적인 소비문화를 형성하고 있는 것이다.

이와 같이 TV는 청소년들의 스타일과 소비 시장에 강력한 영향력을 행사하고 있는데, 드라마 · 쇼프로 · 연예인 가십 프로를 통해 스타들의 옷차림 · 액세서리 등 스타일을 클로즈업해 보여주면서 무슨 브랜드이고 어디가면 살 수 있는지 알려준다. 부모가 경제력이 있는 청소년들은 연예인이 입은 옷과 같은 메이커의 옷을 사고 그렇지 않은 아이들은 '짝퉁'을 사서 입는다. 이러한 경향을 더욱 가속화시키는 것이 인터넷이다. 사이버 상에는 연예인 패션과 관련된 모임이 수십 개가 넘고 한 포털사이트의 카페 '옷 잘 입는 연예인 따라하기' 에는 회원수가 73만 명에 이른다. 인터넷 쇼핑몰에서는 인기 연예인이 특정 드라마와 특정 쇼프로에서 입었던 옷과 같은 스타일의 제품이라고 광고한다. 기업은 이런 식으로 TV · 인터넷 등 매체를 이용해 대중 스타가 만들어내는 유행과 트렌드에 청소년을 끌어들여 돈벌이하는 데 혈안이 돼 있다.

청소년이 마케팅 대상이 되는 이유는 무엇인가? 청소년의 소비 능력이 매우 높아졌고 그들은 용돈이든 아르바이트를 해서 번 돈이든 수입의 대부분을 소비한다. TV 등 대중 매체의 유행에 가장 적극적으로 반응하고 유행이 시작되면 소비의 동조화 경향에 힘입어 또래집단에서 뒤쳐지는 것을 못 견뎌 한다. 이러한 환경에서 청소년들은 이성적이고 합리적인 소비를 배우고 익혀야 하는 시기에 감각적인 소비, 유행 추종 소비, 모방 소비를 배우고 집단을 중시하는 경향 속에서 불합리한 소비 행태를 배우게 되는 것이다. 불합리한 소비 행태가 몸에 배인 청소년들이 성인이 될 경우 우리 사회의 소비문화는 어떻게 될지 명약관화(明若觀火)하다.

출처: "청소년의 동조 소비와 연예인 모방 소비", 고수경

청소년 소비자들이 소비생활에서 가지고 있는 문제들

첫째, 청소년은 상품의 중요한 차이를 구별하지 못하고, 금전적 가치와 자신의 선호에 대한 이해부족 등으로 성인 소비자에 비해 더 많은 소비자 문제를 경험한다.

둘째, 우리나라 청소년들의 생활양식은 일반적으로 즉흥적이고 충동적이며 물질적인 것에 강한 집착과 높은 가치를 부여하는 것을 보인다.

셋째, 청소년 소비자는 동료집단과 TV 광고의 영향을 크게 받으며, 광고를 바르게 이해하고 식별할 수 있는 광고판별 능력이 낮다

넷째, 청소년의 소비생활 문제는 소비 지향적 태도, 즉 물질주의나 과시소비 성향에 의해 가장 큰 영향을 받고 있다. 또한 사회계층이 높은 청소년의 소비생활 문제 수준이 높은데, 이는 상류계층의 과소비와 과시적 소비풍조를 반영하는 것이라 볼 수 있다

다섯째, 우리나라 청소년은 용돈관리에 소홀하고 낭비적인 것으로 조사되었는데, 이는 청소년에게 입시 위주의 교육을 강조하고 있어서 소비자교육과 같은 생활교육이 제대로 시행되지 못하고 있기 때문이다.

출처: "청소년의 소비문화", 이호진

Introduce

단 원 주 제	청소년의 정서생활
단 원 해 설	건강하고 균형 잡힌 정서생활을 영위하는 청소년으로 성장하도록 돕는다.
중 심 구 절	"우리는 그가 만드신 바라 그리스도 예수 안에서 선한 일을 위하여 지으심을 받은 자니 이 일은 하나님이 전에 예비하사 우리로 그 가운데서 행하게 하려 하심이니라"(엡 2:10).
단원학습목표	건강한 정서를 회복하고 영위함으로써 자신을 이해하고, 자신을 사랑하고, 자신을 극복하는 하나님의 자녀가 된다.
단원핵심정리	하나님의 말씀 안에서 청소년은 정서적으로 건강하게 회복되고 자라날 수 있다.

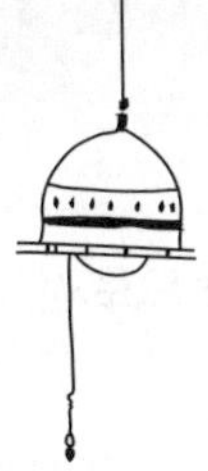

생활편

3 단원

3 청소년의 정서생활

단 원 소 개

3단원은 '청소년의 정서생활'에 대해서 다루고 있습니다. 청소년기는 인생의 어느 시기보다도 무한한 가능성을 향해 열려있는 역동적인 시기인 동시에 '정서적 취약성'을 특징으로 하는 시기이기도 합니다. 청소년들은 인지적 · 정서적 · 사회적으로 미성숙하고 아동도 성인도 아닌 불확실한 위치이면서 앞으로의 진학과 직업선택에 대해 고민하고 계획하는 등 인생에 있어 중대한 선택이 이루어져야 하기 때문에 심리적으로 매우 불안정하고 부적응 행동을 나타낼 가능성이 높은 시기이기도 합니다. 그렇기 때문에 대부분의 청소년들은 어느 정도의 심리적 혼란을 겪으며, 특히 새로운 환경에 적응해야 하거나 평형 상태가 깨어질 때 혼란이 더욱 가중되기도 합니다.

본 단원은 신체적으로 성장 폭발을 경험하며, 심리적으로 자기정체성을 확립하고 확인하려 하며, 사회적으로는 스스로의 역할과 책임을 확립하려고 노력하는 청소년들이 당면하는 정서적 문제영역을 살펴 하나님의 자녀로서의 건강한 자아와 정서를 회복할 수 있도록 하는 데 목적이 있습니다.

첫 과인 8과는 '나를 이해하기' 위한 내용으로, 자신의 미래의 모습과 삶의 목표에 대해 진지하게 고민해보도록 도움으로써 보다 자신을 깊이 이해하는 기회를 갖게 합니다. 다음 9과는 '나를 사랑하기' 위해 자기 자신이 진정 하나님의 작품임을 알고 자신을 사랑함으로써 하나님의 영광을 위한 삶을 살도록 돕습니다. 마지막 과인 10과에서는 '나를 극복하기'라는 주제로 자신의 우울 감정을 이해하고 하나님 안에서 극복해 나감으로써 건강한 정서생활과 승리하는 삶을 사는 청소년이 되도록 학습하게 됩니다.

틴틴파워 in 지저스

제8과 나의 미래는? (자기 이해)

학습목표 : 자신의 미래의 모습과 삶의 목표에 대해 진지하게 고민해봄으로써 자기 이해를 돕는다.

중심진리 : 자기 이해는 하나님 안에서 뚜렷한 인생의 목표를 갖고 미래를 설계하는 일을 통해 향상된다.

본문말씀 : 빌립보서 3:13-14

본과를 소개합니다

이번 과에서는 청소년들의 정서생활에서 중요한 청소년의 자기 이해를 다루고 있습니다. 본과를 통해 자신의 인생의 목표가 무엇인지, 자신의 미래 모습을 어떻게 그리고 있는지를 탐색해보고 하나님의 자녀로서 미래를 준비해야 할 필요성을 확고히 하여 보다 건강한 정서생활을 누리는 청소년이 되도록 지도합니다. 자신의 미래를 계획하고 이를 이루기 위해 준비하는 것은 청소년의 자기 이해와 정체감 형성을 위한 매우 중요한 전제 조건이 됩니다. 그러므로 청소년들에게 미래를 계획하고 삶의 목표를 확립하는 기회를 제공하는 것은 미래에 대한 불안감을 해소하고, 긍정적이며 미래지향적인 태도를 형성함과 동시에 좀 더 성실한 생활을 영위해 나가도록 하는 데 크게 도움을 줄 것입니다.

Story of Life

안녕하세요.

저는 지금 고2이고요. 인문계고등학교를 다니는 여학생입니다.

제 고민은 꿈이 없다는 겁니다. 하고 싶은 것도 없고요. 꿈이 있어야 대학도 가고 싶은 거 아닌가요? 이제 수험생이 된다고 주변에서 더 난리라 막 끌려가는 느낌이 듭니다. 누구나 하는 고민이지만 전 정말 어떻게 해야 할지 모르겠어요. 제 존재나 미래나 이런 것들을 떠나서도 정말 나의 감정이 솔직한 건지, 이런 것부터가 의심스러워요.

제가 좋아하는 것들이 정말 나의 솔직한 감정들을 기초로 쌓여진 건지… 진학문제도 이런 생각들 때문에 자꾸 망설여집니다. 살 가치가 있나 하는 생각도 들고요. 살아가는 것이 이렇게 아무런 이유가 없는데 하루 세끼 밥 먹고 목숨을 유지해 가는 게 무슨 의미가 있겠어요? 어떻게 해야 하나요? 제가 하고 싶은 건 도대체 뭘까요? 불투명한 미래가 너무 불안해요. 언제쯤 제 꿈이 확실히 드러날까요? 이런 생각들 때문에 친구관계건 공부건 다 하기가 싫어지고 성실해질 수 없게 되는 것 같아요. 공부도 잘 안 되고 계속 답답한 마음만 앞섭니다.

출처: 한국청소년상담원

Talk Talk about Life

내 꿈의 변천사

청소년들로 하여금 성장하면서 지금까지 가져왔던 인생의 목표와 계획이 어떻게 변화되어 왔는지 꿈의 변천사를 적어보고 생각해본 후 자신의 이야기를 나누어보도록 합니다.(현재의 꿈이 정확하지 않은 경우, 과거에 가졌던 계획이나 꿈에 초점을 두어 자신의 이야기를 할 수 있도록 유도해 주시기 바랍니다.)

- 일곱 살 때 내 꿈은__________________이 되는 것이었습니다.
- 초등학생 시절 내 꿈은__________________이 되는 것이었습니다.
- 중학생이 되어서 내 꿈은__________________이 되는 것입니다.
- 현재 내 꿈은__________________이 되는 것입니다.

Standard of Life

말씀탐구

1. 성경은 우리에게 무엇의 필요성을 말씀하고 있을까요?

"그러므로 누구든지 이런 것에서 자기를 깨끗하게 하면 귀히 쓰는 그릇이 되어 거룩하고 주인의 쓰심에 합당하며 모든 선한 일에 준비함이 되리라"(딤후 2:21)

성경은 우리가 하나님의 선한 일을 위해 준비해야 할 필요가 있음을 말씀하고 있습니다.

"우리는 그가 만드신 바라 그리스도 예수 안에서 선한 일을 위하여 지으심을 받은 자니… (엡 2:10)" 우리는 그리스도 예수 안에서 선한 일을 위하여 지으심을 받은 자들입니다. 바울은 우리가 하나님께서 귀하게 쓰시는 그릇이 되기 위해서는 먼저, 우리 자신을 구별시켜 하나님께 순수하고 온전하게 바쳐야 하고, 주인이신 하나님의 마음을 흡족하고 기쁘시게 해드려야 하며, 선한 일을 행하여 모든 이에게 유익을 끼칠 준비가 되어 있어야 한다고 말씀하고 있습니다. 우리는 하나님의 선한 일을 이루는 데 쓰임받기 위해 우리의 미래를 준비해야 할 필요가 있는 것입니다.

2. 미래를 준비하는 우리의 자세는 어떠해야 할까요?

"아무 것도 염려하지 말고 다만 모든 일에 기도와 간구로, 너희 구할 것을 감사함으로 하나님께 아뢰라"(빌 4:6).

미래에 대한 염려를 하나님께 아뢰고 맡겨야 합니다.

'아무것도 염려하지 말고'로 번역된 헬라어 '메덴 메림나테'는 금지를 나타내는 현재 명령법으로 '염려를 중단하라'는 뜻입니다. 이는 당면한 문제에 대해서 걱정하거나 초조해 하거나 불필요한 관심을 쏟지 말라는 것입니다. 염려에 대한 해결책은 '기도'와 '간구'입니다. '기도'의 헬라어 '프로슈케'는 기도하는 사람의 마음 자세가 하나님을 향해 있음을 나타내며, '간구'의 헬라어 '데에세이'는 필요한 것을 하나님께 아뢰는 것을 뜻합니다. 한편 '감사함으로'에 해당하는 헬라어 '메타 유카리스티아스'는 그리스도인의 모든 기도에 반드시 수반되어야 할 요소로서 기도하는 자가 모든 것을 선하게 이루어 주실 것을 확신하며 하나님의 뜻에 전적으로 순종하는 것을 나타냅니다. 우리에게는 우리의 미래에 대한 염려를 하나님께 기도와 간구로 맡기는 믿음이 필요합니다.

"너는 마음을 다하여 여호와를 신뢰하고 네 명철을 의지하지 말라 너는 범사에 그를 인정하라 그리하면 네 길을 지도하시리라"(잠 3:5-6).

범사에 여호와 하나님을 의지하듯 우리의 미래를 준비하는 일에 있어서도 주님을 인정하고 주님의 지도를 받아야 합니다.

하나님께서 참된 지혜와 능력의 원천이 되십니다. 우리는 우리 삶의 모든 영역을 진정한 신뢰의 대상이신 하나님께 맡겨야 합니다. 여호와 하나님을 신뢰하는 신앙이 배제된, 인간적인 교육이나 훈련을 통한 지식을 의지하는 지적 교만은 자기 파멸을 가져올 뿐입니다. 우리는 우리의 모든 삶의 영역에서 하나님을 의지하고 나가야 하는 것처럼 우리의 미래에 대해서도 온전히 하나님의 인도를 구하고 그의 지도를 받아야 하는 것입니다.

"형제들아 나는 아직 내가 잡은 줄로 여기지 아니하고 오직 한 일 즉 뒤에 있는 것은 잊어버리고 앞에 있는 것을 잡으려고 푯대를 향하여 그리스도 예수 안에서 하나님이 위에서 부르신 부름의 상을 위하여 달려가노라"(빌 3:13-14).

그리스도인은 인생의 목표를 뚜렷이 가져야 합니다.

"목표를 세운 삶"

'존 고사드' 라는 사람은 일생을 통하여 꼭 이루어야할 목표를 127가지나 세웠습니다. 꼭 탐사하고 싶은 강이 10개, 등산할 산이 17개, 의사라는 직업, 세계여행, 비행기 조종법 배우기, 마르코 폴로의 여행경로 추적하기, 성경 통독. 그리고 나이 47세가 되었을 때에 127가지 모든 목표를 다 이루어냈답니다. 목적이나 목표를 세우지 않았다면 후회로 얼룩진 인생이 되었을지 모릅니다. 목표를 세웠기 때문에 의사가 되고, 최고의 강연자가 되고, 보람되고 만족한 삶을 누렸습니다. 하나님은 인간에게 시간을 주셨습니다. 이 시간은 한번뿐입니다. 그래서 목표를 세워야 합니다. 목적 있는 삶을 살아야 합니다. 목표를 정하는 사람과 그냥 되는 대로 사는 사람과는 분명한 차이가 있습니다. 인생은 목적이 있는 존재입니다. 그냥 우연하게 사는 존재가 아닙니다. 하나님께서 인생마다 분명한 목적을 주셨습니다. 하나님의 목적과 일치한 삶을 사는 것이 가장 가치 있고 의미 있고 복된 삶이 됩니다. 살아있는 모든 사람에게는 하나님의 뜻이 들어있습니다.

출처: http://cafe.daum.net/confessing

3. 우리에게 주신 하나님의 약속은 무엇입니까?

"나는 너를 애굽 땅에서 인도하여 낸 여호와 네 하나님이니 네 입을 크게 열라 내가 채우리라 하였으나"(시 81:10).

하나님께서는 우리에게 좋은 것으로 채우시겠다고 약속하셨습니다.

이스라엘을 출애굽시켰던 하나님께서는 이스라엘 백성을 늘 인도하시며 기적으로 인도하셨습니다. 그리고 하나님께서는 입을 벌린 만큼 채우시는 분이십니다. 우리는 기도로 하나님께 나아가며 믿음의 입을 크게 열고 약속을 의지하여 구해야겠습니다. 하나님은 무한하신 분이십니다. 하나님은 우리에게 믿음을 요구하십니다. 기대감을 가지고 하나님의 약속을 의지하여 하나님께 기대를 갖고 우리의 소망을 넓혀야 합니다. "믿음이 없이는 하나님을 기쁘시게 하지 못하나니 하나님께 나아가는 자는 반드시 그가 계신 것과 또한 그가 자기를 찾는 자들에게 상주시는 이심을 믿어야 할지니라"(히 11:6). "좋은 것으로 네 소원을 만족하게 하사 네 청춘을 독수리 같이 새롭게 하시는도다"(시 103:5). "구하라 그리하면 너희에게 주실 것이요 찾으라 그리하면 찾아낼 것이요 문을 두드리라 그리하면 너희에게 열릴 것이니"(마 7:7).

나의 인생설계

인생의 목표를 세우는 것은 청소년의 시기에 있어서 매우 중요한 과제 중 하나라 할 수 있습니다. 그리고 인생의 목표를 세우기 위해서는 먼저 내가 원하는 미래의 모습이 어떤 것인지를 그려보는 것이 도움이 됩니다.

	가지고 싶은 것	하고 싶은 것	되고 싶은 것
중학교시절			
고등학교시절			
5년 후			
10년 후			
20년 후			
30년 후			
나의 꿈은…			

미래의 내 명함

청소년들로 하여금 자신이 가장 원하는 직업을 생각해 보도록 격려하고, 자신의 미래의 명함을 만들어 보게 합니다. 앞면에는 직업명을 쓰되 의미 있는 수식어를 붙여보게 합니다. 그리고 뒷면에는 그 직업을 희망하는 이유와 자신이 주로 하는 일의 구체적인 영역을 써보게 합니다.

「예(앞면)」

"아이들의 마음을 치유하는"

아동상담사 ○○○

「앞면」

「뒷면」

Decision of Life

우리는 하나님의 선한 일을 위해 지음을 받은 하나님의 자녀들입니다. 미래를 생각할 때 다소 불투명하고 걱정스러운 마음이 들 수 있지만, 미래에 대한 염려를 다 하나님께 맡기고 주님의 인도하심을 구하며 나아가 인생의 목표를 뚜렷이 갖는 우리가 되어야겠습니다. 미래에 나는 어떻게 살아갈 것인지, 또 무엇을 위해 살 것인지에 대해 질문해보는 것은 자신의 미래 모습에 대해 생각해 보는 데 도움이 될 것입니다. 우리에게 좋은 것으로 채우시겠다고 하신 하나님의 약속을 붙들고 믿음의 입을 넓게 열고 미래에 소망하는 그 모습으로 성장하려면 지금 나에게 주어진 상황에서 어떻게 노력해야 할 것인지를 깨달아 현재를 더 충실히 살아나가도록 합시다. 그런데 인생의 목표가 돈 벌고 출세하고 잘사는 것에 머문다면 그것은 진정한 목표가 될 수 없습니다. 푯대를 향하여 하나님이 위에서 부르신 부름의 상을 위하여 좇아갔던 바울과 같이 하늘의 상을 소망하며 꿈과 비전을 세우는 우리가 되어야 하겠습니다.

하나님의 뜻을 알고 싶을 때 던져야 할 몇 가지 질문

1. 성경말씀에 일치하는가?

그러한 결정을 내리는 것이 옳은지 그른지를 보여주는 성경말씀을 찾아보라. 자신의 상황에 꼭 들어맞는 성경구절을 찾지 못할 때는 보편적으로 적용할 수 있는 성경 원리를 찾는 것이 좋다. 성경에는 삶의 원리를 가르치는 말씀이 많다. 성경구절 하나에 여러 상황에 적용할 수 있는 지혜가 담겨진 경우가 적지 않다. "내가 주께 범죄치 아니하려 하여 주의 말씀을 내 마음에 두었나이다"(시 110:11)와 같은 구절이 그 예다. 다시 말해 성경은 인생의 길잡이다. 성경의 도움을 얻으려면 주의 깊게 읽고, 그 안에 담긴 지혜를 마음 깊이 간직해야 한다.

2. 현명한 결정인가?

이 질문에 대답하기 위해서는 동시에 "앞으로 어떤 결과가 나타날까? 너무 성급한 결정은 아닌가? 이런 결정을 내리면 나의 상황은 어떻게 될까? 혹시 다른 사람에게 해를 끼치게 되지는 않을까?"와 같은 질문을 해야 한다. 이러한 물음을 생각하며 기도하면 성령이 결정의 옳고 그름을 깨우쳐주실 것이다. 하지만 솔직하게 대답해야 한다. 그렇지 않으면 마귀의 속임수에 넘어가 스스로를 합리화함으로써 자신이 원하는 대로 행동하는 것이 옳다고 착각할 수 있다.

3. 하나님의 도우심을 구해도 되는 일인가?

어떤 사람들은 하나님께 무엇이든 구할 수 있다고 믿는다. 하지만 그렇지 않다. 예를 들어 경제적으로 몹시 절박한 상태에 있다고 해서 속임수나 사기행각을 도와달라고 기도할 수는 없다. 하나님의 뜻에 어긋나는 것은 무엇이든 조만간 재로 변하고 만다.

4. 마음에 평화가 있는가?

골로새서 3장 15절은 "그리스도의 평강이 너희 마음을 주장하게 하라"고 말한다. 그러면 마음의 평화란 무엇을 의미할까? 어떤 사람들은 하나님이 반응하실 기회조차 주지 않고 결정을 통보하는 식으로 기도한다. 그런 사람들은 자신의 소원을 늘어놓고 마치 하나님의 허락을 받은 것처럼 행동한다. 하지만 그런 태도는 하나님의 뜻을 구하는 것과는 거리가 멀다. 마음의 평화는 억지로 만들 수 없지만 참된 평화인지 아닌지는 얼마든지 구별할 수 있다. 밤중에 가만히 누워 차분한 마음으로 하나님 앞에 마음의 생각을 털어놓아라. 마음에 걸리는 것이 없다면 양심이나 감정이 아무런 동요를 느끼지 않을 것이다. 그런 경우에는 하나님이 허락하신 것을 믿고 온전한 평화를 누릴 수 있다. 하지만 조금이라도 마음에 걸리는 것이 있을 때는 일단 멈추고 하나님의 뜻을 기다려야 한다.

때로는 우리의 뜻과 하나님의 뜻이 일치하더라도 당장 원하는 바가 이루어지지 않기도 한다. 그런 경우에는 하나님의 때가 이루기 전까지는 마음에 평화가 찾아오지 않는다. 사실 무엇인가 절실히 원할 때 하나님의 응답이 없으면 "응답하지 않겠다"는 뜻인지 "기다려야 한다"는 뜻인지 분간하기 어렵다. 그런 때는 어느 경우든 실망스럽다. 하지만 하나님을 믿는 한 우리는 안심할 수 있다.

하나님은 거짓말을 하시거나 우리를 그릇된 길로 인도하지 않으신다. 하나님은 항상 우리를 최선의 길로 인도하신다. 따라서 가만히 그분의 인도하심을 기다리는 것이 지혜로운 태도다. 하나님의 뜻에 어긋나는 것을 구할 때는 마음에 평화가 임하지 않는다. 만일 그렇다면 우리는 더 이상 하나님을 신뢰할 수 없을 것이다.

5. 예수님을 믿는 신자가 해도 될 일인가?

하나님의 자녀가 해서는 안 될 일이 있다. 예를 들어 성경은 우리의 몸이 성령의 전이라고 말한다(고전 6:19). 따라서 육체에 해를 끼치는 일은 무엇이나 하나님의 뜻이 아니다. 하나님의 뜻에 어긋나면 징계를 받는다. 예를 들어 건강의 법칙을 지키지 않으면 다른 일을 순종한다 해도 그에 상응하는 대가를 치를 수밖에 없다. 이밖에 관심을 기울여야 할 또 하나의 문제가 있다면 바로 증인의 삶이다. 우리는 다른 사람들(가족이나 동료, 또는 식당 종업원 등)을 대할 때 그리스도를 믿는 사람답게 행동함으로써 세상 사람들에게 그리스도의 모습을 보여주어야 한다. 시기, 험담, 부적절한 관계, 거친 비판 등은 기독교인인 우리에게 전혀 걸맞지 않은 행동이다.

6. 나를 위한 하나님의 전반적인 계획에 부합하는가?

우리의 생각과 행동 및 이런저런 결정사항이 우리를 위한 하나님의 장기적인 목적에 부합하는지를 판단해야 한다. 우리가 자녀들에게 직업이나 배우자 선택과 같은 인생의 중요한 문제를 결정할 때는 '이것이 나를 위한 하나님의 계획에 부합하는가?' 를 생각해야 한다. 하나님이 모든 선택권을 우리에게 일임하셨다면 그분의 뜻을 헤아릴 필요 없이 자유롭게 결정할 수 있다. 하지만 하나님은 우리 각자를 위한 구체적인 계획을 가지고 계신다. 하나님은 전지전능하실 뿐 아니라 우리를 지극히 사랑하시기 때문에 그분의 뜻에 따를 때 최상의 결과를 얻을 수 있다.

7. 하나님을 영화롭게 하는 일인가?

'내가 이렇게 행동하는 것이 과연 하나님을 존중하고 공경하는 것인가? 이것이 예수 그리스도를 나의 주님으로 인정하는 행동인가?' 를 생각해야 한다. 우리는 어떤 행동이나 태도를 취하든지 '그저 내 일을 하는 것뿐이야' 라고 생각해서는 안 된다. 우리의 일거수일투족은 하나님을 믿는 우리의 신앙을 반영한다. 불순종은 하나님의 마음을 슬프게 한다. 하나님만 우리를 지켜보시는 것이 아니다. 온 세상이 우리의 신앙이 진실한지 위선인지를 지켜보고 있다. 따라서 어떤 결정을 내리든지 하나님의 뜻에 복종해야 한다.

정직하게 생각한다면 위의 일곱 가지 질문을 통해 우리의 참된 동기를 파악할 수 있다. 아울러 위의 질문들은 하나님의 뜻을 발견할 수 있게 도와준다. 일단 하나님의 뜻을 알고 나면 "하나님의 뜻을 즐겁게 행할 것인가?"라는 문제만 남는다. 주님을 믿는 데는 희생이 뒤따른다(눅 14:26-33 참조). 오해나 비판을 받을 수도 있다. 심지어 모진 박해를 당할 수도 있다. 하지만 어떤 결과를 당하더라도 하나님의 뜻을 따르는 것이 항상 최선이다. 복종하는 태도로 하나님이 하시는 일을 가만히 지켜보면 그분이 얼마나 신실하신지를 알게 될 것이다.

어려운 결정을 내려야 할 상황 앞에서 앞으로의 결과가 걱정된다면, 우리를 항상 최선의 길로 인도하시며 가장 놀라운 축복을 예비하고 계시는 하나님을 섬기고 있다는 사실을 기억하라. 하나님의 뜻에 복종한다면 결코 해를 당하지 않을 것이다.

출처: Charles F. Stanley, 「나를 향한 하나님의 계획」, 조계광 역, 생명의말씀사, 2007.

제9과 최고의 작품(나를 사랑하기)

학습목표 : 자기 자신이 하나님의 작품임을 알고 자신을 사랑하는 청소년이 되도록 한다.

중심진리 : 하나님의 자녀들은 하나님의 선한 일을 위해 지음 받은 하나님의 걸작품으로서 자부심을 가지고 주의 영광을 위한 삶을 살아야 한다.

본문말씀 : 에베소서 2:10

본과를 소개합니다

이번 과에서는 청소년들이 자신의 역할이나 존재에 대하여 가지는 생각, 즉 자아상(自我像)에 관하여 다루고 있습니다. 자아상은 개인이 자신의 능력과 가치에 대해 지니고 있는 생각, 판단, 태도, 감정 등을 포함하는 개념으로, 청소년기에 건강하고 긍정적인 자아상을 확립하는 것은 무엇보다도 중요한 일이라 할 수 있습니다. 본과를 통해 청소년들이 가지고 있는 자아상은 어떠한지를 점검해보고, 하나님의 자녀들은 선한 일을 위해 지음 받은 하나님의 작품이라는 성경적인 자아상을 확립하여, 자부심을 가지고 자신을 있는 그대로 사랑하며 하나님의 영광을 위한 삶을 살도록 지도합니다.

Story of Life

저는 정말 다른 사람에게 사랑 받거나 호감을 주지 못하나 봐요. 제 주변의 사람들은 저를 그다지 좋아하지 않아요. 심지어 부모님마저 저보다는 다른 형제들에게 더 애정을 표현하시는 것 같아요. 그러니 다른 사람들은 오죽하겠어요. 얼마 전부터는 남자친구와도 사이가 서먹해졌어요. 사람들은 처음에는 저에게 먼저 다가오다가 얼마 지나면 제가 싫어지나 봐요. 저에 대한 흥미나 매력이 없어지는 것 같아요. 친구들도 마찬가지예요. 여러 명이 같이 다녀도 절 그렇게 좋아하는 친구는 없어요. 그냥 같이 다니니까 어울리는 것뿐이에요. 사람들이 저에 대해 그런 태도를 보이는 것이 느껴질 때마다 그런 내 모습이 너무 한심하고 불쌍해 보여서 화가 나기도 하고 정말 우울해져요. 그런데 정작 더 문제인 것은 나도 나 자신을 좋아할 수 없다는 사실이에요. 외모나 성격, 능력 어느 것 하나도 내 맘에 안 든다는 게 문제예요. 도대체 어떻게 해야 나 자신을 사랑할 수 있을까요?

출처: 한국청소년상담원

Talk Talk about Life

내가 생각하는 나는…

다음의 항목에 대해 " ①전혀 그렇지 않다 ②그렇지 않다 ③그렇다 ④대단히 그렇다"로 답하게 합니다. 청소년들이 자기 자신을 어떻게 생각하는지 점검해보는 기회를 가짐으로써 자신들의 자아상이 건강하고 긍정적인지, 아니면 부정적인지 확인할 수 있을 것입니다. 청소년기는 인생의 어느 시기보다도 자기 자신에 대한 인식이 증가되는 시기입니다. 정서적 안정, 외부 환경에의 적응은 모두 긍정적 자아상과 관계되는 것이므로, 청소년기에 긍정적인 자아상을 확립하는 것은 청소년의 정서발달에 매우 중요한 것입니다.

- ㅁ 나는 내 모습이 만족스러워요. (　)
- ㅁ 나는 내 머리가 좋다고 생각해요. (　)
- ㅁ 나는 친구들 사이에서 인기가 있어요. (　)
- ㅁ 나는 스스로 문제를 해결해요. (　)
- ㅁ 나는 가족들을 포함한 많은 사람들과 원만한 관계를 맺고 있어요. (　)
- ㅁ 나는 어떤 일을 쉽게 포기하지 않아요. (　)
- ㅁ 가족들은 나를 자랑스러워해요. (　)
- ㅁ 나는 내가 한 실수를 인정할 수 있어요. (　)
- ㅁ 나는 우리 집에서 중요한 사람이에요. (　)
- ㅁ 나는 건강해요. (　)

Standard of Life

말씀탐구

1. 성경은 우리를 어떻게 표현하고 있나요?

"우리는 그의 만드신 바라 그리스도 예수 안에서 선한 일을 위하여 지으심을 받은 자니 이 일은 하나님이 전에 예비하사 우리로 그 가운데서 행하게 하려 하심이니라"(엡 2:10).

우리는 하나님이 만드신 작품입니다.

"우리는 그의 만드신 바라(We are God's workmanship)." 우리는 모두 하나님께서 만드셨습니다. 그래서 하나님의 작품입니다. 신약성경에 헬라어로 '작품(作品)'이라는 말은 'ποίημα(포이에마)'라고 하고, 이 말은 영어의 'poem(시, 詩)'의 어원이 됩니다. 이는 하나님께서 우리 한 사람, 한 사람을 시적으로 만드셨다는 뜻을 담고 있습니다. 우리가 우리 자신을 바라볼 때는 바닷가에 있는 모래알처럼 별 볼일 없는 존재같이 느껴질 때가 많지만 그러나 우리를 만드신 분이 누구인가를 깨닫는 그 순간부터 우리의 존재는 완전히 달라짐을 알 수 있습니다. 그러므로 우리는 자신의 가치가 얼마나 소중한지를 깨닫고 소망의 인생을 살아가야 합니다. 또한 우리는 "그리스도 예수 안에서", 즉 그리스도께서 행하시고 고난 받은 것을 힘입어서 "선한 일을 위하여 지으심을 받은 자"입니다. 다시 말해 우리는 선한 일에 많은 열매를 맺도록 하기 위한 하나님의 계획 가운데 지음을 받은 존재라는 것입니다.

2. 우리 자신이 하나님의 걸작품인 또 다른 이유는 무엇일까요?

"너희가 그 은혜에 의하여 믿음으로 말미암아 구원을 얻었나니 이것이 너희에게서 난 것이 아니요 하나님의 선물이라"(엡 2:8).

"그런즉 누구든지 그리스도 안에 있으면 새로운 피조물이라 이전 것은 지나갔으니 보라 새 것이 되었도다"(고후 5:17).

우리는 그리스도 안에서 새로운 피조물이기 때문입니다.

하나님의 걸작품인 우리는 또한 '주님의 새로운 피조물'입니다. 하나님께서는 우리를 자신의 자녀 삼아주셨습니다. 그러기 위해 하나님께서는 우리 한 사람, 한 사람에게 많은 투자를 하셔야 했습니다. 하나님의 외아들 예수님을 십자가에 못 박아 죽게 하시므로 우리의 모든 죄를 다 씻으셨습니다. 우리는 감당할 수 없는 하나님의 사랑, 하나님의 구원의 선물을 받은 영광스런 자녀들입니다. 그러므로 우리는 우리를 향한 하나님의 넘치는 사랑을 바라보아야 합니다. 나아가 하나님의 걸작품으로서의 자부심을 품고 건강한 자아상의 소유자가 되어야 합니다. 나를 귀히 여기시고 사랑하시는 하나님께서 나에게 주시는 비전을 향해 힘차게 나아가야 합니다.

3. 하나님의 놀라운 걸작품인 우리는 무엇을 위해 살아야 할까요?

"우리 중에 누구든지 자기를 위해서 사는 자가 없고 자기를 위하여 죽은 자도 없도다 우리가 살아도 주를 위하여 살고 죽어도 주를 위하여 죽나니 그러므로 사나 죽으나 우리가 주의 것이로라"(롬 14:7-8).

주님의 영광을 위해 우리의 일생을 드려야 합니다.

하나님은 무한한 가능성으로 우리를 만드셨습니다. 이제 우리는 살아있는 동안 우리 자신을 통해 하나님의 빛난 작품의 역할을 해야 합니다. 여기에 우리의 살아갈 가치가 있고, 여기에 선한 일을 해야 할 사명이 있습니다. "너희 몸은 너희가 하나님께로부터 받은바 너희 가운데 계신 성령의 전인 줄을 알지 못하느냐 너희는 너희의 것이 아니라 값으로 산 것이 되었으니 그런즉 너희 몸으로 하나님께 영광을 돌리라"(고전6:19-20). 살아도 주를 위해서 살고 죽어도 주를 위해서 죽는, 사나 죽으나 주님의 영광을 위하는 우리가 되어야겠습니다.

Change of Life

나는 하나님의 걸작품

하나님의 걸작품인 나 OOO는(은)…

내가 나 자신을 어떻게 생각하느냐와 상관없이 나는 하나님이 만드신 작품 중의 작품입니다. 또한 하나님의 외아들을 아낌없이 주시기까지 사랑하여 구원하신 하나님의 새로운 피조물, 하나님의 자녀입니다. 이 사실을 다시 한 번 상기시키면서 청소년들로 하여금 하나님의 걸작품으로서의 자기 자신을 신체적으로, 정신적으로, 사회적으로, 영적으로 규정하도록 함으로써 건강한 자아상의 소유자가 되도록 격려합니다.

"나 ○○○는(은)
신체적으로 건강하고, 균형 잡혀 있고, 멋지고, 매력적이고…
정신적으로 집중력이 강하고, 의지가 강하고, 자신감이 넘치고, 긍정적이고…
사회적으로 칭찬받는 사람이고, 다른 사람을 잘 배려하고, 인기 있고…
영적으로 하나님의 사랑 받는 자녀, 최고의 작품입니다."

하나님의 걸작품인 나는…

보기의 내용 중 다섯 가지를 선택하여 하나님의 걸작품으로서의 자신을 정의해 보고 서로 이야기하는 시간을 갖도록 합니다.

「보기」

몸이 건강한 사람, 자연을 사랑하는 사람, 실수와 실패를 통해 교훈을 얻을 줄 아는 사람, 모든 사람을 존중할 줄 아는 사람, 주 안에서 성장하는 사람, 책을 즐겨 읽는 사람, 이해심이 많은 사람, 열심히 공부하는 사람, 남을 잘 배려하고 친절한 사람, 열심히 기도하며 영혼을 충만케 하는 사람, 남의 이야기를 잘 들어주는 사람, 매일 성장하는 사람, 긍정적인 생각을 가진 사람, 모든 상황에 감사할 줄 아는 사람, 좋은 체력을 가진 사람, 적극적인 자세를 가진 사람, 잘 웃는 사람, 담대하고 강한 사람, 사람을 존중할 줄 아는 사람, 영향과 감동을 주는 사람, 음악을 사랑하는 사람, 연기력이 뛰어난 사람, 행복한 사람, 다른 사람을 행복하게 하는 사람, 뭐든지 배우려는 자세를 가진 사람, 감수성이 풍부한 사람, 목소리가 좋은 사람, 나와 남의 좋은 점을 발견하는 사람, 시간약속을 잘 지키는 사람, 차분하고 꼼꼼한 사람, 노력하고 인내하는 사람, 겸손한 사람, 시간관리가 철저한 사람, 계획을 세우고 지킬 줄 아는 사람, 나 자신을 사랑하는 사람, 마음이 평화로운 사람, 믿음직한 사람, 따뜻한 가슴을 가진 사람 등

ㅁ 나는 ______________________________ 입니다!

ㅁ 나는 ______________________________ 입니다!

ㅁ 나는 ______________________________ 입니다!

ㅁ 나는 ______________________________ 입니다!

ㅁ 나는 ______________________________ 입니다!

Decision of Life

우리가 우리 자신을 어떻게 생각하느냐 하는 것은 참으로 중요합니다. 그러나 더욱 중요한 것은 하나님이 우리를 어떻게 보시느냐 하는 것입니다. 우리는 위대한 작가이신 하나님의 손에 의해 창조된 놀라운 걸작품입니다. 또한 하나님의 외아들을 아낌없이 주시기까지 사랑하여 구원하신 하나님의 자녀들입니다. 이제 우리는 나 자신과 다른 사람들의 눈이 아니라 먼저 하나님께서 보시는 진리의 눈으로 나를 바라보아야 합니다. 그리고 이제 우리 자신을 통해 하나님의 영광이 드러나도록 우리의 일생을 주님께 드려야 합니다. 우리를 자신의 걸작품으로 만드신 하나님께서 걸작품으로서의 삶을 살도록 우리에게 요구하시기 때문입니다.

성경적 자아상

성경적 자아상이란 "하나님의 지음을 받은 자로서 자신이 누구인지를 바르게 인식하는 것이며, 자신을 무시하는 것이 아니라 자신에 대한 죄의 본성을 벗고 하나님의 은혜를 기억하므로 그의 뜻을 따라 살아가는 것"이다.

'Josh McDowell'은 건전한 자아상은 '하나님이 당신을 보듯 더하지도 덜하지도 않게' 당신 자신을 바라보는 것이라고 하였다. 다시 말해서, 성경에 나타난 대로 하나님의 관점에서 있는 그대로의 우리 자신을 바라보는 것을 의미한다. 자신에 대하여 과장된 견해(자만심)를 지니고 있지 않으며, 또 자기비하적인 태도(그릇된 태도)를 지니고 있지 않은 것을 말한다.

'David E. Carlson'은 기독교적인 자아상이란 "나는 있는 그대로의 나이며, 하나님의 형상으로 지음받은 사람, 하나님의 은혜로 구원받은 죄인, 그리고 그리스도의 몸의 중요한 한 부분이다"라고 보았다. 그는 하나님의 말씀과 그분의 관점, 그분의 느낌, 그분의 행위에 근거를 둔 자아상이 긍정적이라고 본다. 또한 성경적인 자아상은 세상의 자아상과 구별되며, 쾌락, 권력, 사회적 지위, 특권을 추구하기 위해 자신의 도덕적인 규범과 타협하지 않아야 한다고 본다.

성경적 자아상을 형성하는 요소들

1. 구속

예수 그리스도의 구속은 인간에게 가치와 자격이 없음에도 불구하고 주시는 하나님의 은혜를 말하고 있다. 우리의 죄성과 우리 행위가 무가치성에도 불구하고 그리스도께서는 우리를 위하여 생명을 주심으로 그의 사랑과 은혜를 증거하셨다. 성경적인 자아상은 철저하게 '하나님의 은혜'에 근거를 두고 있다. 우리는 죄로 말미암아 타락하였고, 하나님을 떠났지만 하나님의 은혜 안에서 하나님의 자녀로 회복되었으며, 하나님의 영광을 위하여 쓰임 받는 귀한 존재가 되었다는데서 인간의 자존감을 찾을 수가 있다. "모든 사람이 죄를 범하였으매 하나님의 영광에 이르지 못하더니 그리스도 예수 안에 있는 속량으로 말미암아 하나님의 은혜로 값없이 의롭다 하심을 얻은 자 되었느니라"(롬 3:23-24).

2. 하나님의 용납하심

인간은 누구나 자기 자신을 가치 있는 인간으로 존경하는 것이 필요하다. 그러나 부정적인 자아상을 가진 사람은 자기 자신을 용납할 수 없고 자신이 다른 사람에게 용납되지 못하고 하나님이 자기를 받아주신다는 확신을 갖지 못하는 경향이 있다. 그런데 인간은 누군가에게 용납되어져야 할 필요를 가진다. 그래야만 자신도 자기를 용납하고 받아들일 수 있기 때문이다.

인간에게 필요한 온전한 용납은 타인이나 사회를 통해서는 한계가 있다. 그러므로 우리는 완전한 용납을 하나님에게서 찾아야 한다. 죄를 용서하시고 우리를 그리스도 안에서 의로운 자라 칭하신 하나님은 우리의 있는 모습 그대로를 인정하셨고 용납하셨다. 그러므로 이런 용납은 자신이나 남들에게 순수한 사랑을 줄 수 있는 근원이 되며 우리가 사랑으로 받아들여진다는 것은 긍정적인 자존감을 갖게 되는 원천이 될 수 있다.

3. 새로운 피조물

그리스도인의 사아형상은 그리스도 안에 있는 사람이라는 것과 그 결과로 되는 새로운 피조물이라는 점에서 이루어져야 한다. 성경적 자아상에 대한 가르침은 새로운 피조물에 대한 성경적 배경을 중심으로 하여 고찰해야 한다. 고린도후서 5장 17절은 "그러므로 누구든시 그리스도 안에 있으면 새로운 피조물이라 이전 것은 지나갔으니 보라 새것이 되었도다"라고 말씀하신다. 이처럼 적절하고 올바른 그리스도인의 자아상을 가진다는 것은 우리의 기독교 신앙의 한 측면이다. 바꾸어 말하면 그리스도 안에 있는 새로운 피조물로서의 우리 자신을 보는 데 실패하는 것은 우리의 신앙을 부정하는 것과 같은 일이다.

출처: 한평실, "건상한 자아상 회복을 위한 내적치유에 관한 연구"

긍정적인 자아상을 방해하는 7가지 장애물

1. "난 지금이 편해"

편한 곳에 안주한 채 현재 수준의 성공에 만족하면서 사는 것은, 필요한 변화를 이루고자 전력을 다하는 것보다 쉽고 스트레스도 덜하다.

2. "난 실패가 두려워"

실수나 실패의 위험을 감수하는 것에 대한 두려움은, 다른 새로운 것을 시도할 용기를 꺾는다.

3. "거절감으로 상처받고 싶지 않아"

스스로 혹은 다른 사람에게 거절당할까 봐 피하는 것은, 기쁨을 얻을 수 있는 행동들을 제한한다.

4. "배를 흔들고 싶진 않아"

현재의 상태가 변하는 것에 대한 걱정은, 변화란 부정적인 것이며 위험을 감수할 만한 가치가 없다고 믿게 만든다.

5. “난 그럴 자격이 없어”

거짓된 열등감과 정신적 빈곤은, 잠재력을 발휘하고 보상받는 것에 대해 스스로 그럴 자격이 없다고 믿게 만든다.

6. “성공은 나한테 그렇게 좋지 않을 수도 있어”

성공에 대한 비논리적인 두려움은 많은 사람들로 하여금 장애물을 넘지 못하도록 방해한다. 그들은 성공을 무가치하다고 느끼거나 어떻게 다루어야 할지 모르기 때문에 무의식적으로 그것을 회피한다.

7. “하나님은 내가 성공하는 것을 원치 않으셔”

사실 무근의 이런 믿음이 수많은 위대한 꿈들을 혼란 속에 빠뜨린다. 성경은 말한다. “사랑하는 자여 네 영혼이 잘됨같이 네가 범사에 잘되고 강건하기를 내가 간구하노라”(요삼 1:2).

출처: “성공을 유산으로 남기는 법”중에서

참 고 도 서

1. 노먼 라이트, 「건전한 자아상을 가지라」, 김희경 역, 나침반, 2005.

제10과 우울해요! 도와주세요!

(나를 극복하기)

학습목표 : 자신의 우울 감정을 이해하고 하나님 안에서 극복해 나감으로써 건강한 정서생활을 영위할 수 있다.

중심진리 : 그리스도인도 우울할 수 있지만 적절한 휴식과 하나님이 주시는 위로 속에서 자신의 정체성과 사명감을 회복함으로써 극복할 수 있다.

본문말씀 : 열왕기상 19:4

본과를 소개합니다

이번 과에서는 인생의 어떤 시기보다 많은 심리적 혼란을 겪을 수 있는 청소년기에 쉽게 빠져들게 되는 우울한 감정에 관하여 다루고 있습니다. 본과를 통해 우울감은 심리적으로 불안하고 취약한 청소년 시기에 빈번히 경험되는 정서이자 흔한 심리적 장애이며 그리스도인들도 자유로울 수 없는 감정이지만, 우울한 감정에 지배당하는 것이 아니라 육체적 휴식과 영양분의 공급, 하나님의 위로, 말씀의 공급, 그리스도인으로서의 정체성 및 사명감의 회복을 통해 충분히 극복해나갈 수 있음을 강조하여 가르치도록 합니다.

Story of Life

몇 달 전부터 기분이 우울하고 감정이 쉽게 변합니다.
좋아하던 컴퓨터 게임과 농구에도 별 흥미가 없어요.
집중도 안 되고, 재미도 없고, 따분하고…
하고는 싶은데 막상 하려하면 왠지 모르게 하기 싫고 두려워요.
식욕도 떨어지고, 잠도 잘 안 와요.
집중력도 떨어지고, 공부도 하기가 싫어요.
사람 만나기도 싫고, 전화 받기도 싫고…
그냥 이유도 없이 친구들과 대화할 때 짜증나고, 화도 치밀고…
왜 이러는 걸까요?

요즘 나는요…

일반적으로 우울하다는 표현은 매우 광범위한 감정의 표출입니다. 또한 우울증이란 '심리적 감기' 라고 불릴 만큼 많은 사람들이 고통 받고 있는 매우 흔한 심리적 장애로 누구에게나 있을 수 있는 현상이라고 할 수 있습니다. 우울이란 슬프고, 침울하며, 비참하거나 절망하는 등의 감정 상태를 특징으로 합니다. 대부분의 사람들은 인생의 여러 시점에서 일시적인 우울감을 겪게 됩니다. 하지만 병적인 우울증이 있는 십대들은 정상적인 슬픔이나 우울의 범위를 넘어서는 여러 가지 증상들 때문에 고통 받게 됩니다. 우울증을 앓는 청소년들은 우울한 감정 외에 불안이나 지나친 두려움을 느낄 수도 있습니다. 심한 우울 상태임에도 불구하고, 우울한 모습이 없이 짜증스럽거나 언짢아 보이기만 할 수도 있습니다.

우리나라의 도시 학생을 대상으로 시행된 2001년의 한 연구에서, 청소년 3명 중 1명은 우울 증상을 보이고, 이중 20%는 정신치료가 필요할 정도의 심각한 것으로 밝혀진 바 있습니다. 또한 청소년 4명중 1명은 최근 2주 동안 자살충동을 느낀 적이 있고, 남학생의 3.3%, 여학생의 7.3%가 자살을 시도했던 것으로 조사되었습니다.

일반적으로 청소년의 우울증에 대한 신호는 다양합니다. 만일 청소년의 기분이 지속적으로 저조하거나, 자신의 삶과 미래를 어둡고 비관적인 것으로 바라본다면, 우울증에 대한 가능성을 의심해 보아야 합니다. 다음의 항목들을 살펴봄으로써 청소년들의 현재 우울 상태를 점검해보도록 합니다.

- □ 피곤하고 기운이 없어요.
- □ 나의 앞날은 희망이 없는 것 같이 느껴져요.
- □ 뭐든지 지루하게 느껴지고 하는 일에 별 흥미가 없어요.
- □ 전보다 더 많이 우는 것 같아요.
- □ 짜증이 늘고 화가 나고 신경질 내는 일이 많아졌어요.
- □ 두통이나 복통이 자주 나고 몸이 자주 아파요.
- □ 사람들과의 관계가 안 좋아졌어요.
- □ 학업성적이 떨어지고 학교에 가기가 싫어요.
- □ 먹는 양이 줄었거나, 아니면 반대로 너무 늘었어요.
- □ 집중력이 떨어지고 산만해졌어요.

참고

청소년과 우울

청소년기는 신체적 성숙과 심리 · 사회적 성숙의 불균형으로 인해 사춘기 변화에 수반되는 충동과 욕구에 효과적으로 대처하는 데 어려움이 있습니다. 또한 일상생활에서 그들에게 부과되는 상충적인 요구와 역할들로 인하여 쉽게 우울감과 좌절감을 느끼고 갈등에 휩싸이게 되는 경우가 빈번합니다. 즉, 청소년들은 아직 경제적으로 독립적이지 못하며, 의사 결정시에도 주로 부모에게 의존하고 따르는 위치에 있으면서, 다른 한편으로는 나이와 체격에 걸맞게 독립적이고 책임 있는 행동이 요구되는 등 서로 이중적인 기준이 적용되는 상황에 자주 직면하게 됩니다. 또한 학업에 대한 과도한 부담감이 있고 특히 대학입시와 관련하여 부모나 교사들에게 질책을 받고 교우 관계에서 열등감을 느끼기 쉽습니다. 이와 같은 청소년기 특유의 심리 · 사회적 상황은 청소년들로 하여금 자신의 존재와 역할에 대한 갈등과 의문을 강하게 야기하게 하며, 여러 가지 정서적 어려움을 유발시킬 수 있습니다.

청소년 우울의 주 증상

- 계속되는 우울 불안, 혹은 공허감
- 절망적인 느낌과 염세적 사고
- 불편 혹은 아침에 일찍 깨거나 오히려 과다한 수면
- 식욕이 떨어지고 체중이 준다든지 너무 많이 먹거나 체중이 오히려 증가하는 경우
- 힘이 없고 피로하며 몸이 처진다는 느낌
- 죽음이나 자실에 대한 생각을 하게 되고 자살을 기도하기도 함
- 초조해지거나 쉽게 짜증을 냄
- 집중력과 기억력이 떨어지고 의사결정을 하는 데 어려움 호소

Standard of Life

말씀탐구

1. 그리스도인도 우울함에 빠질 수 있을까요?

"내 영혼아 네가 어찌하여 낙망하며 어찌하여 내 속에서 불안하여 하는고 너는 하나님을 바라라 그 얼굴의 도우심을 인하여 내가 오히려 찬송하리로다"(시 42:5).

그리스도인들도 우울할 수 있습니다.

'네가 어찌하여 낙망하며'의 문자적인 뜻은 '어찌하여 네가 숙이느냐' 입니다. 그런데 여기의 '숙인다'는 것은 슬픔의 무게 때문에 슬픔 깊은 곳으로 가라앉은, 심히 우울하고 슬픈 상태를 가리키는 것으로 볼 수 있습니다. 이처럼 하나님의 백성도 깊은 우울감을 맛볼 때가 있습니다. 사람들과의 관계가 귀찮아지고, 어찌할 바를 모르겠고, 모든 것과 단절하고 싶어지고, 그저 깊은 동굴과 같은 어둡고 침침한 공간에서 말없이 한숨을 토로하며 때론 죽음까지도 갈망하는 그렇게 깊은 우울로 자신을 내팽개치고 싶을 때가 있는 것입니다.

2. 성경에서 우울을 경험한 인물은 누구인가요?

성경에는 우울증이란 말은 사용되지 않았습니다. 그 이유는 우울증이란 단어는 최근에 생긴 의학적인 용어이기 때문입니다. 그러나 성경이 인간의 삶에서 나타나는 희로애락의 구체적인 모습들을 다루고 있기에 우울증적인 모습 또한 기록하고 있습니다. 신앙인은 역사의 주관자가 되시는 하나님을 바르게 믿기만 하면 우울증이 생기지 않고, 생겼다 하더라도 곧 사라지고 말 것이라는 주장을 가진 사람들도 있습니다. 그래서 우울증은 신앙과 병존할 수 없는 것이라고 생각합니다. 하지만 성경을 면밀히 살펴보면 성경에 나타난 믿음의 용장들도 우울증과 흡사한 경험을 했음을 알 수 있습니다.

"자기 자신은 광야로 들어가 하룻길쯤 가서 한 로뎀 나무 아래에 앉아서 자기가 죽기를 원하여 이르되 여호와여 넉넉하오니 지금 내 생명을 거두시옵소서 나는 내 조상들보다 낫지 못하니이다 하고"(왕상 19:4).

불과 능력의 선지자 엘리야는 깊은 우울 속에 자신의 생명을 거두어 달라고 호소했습니다. 엘리야는 심한 절망감과 장래에 대한 소망을 상실하여 죽기를 원하는 우울증 환자의 전형적인 모습을 보이고 있습니다. 이스라엘 백성이 여호와께로 돌아오게 하는 일을 필생의 사명으로 삼고 일했던 엘리야는 그 사명이 성공한 듯 보이는 순간(갈멜 산에서 바알과 아세라 선지자 850명을 대항하여 승리를 거둠)에 닥친 위기(바알 신을 섬기던 이세벨 왕비가 엘리야를 죽이고자 사람을 보냄)로 인해 좌절과 허탈감에 빠지게 된 것입니다. '넉넉하오니'는 '충분하다'(enough)는 뜻으로, 희망을 상실한 사람의 체념을 표현하는 말, 즉 "이제 다 끝났습니다"로 이해할 수 있습니다. 그리고 엘리야는 자신이 선조들에 비해 나을 바가 없다고 말하면서 자신을 '못난 놈'으로 자조하는 비애 섞인 말을 사용하고 있습니다. 엘리야의 경우와 같이 누구나 이런 좌절을 맛볼 수 있습니다. 그래서 우리가 하나님의 권능을 힘입어 큰 기적과 역사를 이룬다고 할지라도 항상 인간의 연약성을 생각하며 겸손한 자세를 잃지 않아야 합니다.

"어찌하여 고난당하는 자에게 빛을 주셨으며 마음이 아픈 자에게 생명을 주셨는고 이러한 자는 죽기를 바라도 오지 아니하니 땅을 파고 숨긴 보배를 찾음보다 죽음을 구하는 것을 더하다가 무덤을

찾아 얻으면 심히 기뻐하고 즐거워하나니…나는 음식 앞에서도 탄식이 나며 내가 앓는 소리는 물이 쏟아지는 소리 같구나…나에게는 평온도 없고 안일도 없고 휴식도 없고 다만 불안만이 있구나"(욥 3:20-26).

욥은 자녀와 재산을 잃고 몸에 심한 악창이 난 후에 엄청난 상실감과 좌절감으로 탄식했습니다. 욥의 시를 보면 우울증의 전형적인 증상들인 허무감, 낙심, 절망감, 낙담, 한탄 등의 용어들이 많이 나타나고 있습니다. 욥은 자신을 묘사하기를 "곤고한 자, 마음이 아픈 자, 죽기를 바라도 기회를 얻지 못하는 자, 길이 아득한 자, 음식 앞에서도 탄식이 나며, 앓는 소리는 물이 쏟아지는 것 같이 나오고, 두려워하고 무서워하며 평온도 없고 안일도 없고 휴식도 없고 불안만 임하였다"고 했습니다. 또한 하나님이 하신 일과 처해 있는 환경에 대해 원망과 탄식을 쏟아내고 있습니다. 이것은 우울증 환자의 전형이라고 할 수 있습니다. 그 원인은 엄청난 상실감과 좌절감이었습니다.

"주께서 내게 이같이 행하실진대 구하옵나니 내게 은혜를 베푸사 즉시 나를 죽여 내가 고난당함을 내가 보지 않게 하옵소서"(민 11:15).

모세는 불만을 토로하는 백성들의 완악함으로 인한 곤고함 때문에 죽기를 원했습니다. 모세는 은혜를 베푸실 양이면 주저하지 마시고 단번에 저를 죽여 달라는 현실 도피적인 생각까지 할 정도로 매우 심약(心弱)해졌습니다. 그가 죽기를 원한 것은 불만을 토로하는 백성들의 완악함으로 인한 '곤고함' 때문이었습니다. 여기서 '곤고함'은 '고통', '재난', '불행', '슬픔' 등 온갖 인생의 '험악한 일들'을 총칭하는 말입니다. 모세는 시내 산을 출발하여 가나안을 향해 첫 발을 내딛는 노정에서 벌써 이 정도의 일로 스스로 곤고함에 빠진다면, 앞으로 이 백성들을 이끌고 어떻게 계속 가나안 행군을 할 수 있을 것인가라는 실망스런 생각에서 하나님께 죽음을 요청하고 있는 것입니다. 즉 그는 죽도록 고생만 하다가 그 소망의 열매도 보지 못하고 어차피 죽을 바에야 차라리 지금 죽는 것이 낫다고 생각한 것입니다. 그러나 이러한 생각은 출애굽을 시킨 분이 하나님이시며, 또한 가나안 땅을 약속하신 분이 하나님이라는 사실을 고려하지 못한 것입니다. 모세는 자신은 단지 앞장서는 선두 주자일 뿐, 이스라엘을 친히 이끄시고 인도하시는 분은 바로 하나님이시라는 굳은 믿음을 가지고 모든 문제가 생길 때마다 먼저 기도로써 하나님의 도움을 청했어야 옳습니다. 그러므로 하나님의 살아계심을 믿는 자에게는 현실의 고충 때문에 죽음을 운운하거나 맡겨진 사명을 내팽개칠 수 없으며 오직 하나님께 모든 것을 의뢰하는 신앙과 끝가지 참고 견디는 인내가 요구되는 것입니다.

참고

우울증에 대한 기독교인의 그릇된 이해

첫째, 우울증은 죄의 결과이다.

죄는 하나님의 법을 어기는 것입니다. 죄 된 행동이 우울증에 이르게 하는 조건들을 가져올 수 있지만 우울증을 죄에 대한 하나님의 벌로 여겨서도 안 됩니다. 욥과 엘리야의 경우처럼 죄가 우울증의 모든 원인은 아니며, 죄 된 행동의 결과도 아닙니다. 우울증 중에 가장 흔한 형태는 상실의 경험에서 오는 것입니다. 죄가 심각한 상실을 만들어 내는 경우가 있으므로 죄와 우울증과의 연관성을 전혀 부인할 수는 없습니다. 그럼에도 불구하고 우울증은 상실의 결과이지 죄의 결과는 아닙니다. 따라서 우울증의 원인과 상실의 결과를 구별해야 합니다.

둘째, 우울증은 사탄으로부터 오는 것이다.

우울증은 사람들의 심리적 혹은 신체적 고통에서 오는 것이 아니라 외부로부터 침입해 온다는 생각에 근거한 견해입니다. 우울증은 외부의 힘, 즉 사탄이 가져오는 것이라 생각하고 우울증에 걸린 것은 사탄에게 굴복했기 때문이라고 생각하는 것입니다. 우울증 자체는 죄악이 아니며, 사탄으로부터 온 것도 아닙니다. 누구에게나 찾아올 수 있는 자연스러운 현상임을 지각해야 합니다.

셋째, 우울증은 하나님의 심판의 결과이다.

형벌과 징계는 다릅니다. 형벌이란 '죄의 결과'를 이르는 말이고, 징계는 '올바른 행위'로 이끄는 것을 말합니다. 하나님께서는 자신이 사랑하는 자를 징계하십니다. 하지만 이것은 심판과는 다른 것입니다. 하나님은 자신의 아들 예수 그리스도를 통해 우리가 용서받을 수 있는 길을 열어 놓으셨고, 그가 사랑하는 자녀들을 예수 그리스도 안에서 회개하고 구원받도록 부르셨습니다. 하나님은 죄를 미워하시나 죄인에 대한 사랑은 계속하고 계심을 알아야 합니다. 우울증은 하나님이 우리에게 등을 돌림으로 야기되는 것이 아닙니다. 하나님은 우울증을 통해서 우리가 지은 죄를 깨닫게 하거나 보다 경건한 삶을 살도록 주의시키시지만, 그것이 죄에 대한 처벌이라고 생각해서는 안 됩니다.

넷째, 우울증에서 회복되는 것은 영적으로 회복되는 것이다.

어떤 이들은 '치유는 하나님의 특권이고, 우울증의 원인이 어떻게 되었든 오직 하나님만이 치료하실 수 있다'고 생각하고 우울증에 대한 의학적 치료를 거부하는 경우가 있습니다. 그러나 우울증은 대부분 정상적인 생활 사건들의 결과이고, 우울증의 뿌리는 생화학적이고 유전적인 원인에 있는 경우가 많습니다. 신앙적인 측면에서 우울증을 치료하는 것이 영적으로 회복하는 데 많은 도움이 되지만 우울증에서 회복하지 못하면 영적으로도 회복되는 못하는 것이라는 생각은 잘못된 편견에서 이루어진 것입니다.

출처: 최은미, "청년기 그리스도인의 우울증 치료를 위한 교회교육 프로그램 연구"

3. 우울을 극복하는 데 도움이 되는 것은 무엇일까요?

"로뎀 나무 아래 누워 자더니 천사가 그를 어루만지며 그에게 이르되 일어나서 먹으라 하는지라 본즉 머리맡에 숯불에 구운 떡과 한 병 물이 있더라 이에 먹고 마시고 다시 누웠더니…그 음식물의 힘을 의지하여 사십 주 사십 야를 가서 하나님의 산 호렙에 이르니라"(왕상 19:5-8).

육체적 휴식과 영양분의 공급은 우울을 극복하는 데 도움이 됩니다.

하나님은 엘리야에게 천사를 보내셔서 먹을 것을 공급해 주시고 편히 쉬게 하사 육체의 피로와 긴장을 풀어주시고 새 힘을 얻게 하셨습니다. 이것은 육체적 피로와 탈진상태가 우울증의 원인이 될 수 있다는 것을 보여주는 것이며, 육체적 휴식과 영양분의 공급이 우울증 치유의 한 방법이 될 수 있음을 보여주는 것입니다.

"엘리야가 그 곳 굴에 들어가 거기서 머물더니 여호와의 말씀이 그에게 임하여 이르시되 엘리야야 네가 어찌하여 여기 있느냐…여호와께서 그에게 이르시되 너는 네 길을 돌이켜 광야를 통하여 다메섹에 가서 이르거든 하사엘에게 기름을 부어 아람 왕이 되게 하고 너는 또 님시의 아들 예후에게 기름을 부어 이스라엘의 왕이 되게 하고 또 아벨므홀라 사밧의 아들 엘리사에게 기름을 부어 너를 대신하여 선지자가 되게 하라"(왕상 19:9, 15-16).

자기 정체성과 사명감을 자각케 하는 것은 우울을 극복하는 데 도움이 됩니다.

하나님이 공급하시는 음식을 먹고 휴식을 취한 엘리야는 사십 주야를 행하여 하나님의 산 호렙에 이르게 되었습니다. 그곳 굴에 들어가 거하던 중 하나님께서 그에게 나타나 "네가 어찌하여 여기 있느냐"고 물으심으로 자신의 정체성을 잃어버리고 실망과 체념의 상태에 있던 엘리야에게 새로운 사명(하사엘을 아람 왕으로, 예후를 이스라엘의 왕으로, 엘리사를 선지자로 세우는 일)을 허락하심으로 다시 한 번 생의 의욕을 갖고 사명자로서의 삶을 살아가도록 하셨습니다. 이러한 사명의 부여는 엘리야에게 있어 인생의 큰 동기부여가 되어 다시금 의욕을 갖게 하였으며 우울한 모습을 떨쳐버리고 힘 있게 사역할 수 있게 하였습니다.

"그가 대답하되 내가 만군의 하나님 여호와께 열심이 유별하오니 이는 이스라엘 자손이 주의 언약을 버리고 주의 제단을 헐며 칼로 주의 선지자들을 죽였음이오며 오직 나만 남았거늘 그들이 내 생명을 찾아 빼앗으려 하나이다…그러나 내가 이스라엘 가운데에 칠천 명을 남기리니 다 바알에게 무릎을 꿇지 아니하고 다 바알에게 입 맞추지 아니한 자니라"(왕상 19:14-18).

신앙적인 위로와 격려는 우울을 극복하는 데 도움이 됩니다.

하나님께서는 엘리야가 자신만이 홀로 고독하게 바알 선지자들과 이세벨에 대항하여 싸우고 있다고 생각하여 더욱더 나약한 마음을 가진 것을 아시고 이스라엘 가운데 바알 앞에 무릎을 꿇지 아니한 칠천 인이 존재한다는 사실을 깨우쳐 주셨습니다. 엘리야는 그 말씀에 용기를 내어 하나님께서 부여해 주신 새로운 사명을 위해 일어났던 것을 볼 수 있습니다.

우울 날려버리기!

내 생각을 더 건강하게!

우리가 우울하게 되는 것은 어떤 상황이나 사건 자체 때문이 아니라 그것을 해석하는 우리의 생각 때문입니다. 예를 들어, 친구와 약속이 있었는데 그 친구가 만나지 못할 것 같다고 했을 때, 일단 누구나 기분이 좋지는 않을 것입니다. 그러나 생각에 따라서 그 내용은 많이 달라질 수 있습니다. 만약, 그 친구가 나를 싫어해서 나를 이제 만나지 않을 것이라고 생각하면 우울해지거나 불안해집니다. 하지만 그 친구가 사정이 있어서 그렇게 되었다고 생각하면 아쉬운 마음은 들겠지만 우울해지지는 않을 것입니다. 또 나도 피곤하고 일이 있어서 미루고 싶었는데 그 친구가 먼저 얘기해줘서 다행이라는 생각이 들 수도 있습니다. 이와 같이 하나의 상황은 다양한 생각을 유발하고, 그 생각에 따라서 다양한 감정이 생기는 것입니다. 그러므로 중요한 것은 상황 자체가 아닌 생각이 감정을 유발한다는 점, 그리고 생각이 감정의 원인이 되고, 더 우선한다는 점입니다. 따라서 우리가 경험한 상황과 생각, 그로 인한 감정을 찾아보고, 그 상황에서 느낀 생각이 왜곡되었다면 그 왜곡된 생각을 고쳐서 감정을 좋게 할 때 우리는 우울한 감정을 극복할 수 있게 될 것입니다.

다음의 내용을 생각의 전환을 통해 내 생각이 건강해질 수 있도록 바꿔보세요.

□ 나는 노래를 잘 못 불러.

→ 나는 노래는 잘 못하지만 다른 잘하는 것이 있어. 운동은 잘하거든.

□ 나보다는 남을 먼저 배려해야 해.

→ 그럴 수 있으면 좋겠지만, 나 자신에게 상처를 입히면서까지 남을 배려할 의무는 없는 거야.

□ 뭐든지 잘해야 하고, 그래야 사람들에게 인정받을 수 있어.

→ 항상 잘할 수만은 없어. 그리고 모든 사람들에게 인정을 받기도 어려운 일이야. 나 자신을 있는 그대로 받아들이고 남들에게 내 모습 그대로를 보이는 것도 괜찮아.

내 몸을 더 건강하게!

육체적 피로와 탈진이 그 원인이 되어 우울하게 되는 경우가 있습니다. 따라서 잘못된 생활습관을 바로잡아 생활의 피로를 풀고 충분히 휴식할 수 있도록 노력해야 할 필요가 있습니다. 청소년들로 하여금 고쳐야 할 식사 습관, 휴식 태도, 수면 습관을 점검하는 기회를 갖게 합니다.

- 식사 습관 : 아침 거르지 않기, 야채 충분히 섭취하기, 인스턴트 음식 절제하기 등
- 휴식 태도 : TV 시청 자제하기, 게임 절제하기, 말씀 묵상하기 등
- 수면 습관 : 정해진 시간에 잠자리에 들기, 늦은 시간까지 친구와 통화하지 않기 등

내 영혼을 더 건강하게!

내가 누구인지, 즉 자기 정체성을 분명히 하고, 하나님께서 자신에게 부여하신 사명이 무엇인지를 확실히 할 때 우울한 마음을 떨쳐버리고 새로운 동기를 갖게 되어 의욕적인 생활로 나아갈 수 있게 됩니다. 이제 청소년들로 하여금 자신의 정체성과 사명을 다시 한 번 점검하는 기회를 갖도록 합니다.

- 나는 하나님의 특별한 사랑을 받은 귀한 자녀, 입니다.
- 하나님께서 나에게 허락하신 사명은 하나님의 마음을 그려내는 화가, 많은 사람들에게 일자리를 제공하는 CEO, 감동적인 드라마를 만드는 감독, 유아들에게 하나님과 그의 사랑을 심어주는 유아 선교사, 청소년들의 마음을 살찌우는 청소년 상담사, 장애우들을 품에 안는 사회복지사, 찬양전도자 등 입니다.

Decision of Life

하나님의 백성인 우리도 깊은 우울감을 맛볼 때가 있습니다. 사람들과의 관계가 귀찮아지고, 앞날에 대한 희망이 사라지고, 의욕이 없어지고, 자포자기하는 마음까지 들 때가 있습니다. 이처럼 우울한 것은 우리에게 믿음이 없어서라기보다 감기에 걸리듯 일상생활에서 일어날 수 있는 하나의 현상이라 할 수 있습니다. 모세, 엘리야, 욥과 같은 믿음의 용장들도 우울증과 흡사한 경험을 했음을 성경을 통해 알 수 있습니다. 그러나 하나님께서는 희망을 잃고 슬픔 가운데 있는 우리를 구원하십니다. "내 영혼아 네가 어찌하

여 낙망하며 어찌하여 내 속에서 불안하여 하는고 너는 하나님을 바라라 그 얼굴의 도우심을 인하여 내가 오히려 찬송하리로다"(시 42:5). 낙망하여 슬프고 우울할 때 하나님을 바랍시다. 하나님이 주시는 희망 속에서 새로운 내일을 향한 믿음과 비전을 경험하게 될 것입니다. 우리의 입술에선 찬송이 시작될 것입니다.

참고자료

사춘기 변덕 닮은 '청소년 우울증'

학업 성적이 떨어지면서 주위가 산만한 아이들이 있다. 자주 짜증을 내거나 게임중독에 빠지는 청소년들도 있다. 이럴 경우 소아 청소년 우울증이 아닌지 한번쯤 의심해 볼 필요가 있다. 관련 전문의들은 청소년 우울증은 담당의사의 꾸준한 치료를 받으면 대부분 완치될 수 있다는 지적이다.

소아 청소년과 성인 우울증의 차이

특별히 노력하지 않아도 체온이 일정하게 유지되는 것처럼 기분도 일정한 수준으로 유지가 된다. 좋은 일을 보면 기분이 좋아지고, 나쁜 일을 겪으면 기분이 나빠지는 것처럼 기분이란 상황에 따라 적당히 변하는 것이 정상이다. 그러나 정도가 지나치게 기분이 나쁘거나 안 좋다면 우울증을 의심해 봐야 한다. 특별히 기분 나쁠 일이 없는데도 계속 기분이 우울하거나, 좋은 일이 있어도 별로 기분이 좋아지지 않거나, 사소한 일에도 기분이 많이 상하거나 짜증이 난다면 우울증을 의심할 필요가 있다.

성인과 소아 청소년 우울증은 모양새가 좀 다르다. 성인의 경우, 우울증이 있으면 '내가 기분이 우울하다' 고 표현하고 축 처져서 절여놓은 파김치 같은 경우가 많다. 하지만 청소년의 경우, 자신이 '기분이 우울하다' 고 표현하는 경우는 드물다. 그보다는 짜증, 신경질을 잘 내고 주변에 대한 원망도 만만치 않다. 겉보기엔 행동상의 변화가 두드러진다. 사소한 일에도 자꾸 짜증이나 화를 내고 귀찮아서 아무것도 안 하려고 하는 경우가 많다. 부모들은 말을 안 듣는다, 게을러졌다 등으로 흔히 표현한다. 하지만 아이를 잡고 물어보면 기분이 안 좋다, 흥미가 없다, 재미가 없다, 귀찮다, 짜증이 난다, 쉽게 피곤하다, 잠을 잘 못 잔다, 식욕에 변화가 있다, 심지어 죽고 싶다는 등의 우울증 증상들이 줄줄이 나온다.

원인과 치료

청소년의 증상은 가족, 학업 분야에서 주로 나타나게 된다. 부모와 마찰이 생기고, 성적이 떨어지고, 학교생활에 흥미를 잃는 등의 증상이 나타난다. 이에 비해 성인의 경우, 일의 능률이 떨어지고, 매사에 의욕이 없고 우울한 기분에 시달리는 경우가 많다.

우울증 소인이 있던 사람이 과도한 스트레스에 시달리면 우울증에 걸리게 된다. 소아 청소년의 스트레스는 가족, 학업, 친구 관계가 많다. 스트레스의 원인을 찾아 치료를 해야 한다. 학업이 스트레스라면 과도한 학습요구가 있는지, 주의력 결핍 과잉 행동장애나 학습장애 등 학업을 어렵게 하는 요인이 있는지를 살펴보고 치료해야 한다. 최근에는 학업뿐 아니라 인터넷, TV, 휴대전화 등을 통해 늦게까지 깨어있으면서 수면 부족이 되는 경우가 많은데 수면 박탈도 우울증의 주요한 원인이 될 수 있다. 가족 내 갈등이 심하다면 가족치료도 필요하다.

굳이 우울증이 아니더라도 청소년기는 한창 변화하는 시기이다. 감정, 인지, 사고방식, 심지어 외모에 있어서도 매일이 성장, 변화하는 시기이다. 변화의 이유가 흔히 말하는 사춘기 때문에 오는 변화인지, 우울증으로 인한 변화인지 구별하는 것이 어렵기는 하지만 매우 중요하다. 사소한 일에도 짜증내고 원망하고 비관한다면, 그것은 단순한 사춘기로 인한 변화라기보다는 우울증으로 인한 변화일 가능성이 많다. 진단뿐 아니라 치료에 있어서도, 청소년은 성장 및 변화의 시기라는 것을 늘 염두에 두어야 한다.

성인의 경우, 치료 후 모습이 우울증이 생기기 전의 모습으로 돌리는 것이라면, 청소년 우울증의 경우, 우울증이 나은 후의 모습은 이전 모습이 아닌 더욱 성장하고 건강한 모습이 되어야 하기 때문이다.

우울증의 치료방법은 다양하다. 기본적으로 인지요법과 약물요법을 쓰지만 동반된 문제들이 어떤가에 따라, 사회성 훈련, 가족 치료 등 다양한 치료기법이 사용된다. 자살 등 위험한 상황이 염려될 때는 입원치료를 하기도 한다.

소아 청소년기의 나이별 특징

우울증 증상은 나이가 어릴수록 말보다는 행동으로 나타나는 경우가 많다. 학령 전기의 아동이라면 어른들이 물어보기 전에 '내가 기분이 안 좋다' 라고 이야기하는 경우는 별로 없다. 그보다는 짜증을 내거나 산만하고 과격한 행동 등을 통해 증상이 나타난다.

아동은 기분을 말하기보다는 행동에 변화가 온다. 짜증내고, 화내고, 잘 울고, 싸움도 잦아진다. 해야 할 일은 다 미루고 게임이나 TV 앞에만 있다. 이러한 행동 상의 변화가 있을 때 우울증을 의심해 볼 수 있다. 조금 더 나이가 들면 자신의 기분에 대해 자각하고 남들에게 '기분이 안 좋다' 고 표현하게 되는데, 10대 후반이 되도록 이 과정이 어려운 사람도 있으므로 위와 같은 행동의 변화가 있을 때는 우울증을 의심해 봐야 한다.

성균관대의대 강북삼성병원 정신과 신동원 교수는 "어릴수록 환경의 영향을 많이 받는다. 심지어, 어머니가 우울증이 있는 경우, 어머니의 우울증을 치료하기 전에 좀처럼 아이의 우울증이 호전되지 않는 경우도 있다. 좀더 안정적인 환경이 제공될수록 경과가 좋다. 따라서 어릴수록 치료에 부모나 선생님 등 주변사람들의 도움이 절실하다"고 조언했다.

출처: 경향신문 (2006. 09. 04)

참 고 도 서

1. McDowell, Josh & Bob Hostetler, 「청소년상담 핸드북(상 · 하)」, 오성춘 역, 서울: 한국장로교출판사, 2000.

I ♥ JESUS

1단원 : 세계관

제1과(서론) 문화 뛰어넘기 | **제2과** 이런 영화 어때? | **제3과** 난 가요가 좋아요!
제4과 뭐하고 놀지?

2단원 : 윤리관

제5과 따돌리지 마세요!(왕따) | **제6과** 아무도 나에게 관심이 없어요(자살)
제7과 아파요 때리지 마세요!(폭력)

3단원 : 종교관

제8과 속지 마세요!(이단) | **제9과** 내가 좋아하는 연예인은?(연예인 우상)
제10과 나도 해리포터가 된다면?(샤머니즘과 주술)

단 원 주 제	세계관
단 원 해 설	글로벌 시대 전 세계 청소년 문화를 획일화시키는 물질문명 속에서 청소년들이 믿음의 눈을 갖지 못하고 정체성을 잃어버리게 되면 자칫 자신의 위치를 상실한 채 떠밀려 갈 수도 있다. 본 단원에서는 정체성이 확립되지 않은 청소년들에게 영화, 음악, 놀이문화를 통해 건전한 세계관을 가질 수 있도록 한다.
중 심 구 절	"근신이 너를 지키며 명철이 너를 보호하여 악한 자의 길과 패역을 말하는 자에게서 건져 내리라"(잠 2:11-12).
단원학습목표	영화, 음악, 놀이문화의 문제점을 이해하여 바른 세계관을 가지고 살아가게 한다.
단원핵심정리	기독청소년들은 하나님의 말씀에 기초한 올바른 세계관을 가지므로 잘못되고 획일화된 문화에서 벗어나 오히려 세상의 흐름을 거스르는 청소년의 삶을 살 수 있다.

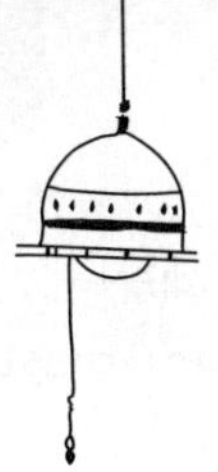

문화편

1 단원

1 세계관

단 원 소 개

전 세계의 청소년들은 글로벌 미디어의 영향으로 획일적인 문화적 코드를 갖게 되었습니다. 문화가 하나로 획일화 된다는 것은 통일성이라는 장점도 있을 수 있지만 죄 성을 가진 인간이 물질적 본능에 의해 하나의 코드를 가지게 되므로 마치 그것이 삶의 기준이고 진리라는 자아 정체감을 형성하게 되어 하나님을 알아가는 시기에 있는 청소년들에게 큰 혼란을 가져올 수 있습니다. 이에 청소년들은 문화의 대표적 코드라고 할 수 있는 영화(영상), 음악, 놀이문화라는 주제를 공부함으로써 하나님께서 원하시는 생각과 태도가 어떠한 것인지 본 단원을 통해 배우게 될 것입니다.

빌립파워 in 지저스

제1과 (서론) 문화 뛰어넘기

학습목표 : 이 세대를 본받지 않고 하나님의 말씀으로 삶의 가치 기준을 세운다.

중심진리 : 기독청소년들은 세상의 철학이나 헛된 속임수가 아닌 하나님의 말씀으로 무장해야 한다.

본문말씀 : 골로새서 2:6-10

본과를 소개합니다

이번과는 청소년들의 문화에 관한 바른 가치관을 심어주는 것으로, 세상문화를 뛰어넘어 기독교 세계관을 이해하고 정립하여 세상의 철학이나 헛된 속임수로 삶을 살아가지 않고 오직 하나님의 말씀의 기준으로 바르고 건전한 삶을 살 수 있도록 가르치는 데 목적이 있습니다. 그리스도인이면서 세상의 잘못된 문화에 길들여져 옳고 그름을 분별하지 못하는 청소년들에게 기독교 세계관이라는 바른 가치 기준은 무엇보다 중요합니다. 본과를 통해 청소년들이 기독교 세계관을 바로 이해하여 세상의 문화를 분별하도록 지도합니다.

Story of Life

하나님과 외계인과 싸우면?

신학기가 되면 필자는 항상 중학교와 고등학교 학생들에게 설문조사를 한다.

그 내용은 종교의 교과 과정과 더불어 학생들이 평소에 궁금했던 것을 알아보기 위해서이다.

그런데 이 설문조사를 해보면 참 웃지 못할 일들이 많이 생긴다.

먼저 중학생들이 평소에 종교와 더불어 가장 궁금해 한 것은 '하나님과 외계인이 싸우면 누가 이기는가' 이다. 그리고 그 외에 예수님과 외계인이 싸우면 누가 이기는가? 하나님은 정말 있는가? UFO는 있는가? 사람이 죽으면 어떻게 되는가? 이순신과 세종대왕은 지금 어디에 있는가? 지옥은 어떻게 생겼는가? 모세가 정말 바다를 갈랐는가? 등 중학생들은 아주 단순한 것들을 궁금해 한다.

반면 고등학생들은 조금 차원이 높다. 지구는 언제 멸망하는가? 정말 지구의 종말이 오는가? 전생은 있는가? 귀신은 있는가? 휴거가 무엇인가? 예수님이 정말 죽은 자를 살렸는가? 천사는 있는가? 컴퓨터가 666인가? 그리고 그 외에 뉴에이지, 록 음악, 대중문화, 점, 부적, 풍수지리, 제사, 종말, 심판 등을 궁금해 했다.(중략)

Talk Talk about Life

세계관 이해하기

사람들은 생각의 제한을 받지 않고 어떠한 생각도 할 수 있습니다. 하지만 어떠한 생각이 다 옳은 것만은 아닙니다. 때로는 옳지 않은 생각이 사람들에게 갈등을 일으켜 상처를 주기도 하고, 자신을 죄악으로 빠뜨리기도 합니다. 그래서 사람들은 지식을 배우며, 사람들과의 관계 속에서 지혜를 터득합니다. 지식과 지혜를 터득하면 사람들은 존중과 배려를 통해 올바른 가치를 배우게 되고 성숙한 인격적 성장을 이루게 됩니다.

하지만 아무리 인격적 성장을 이룬다고 해도 [Story of Life]에서의 질문은 하나님을 알지 못하면 알 수 없는 진리입니다. 그리스도인이라 할지라도 [Story of Life]에서의 질문으로 여전히 고민하고 있다면 그 역시 하나님을 알지 못하는 잘못된 가치관을 가지고 있는 것입니다.

사람들의 생각은 가치관을 담는 그릇이기도 합니다. 생각 속에 어떤 가치관을 담느냐에 따라 생명을 얻고 지속적인 성장을 하느냐 아니면 썩어질 육체를 위해 그럴듯한 겉포장만 하느냐가 결정되는 것입니다.

세계관의 의미를 각자 이야기해 보세요.

세계관은 세상을 보는 '창'이라고 할 수 있고, 사람이 끼는 '안경'이라 할 수 있습니다.

'창'이나 '안경'의 색깔이 빨강색이면 세상은 온통 빨강색으로 보이고 '창'이나 '안경'이 푸른색이면 세상은 온통 푸른색으로 보입니다. 그 사람이 가지고 있는 세계관이 무엇이냐에 따라 세상은 있는 그대로의 사실과 상관없이 그 사람이 보는 세계관에 의해 달라집니다.

세계관은 성장과정 시기에 무엇을 보고 경험하느냐에 따라 큰 영향을 미칩니다. 비난과 거절, 좌절을 자주 경험하면 세상을 비관적으로 보게 될 확률이 높고, 격려와 지지, 긍정적 가능성을 인정받은 사람은 다른 사람에게도 같은 태도를 취할 확률이 높습니다. 이기적이거나 쾌락적인 사람은 다른 대다수의 사람들도 그럴 것이라고 생각합니다.

죄인으로 죄 된 생각을 가지면 죄 된 행동을 하게 되고, 의인으로 하나님의 말씀을 이루는 생각을 하면 의로운 행동으로 예수님의 제자의 삶을 살게 됩니다.

세계관은 그 사람의 태도를 결정하게 하고, 태도는 그 사람의 행동을 결정하게 합니다.

말씀탐구

1. 우리가 가져야 할 삶의 기준은 무엇입니까?

"그러므로 너희가 그리스도 예수를 주로 받았으니 그 안에서 행하되 그 안에 뿌리를 박으며 세움을 받아 교훈을 받은 대로 믿음에 굳게 서서 감사함을 넘치게 하라 누가 철학과 헛된 속임수로 너희를 사로잡을까 주의하라 이것은 사람의 전통과 세상의 초등학문을 따름이요 그리스도를 따름이 아니니라 그 안에는 신성의 모든 충만이 육체로 거하시고 너희도 그 안에서 충만하여졌으니 그는 모든 통치자와 권세의 머리시라"(골 2:6-10).

2. 다음은 기독교 세계관의 핵심적인 내용입니다. 맞도록 줄을 그어보세요.

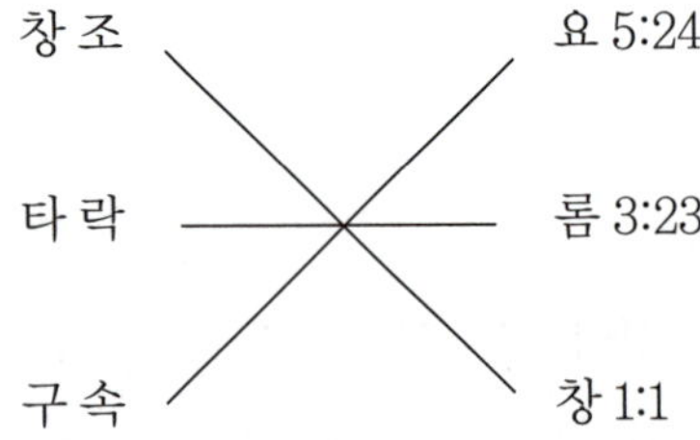

"태초에 하나님이 천지를 창조하시니라"(창 1:1).

"모든 사람이 죄를 범하였으매 하나님의 영광에 이르지 못하더니"(롬 3:23).

"내가 진실로 진실로 너희에게 이르노니 내 말을 듣고 또 나 보내신 이를 믿는 자는 영생을 얻었고 심판에 이르지 아니하나니 사망에서 생명으로 옮겼느니라"(요 5;24).

기독교 세계관 바로 세우기

기독교 세계관과 대치되는 철학이나 헛된 속임수는 어떤 것들이 있는지 나누어 봅니다.

창조

기독교 세계관 중 창조관은 믿기 어려운 진리 중에 하나입니다. 그래서 창조와 관련된 세계관을 창조론과 진화론에 대비하여 생각들을 많이 합니다. 창조론은 비과학적이며, 진화론은 매우 과학적이라는 논리로 창조론을 부정합니다. 하지만 창조론과 진화론은 비교할 수 있는 가치가 아니며 진화론에 근거하여 창조론을 변증하려는 시도 역시 잘못된 접근이며 어리석은 생각입니다. 창조론은 증명되어지기 때문에 우리가 믿는 것이 아니라 하나님의 말씀이기 때문에 우리가 믿음으로 고백하는 것입니다. 즉 창 1:1절 말씀은 진화론에 근거한 논리로 증명되어지는 것이 아니라 하나님의 말씀이기에 우리가 믿음으로 고백하는 것입니다. 그리고 그것은 헛된 속임수가 아닌 절대 변하지 않는 불변의 진리입니다. 창조와 관련된 헛된 속임수로 자주 등장하는 것은 외계인, UFO, 45억 년의 지구의 나이, 사람은 원숭이로부터의 진화, 창조주 하나님에 의한 창조가 아닌 자연발생설 등이 있습니다.

타락

우리는 착한 사람을 법 없이도 살 수 있는 사람이라고 운운하며 '우리 모두는 죄인이다' 라는 진리를 거부합니다. 죄인이면 당연히 감옥에 가야 하지만, 자신은 감옥에 갈 만큼 죄를 짓지 않았다고 생각하며 죄인임을 거부합니다. 그것은 아마도 인간 속에 숨어있는 심판에 대한 두려움의 반작용이라고 볼 수 있습니다. 세상에 있는 모든 사람은 죄인이며 그 죄로 인해 하나님의 영광에 이르지 못합니다. 우리 인간들 중에는 의인이 하나도 없습니다.

구속

우리는 죄인이기에 그 대가로 죽을 수밖에 없는 존재가 되었습니다. 하지만 우리 인간을 사랑하신 하나님께서 당신의 아들 예수 그리스도를 이 땅에 보내시고 그분의 죽음으로 우리의 죄 값을 도말하셨습니다. 이것을 믿는 것이 구속의 세계관입니다. 다시 말해 예수 그리스도를 우리의 구세주로 믿는 것, 그분의 죽음과 부활과 승천으로 내가 생명을 얻는 것을 믿는 것입니다. 이것을 믿지 않거나 다른 것을 믿을 때 다른 속임수가 되는 것입니다.

그 외에 우리가 알아야 할 기독교 세계관은 어떤 것들이 있습니까?

그 외에 우리는 인간관, 성경관, 문화관, 신관 등으로 인간의 존재, 고난, 죽음, 사랑, 진리, 악, 하나님께서 가지신 속성 등 성경에서 말하는 가치관으로 생각하며 성경적 생각대로 행동해야 합니다.

Decision of Life

로마서 12:1-2절에 보면 "그러므로 형제들아 내가 하나님의 모든 자비하심으로 너희를 권하노니 너희 몸을 하나님이 기뻐하시는 거룩한 산 제물로 드리라 이는 너희가 드릴 영적 예배니라. 너희는 이 세대를 본받지 말고 오직 마음을 새롭게 함으로 변화를 받아 하나님의 선하시고 기뻐하시고 온전하신 뜻이 무엇인지 분별하도록 하라"고 말씀하고 있습니다. 하나님께서는 이미 이 세상의 가치와 하나님의 말씀과는 다르다는 것을 알고 계셨습니다. 그래서 이 세대를 본받지 말라고 말씀하고 있습니다. 세상의 철학과 헛된 속임수, 사람의 전통을 따르는 결과는 로마서 1:28-32절("또한 그들이 마음에 하나님 두기를 싫어하매 하나님께서 그들을 그 상실한 마음대로 내버려 두사 합당하지 못한 일을 하게 하셨으니, 곧 모든 불의, 추악, 탐욕, 악의가 가득한 자요 시기, 살인, 분쟁, 사기, 악독이 가득한 자요 수군수군하는 자요, 비방하는 자요 하나님께서 미워하시는 자요 능욕하는 자요 교만한 자요 자랑하는 자요 악을 도모하는 자요 부모를 거역하는 자요 우매한 자요 배약하는 자요 무정한 자요 무자비한 자라 그들이 이같은 일을 행하는 자는 사형에 해당한다고 하나님께서 정하심을 알고도 자기들만 행할 뿐 아니라 또한 그런 일을 행하는 자들을 옳다 하느니라")의 말씀처럼 하나님을 마음에 두기를 싫어해서 결국은 하나님의 심판을 받게 할 뿐입니다.

제2과 이런 영화 어때?

학습목표 : 영화의 매체 속성을 바로 이해하고 하나님이 원하시는 가치관을 갖게 한다.

중심진리 : 미디어의 영향을 성경적으로 분별함으로써 바른 시각과 세계관을 가질 수 있다.

본문말씀 : 에베소서 4:17-24

본과를 소개합니다

이번과는 청소년들의 문화에 관한 바른 가치관을 심어주는 것으로, 세상문화를 뛰어넘어 기독교 세계관을 이해하고 정립하여 세상의 철학이나 헛된 속임수로 삶을 살아가지 않고 오직 하나님의 말씀의 기준으로 바르고 건전한 삶을 살 수 있도록 가르치는 데 목적이 있습니다. 그리스도인이면서 세상의 잘못된 문화에 길들여져 옳고 그름을 분별하지 못하는 청소년들에게 기독교 세계관이라는 바른 가치 기준은 무엇보다 중요합니다. 본과를 통해 청소년들이 기독교 세계관을 바로 이해하여 세상의 문화를 분별하도록 지도합니다.

Story of Life

영화를 보는 데 있어서 기독교 세계관을 갖는 것이 중요한 이유

영화는 대중문화의 꽃이라고 할 만큼 환상과 착각, 그리고 그 화려함을 그대로 드러낸다. 특히 영화가 현대의 자본주의와 만나면서 상업성과 선정성은 극에 달하게 되었다.

거의 대부분의 영화는 우리가 생각하는 것만큼 인간의 풍부한 상상력을 자극하여 창의적 가능성을 실현시키기보다 제작자의 의도, 투자금액, 주인공의 인지도 등으로 영화의 성패가 좌우된다. 이 말은 곧 사람들을 이롭게 할 감동적인 스토리보다 어떻게 하면 더 많은 폭력을 사용하고, 선정적이며, 호기심을 자극하는 영화를 만들어 사람들이 대리만족을 느끼고, 선정적으로 그 호기심을 채워 영화를 보는 동안 사람들을 왜곡된 가치관과 함께 바보로 만들어 돈을 버는 가에 목적에 있다.

기독교 세계관은 성경을 통해 계시된 하나의 통일된 관점에 의해 세계(자연, 역사, 사회, 인간)를 이해하는 방식을 의미한다. 다시 말해 기독교 세계관은 성경에 근거하여 하나님의 만물 창조와 인간의 타락, 죄로 죽을 인간을 구원하시는 하나님의 구원 사역에 대한 이해이다. 하지만 많은 종류의 영화가 이것과 상반된 가치관을 가지고 있다. 외계인을 등장시켜 하나님의 창조의 질서를 혼란케 하거나 하나님의 형상을 닮은 인간을 물질이나 기계적 존재로 만들어 그 존엄성을 파괴하고, 하나님의 시간적 다스림인 죽음을 거부하여 영원히 살 수 있는 존재로 현혹시켜 버리고 말았다.

이 시대에 영상문화는 피할 수 없는 코드가 되어 버렸다. 그렇다면 이 문화를 어떻게 할 것인가? 피할 수 없다면 정면 돌파가 가장 최선의 방법이다. 보기는 보되 어떻게 보느냐가 중요하다. 눈에 보이는 화려함이나 완벽함이 진리가 아니고 하나님의 말씀이 진리임을 받아들이고 세상의 헛된 것에 현혹되지 말아야 할 것이다.

내가 본 영화 소개하기

최근에 본 영화 중에 친구들에게 소개하고 싶은 영화가 있다면 말해 봅니다.

영화 제목	
감독 및 등장 인물(배우)	감독의 다른 작품이 있다면 그것도 같이 나누어 봅시다.
영화 장르	
가장 기억에 남는 장면이나 이야기	
성경에 반대되는 장면이나 이야기(또는 기독교 정신에 입각한 장면이나 이야기)	
느낀 점	

추상적인 영화의 접근보다 이미 본 영화를 가지고 피드백을 해봅니다. 영화 제목은 자신이 최근에 본 영화의 제목을 적고, 감독 및 등장인물은 기억나는 정도만 적으면 됩니다. 감독의 성향이나 등장하는 배우가 누구인지를 알면 영화의 성격을 파악하는 데 도움이 되지만 만약에 몰라도 상관없습니다. 가장 기억에 남는 장면은 감동적인 부분이나 반대로 폭력적인 면, 또는 선정적인 부분이 많을 것입니다. 기억에 남는 장면에 대한 이유도 같이 이야기해 봅니다. 그리고 영화의 흐름에서 성경에 반대되는 장면이나 이야기를 나누도록 합니다. 여기서 교사가 유의해야 할 사항은 영화의 대부분이 종교 영화가 아니므로 성경적 장면을 억지로 만들려고 하지 말고 전체적인 흐름 및 단편적인 장면에서 학생들의 이야기를 충분히 들어 주고 꼭 언급해야 할 장면이나 이야기가 있다면 학생을 지지해 주는 부가적인 관점에서 부연 설명을 합니다. 하지만 잘못 알고 있는 면은 분명히 지적하여 언급해 줍니다. 그리고 마지막 느낀 점은 교사가 충분히 듣고 피드백을 합니다. (발표가 여의치 않으면 교사가 먼저 기본적인 방향을 제시하는 것도 좋습니다.)

영화의 특성

영화는 철저하게 상업적인 매체입니다. 그래서 관객들이 원하는 것을 보여주기 위해 노력합니다. 특히 영화의 소재로 복잡한 현실에서 벗어난 무의미한 오락이 등장하고, 섹스와 폭력을 교묘히 등장시켜 관객들을 대리만족시킵니다.

또 영화는 이데올로기의 전파자입니다. 영화는 그 시대의 사회구조나 문제를 신랄하게 비판하여 새로운 시대를 꿈꾸게 합니다. 그래서 인권, 존엄, 평등, 권리 등이 등장하기도 합니다. 하지만 이러한 주제를 내세워 인본주의나 물질주의를 주장하는 것에 유의해야 합니다.

또 영화는 사람들을 사회화시킵니다. 영화는 단순히 오락을 제공하는 것 이상의 의미를 가집니다. 사회화란 말은 타인과의 상호 작용을 통해 가치와 규범 등을 내면화하여 인간으로 성장하는 과정을 의미하는데, 이러한 영화의 등장이 새로운 사회화의 주요기관으로 등장한 것입니다. 영화의 관람은 다양한 인간사를 경험하게 함으로써 사회적 삶의 방향을 제시하는 사회화의 기능을 하는 것입니다.

Standard of Life

말씀탐구

1. 영화는 그 특성상 철저하게 상업적이어서 이익 타산을 위해서는 하나님을 대적할 수도 있습니다. 이때 그리스도인의 자세는 어떠해야 할까요?

"그러므로 내가 이것을 말하며 주 안에서 증언하노니 이제부터 너희는 이방인이 그 마음의 허망한 것으로 행함 같이 행하지 말라 그들의 총명이 어두워지고 그들 가운데 있는 무지함과 그들의 마음이 굳어짐으로 말미암아 하나님의 생명에서 떠나 있도다. 그들이 감각 없는 자가 되어 자신을 방탕에 방임하여 모든 더러운 것을 욕심으로 행하되 오직 너희는 그리스도를 그같이 배우지 아니하였느니라"(엡 4:17-20).

"그러므로 나는 주님 안에서 간곡히 권면합니다. 이제부터 여러분은 이방 사람들이 허망한 생각으로 살아가는 것과 같이 살아가지 마십시오. 그들은 그들 속에 있는 무지와 그들의 마음의 완고함 때문에 지각이 어두워지고, 하나님의 생명에서 떠나 있습니다. 그들은 수치의 감각을 잃고, 스스로를 방탕에 내맡겨서, 탐욕을 부리면서 모든 더러운 일을 합니다.

그러나 여러분은 그리스도를 그렇게 배우지는 않았습니다"(엡 4:17-20, 표준새번역).

2. 우리 그리스도인들은 세상의 구습을 벗고 어떻게 살아야 할까요?

"진리가 예수 안에 있는 것 같이 너희가 참으로 그에게서 듣고 또한 그 안에서 가르침을 받았을진대 너희는 유혹의 욕심을 따라 썩어져 가는 구습을 따르는 옛 사람을 벗어 버리고 오직 너희의 심령이 새롭게 되어 하나님을 따라 의와 진리의 거룩함으로 지으심을 받은 새 사람을 입으라"(엡 4:21-24).

"여러분이 예수 안에 있는 진리대로 그분에게서 듣고, 또 예수 안에서 가르침을 받았으면, 여러분은, 지난날의 생활방식에 얽매여서 허망한 욕정을 따라 살다가 썩어 없어질 옛 사람을 벗어버리고, 마음의 영을 새롭게 하여, 하나님을 따라 참된 의로움과 거룩함으로 지으심을 받은 새 사람을 입으십시오"(엡 4:21-24, 표준새번역).

3. '심령을 새롭게 하여 새 사람을 입으라는' 위의 말씀을 본과(영화)에 비추어 본다면 어떻게 적용할 수 있을까요?

세상 지식을 통해서 배웠던 가치관, 그리고 내 이기심으로 가졌던 생각들을 버리고 하나님께서 주시는 가치관으로 마음을 새롭게 다집니다. 예를 들면 영화를 가려서 보거나, 친구들 때문에 어쩔 수 없이 보게 되더라도 본 후에 꼭 영화에 대한 피드백을 해서 바른 가치관을 정립하도록 합니다.

Change of Life

영화 바로보기

영화 바로보기의 기준을 세운다면 어떤 것들이 있는지 발표해 봅니다.

영화의 핵심 주제가 무엇이며 그것이 성경적 가치관과 일치하는가를 확인합니다. 예를 들어 자연의 질서가 조화롭고 아름답게 다루어져도 그것이 진화론에 의거하면 비성경적이라고 볼 수 있고, 인간의 감동을 주제로 다루어도 인본주의를 말한다면 그것 역시 성경적이라고 볼 수 없습니다. 구체적인 성경 말씀을

적용하기 힘들어도 창조와 인간의 타락과 구원, 마지막 심판에 대한 언급이 성경이 제시하고 있는 뜻과 다르다면 그것은 비성경적인 것입니다.

그리스도인의 영화보기

아래의 추천 비디오 중에 하나를 선택하여 함께 보고 그 느낌을 나누어 봅니다. (위 [Talk Talk about Life]의 표를 참고하여 나누시면 좋습니다.)

번 호	제 목	내 용
1	1990년	'베루토리치' 감독의 수준 높은 작품
2	컨빅티드	가장의 무고한 감옥생활을 겪으면서 가족 전체가 극복해 나가는 과정을 묘사
3	작은 신의 아이들	교사와 농아 처녀의 갈등과 사랑
4	황혼	효를 담은 작품
5	타이거 월샤	부모와 자식 간의 진정한 이해 촉구
6	필사의 도전	미국의 우주탐험사를 그린 영화
7	늑대 개	자연 속의 인간과 동물의 교감
8	모모	현대인의 시간 개념 묘사
9	두 여인	서로 다른 환경에서 자란 두 소녀 이야기
10	그날 이후	핵전쟁을 통한 과학 문명의 허망함을 묘사
11	메리 포핀스	괴기, 주술, 과장 등이 없는 동화 같은 영화
12	천사가 된 사나이	성경적 사고방식을 가지려는 노력이 돋보임
13	왕중왕	전 스텝이 눈물 흘린 작품
14	안녕 치타	어린이 중심의 기록영화
15	아웃 오브 아프리카	성인용, 젊음, 사랑, 희망의 주제
16	겨울 54	소외되기 쉬운 도시빈민에로의 관심
17	벤허	영화사에 길이 남을 명작
18	영광의 깃발	남북전쟁 당시의 흑인부대 활약상
19	머나먼 시애틀	미국 대공황 시대를 배경으로 한 부녀간의 이야기
20	굿바이 칠드런	온가족이 볼 수 있는 영화

Decision of Life

영화는 이미 사람들의 생활 속에 깊이 들어와 있는 미디어 매체입니다. 영화는 새로운 문화를 만들어 내기도 하고 문화의 방향을 바꾸어 놓기도 합니다. 특히 SF영화는 그 시대의 과학적 기술이나 방향을 반영하기도 합니다. 더 이상 영화는 하나의 눈요기꺼리나 휴식의 기능으로 머물러 있지 않고 문화적 방향성을 제시하는 미디어 매체가 되어 버렸습니다.

이 시대 대부분의 사람들은 영화를 보고, 느끼고, 경험합니다. 영화를 직접 보지 않아도 사람들은 영화를 간접 경험합니다. 영화의 상업적 요소는 제작자의 의도에 의해 얼마든지 사람들의 생각을 원하는 가치관으로 바꿀 수 있습니다. 영화는 그 시대의 문화적 방향성을 제시하기 때문입니다. 그러므로 우리가 살고 있는 문화 속에서 영화를 피할 수 없다면 바로 보고 바로 분별할 줄 알아야 합니다.

하나님은 우리에게 마음에 허망한 것과 더러운 욕심을 좇아 행하는 어리석은 사람보다 심령이 새롭게 되어 하나님을 따라 의와 진리의 거룩함으로 지으심을 받은 새 사람을 입으라(엡 4:17-24)고 말씀하고 있습니다.

제3과 난 가요가 좋아요!

학습목표 : 대중음악의 속성을 바로 이해하고 대중음악에 대한 성경적 가치관을 갖는다.
중심진리 : 대중음악에 무조건 심취하는 그릇된 태도가 아닌 성경적 분별력을 가지고 듣는다.
본문말씀 : 에베소서 5:19-20

본과를 소개합니다

이번과는 청소년들의 문화 중에 대중음악에 해당하는 영역으로 음악의 속성과 장르를 바로 이해하고 분별하여 청소년들이 자기 주도적으로 음악을 선별할 수 있도록 하는 데 목적이 있습니다. 대중음악의 선정적이고 부정적인, 그리고 물질적이고 파괴적인 문화에 길들여져 있는 청소년들에게 기독교 세계관으로 음악을 어떻게 들어야 하는지 바른 접근이 필요합니다. 본과를 통해 청소년들이 대중음악을 바로 듣고 분별하는 기회가 되도록 지도합니다.

Story of Life

우리가 사는 사회에서 음악은 사람들의 생활과 밀접하게 연관되어 있다. 음악은 사람을 죽이기도(사탄의 음악이나 헤비메탈, 뉴에이지 음악 등) 하고, 살리기도 하면서(좋은 음악을 통한 정서적 안정, 음악치료) 사람들의 생활과 정서에 큰 영향을 미치며 발달되어 왔다.

음악은 언제부터 시작되었는지 정확히 알 수 없으나 고대에서는 종교 행사에서 사용되었음을 알 수 있다. 고대의 음악이나 중세의 음악은 주로 제사장이나 귀족들의 음악이었기 때문에 일반 대중들은 음악을 쉽게 접할 수 있는 기회가 적었지만 현대에 이르러는 대중음악이 등장하면서 사람들의 정신과 정서, 삶의 모습들을 그대로 드러내는 사람들의 또 다른 일부가 되어 왔다.

현대 사회가 매스컴의 빠른 발달과 더불어 대중문화가 급속히 확산되면서 대중음악 역시 사람들 속에 깊숙이 뿌리 내리고 있는데, 현대 대중음악의 특징은 의미나 형식이 없고 자극적이며 얄팍한 감정을 표현함으로써 감수성이 예민한 청소년들에게 현실 도피적이며, 본능적이고, 대리만족의 성격을 띠어 무분별하게 열광하게 함으로써 저급한 대중문화에 무방비로 노출시키고 있는 것이 사실이다. 이에 대중음악에 대한 바른 판단과 분별력이 절실히 요구되는 시점이다.

대중음악 알아보기

대중음악의 장르를 아는 대로 적어 보세요.

록큰롤은 세계대전을 전후하여 많은 젊은이들이 자본주의의 풍요를 누리게 되면서 등장했던 음악입니다. 이 음악의 특징은 멜로디 위주보다 강한 비트의 기계음이 특징입니다.

록은 록큰롤에서 발전한 수많은 스타일에 붙은 광범위한 명칭으로 요즘 흔히들 말하는 록은 블루스와 로큰롤이 합쳐진 형태를 말합니다. 록은 크게 메탈과 록으로 나눠지는데, 록에는 펑크록, 네오펑크록, 라틴록, 시어터록, 인스트러멘탈 록, 클래시컬 록, 바로크 록, 애티튜드 록 등이 있고, 메탈에는 팝 메탈, 파워 메탈, 프로그레시브메탈, 데스메탈 등이 있습니다.

R&B(Rhythm&Blues)는 미국 흑인노예들의 슬픔과 절망을 노래한 흑인블루스 음악이 스윙 등 댄스풍 재즈의 영향에 의해 점차 리듬적 요소가 강해지면서 새로운 장르로 독립되었다고 볼 수 있습니다. 대체적으로 블루스에 비해 비트가 강하고 리듬과 멜로디가 더욱 대중적이며, 가사도 낭만적이거나 쾌락적인 요소를 많이 가지고 있습니다. 록큰롤이 시끄러우면서 자극적인 사운드가 특징이었다면 리듬앤블루스는 조용하면서 끈적거리는 리듬으로 대중들에게 다가갔습니다.

힙합은 본래 낙서, 랩, 브레이크댄스를 비롯한 새로운 문화운동 전반을 가리키는 말에서 출발하였습니다. 전문 믹싱 프로듀서나 믹싱 DJ에 의해 발달을 거듭하게 되면서, 'MC' 라고 불리는 전문 랩퍼의 등장을 불러일으키게 되었으며, 랩 음악의 발달과도 밀접한 연관을 갖게 되었습니다.

인디는 진정성을 중심으로 한 음악적 가치를 추구하고, 과도한 프로듀싱에 의해 가공되지 않은 음악을 지칭하며, 국내에서는 주로 언더그라운드에서 활동 중인 다양한 아티스트들을 인디라고 합니다. 'Independence' 의 앞 머리글자를 딴것으로 예전엔 언더그라운드 가수를 통칭했었지만 현재는 기존의 음악에서 탈피한 그들만의 세계를 구축하는 음악인들을 통칭합니다.

재즈음악은 미국 뉴올리언스의 흑인들이 아프리카 리듬과 블루스, 백인 민요와 클래식이 뒤섞인 음악을 클럽에서 자유롭게 연주한 것으로 출발하였으며, 무엇보다 즉흥성을 중시함에 따라 특유의 스윙감과 연주가의 개성과 창조성이 부각된 사운드를 가장 대표적인 특징으로 들 수 있습니다. 현재는 록비트와 전자음을 가미한 퓨전재즈가 그 계보를 잇고 있습니다.

포크란 본래 세계 각지의 민중 사이에서 불리어 온 전통적인 노래를 뜻하나 현대에는 일반적으로 근대 미국의 민요를 뜻하는 말로 사용되고 있습니다. 그러나 우리나라의 포크송은 일반적으로 1970년대에 유행한 통기타 반주를 갖는 친근한 멜로디의 대중가요를 뜻합니다.

댄스음악은 광범위하게는 춤을 추기 위한 모든 종류의 반주용 음악을 뜻하는데 축음기와 라디오를 비롯한 전자기기의 발달과 레코드의 보급에 힘입어 단순히 춤을 위한 반주음악이 아니라 오락이나 감상을 위한 하나의 독립된 음악장르로 자리 잡았으며, 댄스가수라는 새로운 엔터테이너의 등장을 불러왔습니다. 오늘날의 댄스음악은 일반적으로 빠른 비트를 가진 대중음악을 뜻합니다.

뉴에이지 음악은 신비주의적 사상에 기반을 둔 종교적 개념으로 서양의 기계적이고 분석적인 면에서 가치를 찾지 못하고 인본주의나 자연주의에서 음악의 가치를 찾습니다. 인간의 무한한 잠재력과 신적 능력을 음악을 통해 찾고자 한 것입니다.

자신의 대중음악 성향을 알아봅시다.

1. 평소에 즐겨 듣는 음악의 장르는 무엇인가? (위의 종류에서 골라보자.)
2. 대중음악이 우리에게 필요한 음악이라고 생각하는가? (그렇다, 아니다, 그저 그렇다)
3. 싫어하는 음악의 장르를 골라보고 그 이유를 말해보자.
4. 가사의 내용 중에 어떤 것이 자신의 정서에 영향을 미치는가? (사랑, 괴로움과 슬픔, 기쁨과 즐거움)
5. 대중음악의 문제점은 무엇이라고 생각하는가? (우상화된 연예인, 가사의 선정성, 중독성, 기타)
6. 가수들의 행동이나 옷차림을 따라해 본 적이 있는가? (그렇다, 아니다, 관심 없다)

Standard of Life

말씀탐구

1. 시와 찬미로 우리가 할 수 있는 것들은 무엇이 있을까요?

"시와 찬송과 신령한 노래들로 서로 화답하며 너희의 마음으로 주께 노래하며 찬송하며 범사에 우리 주 예수 그리스도의 이름으로 항상 아버지 하나님께 감사하며"(엡 5:19-20).

"시와 찬미와 신령한 노래로 서로 화답하며, 여러분의 마음으로 주님께 노래하며 찬송하십시오. 모든일에, 늘 우리 주 예수 그리스도의 이름으로 하나님 아버지께 감사를 드리십시오"(엡 5:19-20, 표준새번역).

2. 음악의 감미로운 선율과 반복적인 멜로디는 사람들을 음악 속으로 빠뜨리게 합니다. 이에 하나님께서는 그리스도인들에게 어떤 태도를 요구하셨나요?

"누구든지 헛된 말로 너희를 속이지 못하게 하라 이로 말미암아 하나님의 진노가 불순종의 아들들에게 임하나니, 그러므로 그들과 함께 하는 자가 되지 말라 너희가 전에는 어둠이더니 이제는 주 안에서 빛이라 빛의 자녀들처럼 행하라 빛의 열매는 모든 착함과 의로움과 진실함에 있느니라"(엡 5:6-9).

"여러분은 헛된 말에 속아 넘어가지 마십시오. 이런 일 때문에 하나님의 진노가 순종하지 않는 자식들에게 내리는 것입니다. 그러므로 여러분은 그런 사람들과 짝하지 마십시오. 여러분이 전에는 어둠이었으나, 지금은 주 안에서 빛입니다. 빛의 자녀답게 사십시오.

빛의 열매는 모든 선과 의와 진실입니다" (엡 5:6-9, 표준새번역).

3. 우리가 대중음악을 분별해서 듣지 못하면 어떤 결과를 가져올까요?

"못된 열매 맺는 좋은 나무가 없고 또 좋은 열매 맺는 못된 나무가 없느니라 나무는 각각 그 열매로 아나니 가시나무에서 무화과를, 또는 찔레에서 포도를 따지 못하느니라 선한 사람은 마음에 쌓은 선에서 선을 내고 악한 자는 그 쌓은 악에서 악을 내나니 이는 마음에 가득한 것을 입으로 말함이니라"(눅 6:43-45).

"좋은 나무가 나쁜 열매를 맺지 않고, 또 나쁜 나무가 좋은 열매를 맺지 않는다. 나무는 각각 그 열매를 보면 안다. 가시나무에서 무화과를 거두어들이지 못하고, 가시덤불에서 포도를 따지 못한다. 선한 사람은 그 마음속에 선한 것을 쌓아 두었다가 선한 것을 내고, 악한 사람은 그 마음속에 악한 것을 쌓아 두었다가 악한 것을 낸다. 마음에 가득 찬 것을 입으로 말하는 법이다"(눅 6:45-45, 표준새번역).

Change of Life

대중음악 분별하기

대중음악 장르 중 반사회적이면서 반기독교적인 부분이 많은 장르는 어떤 것이 있을까요?

록음악과 뉴에이지 음악에 주로 반사회적이면서 반기독교적인 부분이 많이 나타납니다.

록음악의 주제는 주로 체제를 부정하거나 사회를 부정하는 내용이 많으며, 반역, 폭력, 허무주의, 도피, 마약, 술, 성, 자살, 살인, 신비주의, 사탄숭배, 하나님을 모독하는 내용 등이 주를 이룹니다.

뉴에이지 음악은 심리치료, 스트레스 해소, 명상음악 등으로 주로 사용되며 인간 의식의 무한한 가능성을 확장 개발함으로써 신격화된 비 신앙적 내용을 담고 있습니다.

위의 내용 외에 대중음악이 청소년들에게 미치는 부정적인 영향이 있으면 이야기해 봅니다.

- **가치관의 왜곡** : 거의 모든 가요의 주제가 사랑과 이별을 담고 있어서 건전한 사랑 이야기를 찾아보기 힘들며 이별의 슬픔을 과장하기도 하고 때로는 자살이나 죽음을 미화하기도 합니다. 사회 저항적 일탈행위나 성의 개방, 동성애의 가치를 마치 정상적인 가치로 묘사합니다.

- **폭력성** : 가사의 내용이 저급한 언어를 사용하거나 은어 등을 사용하여 청소년들에게 언어의 혼란을 일으키거나, 비속어나 은어가 표준어인 것처럼 사용되기도 합니다. 음악을 사용하여 폭력이 미화되기도 합니다.

- **소비의 양극화와 획일화** : 대중음악도 철저하게 자본주의 원리에 의해 시장의 지배를 받습니다. 일부 대형 가수에 의해 음악의 판도가 결정되며 음악의 주요 소비층은 이미 청소년이 되어 버렸고, 성인들의 음악은 크게 위축되었습니다.

- **우상화 문제** : 대중음악을 좋아하는 차원을 넘어서 음악에 집착을 하거나, 탐닉을 하게 됩니다. 좋아하는 가수는 이내 곧 우상이 되어 버립니다.

이러한 대중음악에 대한 대안이 있다면 발표해 봅니다.

대중음악을 들을 때 각 음악 장르별로 정확한 특징과 성향을 알고 분별하여 듣는 것도 좋은 방법이며, 한 가지 또 다른 대안으로는 'CCM' 을 적극적으로 듣는 것도 권장합니다.

※ CCM이란?(Contemporary Christian Music)

미국의 19세기부터 가스펠 송이라는 용어가 쓰이기 시작하면서 복음적인 내용을 담은 노래를 가스펠 음악으로 통칭해 왔습니다. 그러다가 1950년대에 'Rock n' Roll' 이 등장하면서 기독교 관련 음악에도 기존 가스펠과는 다른 맥의 음악이 등장했습니다.

이 음악은 외형으로는 일반 팝 음악과 구별되지 않았지만 내용은 기독교적인 것을 다루고 있었으니 이것이 바로 'CCM' 이었습니다. 처음에는 이 음악을 예수 음악 또는 지저스 록으로 불렀다가

'Contemporary Christian Music' 이라는 용어로 자리 잡아 전통적인 찬송가풍의 음악과는 뭔가 다른 음악을 하나의 흐름으로 인정하기 시작한 것입니다. 다시 말하면 CCM은 일반 대중음악의 스타일을 똑같이 가지고 있으면서 기독교적 가치관을 내용으로 담고 있는 음악인 것입니다.

우리나라에서는 6,70년대부터 미국에서 가스펠 송, 가스펠 뮤직을 들여오면서 복음성가라는 말로 정착되었으며, 시간이 지나면서 전통적인 교회음악이나 성가와 대비되는 대중적인 기독교 음악의 뜻으로 인식이 바뀌었습니다. 이렇게 개념 인식이 바뀌어서 복음성가라는 말보다는 CCM이라는 용어가 더 적합하다고 생각하여 80년대부터 CCM이라는 말이 쓰이게 되었습니다. 일반 팝과는 다르게 기독교적인 가치관, 도덕과 사랑, 사회정의를 담고 있는 CCM은 미국이나 유럽에서는 일반 팝 차트에서도 나름대로의 자리매김을 하며 큰 비중을 차지하고 있습니다.

Decision of Life

청소년들은 발달 특성상 그 시기에 많은 음악을 듣게 됩니다. 그리고 그 음악이나 가수와 관련된 대중문화를 많이 접하게 됩니다. 그러나 음악을 들을 때는 음악만 듣는 것이 아니라 음악과 관련된 세상의 죄된 문화들을 함께 접하게 되는 것입니다. 외국의 대중음악을 들을 때는 그 의미도 모른 채 반복해서 듣고 흥얼거리는 경우가 많고, 가요를 들을 때는 우울함이나 슬픔, 사회구조의 부정적인 면을 음악을 통해 따라하게 되고 가수들의 옷차림과 그들의 춤을 맹목적으로 익히기도 합니다. 음악은 사람들의 정서에 큰 영향을 주기 때문에 분별력 없이 따라하게 되면 우리의 의지와 상관없이 마음이 황폐해지고 하나님께서 원하시지 않는 태도와 행동을 갖게 됩니다. 우리가 음악을 들어야 한다면 분별력을 가지고 바로 알고 들어야 합니다. 음악은 아름다운 것입니다. 하지만 이 음악이 하나님께 속해 있을 때만 아름다울 수 있습니다.

제4과 뭐하고 놀지?

학습목표 : 청소년들의 바른 놀이문화는 소비를 위한 놀이가 아니라 쉼을 누리기 위한 놀이 문화이어야 함을 안다.

중심진리 : 세상의 놀이문화를 좇지 않고 하나님의 말씀에 순종하면 진정한 쉼을 얻을 수 있다.

본문말씀 : 이사야 14:3, 7

본과를 소개합니다

이번과는 청소년들의 문화 중에 대중음악에 해당하는 영역으로 음악의 속성과 장르를 바로 이해하고 분별하여 청소년들이 자기 주도적으로 음악을 선별할 수 있도록 하는 데 목적이 있습니다. 대중음악의 선정적이고 부정적인, 그리고 물질적이고 파괴적인 문화에 길들여져 있는 청소년들에게 기독교 세계관으로 음악을 어떻게 들어야 하는지 바른 접근이 필요합니다. 본과를 통해 청소년들이 대중음악을 바로 듣고 분별하는 기회가 되도록 지도합니다.

Story of Life

홀로 남는 청소년

70-80년대만 해도 우리나라는 주로 경제적인 이유로 부부가 맞벌이를 했습니다. 그러나 90년대 들어서는 주부들이 자신의 자아실현을 목적으로 직장을 갖는 경우가 많아졌습니다. 그 결과 청소년들은 어른들의 보호와 관심에서 벗어나 외로운 존재로 혼자 남게 되는 경우가 많게 되었고, 이러한 청소년들의 성장환경은 컴퓨터와 전자오락, TV, 만화, 비디오 같은 새로운 여가문화를 접하게 되면서 기존과는 전혀 다른 정서와 행동방식을 공유하는 세대로 탄생하게 되었습니다. 이들은 어른들이 모르는 자기들만의 즐거움을 찾아내고 나름의 문화를 만들어 가는데, 이들을 소위 열쇠족이라고 부릅니다. 아무도 없는 집안에 혼자 문을 열고 들어간다고 해서 불리어진 별칭입니다. 이들은 아무도 없는 집안에서 시간은 많은데 뭘 해야 할지 모르는 공허한 상태로 지내다가 간혹 충동적인 사고가 일어나기도 합니다. 부모와의 친밀한 관계가 형성되지 않은 이들은 대중문화와 또래친구들을 통해 왜곡된 사회화 과정을 경험하는 것입니다.

2000년대에 들어서 청소년들은 사교육의 엄청난 후폭풍을 맞습니다. 무엇 때문에 공부를 하는지, 왜 공부를 해야 하는지에 대한 물음도 못한 채 집안에서 홀로 보내던 시간을 이제는 학원에서 서너 명의 친구들과 함께 앞만 쳐다보고 새벽이 맞도록 공부를 하고 있습니다. 이런 청소년들에게 그들만이 느끼고 경험하는 흥미로운 놀이문화는 거의 없습니다. 놀이문화를 만들어갈 여유도 없습니다. 오로지 모든 것이 기계처럼 움직이며 모두가 대학을 향해 달려가고 있습니다. 이럴수록 청소년은 쉼과 놀이가 필요합니다. 정신 건강을 위해서도 필요하고, 놀이와 쉼을 통해 인격적인 하나님을 만나기 위해서도 필요합니다.

우리나라의 전통 놀이를 비롯해 컴퓨터 보급 이전 놀이의 종류를 말해보고 그 특징을 아는 대로 이야기해 보세요.

- **씨름** : 두 사람이 다리에 낀 샅바와 허리에 맨 띠를 잡고 넘어뜨리기를 겨루는 민속경기 놀이입니다.

- **장치기** : 나무 채로 공을 치는 놀이로 요즘의 하키와 비슷한 놀이입니다.

- **숨바꼭질** : '술래잡기' 로도 불리며 지방에 따라서 '숨기놀이', '숨박질', '숨기내기', '숨키박질', '술래놀이' 라고도 하였습니다. 실내나 마당, 골목길 등 어디에서나 가능했던 놀이로, 한 사람이 술래로 정해지면, 그 술래가 나머지 숨은 아이들을 찾는 놀이입니다.

- **공기놀이** : 조그마한 돌을 가지고 손 위에 얹었다 공중에 올려 다시 받는 놀이입니다. 먼저 다섯 개의 돌을 손에 쥐고 그 가운데 한 알을 위로 던져 올리는 동시에 나머지 네 알은 땅 바닥에 놓은 다음, 던져 올린 돌이 땅에 떨어지기 전에 받습니다.

- **고무줄놀이** : 여자아이들이 줄 위에서 또는 줄을 넘나들며 노는 놀이입니다. 마치 춤을 추듯 몸을 움직여 놀지만 몸짓이 줄에 의해서 엄격하게 제한되어 있습니다.

- **강강술래** : 남해안 일대에 전승되어 오는 민속놀이로 주로 팔월 한가위에 여성들이 노는 놀이인데, 여성놀이 중 가장 정서적이며 율동적인 놀이입니다.

- **두꺼비집 짓기** : 주로 모래를 이용한 놀이인데, 소년과 소녀들 사이에서 흔히 바닷가나 강변 등지에서 많이 행하여지는 놀이입니다. 이 놀이의 방법은 우선 왼손을 모래 속에 파묻고 다른 손으로는 그 위를 두들겨서 단단하게 만든 다음, 왼손을 빼면 그 모양이 마치 두꺼비 같이 보이므로 이 놀이를 두꺼비집 짓기 놀이라 불렀습니다.

- **가마 놀이** : 주로 소년과 소녀들 사이에서 행하여지는 것인데, 세 사람이 있어야 가마를 만들고 탈 수 있는 놀이입니다. 세 사람이 가위 · 바위 · 보로 순서를 정하는데, 이때 이긴 사람은 가마를 타고, 진 두 사람은 가마를 만들어야 합니다.

- **깨끔질 싸움** : 깨끔질이란 방언으로서 앙감질을 말합니다. 흔히 닭싸움이라고도 하는데, 한자로는 침탁이라고 씁니다. 이 놀이는 주로 소년들 사이에서 유행된 것인데, 두 사람 이상 상대가 있어야 가능한 놀이입니다. 방법은 바른쪽 발은 땅을 짚고 왼쪽 발은 무릎에 꼬부려 올린 다음 손으로 발목

이나 바지 끝을 움켜쥐고 한발로 뛰어 다니며 상대방을 쓰러뜨리는 놀이입니다.

- **다리헤기** : 주로 소년과 소녀들 사이에서 행하여지는 것인데, 방이나 마루 등에 마주 앉아서 상대방의 다리와 다리 사이에 서로 다리를 뻗고 하는 놀이입니다. 이렇게 다리를 뻗고 마주 앉은 바른 쪽에서부터 다리를 헤어 가는데 이때 헤는 사람이 노래를 부릅니다. "한거리 두거리 각거리 인사 만사 주머니 끈 돌돌 말아 장두 칼 애 장두 허리 띠 고드래 문이로 뚱기땡"

- **딱지치기** : 주로 소년들이 마루나 평평한 땅바닥에서 실시하는 것인데, 이때 딱지는 두꺼운 종이를 오려서 만들거나, 또는 보통 종이를 몇 겹으로 단단히 접어서 만듭니다. 이 딱지치기의 순서는 가위 · 바위 · 보로 결정하는데, 진 사람이 자기 딱지를 땅바닥에 엎어놓으면, 이긴 사람이 자기 딱지로 내려쳐서 상대방의 딱지가 젖혀지면 그것을 따먹지만, 만약 젖혀지지 않을 때는 상대편과 교대해야 합니다.

현재 청소년들이 즐기는 놀이에는 어떤 것들이 있는지 이야기해 보세요.

일반적으로 청소년들의 놀이는 여가에 포함되어 생각되는 경향이 있어 구체적으로 청소년놀이란 무엇인가 정확하게 말하기는 어렵습니다. 청소년이 여가시간에 노는 양태에 따라 놀이를 세 가지로 분류할 수 있습니다. 첫째는 휴식분산형 놀이로서 여러 환경에서 오는 스트레스를 풀기 위하여 활동 자체에 몰두하기 보다는 육체적 회복이나 정신적 평형을 유지하는 정도의 활동으로 공상, 음악 감상, 특별한 용건 없는 대화, 물건사기 등이 포함됩니다. 둘째는 관람집중형 놀이로서 관람을 통해 관람 대상 자체에 집중하는 경우의 활동을 말하며 각종 스포츠나 영화 등의 공연 및 예술 전시의 관람 활동이 포함됩니다. 셋째는 활동몰입형 놀이로 전통적으로 놀이라고 여겨지는 각종 게임, 여가활동으로 즐기는 스포츠와 예술 활동이 포함됩니다.

그러면 놀이 중에서 청소년들이 즐겨하는 놀이는 무엇인가? 연구에 의하면, 30%이상의 청소년이 참가하는 것은 '친구와의 만남(95.4%)', 'TV 보기(88.5%)', '비디오 보기(82.1%)', '독서나 만화보기(78.8%)', '노래방에서 노래 부르기(76.0%)', '음악 감상(74.1%)', '영화, 연극, 음악회 관람(69.0%)', '쇼핑하기(66.7%)', '컴퓨터 게임(50.1%)', '흡연, 음주(45.7%)', '카드놀이나 고스톱(37.4%)', '다트 등 실내 스포츠(36.3%)', '농구나 축구(31.0%)' 였으며, 수영이나 자전거, 롤러스케이트 등의 놀이에 참여하고 있는 청소년은 상대적으로 낮은 비율이었습니다.

이 결과를 보면 청소년들은 주로 휴식분산형 놀이나 관람집중형 놀이를 중심적으로 즐기고 있으며, 활동몰입형 놀이는 거의 하지 않는 것으로 나타나고 있어 실외 공간에서의 활동적이고 사회적인 놀이보다는 실내 공간에서 정적인 놀이에 주로 참여하고 있음을 알 수 있습니다.

(출처: "기독교청소년교육", 김성애, 하교, 2006.)

현재 청소년들이 즐기는 놀이문화에 문제는 없는가? 있다면 무엇인지 이야기해 봅니다.

- **컴퓨터** : 뚜렷한 목적 없이 인터넷을 검색하다가 선정적이고 자극적인 내용이나 사진들이 나오면 몰입하여 많은 시간을 낭비하게 됩니다. 이때 인터넷 검색의 목적을 잃지 않으며 사용시간을 정하고 인터넷을 검색하는 것이 필요합니다. 또 컴퓨터 게임은 여가시간 활용이나 스트레스 해소를 목적으로 하는 것이 아니라 게임 그 자체에 집착하게 하므로 또 다른 스트레스가 가중되고 생활 리듬이 깨지게 됩니다.

- **일본 만화** : 만화의 주 내용에 청소년이 등장하더라도 내용은 성인용이거나 판타지를 소재로 하여 현실감을 떨어뜨립니다.

- **노래방, 비디오방** : 밀폐된 공간에서의 은밀함이 청소년들의 호기심을 부정적으로 자극하기도 합니다.

- **TV** : 관계 형성을 통한 놀이가 아닌 혼자만의 시간 속에서 현실을 망각한 대리만족 속에 빠질 수 있습니다. TV에서의 폭력과 선정적인 장면은 다분히 그것을 미화하여 보여주므로 현실과는 동떨어진 시각을 갖게 합니다.

- **연예인 선호** : 맹목적으로 추종하고 우상화합니다.

Standard of Life

말씀탐구

1. 하나님께서는 삶에 지친 이스라엘 백성들에게 무엇을 주셨나요?

"여호와께서 너를 슬픔과 곤고와 및 네가 수고하는 고역에서 놓으시고 안식을 주시는 날에"(사 14:3).

"이제는 온 땅이 조용하고 평온하니 무리가 소리 높여 노래하는도다"(사 14:7).

하나님은 이스라엘 백성들에게 자유와 안식, 그리고 진정한 평강과 기쁨을 주셨습니다.

2. 바르고 건전한 놀이는 우리를 지치고 힘든 삶에서 쉼(안식)을 주는 역할을 합니다. 안식이 우리의 생활에 필요한 이유는 무엇인가요?

하나님을 찾고 순종하게 되며(히 4:8-11), 삶의 여유가 생기며, 삶의 활력소를 찾을 수 있고, 친구들과의 관계도 향상시킬 수 있습니다.

Change of Life

놀이문화 대안 찾기

다음은 청소년들의 놀이문화의 특징입니다. 바른 대안을 함께 찾아보세요.

- 청소년들의 놀이가 생산적인 활동이기보다는 스트레스를 해소하기 위한 감각적이고, 획일적인 놀이가 주류를 이룬다.
- 청소년들의 놀이가 대부분 실내형 위주이며, 정적인 놀이가 중심을 이룬다.
- 개인 또는 소집단 중심의 놀이를 즐기는 형태가 많다.
- 가족과 함께하는 시간이 적다.
- 놀이 공간이 턱없이 부족하다.

청소년들의 놀이가 스트레스를 해소하는 목적도 있지만 그 놀이가 창의적이지 못하고 감각적이면서 획일적이라면 문제가 있습니다. 청소년들의 놀이공간이 노래방, PC방, 찜질방 등과 같이 밀폐되고 자신만의 공간에서 이루어지는 것도 문제가 됩니다. 현재의 놀이문화는 소집단 및 대집단의 상호작용을 통해 관계성을 익히는 데 한계가 있으며, 가족과 함께하는 놀이가 없어 가족을 통해 누릴 수 있는 친밀성과 안정성을 얻기 힘듭니다. 청소년을 위한 전용공간의 부족은 반대로 성인을 위한 공간이 많다는 것이고 그것은 탈선의 연결고리가 되기도 합니다.

Decision of Life

청소년들의 놀이는 휴식을 위한 놀이가 아니라 소비를 위한 놀이로 하나님께서 원하시지 않는 빗나간 놀이들이 많습니다. 하나님께서 우리에게 원하시는 것은 하나님을 믿고 섬기되 평안을 누리는 것입니다. 하지만 우리는 친구들과의 놀이를 통해 쉼과 평안을 누리기보다 더 심한 스트레스와 갈등, 그리고 세상의 잘못된 놀이문화에 쫓기고 있습니다. 우리가 세상의 놀이문화를 좇지 않고 하나님의 말씀에 순종하며 우리에게 쉼을 주시고자 하시는 하나님의 마음을 잘 안다면 우리는 놀이를 통해서도 하나님께 드리는 예배의 삶을 살 수 있게 될 것입니다.

Introduce

단 원 주 제	윤리관
단 원 해 설	본 단원에서는 청소년들이 민감하게 느끼는 부분인 생명 윤리에 관하여 배우게 된다. 나보다 남을 낫게 여기고, 생명의 귀함이 어디에서 나오는지 다루게 될 것이다.
중 심 구 절	"너희는 너희 아비 마귀에게서 났으니 너희 아비의 욕심대로 너희도 행하고자 하느니라 그는 처음부터 살인한 자요 진리가 그 속에 없으므로 진리에 서지 못하고 거짓을 말할 때마다 제 것으로 말하나니 이는 그가 거짓말쟁이요 거짓의 아비가 되었음이라"(요 8:44).
단원학습목표	인간의 존엄성과 생명의 존엄성을 통해 하나님이 만드신 사람의 모습을 회복해야 함을 깨닫는다.
단원핵심정리	청소년 시기에는 생명에 관한 윤리 의식과 존엄성의 의미를 아는 것이 중요하다.

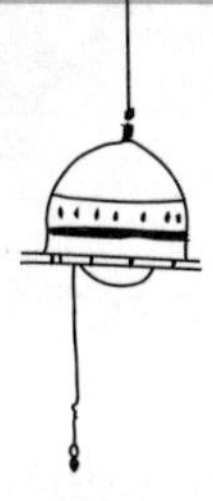

문화편

2 단원

2 윤리관

단원소개

자아정체감이 형성되지 않은 청소년들의 윤리의식은 상황과 환경에 따라 많은 변화를 가져옵니다. 세상의 어떤 지식도 자기보다 남을 높게 여기며 생명 자체를 귀하게 여기지는 않습니다. 하지만 하나님의 자녀들은 생명의 귀함이 하나님에게서 나옴을 알기에 생명을 어떻게 다루어야 하는지 알 수 있습니다. 본 단원에서 청소년들은 왕따, 자살, 폭력이라는 주제를 공부함으로써 자신뿐만 아니라 다른 사람들을 얼마나 소중히 여겨야 하는지에 대해서 알게 될 것입니다.

틴틴파워 in 지저스

제5과 따돌리지 마세요!(왕따)

학습목표 : 집단 따돌림의 의미를 바로 이해하고 기독 청소년으로서 예수님의 섬김의 본을 따르고자 결심한다.

중심진리 : 예수님이 세상을 지배하기 위해서가 아닌 섬기기 위해서 오신 분임을 알 때 우리는 왕따에 대한 바른 가치관을 가질 수 있게 된다.

본문말씀 : 사무엘상 18:1-4

본과를 소개합니다

이번과는 청소년들의 문화 중 왕따에 관한 내용으로 왕따에 대한 바른 이해와 함께 성경적 근거를 통해 예수님은 세상을 지배하기 위해서가 아닌 섬기기 위해서 오신 분임을 알고 그 의미를 바르게 정립하여 건전한 청소년 생활을 할 수 있도록 하는 데 목적이 있습니다. 본과를 통해 왕따의 의미와 원인을 알게 될 것이고 하나님은 약자를 향해 어떤 생각을 가지고 계시는지 알게 될 것입니다. 비난과 조소보다 섬김과 이해, 격려가 하나님의 방법임을 알고 그 방법을 따라 행동하는 예수님의 제자가 되도록 지도합니다.

Story of Life

청소년과 집단 따돌림(왕따)

사람들의 생활은 다른 사람과의 관계에서부터 출발합니다. 이것은 개인의 정서적 발달 및 안정, 그리고 정체감 형성에 큰 영향을 줍니다. 즉 사람들은 다른 사람과의 인간관계가 조화로울 때는 성숙된 사람으로 성장하지만 그렇지 못하여 다른 사람과의 조화를 이루지 못하면 부적응으로 인해 참기 어려운 고통을 겪게 됩니다. 특히 청소년기에 있는 청소년 또래 집단은 사회적 행동, 소속감, 개인적 관계 형성, 자아존중감 등이 형성되는 시기로서 이때 집단 따돌림을 당하게 되면 인격 성장에 큰 영향을 미칠 수 있습니다.

집단 따돌림을 당하게 되면 우울증, 자기 비난, 낮은 자존감을 갖게 되며 이것이 심하면 학습장애, 품행장애와 약물남용으로 나타나고 적응장애, 불안, 외상 후 스트레스 장애까지 나타나 정신과 치료를 받아야 되는 경우도 있습니다. 심지어 1999년 한 고등학생은 자신을 계속 괴롭힌 친구를 수업 중에 살해하였고, 초등학교 6학년 여학생은 친구에게 따돌림을 당했다고 자살을 하였으며, 그 외에 이민을 가거나 학교를 포기하는 경우도 많습니다. 이렇듯 집단 따돌림의 문제는 따돌림 그 자체로 끝나는 것이 아니라 집단 괴롭힘과 집단 폭행과 결부되어 신체적, 정신적으로 한 인간을 정상적으로 성장하지 못하게 만드는 심각한 살인행위라고 할 수 있습니다. 따돌림을 시키는 친구들의 입장에서 보면 보통의 친구들과 다르다거나, 특이한 외모나 성향을 가졌거나, 자기중심적인 태도를 취했기 때문에 함께 어울리기 싫어서 외면하는 것이라고 말할 수 있으나 그 자체로 집단 따돌림을 당하거나 존중받지 말아야 할 이유는 없는 것입니다. 집단 따돌림은 외면으로 끝나는 것이 아니라 한 사람의 인생을 크게 왜곡시키고 파멸시키는 심각한 문제를 초래할 수 있음을 기억해야 합니다.

Talk Talk about Life

‘집단 따돌림’ 또는 ‘왕따’의 의미를 아는 대로 이야기해 봅니다.

‘한 집단의 소속원 중 자기보다 약한 상대를 대상으로 또는 집단의 암묵적인 규약을 어긴 자를 대상으로 여럿이 함께 또는 개인이 돌아가며 신체적, 심리적인 공격을 지속적으로 가하여 반복적으로 고통을 주는 행동이다’ (한국교육개발원, 1998)

‘힘의 불균형 관계에서 한 명 이상의 학생이 오랜 기간 동안 지속적으로 부정적인 행동(신체적, 언어적, 비언어적)을 통해 의도적인 해를 입히려는 행동’ (Dan Olweus, 1995)

‘집단 따돌림을 두 명 이상의 집단을 이루어 특정인을 그가 속해 있는 집단에서 소외시켜 구성원으로서의 역할 수행에 제약을 가하거나 인격적으로 무시 혹은 음해하는 언어적, 신체적 행위’ (구본용, 1997)

정리를 해보면 집단 따돌림(왕따)은 일정한 기간 동안 지속적으로 약자에 대해 언어적, 신체적, 정신적으로 피해를 주는 공격적인 행동이라고 볼 수 있습니다.

왕따는 일본의 이지메처럼 한국에서 사용하는 표현으로 여러 명이나 집단에서 따돌림을 하는 현상을 의미합니다.

참고

왕따의 종류

왕따는 은어로서 ‘王’과 ‘따’(따돌림의 준 말)가 결합하여 글자 그대로 ‘심하게 따돌림’이라는 뜻을 가지고 있다. 그 종류로는 ‘따’(일반적으로 따돌림을 당하는 학생), ‘따돌이, 따순이’(따돌림을 당하는 남학생, 여학생), ‘은따’(은근히 따돌림을 당하는 학생), ‘전따’(전교 또는 학급 전체에서 따돌림을 당하는 학생), ‘개따’(개인적으로 따돌림을 당하는 학생), ‘집따’(집에서 따돌림을 당하는 학생), ‘생까’(집단으로 따돌리기 위해 피해 학생을 무시하여 모른 체 하는 행동), ‘영따’(영원히 따돌림)

집단 따돌림은 왜 나쁜 것일까요?

집단 따돌림은 위에서 언급한 것처럼 우울증, 자기 비난, 낮은 자존감을 갖게 되며 이것이 심하면 학습장애, 품행장애와 약물남용으로 나타나고 적응장애, 불안, 외상 후 스트레스 장애까지 나타나 정신과 치료를 받아야 되는 경우도 있습니다. 극단적인 경우에는 타인에게 돌이킬 수 없는 가해(살인)를 입히거나 자해(자살)를 하기도 합니다. 이렇듯 집단 따돌림의 문제는 따돌림 그 자체로 끝나는 것이 아니라 집단 괴롭힘과 집단 폭행과 결부되어 신체적, 정신적으로 한 인간을 정상적으로 성장하지 못하게 만드는 심각한 살인행위라고 할 수 있기 때문입니다.

따돌림을 당하는 학생들은 어떤 행동을 보이는지 이야기해 봅니다.

따돌림을 당하는 학생들은 다음과 같은 행동을 보입니다.

- 반복적으로 희롱을 당하거나 모욕적인 별명으로 불리고, 조소, 무시, 조롱, 위협을 당한다.
- 비우호적인 방식으로 비웃음꺼리가 된다.
- 꼬집히고, 밀치고, 주먹으로 치고, 발로 차임을 당한다.
- 언쟁과 싸움에 쉽게 말려든다.
- 본인의 책, 돈, 물건 등을 빼앗기고, 손상당한다. 또는 도난당하기도 한다.
- 온 몸에 멍이 들고, 상처가 나고, 긁히고, 옷이 찢긴다.
- 휴식시간이나 점심시간에 친구들로부터 외톨이가 된다.
- 우울하고, 불안해하며 눈물을 자주 글썽인다.
- 학교에 가기를 겁내거나 식욕이 없고, 머리나 배가 반복적으로 아프다.
- 학업에 흥미를 잃고 성적이 떨어진다.
- 짜증을 부리거나 화를 자주 내는 등 감정의 기복이 심하다.
- 친구들을 집에 데리고 오는 일이 없고, 친구 집에 가는 일도 없다.
- 수업 시간에 교사와 눈을 마주치지 않고 피하며 항상 고개를 숙이고 있다.
- 주위를 잘 두리번거리며 눈치를 본다.
- 노트나 연습장에 부정적이고 극단적인 표현을 많이 쓴다.

집단 따돌림의 원인과 방법을 아는 대로 나누어 봅니다.

집단 따돌림의 피해 원인

지능이 낮거나 공부를 못한다. 신체적 결함이 있거나 왜소하다. 말이 없고, 소극적이며 남과 잘 어울리지 못한다. 척한다(잘난 척, 예쁜 척, 돈 많은 척, 공부 잘하는 척, 짱인 척), 거짓말이나 이간질, 고자질 등을 잘한다. 이기적이고 남을 무시하며, 건방지다. 말과 행동이 다르며 눈치가 없다. 집단 따돌림의 편을 들어 준다. 전학을 오거나 집이 가난하다 등.

집단 따돌림의 가해 원인

마음에 안 드는 점을 고치기 위해, 장난삼아서, 자기의 힘과 세력을 과시하기 위해, 괴롭히는 것을 즐기기 위해, 본인이 왕따를 당하지 않기 위해, 학교나 가정에서의 불만을 해소하기 위해, 개인적인 스트레스를 풀기 위해 등.

집단 따돌림의 가해 방법

무시하거나 같이 놀아주지 않는다. 다른 사람과 못 놀게 한다. 욕을 하고 놀리며 망신을 준다. '죽여 버리겠다. 가만두지 않겠다' 라는 등의 협박을 한다. 때리거나 힘겨루기를 한다. 하기 싫은 일을 억지로 시킨다. 돈이나 물건을 빼앗거나 감춘다. 시비를 자주 건다. 신체적 체형을 가지고 놀린다. 공부를 못한다거나, 머리가 나쁘다고 놀린다. 집안 형편과 관련해서 놀린다 등.

Standard of Life

말씀탐구

1. 본문 속 다윗과 요나단의 관계는 어떠했나요?

"다윗이 사울에게 말하기를 마치매 요나단의 마음이 다윗의 마음과 하나가 되어 요나단이 그를 자기 생명 같이 사랑하니라 그 날에 사울은 다윗을 머무르게 하고 그의 아버지의 집으로 다시 돌아가기를 허락하지 아니하였고 요나단은 다윗을 자기 생명 같이 사랑하여 더불어 언약을 맺었으며 요나단이 자기가 입었던 겉옷을 벗어 다윗에게 주었고 자기의 군복과 칼과 활과 띠도 그리하였더라" (삼상 18:1-4).

진정한 우정은 나의 입맛에 맞는 친구를 찾아서 내 입맛대로 친구를 이용하는 것이 아니라 친구의 필요를 내가 채워주는 것이 진정한 우정입니다. 다윗과 요나단은 서로를 자기 생명처럼 사랑하는 사이였습니다. 그것은 서로 완벽한 모습으로 만났기 때문이 아니라 서로 최고의 친구가 되기 위해 이해하고, 인정하고, 참아주고, 기다려 주었기 때문입니다.

최고의 친구는 완벽한 모습으로 나에게 찾아오는 것이 아니라 최선을 다해 친구를 섬기는 모습에서 최고의 친구가 되는 것입니다.

2. 왕따는 성경 속에서도 있었습니다. 하지만 하나님께서는 그들을 어떻게 위로하셨나요?

* 노아

"홍수 전에 노아가 방주에 들어가던 날까지 사람들이 먹고 마시고 장가 들고 시집 가고 있으면서 홍수가 나서 그들을 다 멸하기까지 깨닫지 못하였으니 인자의 임함도 이와 같으리라"(마 24:38-39).

하나님의 은혜를 받은 노아는 하나님을 전적으로 신뢰하며 사람들의 멸시와 조롱, 비웃음을 이겼습니다. 그래서 그는 방주를 통해 생명을 구할 수 있게 되었습니다.

* 요셉

"요셉이 그들에게 가까이 오기 전에 그들이 요셉을 멀리서 보고 죽이기를 꾀하여 서로 이르되 꿈 꾸는 자가 오는도다 자, 그를 죽여 한 구덩이에 던지고 우리가 말하기를 악한 짐승이 그를 잡아먹었다 하자 그의 꿈이 어떻게 되는지를 우리가 볼 것이니라 하는지라 르우벤이 듣고 요셉을 그들의 손에서 구원하려 하여 이르되 우리가 그의 생명은 해치지 말자 르우벤이 또 그들에게 이르되 피를 흘리지 말라 그를 광야 그 구덩이에 던지고 손을 그에게 대지 말라 하니 이는 그가 요셉을 그들의 손에서 구출하여 그의 아버지에게로 돌려보내려 함이었더라 요셉이 형들에게 이르매 그의 형들이 요셉의 옷 곧 그가 입은 채색옷을 벗기고 그를 잡아 구덩이에 던지니 그 구덩이는 빈 것이라 그 속에 물이 없었더라 그들이 앉아 음식을 먹다가 눈을 들어 본즉 한 무리의 이스마엘 사람들이 길르앗에서 오는데 그 낙타들에 향품과 유향과 몰약을 싣고 애굽으로 내려가는지라 유다가 자기 형제에게 이르되 우리가 우리 동생을 죽이고 그의 피를 덮어둔들 무엇이 유익할까 자 그를 이스마엘 사람들에게 팔고 그에게 우리 손을 대지 말자 그는 우리의 동생이요 우리의 혈육이니라 하매 그의 형제들이 청종하였더라 그 때에 미디안 사람 상인들이 지나가고 있는지라 형들이 요셉을 구덩이에서 끌어올리고 은 이십에 그를 이스마엘 사람들에게 팔매 그 상인들이 요셉을 데리고 애굽으로 갔더라"(창 37:18-28).

"그들이 서로 말하되 우리가 아우의 일로 말미암아 범죄하였도다 그가 우리에게 애걸할 때에 그 마음의 괴로움을 보고도 듣지 아니하였으므로 이 괴로움이 우리에게 임하도다"(창 42:21).

요셉은 야곱의 아들 중에 가장 사랑을 받았던 자였지만, 그 편애함과 형들의 잘못을 고자질하는 등의 행동으로 형들에게 왕따를 당하였고 노예로 팔려가기에 이릅니다. 하지만 하나님을 향한 굳건한 믿음을 지켜 결국은 형들을 포함한 가족 모두를 구원하고 애굽의 총리가 되는 축복을 받았습니다.

*** 예수님**

"이 사람이 마리아의 아들 목수가 아니냐 야고보와 요셉과 유다와 시몬의 형제가 아니냐 그 누이들이 우리와 함께 여기 있지 아니하냐 하고 예수를 배척한지라"(막 6:3).

"나는 벌레요 사람이 아니라 사람의 비방 거리요 백성의 조롱 거리니이다 나를 보는 자는 다 나를 비웃으며 입술을 비쭉거리고 머리를 흔들며 말하되 그가 여호와께 의탁하니 구원하실 걸, 그를 기뻐하시니 건지실 걸 하나이다"(시 22:6-8).

사람들에게 철저히 버림받은 예수님은 온갖 수치와 모욕을 당하시고 인간이 내려갈 수 있는 마지막까지 내려 가셨습니다. 모든 따돌림을 당하신 예수님은 마침내 부활의 영광으로 승리하셨습니다.

*** 모세**

"그들의 말이 누가 너를 관리와 재판장으로 세웠느냐 하며 거절하던 그 모세를 하나님은 가시나무 떨기 가운데서 보이던 천사의 손으로 관리와 속량하는 자로서 보내셨으니"(행 7:35).

"모세가 구스 여자를 취하였더니 그 구스 여자를 취하였으므로 미리암과 아론이 모세를 비방하니라"(민 12:1).

실수도 있었던 모세였지만 하나님은 끝까지 모세를 위로하시고 모세와 동행하셨습니다.

그 외에 바울(행 17:5; 27:9-11, 13-14, 고후 6:5; 11:24-27), 여호수아와 갈렙(수 14:9-10; 14:30, 34), 다윗(삼상 16:7, 11), 엘리야(왕상 17:3; 18:22), 삭개오(눅 19:7), 수가성의 사마리아 여인(요 4:15-17)이 있습니다.

3. 성경은 친구를 따돌리고 비난하는 것에 대해 어떻게 경고하고 있나요?

"비판을 받지 아니하려거든 비판하지 말라. 너희가 비판하는 그 비판으로 너희가 비판을 받을 것이요 너희가 헤아리는 그 헤아림으로 너희가 헤아림을 받을 것이니라 어찌하여 형제의 눈 속에 있는 티는 보고 네 눈 속에 있는 들보는 깨닫지 못하느냐. 보라 네 눈 속에 들보가 있는데 어찌하여 형제에게 말하기를 나로 네 눈 속에 있는 티를 빼게 하라 하겠느냐 외식하는 자여 먼저 네 눈 속에서 들보를 빼어라 그 후에야 밝히 보고 형제의 눈 속에서 티를 빼리라 거룩한 것을 개에게 주지 말며 너희 진주를 돼지 앞에 던지지 말라 그들이 그것을 발로 밟고 돌이켜 너희를 찢어 상하게 할까 염려하라"(마 7:1-6).

"나는 너희에게 이르노니 형제에게 노하는 자마다 심판을 받게 되고 형제를 대하여 라가라 하는 자는 공회에 잡혀가게 되고 미련한 놈이라 하는 자는 지옥 불에 들어가게 되리라" (마 5:22).

Change of Life

왕따 극복하기

만약 왕따를 당하고 있는 친구가 있다면 어떻게 도울 수 있을까요?

왕따를 극복하기 위한 근본적인 대안은 가해 학생이나 피해 학생 모두가 서로를 높게 여기며 존중해 주어야 합니다. 하지만 이것은 매우 복합한 구조적 문제를 가지고 있습니다. 가해 학생이 단순히 흥미와 영웅심에 의해서가 아닌 본인의 감정과 가치 기준에 의한 따돌림이라면 왜곡된 자아를 가지고 있을 것이고, 이것은 가정과 학교, 또래 집단에서 복합적인 문제로 굳어졌을 가능성이 높습니다. 피해 학생 역시 왕따를 당하고 있다면 이미 낮은 자존감으로 자기 비하와 함께 모든 사고체계가 부정적으로 변했을 가능성이 높습니다. 이것에 대한 대안은 단회적인 만남이나 프로그램으로는 안 되며 일대일로 시간을 가지고 한 단계 한 단계 자아를 새롭게 형성시켜주며 자존감('나는 소중한 사람')을 갖도록 해주어야 하고 무엇보다 하나님의 은혜를 경험하고 누리게 해주어야 합니다.

기독청소년들이 왕따를 당하는 친구들을 돕고 싶어도 자신도 왕따를 당할 것을 두려워하여 돕기를 주저하는 경우가 많습니다. 학교를 벗어난 장소에서 만남을 갖거나 교회에 인도하여 교회 지도자나 교회 친구들을 통해 도움을 주는 것도 방법일 수 있습니다.

왕따 예방하기

왕따 경험은 누구나 있을 수 있습니다. 만약 왕따를 예방할 수 있다면 그 방법을 나누어 봅니다.

정확히 말하면 왕따를 예방하는 방법을 묻는 질문은 틀린 것입니다. 왕따를 당하는 학생들은 자신이 무엇을 잘못했기 때문에 왕따를 당하는 것이 아니라 가해 학생들의 죄 된 속성과 미숙한 인격 때문에 나타나는 현상이기 때문입니다. 그 사람이 진실하다면 그것을 그대로 받아주고 인정해 주어야 하는데, 내 입맛에 맞지 않는다고 조정하고 압박을 가해서는 안 되는 것입니다. 하지만 왕따를 가하는 학생들은 자신이 잘못되었다고 생각하지 않습니다. 자신의 힘과 또래집단에서의 자신의 위치를 이용해 왕따를 정당화합니다.

청소년들에게 세상적인 가치(힘이 센 사람이 이기고, 수단과 방법을 가리지 않고 경쟁에서 이겨야 인정받고, 남을 비난해야 내가 우월해 보이는 가치관)보다는 하나님의 말씀을 가르치고, 믿고, 소망하고, 배려하고 기다려줄 줄 아는 청소년이 될 수 있도록 격려해야 합니다. 지는 것이 이기는 것이고, 배려하고 인정해 주는 것이 이기는 것이며, 안개처럼 없어질 세상의 명예와 권력을 좇기보다 하나님 한분으로 즐겁고 행복한 은혜가 차고 넘쳐 남에게 전해지는 예수님의 제자가 된다면 그 어떤 왕따도 두렵지 않을 것입니다.

사람들은 다른 사람과의 관계를 통해서 자신의 존재감을 확인합니다. 그 존재감은 남을 지배하고 싶은 권력으로 나타나기도 하고, 남을 존중해주는 섬김의 자세로 나타나기도 합니다. 세상적 가치에 길들여진 우리는 남을 존중해주고 섬기기보다 남을 내가 원하는 모습으로 조정하고 지배하고 싶어 합니다. 하지만 이것은 개인의 정서적 발달 및 안정, 그리고 정체감 형성에 부정적인 영향을 줍니다. 즉 사람들은 다른 사람과의 인간관계가 조화로울 때는 성숙된 사람으로 성장하지만 그렇지 못하여 다른 사람과의 조화를 이루지 못하면 부적응으로 인해 참기 어려운 고통을 겪게 됩니다. 그 고통으로 우울증, 자기 비난, 낮은 자존감을 갖게 되며 이것이 심하면 학습장애, 품행장애와 약물남용으로 나타나고 적응장애, 불안, 외상 후 스트레스 장애까지 나타나 정신과 치료를 받아야 되는 경우도 있습니다. 이것은 신체적, 정신적으로 한 인간을 정상적으로 성장하지 못하게 만드는 심각한 살인행위라고 할 수 있습니다.

하나님께서는 예수님을 통해 사람과의 관계는 지배하는 것이 아니라 나보다 남을 높게 여기고 섬기며 돕는 본을 보이셨습니다. 우리는 남을 비난하고 조소함으로 존재감을 느끼는 것이 아니라 예수님의 제자로서 남을 섬기고 돕는 존재로 살아가야 함을 기억해야 합니다.

인민파워 in 지저스

제6과 아무도 나에게 관심이 없어요 (자살)

학습목표 : 자살의 의미와 원인을 바로 이해하고 생명의 주재권은 오직 하나님께 있음을 안다.

중심진리 : 생명의 주관자는 나 자신이 아니고 오직 하나님이심을 알 때 우리는 생명에 대한 바른 가치관을 가질 수 있게 된다.

본문말씀 : 고린도후서 7:5-7

본과를 소개합니다

이번과는 사회문제 가운데 크게 대두되고 있는 자살에 관한 내용으로 자살에 대한 바른 이해와 함께 성경적 근거를 통해 생명의 주재권은 하나님께 있음을 알게 하는 데 목적이 있습니다. 본과를 통해 자살의 의미와 원인을 충분히 이해하고 우리가 자살 충동을 느낄 때 과연 어떻게 반응해야 하는지 알게 될 것입니다. 또한 생명의 주관은 오직 하나님께만 있음을 깨닫고 힘든 고통과 어려움이 있다 하더라도 인내하는 법을, 하나님께서 우리를 포기하시지 않고 지키심을 꼭 기억하도록 지도합니다.

Story of Life

청소년과 자살

청소년기의 자살은 자신의 문제가 타인에 대한 신체적 폭행이나 자학, 가출, 분노의 폭발, 심리적 위축, 또래 집단으로부터의 격리 등으로 해결되지 않을 때, 죽음이 유일한 방법이라고 생각할 때 나타나기 쉽습니다. 청소년기는 신체적, 정신적으로 성인으로 성장하는 과도기에 있는 시기로서 감정의 기복이 많고, 외적 스트레스가 많음과 동시에 부모의 기대와 사회적 요구에 처음으로 직면하는 시기여서 청소년기의 발달 특성 자체가 자살과 밀접한 관계를 가지고 있습니다. 또한 청소년기는 급격한 신체적 변화를 경험하고, 심리적으로 매우 불안정한 과정에 있으며, 인지적으로는 자아개념의 혼란을 겪습니다. 사회관계적으로는 부모 및 가족과의 갈등, 친구들과의 갈등, 학업 및 장래 문제에 대한 고민과 더불어 과도한 입시열기, 성적부진, 부모의 기대에 대한 중압감 등에서 심한 스트레스를 경험하는데 이러한 요인들이 청소년들의 자살에 복합적으로 작용하여 큰 영향을 미치기도 합니다. 어른들의 입장에서는 이해할 수 없으나 청소년의 자살은 나름대로 동기가 분명하고 충동성이 강하여 순간적으로 이루어지는 특징을 가지고 있습니다. 청소년들은 미래에 대한 희망을 상실하여 더 이상 살아야 할 이유를 찾지 못해 계획적으로 준비된 자살을 하기보다 일시적이고 급성적인 스트레스에 의해 자살을 시도하는 경우가 많습니다. 자살을 시도하는 청소년의 대부분은 죽음에 대해 불확실한 생각을 가지고 있고 단지 현재 자신이 처한 상황이 너무 고통스럽기 때문에 이러한 상황에서 벗어나기 위한 방법으로 자살을 선택합니다.

자살 충동을 느끼거나 실행에 옮겨본 적이 있다면 왜 그랬는지 나누어 봅니다.

자살에 대해 이야기를 하면서 자살의 동기나 생각 및 행동이 구체적이면 일단 그 학생에게 많은 관심을 갖고 지속적인 관계를 맺어야 하고, 스트레스 요인을 분명히 제거해 주어야 하며 지금 현재 혼자가 아님을 인식시켜 주어야 합니다. 자살을 생각하는 학생의 문제는 모두가 조금씩 가지고 있으며, 교사와 친구들이 항상 함께할 뿐만 아니라 하나님이 항상 함께하신다고 격려하도록 합니다.

자살의 의미는 무엇이며 사람들은 왜 자살을 하는지 그 이유를 이야기해 봅니다.

자살은 말 그대로 '스스로 자기 목숨을 끊는 것' 인데 일반적으로 자살은 자신을 향한 살인 행위로서 장차 초래될 결과를 예측하여 자신에게 행하는 적극적 또는 직접적 죽음의 형태를 말합니다. 이와는 달리 자살을 종종 스스로를 상하게 하려는 의도가 아니라 실망, 절망, 분노 등의 복잡한 감정을 극단적으로 표현하거나 자신의 극단적인 정서를 전달하기 위해 사용하는 방법으로 보는 견해도 있지만 결국 자신의 모든 관계를 끊어 버리는 극단적인 단절을 의미합니다.

본인이 스스로 모든 희망이 없다고 생각하여 스스로 자살을 선택하는 것은 하나님의 주재권을 인정하지 않는 행위입니다. 생명을 주시는 이도 하나님이시요 거두어 가시는 이도 하나님이심을 꼭 기억하도록 합니다.

참고

자살의 원인

낮은 자아존중감(자존감)– 자신의 특성에 대해 개인이 스스로 부여하는 가치로서 자존감이 높은 사람은 미래에 대해 긍정적인 생각을 하며 본인이 받는 스트레스에 대해 적절히 대처하는 반면 자존감이 낮은 사람은 미래에 대해 매우 부정적인 생각을 하며 현재의 모습에서도 스스로를 비난하거나 자학을 합니다. 이런 자존감이 낮은 청소년들은 위기 상황에 매우 취약합니다. 자존감이 낮으면 스스로를 무가치하다고 느끼기 때문에 자신의 삶을 포기할 가능성이 일반 학생들 보다 높습니다.

자기수용 결여 – 어린 시절 부모나 외부적 환경 요인에 의해 자신의 안정되고 분화된 정체감을 형성하지 못했을 때 부모에 대해 적대감을 갖게 되고 그것이 자녀에게 죄책감을 유발시켜 부정적인 자기 지각과 무력감을 일으켜 자살행동을 초래한다고 봅니다.

자아탄력성 결여 – 내. 외적인 스트레스에 대해 유연하게 적응할 수 있는 능력으로, 적응 유연성의 부족, 역동적인 상황의 요구에 대한 무능력한 반응, 스트레스 하에서의 혼란한 경향성, 상처받은 이후의 회복에 대한 어려움 등이 청소년들을 위기 상황에 빠뜨리게 합니다.

부모-가족 간의 의사소통 - 부모와의 갈등을 포함한 가족 간의 의사소통 부족은 청소년들에게 자살 생각을 하게 하는 주요한 원인이 되고 있습니다. 부모의 애정이 부족하다고 느끼거나 지시적이고 공격적인 관계를 경험하고, 부모로부터 소외감을 경험한 사람의 경우 자살행동을 하기가 쉽습니다.

사회적 지지 - 위기 상황에서 또래집단은 사회적 지지를 제공하고 위기에 대처하는 방법을 제공할 뿐만 아니라 새로운 도움을 찾을 수 있도록 동기를 제공합니다. 하지만 중간 매개 역할을 하는 과정에서 사회적 지지가 약한 사람들은 자살 충동을 경험하기가 더 쉽습니다.

생활 스트레스- 과도한 생활 스트레스가 오래 지속되거나, 급격한 스트레스로 인해 대처 능력이 상실될 때 청소년들은 자살을 생각하게 됩니다.

가정의 화목도- 청소년들은 가족 안에서 불안정하거나 불안전하다고 느끼고 한쪽 부모 또는 양쪽 부모를 잃거나 부모를 대신하는 사람에게 만족을 못하는 경우 충동적으로 자신을 파괴하는 경향이 나타납니다. 자살을 시도한 청소년들은 일반 청소년들보다 가족관계가 분리되어 있는 경우가 많습니다.

학교생활 만족도- 학교 내에서 또래 집단이나 교사와 심한 문제가 생기면 자존감이 저하되고, 비행 행동을 일으키게 되며 심하면 자살 충동이나 행동까지 연결되기도 합니다. 자살의 징후로서 교사와 또래들과의 관계가 중요하며 부적절한 또래 관계, 학업에 대한 부담감, 학교생활의 불만족 등이 자살 충동에 영향을 줄 수 있습니다.

우울 - 우울이 청소년의 자살과 가장 밀접한 관계가 있다는 것은 이미 알려진 사실입니다. 안절부절 못하거나 늘 새로운 자극을 찾아다니는 등의 행동, 음주, 약물 사용 또는 특별한 이유 없이 두통, 복통 등의 여러 가지 신체 증상 등은 실제로 잠재된 우울증의 표현일 가능성이 많습니다.

정신건강 상태 - 자살은 모든 연령층에서 정신 장애와 관련이 깊습니다. 특히 강박증, 불안신경증, 적대감 등을 경험한 청소년들이 자살의 동기를 많이 갖게 됩니다.

삶의 의미- 삶의 목적이나 의미가 심하게 결여된 사람은 실존적 좌절에 직면하게 되고 스트레스에 대한 저항력이 저하되며 그 결과로 자살 충동을 느끼게 됩니다.

수동적 삶의 자세 - 일상사에 대한 의미 부여를 거부하고 모든 것을 피상적, 무가치적으로 지각하고 해석하는 상태를 말하는데, 이는 부정적으로 인식된 자신과 부정적 감정으로부터 탈출하려는 수단으로 자살을 택하는 것입니다.

무망감 - 개인적 실패에 대한 지각, 의기소침, 죄책감, 비참함과 불행을 자신이나 그 어느 누구도 바꿀 수 없다는 부정적인 신념으로 우울과 함께 자살행동에 가장 빈번히 연관되는 증상입니다.

부족한 문제 해결능력 - 문제 해결 능력이 부족한 사람은 쉽게 좌절을 경험하며 우울해질 수 있고, 심한 스트레스를 받을 때 자살을 생각합니다.

역기능적 충동성 – 청소년 자살은 어른들의 입장에서는 이해할 수 없으나 나름대로 동기가 분명하고 충동성이 강하게 작용하며 순간적으로 이루어집니다. 그 원인에 있어서도 단순한 것이 많으며 자살 대부분은 사전에 치밀하게 계획되지 않고 이루어집니다.

대중매체 – 특히 영상 매체는 그 소재가 무한하고 제한성이 없는데 그 중에 환생은 아름답고, 신비적인 껍데기로 청소년들에게 다가오고 있습니다. 이러한 매체는 지금의 현실이 마지막이 아닌 죽음 이후의 세계를 아름답게 미화해서 청소년들을 미혹시키고 있습니다. 자살 이후의 삶은 아름다움이 아닌 심판만이 있을 뿐입니다.

위와 같은 요소들이 나타난다고 해서 전부 자살로 이어지는 것은 아닙니다. 하지만 자살의 요인이 큰 만큼 교사가 충분히 숙지하여 청소년들에게 이야기를 해주되 "이런 사람은 자살 확률이 높다더라"가 아니라 "이런 상황에 있는 사람들은 혹시 자살 충동이 들 수 있으나 이것은 자기 스스로를 속이는 일이며 가장 최악의 결정"임을 인식시킵니다.

입장 바꿔 생각하기

자살에 대해 부모, 친구, 하나님의 입장에서 생각해 봅니다.

□ 부모의 입장에서: ______________________________

□ 친구의 입장에서: ______________________________

□ 하나님의 입장에서: ______________________________

자살을 부모의 입장에서, 친구의 입장에서 특히 하나님의 입장에서 한 번쯤 생각하는 것은 생각의 폭을 넓힐 수 있는 중요한 계기가 될 수 있습니다.

부모님은 우리를 직접 낳아주신 분이고 진자리 마른자리, 모든 자리에서 우리를 지켜주시며 든든한 후원자가 되어 주시는 분입니다.

친구는 힘들 때, 즐거울 때 함께 있어 주는 든든한 동역자입니다.

하나님은 당신의 독생자 아들을 우리를 위해 이 땅에 보내셔서 죽이실 정도로 우리를 사랑하신 분입니다. 만약 그런 분 앞에서 우리가 스스로 목숨을 끊는다면 하나님의 마음은 어떠하겠습니까?

말씀탐구

1. 위대했던 사도 바울도 불안과 두려움을 가질 때가 있었습니다. 하나님은 이런 바울에 대해 어떻게 대하셨나요?

"우리가 마게도냐에 이르렀을 때에도 우리 육체가 편하지 못하였고 사방으로 환난을 당하여 밖으로는 다툼이요 안으로는 두려움이었노라 그러나 낙심한 자들을 위로하시는 하나님이 디도가 옴으로 우리를 위로하셨으니 그가 온 것뿐 아니요 오직 그가 너희에게서 받은 그 위로로 위로하고 너희의 사모함과 애통함과 나를 위하여 열심 있는 것을 우리에게 보고함으로 나를 더욱 기쁘게 하였느니라"(고후 7:5-7).

디도를 만나기 전 바울은 몸과 마음이 평안하지 못했습니다. 그는 자신이 다툼과 두려움 속에 있었으며 마게도냐에서의 반대와 박해, 디도의 안위에 대한 염려, 고린도 교인들이 디도를 어떻게 맞이할 것인가에 대한 불안 때문에 압박 속에 있었습니다. 그러나 바울은 힘든 그의 마음을 숨기지 않았습니다. 하지만 디도가 오고 그가 가져온 소식을 통해 넘치는 하나님의 위로를 경험하였습니다.

힘든 고통과 어려움은 누구에게나 옵니다. 우리가 이것을 어떻게 받아들이느냐에 따라 바울처럼 하나님의 넘치는 위로를 받기도 하지만 그 고통을 이기지 못해 자살이라는 극단적인 결정을 하는 경우도 있습니다. 그러나 하나님의 위로가 임한다면 우리에게 있는 모든 고통은 순식간에 사라질 것입니다. 이것을 믿는 것이 우리의 믿음입니다.

2. 삶을 포기하려는 사람이 있다면 어떻게 해야 할까요?

"너는 사망으로 끌려가는 자를 건져 주며 살육을 당하게 된 자를 구원하지 아니하려고 하지 말라 네가 말하기를 나는 그것을 알지 못하였노라 할지라도 마음을 저울질 하시는 이가 어찌 통찰하지 못하시겠으며 네 영혼을 지키시는 이가 어찌 알지 못하시겠느냐 그가 각 사람의 행위대로 보응하시리라"(잠 24:11-12).

"너는 죽을 자리로 끌려가는 사람을 건져 주고, 살해될 사람을 돕는 데 인색하지 말아라. 너는 그것이 '내가 알 바 아니라' 고 생각하며 살겠지만, 마음을 헤아리시는 주께서 어찌 너의 마음을 모르시겠느냐? 너의 목숨을 지키시는 주께서 다 알고 계시지 않겠느냐? 그분은 각 사람의 행실대로 갚으실 것이다."(잠 24:11-12, 표준새번역).

3. 하나님은 나를 지으시고 나에 대해 얼마나 세심하게 돌보십니까?

"주께서 내 내장을 지으시며 나의 모태에서 나를 만드셨나이다 내가 주께 감사하옴은 나를 지으심이 심히 기묘하심이라 주께서 하시는 일이 기이함을 내 영혼이 잘 아나이다 내가 은밀한 데서 지음을 받고 땅의 깊은 곳에서 기이하게 지음을 받은 때에 나의 형체가 주의 앞에 숨겨지지 못하였나이다 내 형질이 이루어지기 전에 주의 눈이 보셨으며 나를 위하여 정한 날이 하루도 되기 전에 주의 책에 다 기록이 되었나이다 하나님이여 주의 생각이 내게 어찌 그리 보배로우신지요 그 수가 어찌 그리 많은지요 내가 세려고 할지라도 그 수가 모래보다 많도소이다 내가 깰 때에도 여전히 주와 함께 있나이다"(시 139:13-18).

"주께서 내 속 내장을 창조하시고, 내 모태에서 나를 짜 맞추셨습니다. 내가 이렇게 태어났다는 것이 오묘하고 주께서 하신 일이 놀라워 이 모든 일로 내가 주님께 감사를 드립니다. 내 영혼은 이 사실을 너무도 잘 압니다. 은밀한 곳에서 나를 지으셨고, 땅 속 같은 곳에서 나를 조립하셨으니 내 뼈 하나하나도 주님 앞에서는 숨길 수 없습니다. 나의 형질이 갖추어지기도 전부터 주께서는 나를 보고 계셨으며, 나에게 정하여진 날들이 아직 시작되기도 전에 이미 주의 책에 다 기록되었습니다. 하나님, 주의 생각이 어찌 그리도 심오한지요? 그 수가 어찌 그렇게도 많은지요? 내가 세려고 하면 모래보다 더 많습니다. 깨어나 보면, 나는 여전히 주님과 함께 있습니다"(시 139:13-18, 표준새번역).

Change of Life

자살 극복하기

자살에 대한 생각이나 심한 스트레스를 극복한 사례가 있다면 나누어 봅니다.

청소년들에게 자살한 사람들에 대한 이야기는 모방 자살로 이어질 수 있지만, 자살에 대한 생각을 극복한 사람들의 사례는 자살을 방지하는 중요한 역할을 합니다. 사례가 없다면 서먹한 시간이 될 수 있으나 사례가 있다면 청소년들에게 소중한 시간이 될 것입니다. 교사의 청소년 시절을 회상해 이야기를 해준다면 좋을 것입니다.

자살 예방하기

자살을 예방하기 위해 찾을 수 있는 대안이나 노력이 있다면 나누어 봅니다.

안타까운 사실은 청소년들의 자살 충동에 대해 대안을 제시함에 있어 근본적인 문제 해결은 어렵다는 것입니다. 자살을 생각하는 청소년들이 겪는 어려움과 고통은 본인 스스로 만들어 낸 문제가 아니라 부모나 주위 환경에서 만들어진 문제이기 때문입니다. 청소년들은 아직 발달 단계상 많은 시행착오를 통해 자신의 자아를 만들어 가고 있으며 그것이 극심한 스트레스를 만나면 상처받은 자아를 만들게 되고, 미숙한 부모의 문제해결력 또한 청소년들을 혼란스럽게 만듭니다. 그렇지만 자살에 대해 방관만 할 순 없습니다. 중요한 것은, 언급을 하되 모든 문제가 해결될 것이라는 환상을 주지 않으며, 성경적인 원리를 따라 인간이 살아가는 과정과 인간이 가지고 있는 죄성에 대한 대가, 예수님의 제자가 되기 위한 자기 십자가를 짊 등을 이해하기 쉽게 이야기해 줍니다. 하나님께서 우리를 창조하시며 가지셨던 생각과 계획, 나를 통해 이루고자 하시는 하나님 나라의 확장, 나를 필요로 하는 사람들의 기대, 마지막으로 나는 혼자가 아니라는 신앙 공동체적 함께함의 원리를 알게 합니다. 나는 혼자가 아니라 내가 가장 힘들 때 하나님께서 나와 함께하시고 나를 위로하고 계시며, 교사와 부모, 친구들이 모두 지지자들임을 알게 합니다.

[※ 평소 자살에 대해 자주 언급을 하거나 불우한 가정환경, 가족들과의 갈등, 학교에서의 부적응, 심한 따돌림, 학업에 대한 과도한 압박의 징후가 보이면 교사들은 지속적인 관심을 가져야 하고 자살 시도에 대한 구체적인 방법을 언급한다면 곧바로 전문 상담 기관과 협조하여 상담을 해야 합니다.]

Decision of Life

청소년기는 신체적, 정신적으로 성인으로 성장하는 과도기에 있는 시기로서 감정의 기복이 많고, 외적 스트레스가 많음과 동시에 부모의 기대와 사회적 요구에 처음으로 직면하는 시기여서 청소년기의 발달 특성 자체가 자살과 밀접한 관계를 가지고 있습니다. 또한 사회적 관계에서 오는 부모 및 가족과의 갈등, 친구들과의 갈등, 학업 및 장래 문제에 대한 고민과 더불어 과도한 입시 열기, 성적부진, 부모의 기대에 대한 중압감 등에서 심한 스트레스를 경험하는데 이러한 요인들이 청소년의 자살에 복합적으로 작용하여 큰 영

향을 미칠 수 있습니다. 하지만 위와 같은 내용은 그 가능성을 인정할 뿐 자살을 정당화하지는 않습니다. 생명의 주재권은 오로지 하나님께 있어서 탄생과 죽음은 하나님의 계획 속에서 이루어집니다. 자살은 최선의 선택이 아닌 근본적인 문제를 해결하지 못하고 순간적인 상황만 바꾸는 최악의 선택입니다. 하나님을 아버지로 믿는 사람이라면 나의 모든 것을 아시는 하나님께서 나에게 피할 길을 주시는 분임을 알 수 있습니다. 또 나를 위로하시기 위해 이 세상의 모든 창조물과 부모님, 선생님, 친구들을 지지자로 보내주시고, 하나님의 사랑을 확인하게 하심을 명심해야 합니다.

시 139:1-18

여호와여 주께서 나를 살펴보셨으므로 나를 아시나이다.
주께서 내가 앉고 일어섬을 아시고 멀리서도 나의 생각을 밝히 아시오며
나의 모든 길과 내가 눕는 것을 살펴보셨으므로 나의 모든 행위를 익히 아시오니
여호와여 내 혀의 말을 알지 못하시는 것이 하나도 없으시니이다.
주께서 나의 앞뒤를 둘러싸시고 내게 안수하셨나이다.
이 지식이 내게 너무 기이하니 높아서 내가 능히 미치지 못하나이다.
내가 주의 영을 떠나 어디로 가며 주의 앞에서 어디로 피하리이까.
내가 하늘에 올라갈지라도 거기 계시며 스올에 내 자리를 펼지라도 거기 계시니이다.
내가 새벽 날개를 치며 바다 끝에 가서 거주할지라도 거기서도 주의 손이 나를 인도하시며 주의 오른손이 나를 붙드시리이다.
내가 혹시 말하기를 흑암이 반드시 나를 덮고 나를 두른 빛은 밤이 되리라 할지라도
주에게서는 흑암이 숨기지 못하며 밤이 낮과 같이 비추이나니 주에게는 흑암과 빛이 같음이니이다.
주께서 내 내장을 지으시며 나의 모태에서 나를 만드셨나이다.
내가 주께 감사하옴은 나를 지으심이 심히 기묘하심이라 주께서 하시는 일이 기이함을 내 영혼이 잘 아나이다.
내가 은밀한 데서 지음을 받고 땅의 깊은 곳에서 기이하게 지음을 받은 때에 나의 형체가 주의 앞에 숨겨지지 못하였나이다.
내 형질이 이루어지기 전에 주의 눈이 보셨으며 나를 위하여 정한 날이 하루도 되기 전에 주의 책에 다 기록이 되었나이다.
하나님이여 주의 생각이 내게 어찌 그리 보배로우신지요 그 수가 어찌 그리 많은지요.
내가 세려고 할지라도 그 수가 모래보다 많도소이다 내가 깰 때에도 여전히 주와 함께 있나이다.

제7과 아파요 때리지 마세요!(폭력)

학습목표 : 폭력의 의미와 원인을 바로 이해하고 폭력은 죄의 결과임을 안다.

중심진리 : 폭력의 결과는 파괴이고 배려와 존중은 관계를 아름답게 하는 것이다.

본문말씀 : 에스겔 7:10-11

본과를 소개합니다

이번과는 청소년들 사이의 폭력에 관한 내용으로 폭력의 의미와 원인을 이해하고 성경적인 근거를 통해 폭력의 결과는 파괴이며 정신적 신체적 큰 상처와 고통을 남기게 됨을 배우도록 합니다. 그리고 반면에 배려와 존중은 모두를 아름답게 하는 것임을 가치관으로 정립하도록 합니다. 또한 본과를 통해 청소년들은 폭력의 의미와 원인을 알게 될 것이고 우리가 폭력을 행할 때 가해자와 피해자 모두 어떤 심각한 상처를 받게 되는지에 대해 알게 될 것입니나.

Story of Life

청소년과 폭력

학생들 간의 폭력은 이제 더 이상 학생들만의 문제가 아닙니다. 과거에는 단순히 친구들 간의 다툼으로 발단되어 제한적인 폭력의 형태가 나타났다면 이제는 집단폭행, 금품갈취, 사이버 폭행 및 집단 따돌림 등으로 성인범죄화 되어가거나, 매스미디어에서 등장하는 폭력의 형태를 모방하고 있습니다. 피해자들 역시 간단한 신체적 상해 정도를 넘어 생명의 위협을 받거나 정신 건강에 심각한 문제를 초래하여 정상적인 생활을 할 수 없을 정도에까지 이르고 있습니다. 이것은 현재 심각한 사회 문제가 되고 있으며 사회는 이 문제를 해결하기 위해 엄청난 노력과 비용을 들이고 있는 실정입니다.

청소년들의 폭력의 판단 기준은 하나님의 말씀이 아닌 즉흥적이고, 본능적인 자신의 판단이 기준이 됩니다. 청소년들은 자기가 생각하는 판단 기준과 매스미디어가 가르치는 기준을 마치 진리인 것처럼 생각하고, 폭력의 형태도 매스미디어에서 등장하는 폭력의 형태를 따르려고 합니다.

그러나 우리가 세상을 살아갈 때 하나님의 말씀만큼 공의롭고, 바른 판단을 하게 하는 기준은 없습니다. 청소년들이 세상풍조와 폭력성에 휘말리지 않고 하나님의 말씀에 순종하여 바른 인격과 높은 자존감으로 남을 배려할 줄 아는 그리스도인이 되도록 힘써 하나님의 말씀을 배우고 지키도록 해야 할 것입니다.

폭력의 의미와 종류에 대해 생각해보고 나누어 봅니다.

- **사회학적인 의미** : 사람의 신체나 생명에 위해를 가하는 행위 및 재산상의 피해를 끼치는 행위
- **심리학적인 의미** : 공격 – 상대방에게 신체적, 물리적, 또는 언어적 상해를 입히는 행위,
  폭력 – 의도적으로 타인에게 극심한 상해를 주려는 시도
- **사전적 의미** : 인간 사이에 나타나는 공격성으로 '다른 개체에 대해 파괴적인 행동을 하거나 고통스러운 자극을 줄 목적으로 행해지는 전반적인 행동'으로 정의됩니다. 여기에는 언어적 폭력과 같은 정신적인 것도 포함됩니다.

청소년과 관련된 폭력의 종류에는 크게 가정 폭력과 학교 폭력이 있고, 세부적으로 사이버 폭력, 성 폭력, 집단 폭력, 언어 폭력 등이 있고 자녀학대, 고의적 괴롭힘, 집단 따돌림, 금품갈취, 언어적 놀림, 협박, 욕설, 신체적 학대 등이 있습니다.

사람들은 주로 폭력을 어디에서 배우는지 이야기해 봅니다.

사람들은 일차적으로 폭력을 가정에서부터 배웁니다. 부모님에게서 신체적인 폭력, 언어적인 폭력, 정신적인 압박 등으로 폭력을 배우게 됩니다. 이러한 폭력들이 가족 구성원들 속에서 유기적으로 일어납니다. 사람들이 폭력을 배우게 되는 또 다른 매개체는 개개인이 속해있는 공동체입니다. 청소년들은 학교나 동아리 등을 들 수 있습니다.

청소년들은 본인이 소속되어진 곳에서 폭력을 배우며 성장합니다. 그들은 그 안에서 자신의 욕심 또는 의협심과 공명심, 영웅적 환상으로 인해 폭력을 사용합니다. 그 외에도 청소년들은 대중매체에 의해 폭력을 배우기도 합니다. 어떻게 보면 대중매체에 의해 배우는 폭력이 가장 심하며 심각하다고 할 수 있습니다. 대중매체를 통해 접하게 되는 폭력은 분별력 없이 청소년들에 의해 급속도로 번지기 때문입니다. 그러한 대중매체의 극대화된 시각적 효과는 본인이 좋아하는 연예인의 모습을 따라하며 대리만족하거나 영웅적 의협심을 갖게 합니다.

사람들은 왜 폭력을 행사할까요?

사람들은 누구나 다른 사람들이나 자기에게 주어진 환경을 원하는 대로 조정하고 싶어 합니다. 그래서 권력이나 명예, 돈 등을 갖고자 합니다. 이러한 것들은 일시적이면서 가시적으로 자신의 품격을 높여 줄 수 있기 때문입니다. 하지만 이러한 것들로도 원하는 대로 이루어지지 않거나 이런 것들조차 없을 때 사람들은 최후의 수단으로 폭력을 사용합니다.

하지만 폭력을 사용하는 것은 가장 일차적이면서도 최악의 방법입니다. 가시적인 면에서 눈에 보이는 효과는 있을지 모르지만 그것은 자칫 모든 것을 잃기도 하고 사람들과의 관계를 끊어버리는 극단적인 방법이기도 합니다. 궁극적으로 폭력을 통해 얻을 수 있는 것은 아무 것도 없습니다.

대중매체를 통해 연예인이 폭력을 사용하는 장면이 나오면 그 장면은 100% 그 연예인과 미디어의 극대화를 위해 아름답게 미화되기 마련입니다. 이럴 경우 인격 형성의 과정 중에 있는 청소년들은 가치관의 혼란을 겪게 됩니다. 그러한 폭력이 나쁘다고 판단하기보다 내가 좋아하는 연예인의 멋있는 장면을 대리만족하면서 따라하게 됩니다.

사람은 근본적으로 악합니다. 우리는 사탄의 자식으로 났기 때문에 분리, 이간, 파괴에 길들여져 있습니다. 이것이 우리에게 익숙하며 이렇게 살아야 험한 세상 제대로 살아갈 수 있다고 역설적으로 가르칩니다. 한 대를 맞고 오면 때린 사람이 부끄럽게 두 대를 맞고 오라고 하지 않고 다시는 일어나지 못하도록 짓밟아 버리라고 가르칩니다. 이렇게 하나님을 떠나 세상에 속한 사람들은 선할 수가 없습니다.

Standard of Life

말씀탐구

1. 하나님께서는 폭력을 어떻게 정의하시며 그 결과는 어떻게 된다고 말씀하셨나요?

"볼지어다 그 날이로다 볼지어다 임박하도다 정한 재앙이 이르렀으니 몽둥이가 꽃이 피며 교만이 싹이 났도다. 포학(폭력)이 일어나서 죄악의 몽둥이가 되었은즉 그들도, 그 무리도, 그 재물도 하나도 남지 아니하며 그 중의 아름다운 것도 없어지리로다"(겔 7:10-11).

2. 다음 말씀에서 폭력을 바라보는 하나님의 마음은 어떠한가요?

"시므온과 레위는 형제요 그들의 칼은 폭력의 도구로다"(창 49:5).

"아직도 너희가 중심에 악을 행하며 땅에서 너희 손으로 폭력을 달아 주는도다"(시 58:2).

"여호와는 의인을 감찰하시고 악인과 폭력을 좋아하는 자를 마음에 미워하시도다"(시 11:5).

"샘이 그 물을 솟구쳐냄 같이 그가 그 악을 드러내니 폭력과 탈취가 거기에서 들리며 질병과 살상이 내 앞에 계속하느니라"(렘 6:7).

"내가 피할 나의 반석의 하나님이시요 나의 방패시요 나의 구원의 뿔이시요 나의 높은 망대시요 그에게 피할 나의 피난처시요 나의 구원자시라 나를 폭력에서 구원하셨도다"(삼하 22:3).

Change of Life

폭력 극복하기

폭력을 행하는 심리적 또는 환경적 요인은 무엇인가요?

개인적인 요인

개인적인 요인에서 가장 많이 나타나는 것이 공격성입니다. 공격 성향이 강하면 사회질서나 규범, 타인의 권리나 감정을 고려하지 않고 자기중심적으로 자신의 감정을 표현합니다. 그때 폭력 행동이 나타납니다. 그 외에 낮은 자존감이나 우울성향, 욕구 좌절이 나타날 때 마지막 탈출구로 폭력행동(신체, 정신적 폭력을 포함)을 나타내기도 합니다.

학교환경의 요인

새로운 지식을 발견하고 또래들과의 유기적 관계를 통해서 존중, 존엄, 배려, 인내, 용서, 오래참음, 더불어 사는 삶 등을 배우지 못하고 입시전쟁으로 인한 경쟁, 비인격, 속임수, 스트레스, 성적으로 인한 중압감 등을 이기지 못해 그것에 대한 탈출구로 폭력 행동을 나타냅니다.

사회환경의 요인

학교 주변이나 집 주변에 유해환경이 있을 때 청소년들은 폭력 행동을 더 쉽게 보입니다. 술집, 나이트클럽, 풍기문란 숙박업소, 만화방, 비디오방, 오락실, 락카페 등 퇴폐적인 성인문화를 보거나 또 부도덕한 모습을 자주 목격하는 청소년들은 정서가 순화되거나 안정되지 못하고 그들에게 일탈을 부추겨 폭력이라는 방법을 사용하거나 유흥비 마련을 위해 금품갈취를 하게 하기도 합니다.

대중매체의 폭력적인 장면에 많이 노출된 청소년들도 문제 해결을 폭력적 방법으로 해결하려 합니다.

가정환경의 요인

부모의 역할이 제대로 이루어지지 않을 때 그 자녀들은 심한 자기정체성의 혼란을 겪게 됩니다. 이것은 곧 애정결핍과 정서적 불만을 인한 것으로 자기보다 약한 존재에게(자기보다 강한 존재라고 하더라도 자기가 동조하는 집단에 들어가 그 집단의 후원을 등에 업고) 폭력을 통해 자신의 우월감을 표현합니다. 이러한 행동은 부모에 대한 저항으로 나타나기도 합니다. 그 외에 아동학대나 결손가정(이혼가정, 계부모, 편부모가정), 과잉보호를 받은 한 자녀 가정에서 자녀들이 폭력적 행동을 나타내기도 합니다. 빈곤 가정에서도 상대적 박탈감으로 인해 그 자녀들이 폭력 행동을 보이기도 하는데 절대 빈곤 가정보다는 상대적 빈곤을 느끼는 가정에서 많이 일어납니다.

폭력 예방하기

폭력은 그 피해자들에게 어떤 영향을 미칠까요?

심리적 피해

불안, 우울 등의 증상을 보이며 심하면 자신감 저하, 대인기피, 등교 거부, 가출, 반사회적 성향을 가지게 됩니다.

신체적 피해

신체의 상해와 더불어 심하면 생명의 위협을 받기도 합니다.

가족 구성원의 피해

폭력은 피해 당사자로 끝나는 것이 아니라 가족 구성원들에게도 큰 고통을 줍니다. 한 사람의 폭력 피해는 가족 구성원들에게 부정적인 영향을 주기 때문입니다.

상대방을 배려하지 않는 이기적인 폭력 행동은 피해자에게 신체적, 정신적으로 큰 상처를 주어 자칫 그들의 인생에 지워지지 않는 아픔으로 남기도 합니다.

폭력은 한 가지 원인으로 나타나지 않습니다. 자기를 통제하지 못해 순간적인 감정으로 행하는 것 같지만 가정에서의 보이지 않는 불만, 학교에서의 스트레스, 사회적 가치관 혼란(옳지 않은 성인문화) 등으로 인해 나타나는 행동입니다. 하지만 이러한 행동은 옳은 것이라고 볼 수 없습니다. 하나님도 성경을 통해 폭력은 재앙이라고 말씀하고 계십니다(겔 7:10-11).

폭력은 사람들과의 갈등 관계에서 취하는 가장 극단적인 방법입니다. 폭력은 행하는 사람들에게는 가장 쉬운 방법처럼 보이지만 사람들과의 관계를 깨뜨리고 자신을 파멸로 이끄는 사탄의 도구입니다.

하나님은 예수님을 통해 이 땅에서 폭력으로 문제를 해결하시지 않으시고 섬김으로 모두를 부끄럽게 하시고 사랑으로 우리를 아름답게 하셨습니다. 그러므로 주위에 폭력의 피해자가 있다면 예수님을 통해 그들이 치유와 회복을 경험할 수 있도록 우리가 도움을 줄 수 있어야 합니다.

Introduce

단 원 주 제	종교관
단 원 해 설	본 단원에서는 청소년 시기에 갖추어야 할 종교적 가치관에 대해 알아보므로 마치 겉으로는 진리를 말하고 있는 듯하나 속으로는 사악한 사탄의 모습을 하고 있는 이단의 개념과 거짓 진리, 그리고 대책을 살펴볼 것이다. 그리고 인간의 기복적 종교성과 연예인에 대한 무조건적인 동경의 위험성에 대해 배운다.
중 심 구 절	"그 후에 내가 생각해 본즉 내 손으로 한 모든 일과 내가 수고한 모든 것이 다 헛되어 바람을 잡는 것이며 해 아래에서 무익한 것이로다"(전 2:11).
단원학습목표	하나님의 형상을 닮은 존재로서의 삶을 살아가고 거짓 진리를 바로 분별하는 태도를 갖는다.
단원핵심정리	청소년 시기에 갖추어지는 종교적 심성의 자아 정체성은 어떻게 구별되어 받아들어지느냐에 따라 하나님을 알고 받아들이는 믿음으로 결정된다. 거짓 진리에 속아 우리의 삶을 스스로 황폐하게 만들지 않는 것이 매우 중요하다.

문화편

3 단원

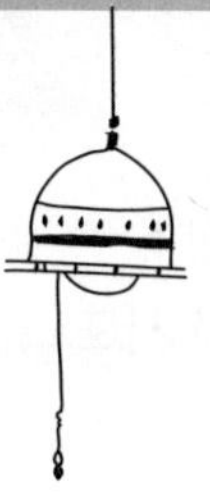

3 종교관

단원소개

청소년 시기에 하나님을 만날 때 인격적인 만남을 갖느냐 아니면 지극히 기복에 치우친 이교도적인 만남을 갖느냐에 따라 청소년들의 종교성 형성에 큰 영향을 미칩니다. 청소년들이 물질만능과 기복에 치우친 이교도적인 종교성을 갖게 되면 종교는 자신의 욕심을 채우기 위한 수단으로 전락하고 맙니다. 그렇게 되면 하나님을 알게 된다고 해도 많은 시행착오를 거쳐 힘들게 하나님을 알게 되며 청소년들의 정신 건강에도 부정적인 영향을 끼치게 됩니다.

청소년 시기에 하나님을 인격적으로 만나는 것은 매우 중요합니다. 이러한 하나님을 바르게 만나는 것이 이단, 연예인 우상, 샤머니즘으로부터 우리의 청소년들을 보호하는 길이 될 것입니다.

원인파워 jn 지저스

제8과 속지 마세요!(이단)

학습목표 : 하나님이 아닌 다른 영을 믿는 것은 이단에 속하는 것임을 안다.

중심진리 : 예수 이외에 다른 영을 전파하거나 다른 영을 받는 것은 거짓 사도요 자기를 속이는 자이며 자기를 의의 일꾼으로 가장하는 것이다.

본문말씀 : 요한일서 4:1

본과를 소개합니다

이번과는 청소년들의 신앙생활 중 치명적인 악영향을 끼칠 수 있는 이단에 관한 내용으로 예수 이외에 다른 영을 전파하거나 다른 영을 받는 것은 거짓된 사도요, 자기를 스스로 속이는 것임을 알고 말하는 데 목적이 있습니다. 청소년들에게 종교는 나약하다고 여겨 그것을 터부시하거나, 하나님을 인격적으로 만나지 못해 세상이 잘못 가르쳐준 거짓 복음에 속거나, 자기를 의의 일꾼으로 생각하여 스스로 속이는 일들이 많이 벌어질 수 있습니다. 이번과를 통해 이단에 대한 바른 인식과 하나님의 자녀로서 세상의 영적 유혹을 능히 이기는 기회가 되도록 지도합니다.

Story of Life

필자가 있는 학교에서 재미있고도 황당한 일이 벌어진 적이 있었습니다.

내용인즉슨 고등학교 3학년 학생 두 명이 수업을 마치고 집으로 귀가하던 중에 교문 앞에서 두 여자를 만나 전도를 받게 되었습니다. 그 여자들은 처음에 학생들에게 접근을 하면서 하나님에 대해 말하기 시작했고 학생들 역시 기독교 학교에 다니고 있었기 때문에 하나님에 대해서는 크게 거부감이 없었습니다. 그 두 여자는 약 20분 정도 하나님에 대해 이야기 한 후에 자기들이 다니는 교회에 등록을 한 후 침(세)례를 받아야 구원을 받을 수 있다고 해서 학생들은 얼떨결에 교회에 함께 가서 등록을 하고 침(세)례를 받았다는 것입니다. 또 한 학생은 주일날 집에서 공부를 하고 있었는데 역시 두 명의 여자가 함께 다니며 집으로 들어와 하나님에 대해 20여 분 이야기를 하다가 구원을 받아야 한다며 그 집 목욕탕으로 학생을 데리고 가서 침(세)례를 행했다는 것입니다. 이 외에도 학교는 다닐 필요가 없고, 하나님을 위해서 자퇴를 해야 한다고 조장하기도 하였습니다. 필자는 학생들의 상담을 받고 그 교회를 찾아가 보았습니다. 그 교회는 학교에서 그리 멀지 않았고, 교회 이름은 '000의 교회' 라고만 쓰여 있었는데, 어느 교단에 속해 있는지는 알 수가 없었습니다. 그리고 나중에 알게 된 일이지만 '000 증인회' 라는 이단 종교가 '000의 교회' 라는 이름으로 전도를 하고 있다는 것을 알게 되었습니다. 필자는 이 사건을 보면서 우리 기독교와 다른 이단 종교를 분별할 수 있는 교육이 교회 안에 절실하다는 것을 느꼈습니다. 그리고 이 교육은 단순히 '어떤 집단이 이단이다' 라는 것보다는 그 집단이 성경의 내용과 어떻게 다르고, 사람들에게 어떤 피해를 주고 있으며, 이단 집단에 속해 있는 사람을 만나게 되었을 때 어떻게 대처해야 하는지 구체적인 교육이 되어야 한다는 것입니다.

출처: 침례신문

Talk Talk about Life

이단에 대한 정의

이단이란 무엇인가요? 각자의 의견을 적어 봅니다.

이단이란 헬라어로 '멸망케 하는 의견, 거짓된 가르침, 뷰리, 당파, 불화, 논쟁, 분리를 일으키는 자들' 이란 뜻을 가지고 있으며, 성경에 나타난 다른 표현으로는 '거짓 예언자', '다른 교훈', '거짓 선생' 등으로 사용됩니다.

이단의 특징을 말해 봅니다.

- 자신의 교리나 주장을 진리로 내세운다.
- 성경을 편협적으로 해석한다.
- 자신들이 하는 주장이 성경보다 더 권위가 있다고 말한다.
- 나사렛 예수 이외에 다른 예수를 말한다.
- 정통 기독교를 거부한다.
- 삼위일체에 대해 비성경적 견해를 가지고 있다.
- 행위에 대한 구원을 강조한다.
- 자신들의 조직을 외부와 단절하여 폐쇄적으로 운영한다.
- 지상천국을 사후의 천국보다 지나치게 강조한다.
- 종말론을 의도적으로 강조한다.
- 윤리의식과 사회 책임의식이 약해 그들의 신앙과 삶이 매우 비윤리적이며, 비도덕적이다.
- 직통계시를 주장하며 지도자를 신격화한다.

한국교회에 나타난 이단들의 유형을 알아보고 이야기해 봅니다.

예) 신비주의적인 유형

한국교회에서 발생하는 이단들의 유형을 보면 다음과 같습니다.

① **혼합적 유형** : 동서양의 다종교 사상을 합쳐 놓고 모순되거나 상충되는 원리들을 직통계시를 빙자

하여 사람들을 미혹합니다.

② **현세 기복적 유형** : 자신만 복을 받으면 된다는 기복주의적인 신앙이 강하게 나타납니다.

③ **신비주의적인 유형** : 투시, 예언, 안찰, 안수, 방언, 통역, 환상, 입신 등의 신비한 능력을 자랑합니다.

④ **자유주의적인 유형** : 민족 주체 의식을 지나치게 내세우거나 반선교주의, 반교권주의의 성향을 띕니다.

⑤ **시한부 종말론 유형** : 예수님의 재림을 강조하여 재림의 일시를 정해 놓고 그것이 틀릴 경우 나름대로의 이유를 들어 합리화하면서 계속해서 시한부 종말론을 주장합니다.

나타나는 유형 중에 교회의 덕을 세우거나 신앙의 균형을 갖는 것, 지나친 교권주의를 경계하는 것 등은 충분히 고려할 수 있습니다. 하지만 주장하는 의도 자체가 정통 기독교를 부정한다거나 지나치게 편협적인 것은 이단의 유형일 가능성이 높습니다.

Standard of Life

말씀탐구

1. 하나님께서는 우리가 믿는 영들을 어떻게 분별하라 하셨나요?

"사랑하는 자들아 영을 다 믿지 말고 오직 영들이 하나님께 속하였나 분별하라 많은 거짓 선지자가 세상에 나왔음이라"(요일 4:1).

"사랑하는 여러분, 어느 영이든지 다 믿지 말고, 그 영들이 하나님께로부터 왔는가를 시험해 보십시오. 거짓 예언자가 세상에 많이 나타났기 때문입니다"(요일 4:1, 표준새번역).

2. 이단들은 교회에 어떻게 들어오며 어떤 자들입니까?

"이는 가만히 들어온 사람 몇이 있음이라 그들은 옛적부터 이 판결을 받기로 미리 기록된 자니 경건하지 아니하여 우리 하나님의 은혜를 도리어 방탕한 것으로 바꾸고 홀로 하나이신 주재 곧 우리 주 예수 그리스도를 부인하는 자니라"(유 1:4).

"그러한데 꿈꾸는 이 사람들도 그와 같이 육체를 더럽히며 권위를 업신여기며 영광을 비방하는도다"(유 1:8).

"몇몇 사람이 몰래 숨어들었기 때문입니다. 성경에는 그들이 받을 심판을 옛날에 미리 적어 놓았습니다. 그들은 경건하지 못한 자들로서, 우리 하나님의 은혜를 방종거리로 만들고, 오직 한 분이신 지배자요 우리의 주님이신 예수 그리스도를 부인하는 자들입니다"(유 1:4, 표준새번역).

"마찬가지로 이 사람들도 꿈꾸면서 육체를 더럽히며, 권위를 업신여기며, 영광스러운 존재들을 모독하고 있습니다."(유 1:8, 표준새번역).

3. 사도 바울은 이미 오래 전에 거짓 예수와 거짓 복음이 일어나 세상과 교회를 미혹시킬 것이라고 경고를 하였습니다. 그 경고의 내용은 무엇인가요?

"어떤 사람이 와서, 우리가 전하지 않은 다른 예수를 전해도, 여러분은 그러한 사람을 잘도 용납합니다. 여러분은 우리에게서 받지 아니한 다른 영을 잘도 받아들이고, 우리에게서 받지 아니한 다른 복음을 잘도 받아들입니다"(고후 11:4, 표준새번역).

"이런 사람들은 거짓 사도요, 속이는 일꾼들이요, 그리스도의 사도로 가장하는 자들입니다. 그러나 놀랄 것은 없습니다. 사탄도 빛의 천사로 가장합니다. 그렇다면, 사탄의 일꾼들이 의의 일꾼으로 가장한다고 해서, 조금도 놀랄 것이 없습니다. 그들의 마지막은 그들이 행한 대로 될 것입니다."(고후 11:13-15, 표준새번역).

Change of Life

이단이 발생하는 원인이 무엇인지 발표해 봅시다.

이단의 발생 원인에 대해서는 여러 가지 요인이 복합적으로 작용합니다. 첫째로는 사회적인 요인을 들 수 있습니다. 사회가 정치적으로 불안하거나, 경제적으로 매우 어려울 때 또는 사회적으로 혼란스러울 때 이단이 많이 발생합니다. 그 예로 우리나라 구한말 시대나 6.25 전쟁 직후에 많은 신흥종교들이 생겨났습니다. 두 번째로는 교회 내적인 요인을 들 수 있습니다. 교회가 교회답지 못하거나 그 사명을 다하지 못할 때 교회는 그 생명력을 잃고 병이 들게 되며 그 틈을 이단들이 비집고 들어옵니다. 교회가 선교적 사명을 감당하지 못하고 분쟁과 분열이 일어나고, 계층화가 나타나고, 자유주의와 근본주의가 대립하고 교회가 세속화 될 때 사람들은 교회를 무시하고 이단들이 그 역할을 대신하려 하는 것입니다. 마지막으로 사람들이 정서적으로 많은 상처가 있거나 메마르게 될 때 이단들이 많이 일어나고 그들을 미혹합니다. 기복적인 마음이나 신비적인 요소, 의존심으로 인해 이단들은 약한 사람들을 미혹하여 그들을 집어 삼키려 합니다.

2000년 전에 유다가 지금 우리에게 편지를 써서 격려하고 있습니다. 이 편지를 읽어 주세요.

사랑하는 여러분, 여러분은 우리 주 예수 그리스도의 사도들이 예고한 그 말을 기억하십시오. 그들은 여러분에게 말하기를, "마지막 때에는 여러분을 조롱하는 자들이 나타나서, 자기들의 경건하지 못한 욕정을 따라 살 것입니다"라고 하였습니다. 이 사람들은 분열을 일으키는 자들이며, 성령을 받지 않고 본능대로 사는 자들입니다. 그러나 사랑하는 여러분, 여러분은 가장 거룩한 여러분의 믿음을 터로 삼아서 자기를 건축하고, 성령으로 기도하십시오. 하나님의 사랑 안에 머무르면서 자기를 지키고, 영생으로 인도하는 우리 주 예수 그리스도의 자비를 기다리십시오. 의심을 하는 사람들을 동정하십시오. 또 어떤 부류의 사람들에 대해서는 그들을 불에서 끌어내어 구원해 주십시오. 또 어떤 부류의 사람들에 대해서는 그들을 두려운 마음으로 동정하되, 그 살에 닿아서 더럽혀진 속옷까지도 미워하십시오. 여러분을 넘어지지 않게 지켜 주시고, 여러분을 흠이 없는 사람으로 자기의 영광 앞에 기쁘게 나서게 하실 능력을 가지신 분, 곧 우리의 구주이시며 오직 한 분이신 하나님께 영광과 위엄과 주권과 권세가 우리 주 예수 그리스도로 말미암아 영원 전에와 이제와 영원까지 있기를 빕니다. 아멘.(유 1:17-21)

참고) 유다는 유다서의 저자이며 예수님의 형제이자 야고보의 동생입니다.

Decision of Life

지금 우리는 누구라도 개인적인 판단에 따라 자신의 종교를 택할 자유를 갖고 있는 시대에 살고 있습니다. 이 종교의 자유에 대해서 우리는 아무 이의가 없습니다. 그러나 어떤 개인이나 집단이 자신들을 하나님의 자녀라고 주장하면서도 예수 그리스도로부터 출발한 교회의 정통 신앙에 오류가 있다고 주장한다면 우리로서는 당연히 그들의 도전에 답변해야 할 것입니다. 그들에게는 정통 기독교에 도전할 자유가 있겠지만 우리에게도 그들의 허구를 드러내고 진리를 수호해야할 책임이 있기 때문입니다. 이에 대해 성경은 이렇게 가르치고 있습니다. "다만 여러분의 마음속에 그리스도를 주님으로 모시고 거룩하게 대하십시오. 여러분이 가진 희망을 설명하여 주기를 바라는 사람에게는, 언제나 답변할 수 있게 준비를 해 두십시오"(벧전 3:15).

우리는 하나님의 진리의 말씀을 수호해야 할 책임도 있지만 하나님을 모르는 사람들이 거짓된 영에 속아 이단으로 빠지는 것을 막기도 해야 하며 이미 이단에 빠져 있는 상처받은 영혼들도 구해내야 합니다. 이 모든 것은 영적 전쟁이기 때문에 우리가 스스로 할 수 없음을 알고 하나님께 모든 것을 의지하여 하나님의 나라와 하나님의 잃어버린 영혼들을 찾을 수 있도록 그 능력을 간구해야 합니다.

민민파워 jn 지저스

제9과 내가 좋아하는 연예인은?

(연예인 우상)

학습목표 : 연예인에 대한 지나친 동경과 동일시는 그 대상을 우상으로 만들어 섬기는 것임을 안다.

중심진리 : 우리의 삶을 결정하는 기준과 가치관이 연예인이 아닌 하나님의 말씀일 때 바른 자아 정체감을 가질 수 있다.

본문말씀 : 이사야 44:17-20

본과를 소개합니다

이번과는 청소년들의 문화 중에 연예인 우상에 해당하는 부분으로 연예인 우상화에 대한 바른 개념과 성경적 근거를 통해 연예인에 대한 지나친 동경과 동일시는 그 대상을 우상으로 만들어 섬기는 것임을 아는 데 목적이 있습니다. 본과를 통해 연예인 우상화의 의미와 현상을 바로 알고 그것에 대한 경각심을 갖도록 하며, 부모에서 다른 모델로 동일시가 옮겨가는 과정에서 인위적으로 만들어진 연예인의 모습을 따라갈 것이 아니라 삶의 진정한 의미를 가르쳐 주고 우리를 진리의 길로 인도하시는 예수님의 제자가 되도록 지도합니다.

Story of Life

연예인의 우상화

청소년 시기에는 부모로부터 심리적 독립과 정체성 확립을 이루기 위해 부모가 아닌 다른 동일시의 대상을 찾는 기간이라 할 수 있습니다. 이 과정에서 연예인들은 매우 중요한 동일시의 모델이 됩니다. 예를 들면 연예인의 외모와 옷차림은 물론 말투와 춤, 행동을 따라 함으로 그 사람이 되어보기도 하고, 연예인에 대해 많은 정보를 가지고 있음으로써 다른 친구들보다 우월감을 느끼기도 합니다. 하지만 이것이 지나쳐 연예인과 관련된 대중문화를 모르면 소외를 당하거나 맹목적인 동경과 우상으로 부작용을 낳기도 합니다. 이러한 연예인 우상화로 학업에 지장을 받거나 학업을 중도 포기하는 청소년들도 있고, 자기가 좋아하는 연예인과 경쟁 관계에 있는 연예인에 대해 위해를 가하거나 안티 팬이 되기도 하고 심지어 공연장에서 안전사고를 당하는 경우도 발생하고 있습니다. 이것은 청소년기에 일어날 수 있는 일시적인 현상으로 보기에는 사회적 파장이 너무 크며, 연예인에 대한 동경은 자아를 찾아가는 혼란스런 청소년 시기에 잠시 동일시할 수 있는 모델로 삼아야지 우상화시켜 자신의 삶에 절대적인 영향을 미치는 것은 옳은 동일시화가 아니라 할 수 있습니다.

Talk Talk about Life

좋아하는 연예인의 이름을 적고 그 이유에 대해 말해 봅니다.

좋아하는 이유: 멋있어서(잘생겨서), 노래나 연기를 잘해서, 나와 비슷해서, 재미있어서, 솔직해서, 말을 잘해서, 내가 미래에 꿈꾸는 모습이기 때문에, 머리가 좋아서, 성격이 좋아서, 나는 못하는 일이기 때문에, 옷을 잘 입어서 등.

좋아하는 연예인과의 동일시 정도를 체크해 봅니다.

- 좋아하는 연예인의 말은 무조건 믿는다. (그렇다, 그런 편이다, 아니다)
- 좋아하는 연예인의 생각, 태도, 행동에 영향을 많이 받는다. (그렇다, 그런 편이다, 아니다)
- 공부할 때도 좋아하는 연예인 때문에 집중이 안 된다. (그렇다, 그런 편이다, 아니다)
- 좋아하는 연예인을 언젠가는 꼭 만나보고 싶다. (그렇다, 그런 편이다, 아니다)
- 좋아하는 연예인에 대한 꿈을 자주 꾼다. (그렇다, 그런 편이다, 아니다)
- 친구들과 나누는 대화의 대부분이 좋아하는 연예인에 대한 이야기이다. (그렇다, 그런 편이다, 아니다)
- 좋아하는 연예인의 옷이나 머리 모양, 장신구 등을 꼭 산다. (그렇다, 그런 편이다, 아니다)
- 나중에 좋아하는 연예인처럼 되고 싶다. (그렇다, 그런 편이다, 아니다)
- 좋아하는 연예인이 하는 것은 무슨 일이든 따라 하고 싶다. (그렇다, 그런 편이다, 아니다)
- 좋아하는 연예인 때문에 가족과 자주 다툰다. (그렇다, 그런 편이다, 아니다)
- 친구들은 내가 좋아하는 연예인을 광적으로 좋아한다고 생각한다. (그렇다, 그런 편이다, 아니다)
- 방에 좋아하는 연예인의 사진이 붙어 있다. (그렇다, 그런 편이다, 아니다)
- 좋아하는 연예인이 나오는 잡지나 기념품은 반드시 산다. (그렇다, 그런 편이다, 아니다)
- 좋아하는 연예인의 개인적 신상에 대해 거의 알고 있다. (그렇다, 그런 편이다, 아니다)

개인마다 성향과 정도가 다르기 때문에 규범화 시킬 수 없지만 '그렇다' 라는 대답이 10개가 넘으면 정도가 지나치고 관심이 필요한 것으로 볼 수 있습니다.

우상의 개념이 무엇이며, 청소년들에게 연예인과 우상은 어떤 관계가 있는지 생각해 봅니다.

십계명에 나와 있는 말씀처럼 하나님 외에 다른 신을 섬기는 것을 우리는 '우상을 섬긴다' 라고 말합니다. 물론 청소년들에게 우상이 기독교 외에 다른 종교의 형상을 만들어 놓고 그것에 절하는 것이 아니라고 할지라도 연예인의 언행이 청소년의 생활과 가치관에 절대적인 영향을 끼친다면, 그리고 하나님을 믿는 것이 우선순위에서 밀린다면 그것은 옳지 않은 것임을 분명히 말해 주어야 합니다.

청소년 시기에는 자아 정체감을 찾아가는 과정에서 자신과 동일시하는 연예인을 일부 따르거나 좋아할 수 있습니다. 믿음의 선진들을 동일시하는 신앙이 깊은 일부 기독청소년들을 제외하고는 대부분의 청소년들이 대중문화에 자주 노출되어 모든 청소년들에게 선망의 대상이 되고, 자신의 취향에 맞으며 그 연예인의 활동이 자신의 기분전환과 스트레스 해소에 영향을 주는 연예인을 좋아하게 마련입니다.

청소년들에게 연예인과 우상과의 차이를 엄격하게 나누기가 쉽지 않지만 청소년들에게 교회생활이나 하나님과의 인격적인 교제에 방해를 받는다면 분명한 언급이 필요합니다. 단, 유의해야 할 것은 연예인을 좋아하는 것이 곧 우상을 섬기는 것이라고 단정 지어 말하지 않도록 하며, 학생으로 하여금 스스로 생각하고 느끼도록 유도합니다.

Standard of Life

말씀탐구

1. 이사야 44:15-20절 말씀을 읽고 연예인과 관련하여 묵상 후 이야기를 나누어 봅니다.

"이 나무는 사람들에게 땔감에 지나지 않는다. 목공 자신도 그것으로 몸을 따스하게 하고, 불을 피워 빵을 굽기도 한다. 그런데 그것으로 신상을 만들어서 그것에게 절하며, 그것으로 우상을 만들어서 그 앞에 엎드린다. 우상을 만드는 것과 꼭 같은 나무 반 토막으로는 불을 피우고, 그 불덩이 위에 고기를 구워 먹고, 그것으로 배를 불리며, 또 몸을 따스하게 하며 '아, 불을 보니 따뜻하다' 하고 말한다. 불을 때고 남은 토막으로는 신상, 곧 우상을 만들고, 그 앞에 엎드려 숭배하고, 그것에게 기도하며 '나의 신이시여, 나를 구원하여 주십시오' 하고 빈다. 백성이 알지도 못하고 깨닫지도 못하는 것은 그들의 눈이 가려져서 볼 수 없기 때문이며, 마음이 어두워져서 깨달을 수 없기 때문이다. 그런 사람에게는 생각도 없고 지식도 없고 총명도 없다. 고작 한다는 말이 '내가 그 나무의 반 토막으로는 불을 피워, 그 불덩이 위에 빵을 굽고 고기를 구워 먹었지. 불을 때고 남은 나무로는 가증한 우상을 만들었지. 이제 나는 그 나무토막 앞에 절한다' 하는구나. 타고 남은 재로나 배를 채우려는 자들, 그들은 어리석은 마음에 미혹되어서, 도움마저 받지 못한다. 손에 쥐고 있는 우상이 참 신이 아니라는 것을 받아들이려 하지 않는다"(사 44:15-20, 표준새번역).

2. 성경에 나오는 믿음의 조상 중에 좋아하는 인물이 있다면 누구이며, 그 이유는 무엇인지 말해 봅니다.

Change of Life

연예인 우상화 극복하기

연예인을 우상화할 때 나타날 수 있는 현상들을 이야기해 봅니다.

연예인을 우상화할 때 우려하게 되는 현상은 그 대상을 향한 경배와 모방입니다. 경배는 우상화한 연예인에 대해 애착과 존경을 갖게 하며 그 연예인에 대한 맹목적인 믿음과 그와 관련된 모든 정보에 대해 집착하게 합니다. 모방은 좋아하는 연예인에 대한 모든 언행과 옷차림 등을 따라하는 것입니다. 외적인 모습 외에 그가 가지고 있는 가치관, 신념, 때로는 종교까지 모방하게 됩니다. 이것이 지나치면 경쟁 관계에 있는 다른 연예인에 대한 공격적인 태도까지 보입니다.

또 다른 현상은 부모를 비롯해 가족들 간의 갈등을 유발하기도 합니다. 연예인을 좋아하는 과정(모방, 정보수집)이 가족들의 관계에서 갈등을 유발하며, 부모의 시각과 큰 차이가 날 때는 극단적인 경우를 보일 때도 있습니다. 또 동일시나 모델의 대상으로 부모에서 연예인으로 옮겨가는 과정에서 매스컴에 의해 조작되어 눈으로만 좋게 보이는 연예인의 모습과 현실에서 갈등을 겪는 가족과의 비교의식이 가족 간의 불신을 낳게 하기도 합니다.

사람들은 살아가면서 자기가 좋아하는 사람을 닮아가려고 합니다. 그리고 완벽한 사람은 없기 때문에 서로간의 인격적인 관계 속에서 영향을 주며 성장해 갑니다. 특히 청소년들은 인생이란 무엇이며, 자신은 어떤 존재인가를 알아가는 과정 속에서 매스컴을 통해 나타나는 연예인들을 자신의 모델로 동일시하는 경우가 많습니다. 하지만 이 과정 속에서 모델로 삼는 것에 그치지 않고 집착과 동경의 대상이 되면 그것이 우상숭배가 되는 것입니다. 우상숭배는 다른 종교를 믿거나 형상을 만들어 그것에 절하는 것만 우상숭배가 아니라 자신의 가치관과 내면의 모습이 하나님의 말씀이 아닌 나 자신을 포함한 다른 어떤 대상에 매여 집착과 동경으로 확대되며 행동과 태도에 큰 영향을 받는다면 그것은 또 다른 우상숭배가 될 수 있습니다. 이것은 우리에게 생명을 주시고 자녀로 삼으신 하나님을 슬프게 하는 것입니다.

제10과 나도 해리포터가 된다면? (샤머니즘과 주술)

학습목표 : 기독교의 복음과 대상이 없는 주술 행위를 분별하여 바른 가치관을 갖는다.

중심진리 : 하나님을 향한 믿음은 영광이 되지만 우상을 향한 주술적 행위는 하나님의 진노를 일으킨다.

본문말씀 : 신명기 18:10-12

본과를 소개합니다

이번과는 청소년들의 문화 중에 샤머니즘과 주술에 해당하는 부분으로 샤머니즘과 주술에 대한 지식이 없을 때 교회 안에서 부지불식간에 미신적인 요소와 혼동할 가능성이 있음을 인식하고 청소년들에게 주술에 대해 명확히 분별하여 속임수로 삶을 살지 않고 오직 하나님의 말씀을 삶의 기준으로 살아가도록 가르치는 데 목적이 있습니다. 샤머니즘적인 종교 행위는 그리스도인들에게 있어서는 안 될 잘못된 문화적 형태입니다. 또 이러한 모습은 자칫 우상숭배라든지, 어둠의 영을 불러 오는 엄청난 결과를 초래할 수 있습니다. 본과를 통해 청소년들이 샤머니즘과 주술에 대해 바로 이해하여 세상의 문화를 분별하는 기회가 되도록 지도합니다.

Story of Life

요즈음 유행하고 있는 대학 입시에 대한 합격기원은 문화나 문명이 덜 발달된 사회에서나 볼 수 있는 주술적인 기원이 그 주류를 이루고 있다는 것이 큰 문제입니다. 사회의 종교적 형태를 보면 그 사회의 영적 상태를 알 수 있는데 주술이 유행한다고 하는 것은 영적으로 건강한 상태라고 볼 수 없습니다. 그런데 최근 몇 년 동안 대학입시 때가 되면 이러한 주술을 상품화시켜 백화점을 중심으로 판매가 되고 있습니다. 그 상품의 내용을 보면 포크, 손거울, 껌, 휴지, 티셔츠, 팬티, 다트, 설록차, 뇌파 안정기 등 그 종류도 매우 다양합니다. 포크는 '답을 잘 찍으라' 는 의미로 임의로 만든 합격 통지서와 함께 판매하고 있으며, 시험을 '잘 보라' 는 의미의 합격 거울, '꼭 붙어라' 의 껌, '정답을 족집게처럼 집어라' 의 집게, '잘 풀어라' 등의 화장지, 그리고 띠를 나타내는 동물이 그려진 띠 팬티나 띠 열쇠고리는 '자신의 띠를 상징하는 물건을 몸에 지니면 행운이 온다' 는 속설에서 판매되고 있으며 또 요일별 여성 팬티는 '남학생이 여학생 팬티를 소지하면 행운이 온다는 속설에서 팔리고 있다. 이외에도 옛날 과거시험 때 선비들이 품속에 간직했다는 부적을 인쇄한 장원급제용 티셔츠, 또 모 승용차의 이름 중 일부를 소지하고 있으면 원하는 대학에 들어갈 수 있다는 속설 등 별로 바람직하지 않은 종교적 행위가 최근에 굉장히 유행하고 있습니다. (중략)

출처: 침례신문

샤머니즘 이해하기

컴퓨터나 카드, 별자리 등으로 오늘의 운세와 같은 점이나 예언을 쳐 본 적이 있나요? 있다면 사례를 이야기해 보세요.

많은 사회학자들은 현대의 문화를 컴퓨터 문화라고 말하기도 합니다. 그것은 컴퓨터가 첨단 기술과 과학이 접목된 정보와 기술의 집약체이기 때문입니다. 하지만 이러한 첨단기술 사회에서 아이러니하게 주술 문화, 신비주의 문화는 없어지지 않고 더 유행하고 있는 실정입니다. 심지어 기독교 안에서도 흥미와 재미라는 측면에서, 또 계시와 예언이라는 이름으로 그럴듯하게 포장되어 아무런 거리낌 없이 이용되고 있습니다. 특히 요즘처럼 윤리의식이 강하지 않은 청소년들은 많은 것을 자기중심적으로 생각하고 합리화시키는데 이 주술 역시 신앙과 상관없이 자기중심적으로 생각하는 경향이 많습니다.

(Tip : 위의 질문은 서론적인 부분으로 현상 자체를 학생들이 인지하도록 하고 결론은 맺지 않도록 합니다. 여기서 결론을 맺어버리면 공과의 진행이 지루해질 우려가 있습니다.)

다음의 용어에 대해 아는 대로 발표해 보세요.

☞ 주술, 샤머니즘, 무속

주술 : 인간의 일상적인 문제를 초자연적인 특수 능력에 호소하여 해결하려고 하는 일련의 기법.

샤머니즘 : 병을 고치는 능력, 저 세상과 소통하는 능력을 가진 것으로 믿어지는 황홀경에 몰입하는 인물인 샤먼을 중심으로 하는 하나의 종교적 현상, 샤머니즘이라는 용어는 만주어의 '샤만'에서 파생, 이 단어는 '아는 자'라는 뜻으로 육신을 떠난 영혼이 정령의 세계에 들어감으로써 정령들의 중재인으로 활동함과 동시에 그들과 소통하는 것을 의미한다.

무속 : 무속은 무당을 중심으로 하여 전승되는 종교적 현상,
여자무당=무녀=shaman(샤만)=무당, 남자무당=무격=박수=magos,
종류 : 직업무당, 세습무당(부모가 무당이면 자기도 무당), 강신무당(어느 날 갑자기 신이 내림), 학습무당[선무당](배운 무당).

주술의 종류를 아는 대로 말해 보세요.

눈에 보이지 않는 신비한 힘을 낸다고 믿는 것으로 라이벌의 관계에 있는 사람을 병들게 하거나, 불행을 안기거나, 사고를 당하도록 만드는 주술행위, 상대의 행운을 빼앗고 두통에 시달리게 하는 행위, 연인을 갈라놓는 주술, 미인을 차지하는 주술, 싫증난 이성을 떼어내는 주술, 도박을 이기는 주술, 자신의 미래를 말해 주는 주술, 반지점, 동전점, 볼펜점, 분신사바 등.

모방주술 : 어떤 동작을 흉내 내면 그에 상응하는 효과를 얻을 수 있다는 신념, 닮은 것이 닮은 것을 낳는다는 생각에 흉내 내면 일이 그대로 반드시 실현된다는 사고방식, 말하자면 비를 내리게 하는 의식을 행하면 반드시 비가 내린다고 믿는 것.

감염주술 : 어떤 부분에 대한 작용이 전체에 대하여 같은 효과를 초래한다는 신념, 머리카락이나 의류 등 인체의 일부, 또는 인체에 접촉한 것을 입수함으로써 그 사람의 영혼을 얻었다고 생각하고 그것을 이용하여 상대방에게 어떤 작용을 가할 수 있다는 사고방식, 미운 상대의 사진을 바늘로 찌름으로써 그에게 고통을 준다고 생각한다든가, 병자의 옷에 기도하게 한 다음 그 옷을 입히면 병이 낫는다고 믿는 일 따위.

백주술(白呪術) : 기우제나 건강회복을 목표로 사회나 사람을 위하여 실행하는 주술.

흑주술(黑呪術) : 사람을 괴롭히고 저주 · 살인하기 위한 주술.

Standard of Life

말씀탐구

1. 점쟁이나 길흉을 말하는 자나 요술하는 자에 대해 하나님은 어떤 태도를 가지고 계신가요?

"그의 아들이나 딸을 불 가운데로 지나게 하는 자나 점쟁이나 길흉을 말하는 자나 요술하는 자나 무당이나 진언자나 신접자나 박수나 초혼자를 너희 가운데에 용납하지 말라 이런 일을 행하는 모든 자를 여호와께서 가증히 여기시나니 이런 가증한 일로 말미암아 네 하나님 여호와께서 그들을 네 앞에서 쫓아내시느니라"(신 18:10-12).

2. 우상숭배와 주술을 하는 사람들은 하나님께로부터 어떤 대가를 치르게 될까요?

"육체의 일은 분명하니 곧 음행과 더러운 것과 호색과 우상 숭배와 주술과 원수 맺는 것과 분쟁과 시기와 분냄과 당 짓는 것과 분열함과 이단과 투기와 술 취함과 방탕함과 또 그와 같은 것들이라 전에 너희에게 경계한 것 같이 경계하노니 이런 일을 하는 자들은 하나님의 나라를 유업으로 받지 못할 것이요"(갈 5:19-21).

2. 하나님의 진노를 사는 사람들은 어떤 사람들인가요?

"또 힌놈의 아들 골짜기에서 그의 아들들을 불 가운데로 지나가게 하며 또 점치며 사술과 요술을 행하며 신접한 자와 박수를 신임하여 여호와 보시기에 악을 많이 행하여 여호와를 진노하게 하였으며"(대하 33:6).

Change of Life

기독교 세계관 바로 세우기

한국교회 안에 나타난 샤머니즘의 현상을 아는 대로 이야기해 봅니다.

기독교 안의 잘못된 샤머니즘적인 요소에 대해 알아보고 그 개념을 바르게 연결해 봅니다.

- 기복 신앙 (치유에 관한, 물질에 관한)
- 신비주의
- 축사
- 책임감이 결여된 의타 신앙
- 신앙과 생활의 불일치
- 목회자의 그릇된 인식

• 감정적 흥미 위주의 신앙

신비주의	자신의 인격, 성경적 진리, 역사적 현실과는 상관없이 초자연적인 것만을 좇는 것.
축사	십자가의 구원보다 극단적 방법과 행위로 치우쳐 귀신을 달래거나 떨어버리려 한다.
신앙과 생활의 불일치	신앙과 삶은 별개로 생각하고, 신앙생활을 교회 안에서만 국한시키며, 신앙은 천국 가는 수단으로만 생각한다.
목회자의 그릇된 인식	존경과 권위를 넘어서 초자연적인 능력을 지닌 신의 대리자로 생각한다.
기복 신앙	신앙생활을 복을 받기 위한 것으로 잘못 오해하여 치유나 물질이나 혹은 구원을 받기 위해 헌금을 하거나 기도하는 신앙.
감정적 흥미 위주의 신앙	인격적 고백을 배제하고 감정에 치우쳐 감정적으로만 만족해 하는 신앙.
책임감이 결여된 의타 신앙	세상의 모든 현상은 신들의 창조적 행위이기 때문에 사람들은 아무 책임이 없다

간혹 학생들이 신앙생활을 하다보면 샤머니즘과 신앙의 구분을 잘하지 못하는 경우가 있습니다. 이런 경우 명확한 기준을 제시해 주어야 합니다. 특정한 대상이 없이 막연한 두려움을 해소하기 위해 만든 것이 샤머니즘이라 할 수 있습니다. 이 샤머니즘은 때로 자기도 모르게 자기 자신이 신이 되기도 합니다. 하지만 하나님을 믿는 우리의 신앙은 존재하지 않은 형상을 만드는 것이 아니라 실존하시는 하나님을 지, 정, 의를 통해 인격적으로 믿고, 그 하나님을 통해 자신이 연약한 피조물임을 아는 것입니다.

청소년들뿐만 아니라 성인들도 샤머니즘과 주술에 대한 지식이 없을 때 교회 안에서 부지불식간에 미신적인 것과 신앙적인 것을 혼동할 가능성이 많습니다. 샤머니즘은 여러 가지 면에서 하나님을 믿는 신앙과 비슷한 면이 많기 때문입니다. 하지만 샤머니즘과 하나님을 향한 믿음은 분명히 다른 것입니다. 그러나 그것에 대한 분명한 기준과 지식이 없을 때는 샤머니즘적인 종교 행위를 그리스도인들도 하나의 문화적 형태로 얼마든지 행할 수 있으며 또 그러한 것이 자칫 우상숭배나, 어둠의 영들을 불러 오는 엄청난 결과를 초래할 수 있습니다.

우리가 믿는 하나님은 인격적이신 분이시기에 우리에게 비인격적이고 미신적이고 주술적인 행위를 원치 않으십니다. 그러므로 우리는 하나님께 나아갈 때 기복적 신앙이 아닌 성숙하고 인격적인 바른 헌신과 믿음으로 나아가야 합니다. 그리고 이러한 주술적 형태가 청소년들의 또 다른 문화로 자리매김하지 않도록 주의 또 주의하며 바른 신앙생활을 할 수 있도록 해야 합니다. 하나님이 주시는 올바른 분별력으로 하나님 앞에서 최선의 삶을 살아야 합니다.

I ♥ JESUS

밀밀파워 in 지저스

제1과 전도

학습목표 : 예수 그리스도를 믿고 구원받은 그리스도인은 주변의 사람들에게 복음을 전해야 할 사명이 있음을 깨닫고 전도하기로 결심한다.

중심진리 : 전도하는 그리스도인

본문말씀 : 사도행전 1:8

마 28:19-20

"그러므로 너희는 가서 모든 민족을 제자로 삼아 아버지와 아들과 성령의 이름으로 침(세)례를 베풀고 내가 너희에게 분부한 모든 것을 가르쳐 지키게 하라 볼지어다 내가 세상 끝 날까지 너희와 항상 함께 있으리라 하시니라."

Question About It

전도는 아직까지 예수 그리스도를 구원자로 알지 못하는 사람에게 그 사실을 소개하는 것입니다. 모든 인류는 죄 가운데 있지만 예수님이 우리 모두의 죄를 대신 지시고 죽으심으로 우리는 구원을 얻게 되었습니다. 예수님은 하나님의 아들로서 그분을 믿는 자마다 죽음에서 벗어나 구원을 얻게 됩니다. 이 사실을 전파하고 모든 인류가 하나님의 아들 예수 그리스도를 믿도록 하는 것이 전도입니다.

따라서 모든 그리스도인은 주님이 맡기신 마지막 말씀인 사도행전 1장 8절에 따라 전도하도록 사명을 부여 받았습니다. 우리 청소년들도 예외가 아닙니다. 전도는 어렵고 힘들 수 있지만 그리스도인으로서 하나님이 우리에게 맡기신 가장 귀한 사명입니다.

나는 친구나 다른 사람에게 전도할 때 어떤 모습입니까?

□ 나는 전도 이야기를 꺼낼 때 어려움을 느낀다.

□ 나는 누가 나에게 다가서지 않는 한 먼저 전도하지 않는다.

□ 나는 친구에게 전도하는 것은 쉬우나 모르는 사람에게 하는 것은 어렵다.

□ 나는 낯선 사람에게는 전도하는 것이 쉬우나 가까운 친구들에게는 잘 못한다.

□ 나는 자주 사람들에게 그리스도에 대해서 이야기하고, 그것을 매우 좋아한다.

View of Bible

예수님께서 이 땅에 오신 목적 중의 하나는 전도하시기 위함이었고(막 1:38), 제자를 부르신 것과 보내신 것도 모두 전도에 있었습니다(마 4:19; 마 28:18-20). 복음 전도란 불타는 마음과 순교자적인 정신을 가지고 모든 사람을 그리스도의 제자로 삼으려는 뚜렷한 목적을 가지고 가르치고 전파하는 것입니다.

Learn of Bible

1. 안드레가 주님을 만난 후 제일 먼저 한 일은 무엇입니까?(요 1:41-42)

☞ 자기의 형제 베드로를 전도함.

"그가 먼저 자기의 형제 시몬을 찾아 말하되 우리가 메시야를 만났다 하고 데리고 예수께로 오니 예수께서 보시고 이르시되 네가 요한의 아들 시몬이니 장차 게바라 하리라 하시니라"(요 1:41-42).

주님을 자신의 구주로 영접한 안드레는 제일 먼저 자기 형제인 베드로를 전도했습니다. 주님을 만난 사람은 이렇게 자기가 만난 그 주님을 주변의 가장 가까운 사람들에게 소개하고 알리고 싶은 마음을 먹게 됩니다.

증인은 법정에서 그 사건에 대해 아는 것을 말해야 합니다. 그리스도인의 증거란 예수 그리스도에 대해 그가 아는 것과 믿는 것을 다른 사람에게 말하는 것입니다.

2. 바울은 무엇을 부끄러워하지 않는다고 했습니까? 그리고 그 이유는 무엇입니까?(롬 1:16)

☞ 복음, 모든 믿는 자에게 구원을 주시는 하나님의 능력이 되기 때문.

"내가 복음을 부끄러워하지 아니하노니 이 복음은 모든 믿는 자에게 구원을 주시는 하나님의 능력이 됨이라 먼저는 유대인에게요 그리고 헬라인에게로다"(롬 1:16).

3. 우리는 왜 전도해야 합니까?

1) 하나님의 명령이기 때문에

"그러므로 너희는 가서 모든 민족을 제자로 삼아 아버지와 아들과 성령의 이름으로 침(세)례를 베풀고 내가 너희에게 분부한 모든 것을 가르쳐 지키게 하라 볼지어다 내가 세상 끝 날까지 너희와 항상 함께 있으리라 하시니라"(마 28:19-20).

이 지상명령은 예수님의 유언과도 같은 것입니다. 곧 우리에게 전도할 것을 부탁하신 것이 아니라 명령하셨습니다. 예수님의 제자가 된 그리스도인들은 이 말씀을 지켜야 합니다. 또한 부활하신 예수님은 하늘로 승천하시기 전에 한 번 더 말씀하셨습니다. "오직 성령이 너희에게 임하시면 너희가 권능을 받고 예루살렘과 온 유대와 사마리아와 땅 끝까지 이르러 내 증인이 되리라 하시니라"(행 1:8).

2) 잃어버린 영혼들을 주님께 인도하기 위해서

"아들을 믿는 자에게는 영생이 있고 아들에게 순종하지 아니하는 자는 영생을 보지 못하고 도리어 하나님의 진노가 그 위에 머물러 있느니라"(요 3:36).

본래 우리는 하나님의 자녀였습니다. 그래서 예수님은 잃어버린 자녀들을 찾으시려고 이 땅에 오셨습니다. 우리의 전도 사역은 이러한 예수님의 사역을 돕는 것입니다.

3) 그리스도의 사랑이 강권하므로

"그리스도의 사랑이 우리를 강권하시는도다 우리가 생각하건대 한 사람이 모든 사람을 대신하여 죽었은즉 모든 사람이 죽은 것이라"(고후 5:14).

예수님께서 우리의 모든 죄 문제를 해결하시기 위해서 십자가에 달려 돌아가셨습니다. 이러한 자기 목숨까지도 내어 놓는 그리스도의 사랑을 경험한 사람, 즉 그 사랑 때문에 복음을 전하지 않으면 견디지 못하는 사람이 바로 진정한 그리스도인이라 할 수 있습니다.

4. 누가 전도해야 합니까?

☞ 구원받은 모든 그리스도인

"그러므로 우리가 그리스도를 대신하여 사신이 되어 하나님이 우리를 통하여 너희를 권면하시는 것 같이 그리스도를 대신하여 간청하노니 너희는 하나님과 화목하라"(고후 5:17).

전도는 목사님이나 전도사님, 집사님, 교회학교 선생님들만 하는 것이 아닙니다. 우리 모두가 그리스도의 사신으로 임명 받았기 때문에 그리스도인이라면 누구나 해야 하는 일입니다.

5. 복음의 내용에는 무엇이 있습니까?

1) 하나님은 당신을 사랑하십니다.

"하나님이 세상을 이처럼 사랑하사 독생자를 주셨으니 이는 그를 믿는 자마다 멸망하지 않고 영생을 얻게 하려 하심이라"(요 3:16).

2) 모든 사람은 죄인입니다.

"모든 사람이 죄를 범하였으매 하나님의 영광에 이르지 못하더니"(롬 3:23).

3) 예수 그리스도는 사람의 죄의 문제를 해결하셨습니다.

"곧 우리가 원수 되었을 때에 그의 아들의 죽으심으로 말미암아 하나님과 화목하게 되었은즉 화목하게 된 자로서는 더욱 그의 살아나심으로 말미암아 구원을 받을 것이니라"(롬 5:10).

4) 예수 그리스도를 영접하는 자 곧 그를 믿는 자는 구원을 얻습니다.

"영접하는 자 곧 그 이름을 믿는 자들에게는 하나님의 자녀가 되는 권세를 주셨으니"(요 1:12).

5) 믿는 자는 구원을 얻습니다.

"너희는 그 은혜에 의하여 믿음으로 말미암아 구원을 받았으니 이것은 너희에게서 난 것이 아니요 하나님의 선물이라"(엡 2:8).

6) 믿음의 결과

① 죄 사함을 받습니다.
"그의 아들 안에서 우리가 속량 곧 죄 사함을 얻었도다"(골 1:14).

② 하나님의 자녀가 됩니다.
"영접하는 자 곧 그 이름을 믿는 자들에게는 하나님의 자녀가 되는 권세를 주셨으니"(요 1:12).

③ 영생을 얻습니다.
"내가 진실로 진실로 너희에게 이르노니 내 말을 듣고 또 나 보내신 이를 믿는 자는 영생을 얻었고 심판에 이르지 아니하나니 사망에서 생명으로 옮겼느니라"(요 5:24).

복음의 4가지 요소

① 당신은 죄인입니다 → 예수의 십자가(고난)
② 당신의 힘으로는 죄의 문제를 해결할 수 없습니다 → 예수의 죽음
③ 예수 그리스도가 이미 해결해 놓으셨습니다 → 예수의 부활
④ 그분을 영접하십시오 → 영원한 생명

Application of Bible

1. **하나님께서는 그리스도인들 각자가 '보고 듣는 것' (요일 1:3)에 관하여 증인이 되도록 부르셨습니다.**

2. **다른 사람에게 복음을 전하는 것이 예수님의 사랑과 우리의 진정한 관심을 전달하는 가장 실제적인 방법입니다.**

3. **우리는 하나님과 이웃 앞에서 바르고 올바른 삶을 살아야 합니다.**
   우리의 이런 삶의 모습으로 전도할 수 있기 때문입니다.

4. **그러나 이런 행위만으로는 복음의 메시지를 다른 사람들에게 전달하는 데 충분하지 않습니다.**

5. **이제 우리는 우리의 말을 통해서 증거해야 합니다.**
   사람이 어떻게 하나님과 화해할 수 있는가에 관한 메시지를 다른 사람에게 이야기해야 합니다.

6. **또한 다른 사람에게 전도할 수 있는 매우 효과적인 방법은 하나님께서 우리의 삶 속에 역사하신 것을 간증하는 것입니다.**

Tip of Bible

개인 간증을 준비하는 방법

우리 자신이 어떻게 그리스도인이 되었는가를 간증하는 것이 가장 효과적인 전도 중의 하나입니다. 간증은 일반적으로 전도하기에 어려운 친척들이나 친구들에게 예수 그리스도를 소개하는 데 특별히 도움이 됩니다.

간증을 할 때에는

① 설교식으로 하지 말고(개인적인 것이 되도록)

② 짧게(5분을 넘기지 않도록)

③ 그리스도가 중심이 되도록(그리스도가 무엇을 하셨나)

④ 하나님의 말씀을 사용합니다. 성경 말씀은 우리의 간증에 능력을 더해 줄 것입니다.

간증문을 적어 봅시다. 먼저 당신이 믿게 된 경위를 분명하게 밝혀서 듣는 사람으로 하여금 그리스도를 어떻게 영접했는가를 알 수 있게 해야 합니다.

예수 그리스도를 믿기 전의 생활을 말하고, 어떻게 믿게 되었나를 밝혀야 합니다. 그리고 예수님을 믿음으로 인해 새롭게 알게 된 것들을 기록합니다. 예를 들면 나의 삶의 변화, 영생에 대한 확신, 외적으로 달라진 것, 마음에서 샘솟는 기쁨 등을 말합니다.

[나의 간증문]

예수 그리스도를 믿기 전:

예수 그리스도를 믿게 된 경위:

예수 그리스도를 믿은 후:

맏민파워 in 지저스

제2과 기도

학습목표 : 그리스도인으로서 기도의 의무를 깨닫고 올바른 기도와 잘못된 기도를 이해한다.

중심진리 : 기도하는 그리스도인

본문말씀 : 누가복음 18:9-14

약 1:5

"너희 중에 누구든지 지혜가 부족하거든 모든 사람에게 후히 주시고 꾸짖지 아니하시는 하나님께 구하라 그리하면 주시리라"

Question About It

1. 그리스도인이 된 후 기도에 대해서 이야기를 많이 듣습니다. 우리가 기도하는 이유는 무엇일까요?

2. 그리고 우리는 언제, 어떤 일이 상황에서 기도할까요?

View of Bible

하나님과의 교제는 두 가지로 나누어집니다. 먼저 말씀으로, 그리고 기도로 대화할 수 있습니다. 이러한 주님과의 교제는 주님을 알고 주님을 기쁘시게 하는 데 필수적인 것입니다.

기도란 하나님의 뜻을 내 뜻에 복종시키는 것이 아니라 내 뜻을 하나님의 뜻에 복종시키는 것입니다. 우리의 문제와 마음의 고백을 예수 그리스도의 이름으로 하나님께 감사와 믿음으로 기도함으로써, 하나님이 들으실 줄로 믿는 것입니다.

Learn of Bible

1. 예수님께서 기도를 설명하실 때 사용하신 세 가지 말씀은 무엇입니까?(눅 11:9)

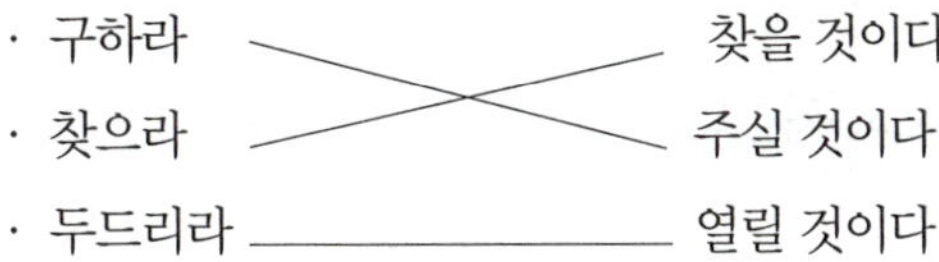

2. 우리는 누구의 이름으로 기도해야 합니까?

☞ 예수님의 이름으로

"지금까지는 너희가 내 이름으로 아무 것도 구하지 아니하였으나 구하라 그리하면 받으리니 너희 기쁨이 충만하리라"(요 16:24).

우리의 기도는 다른 이름으로써는 소용이 없고 오직 예수의 이름으로 구할 때 응답이 있습니다. 우리는 오직 우리 죄를 위하여 흘리신 그리스도의 피를 통해서만 하나님 앞에 나아갈 수 있기 때문입니다.

3. 우리 자신을 위해서 기도해야 할 이유를 찾아봅시다.

1) 지혜를 주시도록

"너희 중에 누구든지 지혜가 부족하거든 모든 사람에게 후히 주시고 꾸짖지 아니하시는 하나님께 구하라 그리하면 주시리라"(약 1:5).

2) 하나님의 말씀을 깨닫기 위해

"나로 하여금 깨닫게 하여 주소서 내가 주의 법을 준행하며 전심으로 지키리이다"(시 119:34).

3) 죄악 된 생활에 빠지지 않기 위해

"나의 발걸음을 주의 말씀에 굳게 세우시고 어떤 죄악도 나를 주관하지 못하게 하소서"(시 119:133).

4) 시험에 들지 않기 위해

"시험에 들지 않게 깨어 기도하라 마음에는 원이로되 육신이 약하도다 하시고"(마 26:41).

5) 정직한 영을 얻기 위해서

"하나님이여 내 속에 정한 마음을 창조하시고 내 안에 정직한 영을 새롭게 하소서"(시 51:10).

6) 나의 길을 하나님께 맡기기 위해

"너희 염려를 다 주께 맡기라 이는 그가 너희를 돌보심이라"(벧전 5:7).

4. 기도의 내용에는 어떤 것들이 있습니까?

1) 찬양

"내 영혼아 여호와를 송축하며 그의 모든 은택을 잊지 말지어다"(시 103:2).

먼저 우리의 모든 것이 되시고 우리의 소원을 이루시는 하나님의 은혜를 찬양해야 합니다.

2) 고백

"내 죄악을 아뢰고 내 죄를 슬퍼함이니이다"(시 38:18).

내가 알게 모르게 지은 모든 죄악을 고백하고 슬퍼하며 자백해야 합니다.

3) 감사

"범사에 감사하라 이것이 그리스도 예수 안에서 너희를 향하신 하나님의 뜻이니라"(살전 5:18).

지금까지 하나님께서 해 주신 모든 일을 생각해 보고 그것에 대하여 하나님께 감사해야 합니다.

4) 간구

"예수께서 그들에게 항상 기도하고 낙심하지 말아야 할 것을 비유로 말씀하여"(눅 18:1).

자신이 필요한 것을 간절히 기도해야 합니다.

5) 중보

"예수께서 이 말씀을 하시고 눈을 들어 하늘을 우러러 이르시되 아버지여 때가 이르렀사오니 아들을 영화롭게 하사 아들로 아버지를 영화롭게 하게 하옵소서"(요 17:1).

그리스도인들은 서로를 위해 기도해야 합니다.

이렇게 기도의 중요한 내용과 순서는 ①먼저 하나님을 찬양하고 ②자신의 죄를 고백하며 ③하나님의 은혜와 사랑에 대해 감사하고 ④자신이 바라는 것을 간구하며 ⑤다른 사람들을 위해 기도하고 ⑥예수님의 이름으로 기도해야 합니다.

5. 잘못된 기도는 무엇입니까?

1) 잘못된 동기와 목적

"구하여도 받지 못함은 정욕으로 쓰려고 잘못 구하기 때문이라"(약 4:3).

2) 교만한 마음

"바리새인은 서서 따로 기도하여 이르되 하나님이여 나는 다른 사람들 곧 토색, 불의, 간음을 하는 자들과 같지 아니하고 이 세리와도 같지 아니함을 감사하나이다 나는 이레에 두 번씩 금식하고 또 소득의 십일조를 드리나이다 하고"(눅 18:11-12).

하나님은 성전에 올라가서 두 손을 들고 기도한 교만한 바리새인의 기도를 받지 않으시고 오히려 두 손으로 가슴을 치며 겸손하게 기도한 세리의 기도를 받으시고 그가 바리새인보다 더 의롭다고 선언하셨습니다.

3) 믿음 없는 기도

"오직 믿음으로 구하고 조금도 의심하지 말라 의심하는 자는 마치 바람에 밀려 요동하는 바다 물결 같으니 이런 사람은 무엇이든지 주께 얻기를 생각하지 말라"(약 1:6-7).

Application of Bible

1. 매일 하나님과 만날 약속

"매일 나에게 가장 좋은 시간은 ____________입니다.
나는 약 _______ 분 동안 기도의 시간을 갖기로 약속합니다.
혼자 하나님과 만나 성경 읽고 기도하는데 가장 좋은 장소는 __________입니다."

2. 기도는 하나님과의 대화이며 곡이 없는 찬송입니다.
또한 우리가 이 세상을 살아가는데 있어서 가장 강력한 무기가 됩니다.

3. 기도는 우리가 원하는 것은 무엇이나 '뚝딱' 하고 나오는 도깨비 방망이가 아닙니다.
하나님과 인격적으로 만날 수 있는 통로이며 교제의 시간입니다.

Tip of Bible

기도 노트를 만들어 사용해 봅시다.

날짜	기도 내용	날짜	응답 내용

제3과 헌금

학습목표 : 재물의 소유가 하나님임을 알고 헌금의 올바른 자세와 물질에 대한 바른 태도를 갖도록 한다.

중심진리 : 헌금하는 그리스도인

본문말씀 : 고린도후서 9:1–15

고후 9:7

"각각 그 마음에 정한 대로 할 것이요 인색함으로나 억지로 하지 말지니 하나님은 즐겨 내는 자를 사랑하시느니라."

Question About It

1. 헌금에는 어떤 종류들이 있는지 아는 대로 말해 봅시다.

2. 나의 헌금 생활은?

- □ 십일조를 드립니다.
- □ 매주일 헌금을 드립니다.
- □ 특별한 일이 있을 때만 감사헌금을 드립니다.
- □ 가끔 드립니다.
- □ 전혀 드리지 않습니다.

View of Bible

천지 만물을 창조하신 하나님은 이 세상의 땅과 모든 것의 주인이 되십니다. 우리는 세상에 살 때 잠시 그것을 맡아서 관리하는 청지기에 지나지 않습니다. 청지기는 주인의 것을 관리하는 종으로 주인의 허락을 받아 사용할 수 있는 권한만 주어진 사람입니다.

땅의 주인 역시 하나님이시기에 사람은 그 땅을 경작해서 소산물을 얻어 생활할 뿐이고 하나님께 십일조나 헌금을 드리는 것은 그 땅의 실제 소유주가 하나님이심을 인정하는 행위입니다.

Learn of Bible

1. 재물의 소유권은 어디에 있습니까?

☞ 하나님

"우리 하나님 여호와여 우리가 주의 거룩한 이름을 위하여 성전을 건축하려고 미리 저축한 이 모든 물건이 다 주의 손에서 왔사오니 다 주의 것이니이다"(대상 29:16).

성전을 건축하기 위해서 성전 건축 재료를 준비한 다윗은 이 모든 물건이 하나님께로부터 온 것임을 밝히고 있습니다. 다윗은 왕의 신분이었지만 모든 물건의 소유주가 하나님임을 인정한 것입니다.

2. 재물에 대한 올바른 태도는 무엇입니까?

☞ 재물에 대한 탐욕을 버린다.

"그들에게 이르시되 삼가 모든 탐심을 물리치라 사람의 생명이 그 소유의 넉넉한 데 있지 아니하니라 하시고"(눅 12:15).

사람의 존재와 행복의 이유가 재물의 많음에 있지 않다고 예수님께서 말씀하셨습니다. 사람이 경제적인 풍요를 통해 자신의 존재를 확인하거나 삶의 안도감을 찾는 것은 가장 열등한 삶의 모습입니다.

재물에 삶의 가장 높은 가치를 두는 사람의 신을 '맘몬'(부의 신)이라고 부릅니다. 우리는 맘몬을 섬기는 사람이 되어서는 안 됩니다. 하나님은 우리의 필요를 채워주시는 분이십니다. "나의 하나님이 그리스도 예수 안에서 영광 가운데 그 풍성한 대로 너희 모든 쓸 것을 채우시리라"(빌 4:19).

3. 우리는 우리의 소망을 어디에 두어야 합니까?

☞ 세상의 재물이 아닌 하나님께.

"네가 이 세대에서 부한 자들을 명하여 마음을 높이지 말고 정함이 없는 재물에 소망을 두지 말고 오직 우리에게 모든 것을 후히 주사 누리게 하시는 하나님께 두며 선을 행하고 선한 사업을 많이 하고 나누어 주기를 좋아하며 너그러운 자가 되게 하라 이것이 장래에 자기를 위하여 좋은 터를 쌓아 참된 생명을 취하는 것이니라"(딤전 6:17-19).

그리스도인은 세상의 재물에 소망을 두지 않고 하나님께 소망을 두어야 하며, 선한 사업을 통하여 나누어 주는 너그러운 사람이어야 합니다. 그리스도인에게 있어서 '드림'이란 그 이유를 따지기 전에 이루어져야 할 기본적인 생활의 일부분입니다.

복음이 전해지지 않은 곳에 복음을 전하고, 아픈 사람을 치유해 주고, 배고픈 사람들에게 먹을 것을 주고, 억울함을 당한 자를 변호해주고, 헐벗은 자에게 입을 것을 주고, 소외당한 자와 같이 있어 주는 것이 그리스도인의 사명입니다. 특히 사회의 가난한 자들을 위해서 교회가 구제하고 나누어 주는 것에 헌금이 사용됩니다. "이는 다른 사람들은 평안하게 하고 너희는 곤고하게 하려는 것이 아니요 균등하게 하려 함이니 이제 너희의 넉넉한 것으로 그들의 부족한 것을 보충함은 후에 그들의 넉넉한 것으로 너희의 부족한 것을 보충하여 균등하게 하려 함이라"(고후 8:13-14).

4. 이러한 하나님의 선한 사업을 위해 하나님은 어떤 재물 관리법을 가르쳐 주셨습니까?

☞ 십일조를 드릴 것.

"셋째 해 곧 십일조를 드리는 해에 네 모든 소산의 십일조 내기를 마친 후에 그것을 레위인과 객과 고아와 과부에게 주어 네 성읍 안에서 먹고 배부르게 하라"(신 26:12).

성경은 십일조를 통해 하나님의 주권을 인정하는 신앙을 보일 것을 가르칩니다. 십일조는 쓰고 남은 것에서 드리는 것이 아니라 사용하기 전에 미리 1/10을 하나님의 선한 사업을 위해 구별해 놓는 것입니다. 또한 십일조는 드림의 기본적인 표현이지 헌금의 최대가치는 아닙니다. 사실상 헌신된 그리스도인은 십일조의 교훈에 관계없이 자신의 필요 이외의 남는 모든 것을 하나님의 일을 위해 사용하는 사람입니다.

5. 헌금은 어떻게 드리는 것이 바람직합니까?

☞ 마음에 정한 대로 자발적으로.

"각각 그 마음에 정한 대로 할 것이요 인색함으로나 억지로 하지 말지니 하나님은 즐겨 내는 자를 사랑하시느니라"(고후 9:7).

무엇보다 자발적으로 마음에 우러나오는 감동으로 드리는 것이 중요합니다. 하나님은 우리의 헌금도 받으시지만 그와 함께 우리의 마음도 받으시기 때문입니다.

6. 헌금을 드리는 자에게 주시는 하나님의 은혜는 무엇입니까?

☞ 우리의 필요를 채워 주심.

"심는 자에게 씨와 먹을 양식을 주시는 이가 너희 심을 것을 주사 풍성하게 하시고 너희 의의 열매를 더하게 하시리니"(고후 9:10).

하나님은 우리의 필요를 미리 아시고 자기 백성이 쓸 것을 준비해 주십니다. 그러므로 재물에 욕심을 가지는 것은 올바른 그리스도인의 자세가 아닙니다.

그리고 더 얻기 위한 의도로 무엇인가를 바라고 드리는 것은 결코 헌금이 아닙니다. 이것은 이자나 투기를 바라는 상행위입니다. 경제적 풍요를 하나님의 축복의 기준으로 생각해서는 안 됩니다.

Application of Bible

1. 그리스도인은 청지기 직분을 하나님께 받은 사람들입니다.

청지기란 다른 사람이 소유한 물질을 대신 관리하는 사람을 뜻합니다. 그러므로 재물의 소유권이 하나님께 있다고 믿는 모든 그리스도인들은 하나님께서 자신에게 맡기신 재물을 의미 있게 사용하고 관리할 청지기의 책임을 가지고 있습니다.

2. 하나님께서 다른 사람들에게 나누어 줄 수 있도록 나에게 주신 것은 무엇입니까?

Tip of Bible

바른 헌금을 위한 제안

① 준비된 헌금을 해야 합니다. 주중에 미리 헌금 봉투에 넣어 두었다가 드리는 것이 좋습니다. 예배 순서 중 헌금 시간에 주머니를 뒤지는 모습은 올바른 그리스도인의 자세가 아닙니다.

② 용돈을 받을 때마다 1/10씩 모아 두는 습관을 가져야 합니다. 이것이 생활화되면 드리는 데 있어서 망설임이나 주저함이 없게 됩니다.

③ 헌금을 많이 드리는 것 자체가 하나님의 축복입니다. 많이 주셨기 때문에 많이 드릴 수 있는 것입니다. 십일조를 만 원 드리는 사람은 수입이 10만원이고, 십일조를 100만원 드리는 사람은 1000만원의 수입을 축복으로 받은 것입니다. 그러므로 십일조를 많이 드리게 해 달라고 기도하는 것은 옳은 것입니다.

④ 재물의 올바른 관리와 사용도 매우 중요합니다. 그리스도인은 함부로 사치하거나 낭비해서도 안 됩니다.

⑤ 평생의 십일조 봉투를 모으십시오. 아마도 나중에 훌륭한 간증거리가 될 것입니다.

딘딘파워 in 지저스

제4과 교제

학습목표 : 그리스도인과의 올바른 교제는 어떠한 것인지 참다운 교제의 의미를 이해한다.

중심진리 : 교제하는 그리스도인

본문말씀 : 히브리서 10:24

요일 1:7

"그가 빛 가운데 계신 것 같이 우리도 빛 가운데 행하면 우리가 서로 사귐이 있고 그 아들 예수의 피가 우리를 모든 죄에서 깨끗하게 하실 것이요."

Question About It

1. 내가 가장 가까이에서 교제하고 있는 사람은 누구입니까?

2. 나는 학교 친구들, 또는 교회 친구들 중 누구와 교제하는 것이 더 즐겁습니까?

View of Bible

교제란 어떤 일에 공통적인 관심을 가지고 그 일이 이루어지기 위해서 전심전력으로 함께하는 것을 말합니다. 특별히 그리스도인의 교제란 믿는 자들끼리의 교제를 뜻합니다. 헬라어 원어에서는 '코이노니아' 라는 말을 사용합니다.

Learn of Bible

1. 우리는 누구와 교제를 나누어야 합니까?

☞ 그리스도인들, 또한 전도 대상자들.

"우리가 보고 들은 바를 너희에게도 전함은 너희로 우리와 사귐이 있게 하려 함이니 우리의 사귐은 아버지와 그의 아들 예수 그리스도와 더불어 누림이라."(요일 1:3)

2. 교제의 목적은 무엇입니까?

☞ 사랑과 선행을 격려하기 위해서.

"서로 돌아보아 사랑과 선행을 격려하며 모이기를 폐하는 어떤 사람들의 습관과 같이 하지 말고 오직 권하여 그 날이 가까움을 볼수록 더욱 그리하자"(히 10:24).

그리스도인들끼리 서로 사랑과 선행을 격려하기 위해서 모여야 합니다. 그리스도인들끼리 교회 등지에서 모이지 않으려고 하는 것은 올바른 신앙인의 자세가 아닙니다.

3. 그리스도인들이 서로 모이기에 힘쓸 때 어떤 결과가 나옵니까?

☞ 그리스도인들이 함께 모일 때 하나님께 영광이 된다.

"이제 인내와 위로의 하나님이 너희로 그리스도 예수를 본받아 서로 뜻이 같게 하여 주사 한마음과 한 입으로 하나님 곧 우리 주 예수 그리스도의 아버지께 영광을 돌리게 하려 하노라"(롬 15:5–6).

4. 그리스도인들이 함께 모여서 한 일은 무엇입니까?

☞ 사도의 가르침을 받고 서로 음식을 나누어 먹고 기도함.

"그들이 사도의 가르침을 받아 서로 교제하고 떡을 떼며 오로지 기도하기를 힘쓰니라"(행 2:42).

그리스도인들은 모일 때 세상 사람들의 모임에서 나타나는 행동들을 하지 않았습니다. 이들은 하나님께 예배드리고 성경공부를 통해 말씀을 배우고, 비록 보잘 것 없는 음식일지라도 서로 나누어 먹고, 서로를 위해서 기도해 주었습니다. 이것이 바로 그리스도인의 아름다운 교제의 현장입니다.

5. 헤롯이 베푼 잔치엔 무엇이 있었습니까? 그 결과는 어떠하였습니까?(막 6:14-29)

☞ 기름진 음식, 춤과 노래, 술 / 침(세)례 요한의 죽음.

"마침 기회가 좋은 날이 왔으니 곧 헤롯이 자기 생일에 대신들과 천부장들과 갈릴리의 귀인들로 더불어 잔치할새 헤로디아의 딸이 친히 들어와 춤을 추어 헤롯과 그와 함께 앉은 자들을 기쁘게 한지라 왕이 그 소녀에게 이르되 무엇이든지 네가 원하는 것을 내게 구하라 내가 주리라 하고"(막 6:21-22).

"왕이 심히 근심하나 자기가 맹세한 것과 그 앉은 자들로 인하여 그를 거절할 수 없는지라 왕이 곧 시위병 하나를 보내어 요한의 머리를 가져오라 명하니 그 사람이 나가 옥에서 요한을 목 베어"(막 6:26-27).

헤롯왕이 자기 생일에 베푼 잔치에는 세상의 온갖 즐거움과 쾌락이 있었습니다. 곧 기름진 음식과 넘치는 술, 춤추는 여자들과 노래가 있었습니다. 이것이 바로 세상 사람들이 하는 교제입니다. 그러나 이러한 교제의 결과는 침(세)례 요한의 목 베임이었습니다. 곧 하나님의 사람이 술 취한 잔치의 억울한 희생양이 된 것입니다.

6. 예수님이 베푼 잔치엔 무엇이 있었습니까? 그 결과는 어떠하였습니까?(막 6:38-44)

☞ 보리떡 다섯 개와 물고기 두 마리 / 다 배불리 먹고 남음.

"이르시되 너희에게 떡 몇 개나 있는지 가서 보라 하시니 알아보고 이르되 떡 다섯 개와 물고기

두 마리가 있더이다 하거늘"(막 6:38).

"다 배불리 먹고 남은 떡 조각과 물고기를 열두 바구니에 차게 거두었으며 떡을 먹은 남자는 오천 명이었더라"(막 6:42-44).

예수님이 베푼 잔치는 헤롯왕의 그것과 비교할 수도 없는 보잘 것 없는 잔치였습니다. 오천 명의 사람들에 비해서 너무나도 작은 양인 보리떡 다섯 개와 물고기 두 마리뿐이었습니다.

그러나 이 교제의 마당에는 예수님의 설교인 하나님의 말씀이 있었습니다. 배고픈 줄도 모르고 영적 갈급함에 목말라 있던 수많은 사람들이 있었습니다. 푸른 잔디밭에 앉아서 말씀을 듣는 평안함이 있었습니다. 그리고 무엇보다도 적은 음식이었지만 오천 명의 사람이 배불리 먹고도 열두 광주리가 남는 식사가 있었습니다. 남았다는 것은 결코 모자람이 없는 식사였다는 것을 의미합니다.

이렇게 그리스도인의 교제는 하나님의 말씀과 평안함, 쉼, 사랑과 부족함이 없는 만남입니다.

Application of Bible

1. 기독교는 개인의 종교가 아닙니다.

그리스도인끼리 서로 어울리고 도와주며 아름다운 공동체를 이루는 것이 그리스도인의 바른 모습입니다.

2. 하나님과의 올바른 교제가 이루어지면 다른 사람들과도 아름다운 교제를 나눌 수 있습니다.

하나님 사랑하기와 이웃 사랑하기가 같은 것이기 때문입니다. 하나님 사랑하기는 이웃 사랑하기로 나타나고, 이웃을 사랑하지 않으면서 하나님을 사랑한다고 말할 수 없기 때문입니다.

Tip of Bible

성도의 교제를 위한 성서의 가르침

① 그리스도 예수의 마음을 품기 (빌 2:5)

② 함께 기도하기 (마 16:19–20)

③ 함께 찬양하고 감사하기 (엡 5:19)

④ 서로 사랑하고 선행을 격려하기 (히 10:24)

⑤ 서로의 결점을 바로 잡기 (갈 6:1)

⑥ 서로의 죄를 고백하기 (약 5:16)

⑦ 서로의 짐을 나누어지기 (갈 6:2)

⑧ 사랑으로 갈등을 극복하기 (엡 4:2)

⑨ 비판하지 말고 분별하기 (마 7:1)

틴틴파워 in 지저스 3

청·소·년·핵·심·공·과

절기편

제1과 : 속죄일

제2과 : 초막절

제3과 : 안식일

제4과 : 부림절

절기부록 : 희년법

틴틴파워 in 지저스

제1과 속죄일

학습목표 : 속죄일의 의미를 통하여 하나님 앞에서 죄인임을 고백하고 하나님의 은혜와 예수 그리스도의 십자가를 통해서만 구원받을 수 있음을 이해한다.

중심진리 : 우리의 죄를 고백하는 날

본문말씀 : 레위기 16:1-10

레위기 16:34

"이는 너희가 영원히 지킬 규례라 이스라엘 자손의 모든 죄를 위하여 일 년에 한 번 속죄할 것이니라 아론이 여호와께서 모세에게 명령하신 대로 행하니라."

Question About It

1. 속죄일은 언제입니까?

☞ 교회력으로 7월 10일로 양력으로 9-10월에 해당하는 날입니다.

2. 속죄일에 대제사장과 백성들이 한 일은 각각 무엇입니까?

☞ 대제사장은 백성들을 대표해서 지성소에 들어가 예배를 주관했으며, 백성들은 금식하고 자신의 죄를 회개하는 시간들을 가졌습니다.

View of Bible

속죄일(욤 키푸림)은 대제사장이 1년에 단 한 번 지성소에 들어가 이스라엘 모든 백성의 죄를 속죄하기 위하여 특별히 속죄제를 드리는 날입니다. 이러한 속죄제를 드림으로써 죄로 인해 분리되었던 하나님과 이스라엘 백성은 화해를 가져오게 됩니다.

이스라엘 백성들은 평소에도 범죄했을 때 속죄제를 드렸으며(레 4:1-5:13), 속건제를 드려(레 5:14-6:7) 그들의 죄에 대한 보상을 지불하였습니다. 그러나 그들은 여전히 죄인 된 인간으로 하나님 앞에 설 수 없는 존재이며 무의식적으로도 범죄할 수 있었으므로 이스라엘 백성 전체를 위한 대속죄일 규례가 필요했습니다.

그래서 일 년에 한 번 7월 10일(민 29:7)에 모든 이스라엘 백성을 위한 속죄제를 드릴 목적으로 속죄일로 규정하여 지킨 것입니다.

Learn of Bible

하나님께서는 레위기 16장에 속죄일에 관한 규례를 제정해 주셨습니다. 그렇게 하신 이유는 첫 번째, 인간이 하나님을 섬기는 데는 일정한 질서와 절차가 필요하다는 것을 보여 주기 위함입니다. 두 번째는 하나님께서 구체적으로 속죄의 방법을 제시해 주시지 않으면 범죄한 인간은 스스로 하나님께 나아갈 수 있는 방법을 알 수 없기 때문입니다.

1. 대속죄일에 백성들을 대표해서 속죄제를 드릴 수 있는 사람은 누구입니까?(레 16:2)

☞ 대제사장

성전은 성소와 지성소로 분리되어 있었고 지성소는 더 거룩한 장소로 하나님의 법궤가 안치되어 있는 곳입니다. 그러므로 지성소는 하나님이 임재하시는 거룩한 장소로 여겨지는 곳입니다. 이 지성소 안에는 오직 대제사장만이 1년에 한 번 대속죄일 속죄제를 드리기 위해 들어갈 수 있는 곳입니다.

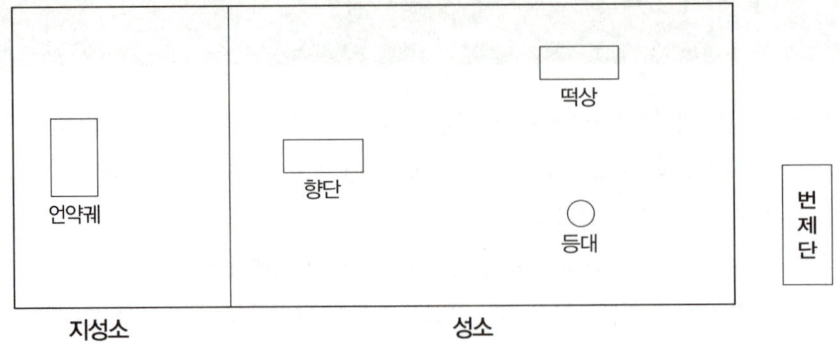

2. 성소에 들어가기 위해 대제사장이 준비해야 할 것은 무엇입니까?

1) 물로 몸을 씻은 후 흰 세마포 옷을 입어야 합니다.(레 16:4)
2) 자신과 자신의 집의 죄를 씻기 위해 속죄제용 수송아지와 번제용 숫양 각 한 마리를 준비해야 합니다.(레 16:3)
3) 이스라엘 모든 백성의 속죄를 위해 속죄제용 숫염소와 번제용 숫양 하나를 준비해야 합니다.(레 16:5)

이 날에는 평소 대제사장이 성전 봉사 때 입던 화려한 에봇(레 8:7-9) 대신에 흰 세마포 옷을 입어야 했습니다. 이것은 대제사장이 하나님 앞에서 순결한 자세로 섬기는 것을 의미합니다. 그리고 수송아지와 숫염소, 숫양으로 희생 제물을 준비해야 했습니다.

3. 속죄일에 행해지던 특별한 의식은 무엇입니까?(레 16:8-10)

☞ 두 염소를 취해 하나는 하나님께 희생 제물로 바치고, 다른 하나는 광야로 내쫓는 의식.

속죄일의 제물로 선택된 두 마리의 염소는 제비를 뽑아서 하나는 '여호와를 위하여' 하나님께 희생 제물로 바치고, 다른 하나는 대제사장이 두 손으로 안수한 후 광야로 가게 합니다. 이것은 대제사장의 안수를 통해 이스라엘 백성의 모든 죄가 그 염소에게로 들어감을 의미하고 그렇게 함으로써 이스라엘이 지은 모든 죄가 사라진다는 의식입니다. 즉 그 염소가 이스라엘의 모든 죄를 대신 지고 홀로 광야로 떠나는 것입니다.

히브리서에서 속죄일은 그리스도의 죽음을 예표하는 것으로 묘사되어 있습니다. 그리스도는 십자가 위에서 대제사장들이 속죄일에 이루고자 한 일은 성취한 것입니다. 이러한 그리스도의 속죄 효과는 예수께서 십자가에서 운명하시는 순간 성전의 성소와 지성소를 나누고 있던 휘장이 찢기는 것으로 나타났습니다(마 27:51; 막 15:38; 눅 23:45).

4. 속죄일에 백성들은 무엇을 하며 보냈습니까?(레 16:29; 민 29:7)

☞ 금식하고 아무 노동도 하지 않음.

이 날은 1년에 한 번씩 있는 전 민족적 참회의 날로서 대제사장에서부터 일반 평민에 이르기까지 하나님께 나아가 마음을 괴롭게 하여 금식하고 자신의 죄에 대해 통회하는 심정을 가져야 했습니다. 또한 이 날에 안식하여 아무 노동도 하지 말아야 했으며 오직 하나님과 자신 간의 문제를 위해 온 힘을 기울여야 했습니다.

Application of Bible

1. 속죄일 제도는 불완전하고 한계성이 있는 인간이 행하는 제도였기 때문에 매년 반복적으로 드려야 했습니다.

2. 속죄일 제도의 효과는 이스라엘 민족에게만 국한된 반면 예수 그리스도의 대속 사역은 모든 인류를 위한 것으로 전 세계를 포함합니다.

3. 구약 시대에는 누구든지 수시로 하나님께 나아갈 수 없고 단지 대제사장만이 1년에 한 차례 지성소에 들어가 속죄제를 드릴 수 있었지만 예수님의 십자가 사건을 통해 성전의 휘장이 찢어짐으로써(마 27:51) 이러한 조건이 사라졌습니다.

따라서 예수 그리스도를 믿음으로 구원받은 성도는 언제라도 담대하게 하나님의 보좌 앞에 나가 하나님과 교제할 수 있으며 하나님의 은혜를 간구할 수 있게 되었습니다(히 10:19-23).

4. 이처럼 그리스도의 십자가를 통해 하나님과 화목함을 누리게 된 우리는 계속적인 헌신과 순종을 통해 하나님과 친밀한 관계를 유지시켜 나가는 데 힘써야 합니다.

Tip of Bible

아론보다 더 위대하신 그리스도(히 7:26-10:8)

아 론	그리스도
자신이 먼저 제사 드려야 할 죄인.	자신을 위한 제사가 필요 없음. (히 7:26)
반복해서 제사 드려야 함.	영원한 구속을 이루심. (히 9:6-14)
자신을 위한 제사로 땅의 성소(지성소)에 들어감.	자기 몸을 제물로 드림으로 하늘 성소에 들어가심. (히 9:24)
반복 제사를 드림으로 죄에 얽매어 있음.	단 번에 드린 제사로 영원한 죄 용서가 보장. (히 10:1-18)

틴틴파워 in 지저스

제2과 초막절

학습목표 : 초막절의 의미를 이해하고 그것을 통해 하나님께서 베풀어 주신 은혜와 사랑을 항상 기억하도록 한다.

중심진리 : 초막절은 하나님의 은혜와 사랑을 기억하는 날

본문말씀 : 민수기 29:12-38

민 29:12

"일곱째 달 열다섯째 날에는 너희가 성회로 모일 것이요 아무 일도 하지 말 것이며 이레 동안 여호와 앞에 절기를 지킬 것이라."

Question About It

1. 초막절은 언제 지킨 절기입니까?

☞ 교회력 7월 15일부터 8일 동안 지킨 절기로 민간력으로는 정월 보름에 해당합니다.

2. 초막절의 다른 이름은 무엇입니까?

☞ 장막절, 또는 한 해의 모든 추수를 마치고 수확한 모든 소출을 창고에 저장하는 즐거운 날이란 점에서 수장절(收藏節, the Feast of Ingathering)이라고도 합니다.

View of Bible

초막 절기는 7월 15일부터 8일 동안 지켜졌고(레 23:34-43), 그 중 제7일째까지 온 백성이 들에서 초막을 짓고 생활했습니다(레 23:34). 그렇게 함으로써 그들은 애굽에서의 해방과 광야 40년간의 생활을 온전히 지켜주신 하나님의 은혜와 사랑에 대해 감사드렸고, 또한 모든 추수를 무사히 끝마친 사실에 대해서도 감사드렸습니다. 그리고 마지막 제8일에는 이 절기의 절정을 이루는 성회로 모였습니다.

Learn of Bible

초막절은 이스라엘 백성이 한 해의 각종 곡물과 과일 등의 수확을 끝내고 그것들을 기념하고 또한 풍성한 수확을 허락하신 하나님께 감사드리는 뜻으로 제사를 드리던 일종의 추수 감사제였습니다. 이때 이스라엘 백성들은 나뭇가지(특히 종려나무) 등으로 초막을 짓고 그곳에서 7일 동안 지냈으며, 첫째 날과 마지막 날에는 특별한 성회로 모였습니다.

1. 초막절에 드려진 제물로는 어떤 것들이 있습니까?(민 29:13-34)

초막절에는 다른 절기 때보다 훨씬 많은 희생 제물(총 215마리)이 드려졌습니다. 즉 이 기간에 매일 드리는 제사인 상번제 이외에 매일 숫양 둘과 1년 된 숫양 열넷을 제물로 드렸고 1주일 동안 70마리의 수송아지가 소요되었습니다. 물론 이 수송아지는 하루에 10마리씩 드린 것이 아니라 첫 날은 13마리(민 29:12-16), 둘째 날은 12마리(17-19절), 이렇게 매일 한 마리씩 줄어 7일째 되는 날은 7마리를 드리게 됩니다(32-34절). 이렇게 이레 동안 수송아지를 바치도록 한 것은 하나님께 대한 절대적이고 완전한 감사와 헌신의 다짐을 의미하는 것으로 이해할 수 있습니다.

2. 8일째 되던 날 이스라엘 백성이 한 일은 무엇입니까?(민 29:35-38)

☞ 아무 일도 하지 않고 성회로 모임.

제8일은 거룩한 대회(성회)로 모이는 날입니다. 그리고 이 성회 이후에 절기 동안 거했던 초막을 헐고 각자 고향으로 돌아가는, 곧 초막절이 끝나는 날입니다.

이 날에도 각종 제물이 여호와께 드려졌는데 그 제물들은 절기를 마감하는 제물들로서 규모는 크지 않았으나 초막절 뿐 아니라 일 년 동안의 모든 절기를 마무리 짓는 특별한 의미를 지녔습니다.

이러한 초막절은 일 년 동안 지켜지는 모든 절기 중 마지막 절기인 동시에 가장 큰 감사절기입니다. 그러므로 다른 어떤 절기에서도 볼 수 없는 많은 제물을 드려 여호와께 감사하며 그들의 기쁨을 나타내었던 것입니다.

3. 이스라엘 백성이 초막절을 지킨 목적은 무엇입니까?

1) 어려웠던 광야 생활을 기념하고,

2) 은혜 중에 끝마친 추수의 기쁨을 감사하기 위한 것.

하나님은 이스라엘 백성들로 하여금 이 초막절을 매년 지키게 하심으로써(레 23:41), 그들이 과거의 어려움 속에서도 자신들을 보호하고 인도해 주신 하나님의 크신 사랑을 잊지 않기를 원하셨고, 아울러 현재 자신들이 누리는 모든 번영과 기쁨 역시 오직 하나님의 크신 축복과 은혜로만 가능하다는 사실을 깨우쳐 주시기 위함이었습니다.

▶ Application of Bible

1. 초막절은 출애굽 후 40년 동안의 광야 생활 가운데 자신들을 인도하고 보호해 주신 하나님의 은혜를 기념하기 위함입니다.

2. 풍성한 토지소산과 수확을 주신 것을 감사하기 위함입니다.

3. 우리도 역시 과거 하나님께서 베풀어주신 크신 은혜를 기억하고, 지금도 그러한 하나님의 사랑 가운데 살아가고 있다는 사실을, 매년 맞이하는 교회 절기들을 통해 더욱 깊이 깨닫는 계기로 삼아야 할 것입니다.

제3과 안식일

학습목표 : 안식일의 의미와 안식일을 허락하신 하나님께 경배와 찬양을 올려 드려야 함을 이해한다.

중심진리 : 안식일은 해방과 자유를 주신 하나님을 기억하는 날

본문말씀 : 레위기 23:3

레 23:3

"엿새 동안은 일할 것이요 일곱째 날은 쉴 안식일이니 성회의 날이라 너희는 아무 일도 하지 말라 이는 너희가 거주하는 각처에서 지킬 여호와의 안식일이니라."

Question About It

1. 안식일은 언제입니까?

☞ 일주일에 한 번 7일째 되는 날입니다.

2. 오늘날 안식일은 언제입니까?

☞ 오늘날 교회에서 지키는 안식일은 주일입니다. 예수께서 부활하신 날이 안식 후 '첫 날'이라고 나와 있는데, 우리 그리스도인들은 그 날을 주의 날로 곧 새로운 안식일로 지킵니다.

View of Bible

안식일은 하나님께서 6일간의 천지창조 사역을 마치고 쉬시면서 창조의 기쁨을 누린 날입니다. 구약에서 '안식일'이란 낱말이 처음 등장한 곳이 출애굽기 16장 23절입니다. 여호와께서는 "내일은 휴일이니 여호와께 거룩한 안식일이라"(출 16:23) 말씀하시며, 안식일과 휴식을 동일한 의미로 사용하고 있습니다.

안식일은 제7일에 지키는 것으로 모든 노동을 중지하는 날입니다(출 16:29-30). 애굽에서 노예 생활을 하고 있던 이스라엘 백성에게 노동으로부터 해방되는 자유스런 휴식 일이었으며, 자신들을 구원해주신 하나님께 예배를 드리는 구별된 날이었습니다.

Learn of Bible

1. 하나님은 6일 동안 이스라엘 백성이 어떻게 하기를 명령하셨습니까?(레 23:3)

☞ "엿새 동안은 일할 것이요."

하나님은 안식일을 주시기 전에 먼저 엿새 동안 일할 것을 명령하셨습니다. 이것은 안식일의 규례가 휴식보다 우선할 것이 노동에 있음을 의미하는 것입니다.

사람은 창조될 때부터 일하는 존재로 지음 받았습니다. "땅을 갈 사람도 없었으므로 들에는 초목이 아직 없었고 밭에는 채소가 나지 아니하였으며"(창 2:5), "생육하고 번성하여 땅에 충만하라, 땅을 정복하라, 바다의 물고기와 하늘의 새와 땅에 움직이는 모든 생물을 다스리라"(창 1:28)는 말씀을 통해서 알 수 있습니다.

하나님의 형상대로 지음 받은 인간은 노동을 통해 하나님의 뜻을 이 땅에 실현하도록 부르심을 받은 존재입니다. 그러므로 인간에게 있어서 노동은 신성한 가치를 지닌 것으로, 만일 인간의 노동이 없다면 안식일의 의미 또한 공허한 것이 될 수밖에 없습니다.

열심히 일한 사람만이 기쁘고 달콤한 안식을 누릴 수 있습니다.

2. 하나님은 일곱째 날 어떻게 하라고 명령하십니까?(레 23:3)

☞ "쉴 안식일이니 너희는 아무 일도 하지 말라."

여기서 '쉴 안식일'(솨바트 솨바톤)은 '큰 안식일'이란 뜻으로, 곧 안식일 준수의 중요성을 강조하는 말입니다. 안식일 준수는 하나님께서 6일에 걸쳐 창조 사역을 완성하고, 제7일 날 쉬신 것을 기념하기 위한 것으로 하나님의 천지창조 사역에 그 근거를 두고 있습니다.

얼마 전까지만 해도 애굽에서 노예 생활을 하던 이스라엘 백성은 휴식할 수 있는 날이 없었습니다. 노예였던 그들은 잠시도 쉬지 못하고 강제 노역에 동원되었습니다.

그러나 애굽에서 크신 권능으로 이스라엘 백성을 구원해 내신 하나님은 그들이 더 이상 노예가 아니라 자유인임을 선포하시고 해방과 자유를 주셨습니다.

3. 이 안식일은 무엇을 하는 날입니까?(레 23:3)

☞ "성회의 날이라."

안식일은 6일 동안의 노동에 이어 주어진 단 하루의 쉼을 얻는 날로 휴식하고 평안히 지내는 날이지만 또한 그날은 거룩한 날로 하나님께 예배하는 날입니다. 그러므로 이날은 참 해방과 자유를 주신 하나님을 찬양하고 영광 돌리는 귀한 날이기도 합니다.

Application of Bible

1. **우리는 6일 동안 열심히 일해야 합니다. 청소년들에게 노동이란 곧 공부를 하는 것이고 학생의 신분에 적합한 것입니다.**

2. **7일째 되는 안식일은 6일 동안의 일에서 떠나 쉼과 평안을 누리는 날입니다.** 열심히 공부하고 일한 사람만이 참된 휴식을 느낄 수 있습니다. 월요일, 화요일, 수요일… 토요일까지 아무 일도 하지 않고 놀다가 맞이한 안식일은 우리에게 결코 기쁜 날이 될 수 없습니다.

3. 또한 이날은 거룩한 날로 우리에게 해방과 자유, 구원을 주신 하나님을 찬양하고 영광 돌리는 날입니다. 그러므로 우리는 주일 예배를 철저하게 지켜야 합니다.

제4과 부림절

학습목표 : 부림절의 의미를 통해 하나님은 자신의 백성을 지키시고 보호하시며 승리케 하심을 안다.

중심진리 : 부림절은 자기 백성을 끝까지 지켜주신 하나님을 기억하는 날

본문말씀 : 에스더 9:20-32

에 9:22

"이 달 이 날에 유다인들이 대적에게서 벗어나서 평안함을 얻어 슬픔이 변하여 기쁨이 되고 애통이 변하여 길한 날이 되었으니 이 두 날을 지켜 잔치를 베풀고 즐기며 서로 예물을 주며 가난한 자를 구제하라 하매."

Question About It

1. 부림절은 언제입니까?

☞ 교회력 12월(양력으로는 2, 3월) 14, 15일

2. '부림' 이란 무엇을 뜻하는 말입니까?

☞ '부르'(푸르)란 '제비'의 뜻을 갖고 있는 고대 페르시아어입니다. 곧 제비 뽑는 것을 의미합니다(에 3:7). '부림'은 '부르'의 복수형입니다. 아마도 이틀 동안 지킨 절기이기 때문에 복수형을 사용한 것으로 보입니다.

▶ View of Bible

'운명의 날' 이라고도 하는 이 날은 교회력으로 마지막 달인 12월(아달월, 양력으로는 2, 3월) 14, 15일 이틀에 걸쳐 거행되는 이스라엘 축제입니다. 이 부림절은 모세의 율법이나 구약에 언급되지 않지만 그 기원에 대해서는 에스더 3장 7절과 9장 24절 이하에 기록되어 있습니다.

이 부림절은 모든 사람들이 지킨 절기입니다. 아달월 13일에는 금식으로 지켜졌고, 그 다음날(14일) 아침에는 회중이 공식적인 종교 의식을 행하기 위해 회당에 다시 모였으며, 예배를 마친 후에는 하루 종일 재미있게 즐겼습니다. 그리고 이 절기의 특징 중 하나는 가난한 사람들에게 음식과 선물을 보내는 것이있습니다(에 9:19).

Learn of Bible

남왕국 유다가 바벨론에 멸망당한 후(B. C 586) 유대 백성들은 포로로 잡혀가게 됩니다. 그러나 바벨론도 곧 페르시아에게 멸망당하게 되고(B. C 539), 포로로 잡혀갔던 백성들 중 일부는 팔레스타인으로 돌아오나 많은 사람들은 그곳에 남게 됩니다.

그 후 페르시아의 아하수에로 왕이 등극하게 되고(B. C 486-465), 유대인이었던 에스더가 그의 왕비가 됩니다. 그러나 하만의 계교로 페르시아에 있던 유대인들이 모두 몰살당할 지경에 이르게 됩니다. 이때 에스더의 기도와 지혜로 이 위기를 극복하고 유대인들이 구원을 받게 됩니다.

부림절은 이렇게 이방 땅에서 멸망당할 뻔 했던 유대인들이 하나님의 도우심과 에스더의 지혜로 구원받은 것을 감사하여 지킨 절기입니다.

1. 부림절은 어떤 날입니까?(에 9:22)

1) 유다인들이 대적에게서 벗어나 평안함을 얻은 날

하만의 음모로 인해 페르시아에 있던 유대인들이 모두 죽임을 당하는 큰 위험에 처하게 되는데 하나님의 도우심으로 구원을 받고 오히려 하만을 따르는 무리가 죽임을 당하게 된 날로 하나님을 찬양하는 날입니다. 이것은 팔레스타인뿐만 아니라 멀리 페르시아 지역에서까지 활동하시는 전능하신 하나님의 모습을 보여줍니다.

2) 슬픔이 변하여 기쁨이 되고 애통이 변하여 길한 날이 됨

유대인을 대량 학살하라는 왕의 조서가 내려졌을 때 그들은 극도로 슬퍼했고 공포로 인해 애통하였으나, 하나님이 그날을 기쁨과 좋은 날로 바꾸셨습니다. 곧 악이 바뀌어 선이 되었음을 나타냅니다.

2. 부림절에 어떤 행사를 하며 지켰습니까?(에 9:22)

1) 잔치를 베풀고 즐기며,

이 날에는 모든 노동을 그치고 그 날에 있었던 역사적 사건을 되새기며 잔치를 베풀고 즐기며 하루를 보내는 것입니다.

2) 서로 예물을 주며,

이것은 오늘날 우리가 교회에서 성탄절 때 주로 행하는 선물 교환과 비슷한 모습입니다. 하나님께 구원 받은 기쁨을 이웃 사람들과 함께 나누는 것입니다.

3) 가난한 자를 구제하라.

이것은 모세 율법이 명령하고 있는 절기를 지키는 구체적인 방법 중의 하나입니다(신 16:14). 기쁜 날에 자신만 그 기쁨을 누리는 것이 아니라 주변의 힘이 없고 연약한 형제자매들을 도와주라는 것입니다. 이것이 율법의 근본정신입니다.

유대인들은 절기를 이 같은 방법으로 지킴으로써, 자신들에게 베풀어 주신 하나님의 은혜에 감사했습니다.

Application of Bible

1. 하나님은 자기의 백성을 결코 잊어버리지 않으시고 끝까지 지키시는 분이십니다.

2. 우리는 악이 잠시 승리하는 것 같아서 낙심할 때도 있지만 궁극적으로는 하나님이 승리하심을 기억해야 합니다.

Tip of Bible

오늘날의 '부림절'

오늘날은 부림절이 되면 전날 저녁과 부림절 아침에 각지에 있는 모든 회당에서 에스더서를 읽습니다. 이 절기는 특별히 어린이들의 축제일로 어린이들은 자신들의 영웅이나 싫어하는 인물들의 가면과 분장으로 치장하여 카니발 축제를 즐깁니다. 이 절기의 특징은 '하만의 귀' 라고 알려진 달콤한 젤리와 과일 등을 섞어 구운 삼각형 형태의 과자를 나누어 먹는 것과 "잔치를 베풀고 서로 예물을 주며 가난한 자를 구제하라"는 관습을 지켜 조그만 선물을 주고받기도 합니다.

믿인파워 in 지저스

절기부록 희년법

학습목표 : 희년법을 통해 세상 만물의 소유주는 하나님이시고 우리는 그 맡은 청지기임을 이해한다.

중심진리 : 내 인생의 주인이 되시고 만물의 주관자가 되시는 하나님

본문말씀 : 레위기 25:8-55

Memory Verse

레 25:10

"너희는 오십 년째 해를 거룩하게 하여 그 땅에 있는 모든 주님을 위하여 자유를 공포하라 이 해는 너희에게 희년이니 너희는 각각 자기의 소유지로 돌아가며 각각 자기의 가족에게로 돌아갈지며."

View of Bible

우리말의 '희년' 이란 영어의 'Jubilee' 를 번역한 것이고, Jubilee는 히브리어 '요벨' 을 음역한 것으로 그 뜻은 '수양의 뿔로 만든 나팔' 을 말합니다. 출애굽기 19장 13절에 하나님이 시내 산에 강림하실 때 불었던 나팔이 곧 요벨입니다. 이러한 희년의 명칭이 붙게 된 이유는 요벨의 나팔 소리로 희년이 시작됨을 선포하였기 때문입니다.

레위기 25장에 의하면 희년은 이스라엘이 가나안에 들어간 그때를 기점으로 하여 일곱 번째 안식년이 지난 그 다음 해인 '제 오십 년째의 해' 를 가리키고 있습니다. 희년이 시작되는 달은 그 해 일곱 번째 달(Yishri)의 제 10일에 뿔 나팔을 울림으로 시작됩니다(레 25:9-10). 즉 7월 10일은 포로기 이후에 사용된 공식 달력인 태양력에 의하여 신년 첫 날이 됩니다.

Learn of Bible

진정한 사회 정의는 경제적 분배의 정의 위에서 가능하기 때문에 하나님께서는 부의 편중 현상을 막는 제도적 장치를 마련하신 것입니다. 그러므로 우리는 희년법을 통해 이 세상 만물의 주인이 하나님이라는 것과 우리는 하나님의 청지기일 뿐이라는 사실을 기억해야 합니다. 희년법의 구체적인 명령이 다음의 네 가지로 나타납니다.

1. 토지 무르기(레 25:28)

토지에 대한 희년법의 주요 내용은 땅 값에 관한 것과 땅의 소유권에 관한 것입니다.

우선 땅 값에 대한 희년법의 규정을 보면, 땅을 사고 팔 때에는 희년이 몇 해 지났는지 따져 보고 앞으로의 희년이 많이 남았으면 값을 많이 쳐주고, 적게 남았으면 값을 적게 매겨야 한다는 것입니다. 결국 땅값을 결정하는 요인은 땅의 질이나 크기 외에도 그 땅의 소출을 거둘 햇수가 중요한 요인이 된다는 것입니다. 즉 구매자가 살 수 있는 것은 땅 자체가 아니라 땅을 경작하는 권리 또는 그 다음 희년까지 그 땅에서 거둘 수 있는 생산물에 대한 권리를 사는 것입니다. 따라서 희년 다음해의 땅값이 가장 비싸고, 48년째 되는 해의 값이 가장 싸게 됩니다.

땅의 소유권에 대한 희년법의 규정은 땅을 아주 팔아넘기라는 것이 아닙니다. 왜냐하면 땅은 하나님의 것이요 이스라엘 백성은 하나님에게 몸 붙여 사는 식객에 불과하기 때문입니다(레 25:23; 렘 2:7; 16:18).

결국 하나님이 땅에 대한 최종적인 소유권을 보유하고 계실 뿐만 아니라 그것이 어떻게 사용되어야 하는가에 대한 도덕적 권위도 가지고 계심을 알 수 있습니다. 이러한 희년의 정신은 거대 경제화와 빈부의 양극화 현상을 방지하려는 것으로서 가난한 자들을 특별히 고려한 것임을 알 수 있습니다. 즉 땅의 휴년과 안식에 대한 규정은 토지 생산성의 과학적 관리뿐만 아니라 부자나 가난한 자, 노예나 이방인 모두 평등한 삶을 향유할 수 있도록 하고자 하는 사회 정책적 정신인 것입니다. 동시에 희년이 되면 원 주인에게 무상으로 돌려짐으로써 빈부의 격차를 방지하고, 경제적 불평등을 억제할 수 있는 재산의 재분배 정책이라고 할 수 있습니다. 그러므로 이스라엘이 평등 공동체로 출발했던 정착 초기의 평등 상태로 되돌아가 모든 백성이 동등한 조건에서 다시 출발하게 하려는 데 희년의 목적이 있습니다.

2. 가옥 환원(레 25:28-34)

거주하는 집을 파는 경우에 대한 희년 규정으로 일반인의 집(29-31절)과 레위인의 집(32-34절)으로 나누어 적용하고 있습니다.

일반인의 집의 경우 성곽 안에 있는 집과 성곽 밖에 있는 집에 대한 규정이 각기 다르게 적용됩니다. 성곽 밖에 있는 집들에 대해서는 팔았다가 되돌려 살 가능성과 희년이 되면 본래 소유자에게 귀속이 되는 희년 규정이 적용되었습니다. 반대로 성곽 안에 있는 집에 대해서는 정상적으로 아주 사고 팔 수 있었으며 희년에도 해약되지 않는다는 것이 명시되어 있었습니다. 성곽 안에 있는 집이 희년의 혜택을 받지 못하는 이유는 희년법이 목축 또는 경작에 사용되는 땅하고만 관계가 있기 때문입니다.

레위인의 집에 대한 규정은 특별 규정으로서 언제든지 팔았다가 다시 무를 수가 있으며, 희년이 되면 역시 회복의 법이 적용됩니다. 이것은 레위인들의 유일한 재산으로 집을 소유하도록 하려는 의지로 보여 집니다.

자본주의 사회에서 집은 상품으로서 생산되고 소비됩니다. 따라서 주택은 주택산업자본에 의해 이윤 추구의 상품으로서만 생산될 뿐 인간에게 안식처로서의 기능이나 인간의 노동력 재생산을 위한 기본적인 내구 소비재로서의 측면이 무시됩니다. 여기에서 안식처로서의 요구 및 노동력 재생산의 요구와 자본 축적과의 모순이 발생하게 되어 자본주의적 발전이 진전될수록 주택문제는 더 심화되게 됩니다. 이윤추구를 목표로 한 주택생산은 구매력이 있는 중산계층을 위한 주택만을 건립하여 극대 이윤의 창출을 추구하기 때문에 정작 집이 필요한 노동자, 도시 빈민 등의 주택 문제는 더욱더 심각하게 되어 갑니다.

이러한 상황에 비추어 볼 때 집에 대해 희년법은 매우 중요한 신학적 의미를 지닙니다. 즉, 생을 출발할 때 몫으로 물려받은 원자본인 그 기업의 몫만은 절대로 지켜져야 하고 설혹 가난 때문에 원자본이 부득이하게 남에게 넘어 가서 값을 치를 능력이 없는 경우라도 희년까지만 기다리면 원자본은 자동적으로 무상으로 원상 복귀되어야 했습니다. 하나님께로부터 물려받은 유산의 기업을 사람이 마음대로 손댈 수 없다는 것입니다.

3. 빚, 이자(레 25:35-38)

여기엔 '이자 없는 대부' 에 대한 희년 규정이 있습니다. 이스라엘 동족 간에 이자를 전제로 한 대부 행위를 하지 말아야 하는 이유는 지불 능력이 없는 채무자가 그 이자의 증식 때문에 점점 더 가난해지게 되고 더 가난해지다 보면 그 가난 때문에 노예로 전락하는 데까지 이르게 되기 때문입니다. 이렇게 되면 똑같이 고난과 구원을 경험했던 평등한 동족 사이에 신분의 계층화가 생겨나게 됩니다.

이자를 탐지하는 자본은 자본주의 체제의 가장 핵심입니다. 성서와 그리스 철학, 중세의 로마 가톨릭법, 16세기의 종교 개혁자들은 어떤 종류의 신용에 의거하든지 간에 이자 취득을 금했습니다. 사람들은 소비를 위한 대부 곧 곤경에 처한 사람에 대한 대부를 '고리대' 라고 불렀습니다. 그러나 생산을 위한 대부가 자본주의에 등장했을 때 신학과 철학은 이자 금령을 옹호하기 위해 온갖 노력을 기울였습니다.

하나님의 은혜로 해방된 이스라엘은 가난 속에 있는 형제를 적극적으로 돕고, 넉넉히 나누어 주어야 합니다. 따라서 우리는 인간의 이기심이 낳는 가난의 현상을 종식시키기 위해서 하나님의 관대함을 본받아야 합니다. 또한 형제로부터 이자와 고리를 받는 행위는 노예화의 근본 원인이 되므로 하나님을 두려워하는 가운데 이를 철저히 금지해야 합니다.

4. 노예 해방(레 25:39-55)

이 규정을 세분화시켜 보면 이스라엘인 노예(39-43절), 비 이스라엘인 노예(44-46절), 그리고 이스라엘 자신이 외국인에게 노예로 팔린 경우(47-55절)로 나누어 볼 수 있습니다.

먼저 이스라엘인 노예의 경우를 살펴보면 이스라엘은 동족 노예를 소유하는 주인의 소유권을 인정하고 있지 않습니다. 왜냐하면 이스라엘 사람들은 모두 하나님의 종으로 다른 사람의 종이 될 수 없기 때문입니다. 따라서 이스라엘인이 가난 때문에 어쩔 수 없이 자신을 동족에게 종으로 팔 수 밖에 없는 경우에도 몸 자체까지 파는 것이 아니라 그의 봉사만을 파는 것입니다. 그래서 그들을 종처럼 대우해서는 안 되며 품꾼이나 식객처럼 대우하고 희년 때까지 함께 생업에 봉사하다가 희년이 오면 그들 본래의 자리인 유산의 땅으로 자동적으로 되돌아가게 해야 하는 것입니다.

두 번째로 비 이스라엘 민족을 노예로 삼는 것은 합법적이었습니다. 다른 민족 노예들은 돈으로 구매되며 자손 대대로 소유할 수 있는 재산으로 취급되었습니다. 물론 이들에게는 희년의 해방법이 적용되지 않습니다.

세 번째로 궁색해진 이스라엘인이 이스라엘에 사는 넉넉한 외국인에게 몸을 팔았을 경우입니다. 이들 외국인에게 희년법을 적용할 수는 없었습니다. 그러나 되돌려 살 수 있는 가능성은 있었습니다. 그것은 그의 가까운 친척의 도움에 의해 가능하였습니다. 이것을 '되무르기법'(고엘)이라고 부릅니다. 가난해진 사람이 짧은 기간에 다시 부자가 되어서 팔아먹은 토지나 가옥을 되산다는 것은 쉬운 일이 아닙니다. 더구나 노예로 팔린 경우는 더 말할 나위도 없습니다. 그러므로 이런 경우 친척의 도움이 절대적으로 필요했습니다.

결국 희년법에 나타난 노예 해방의 신학적 의미는 이집트에서 노예들을 해방시켜 주신 여호와께서 온 인류를 해방시키시기 원하신다는 것입니다. 이러한 해방의 성취는 정치 경제적인 혁명 사상만으로 되는 것이 아니며, 누구나 자신은 본래 노예였으나 하나님의 은혜로 자유인이 되었다는 사실을 깨닫는 데 있습니다.

또 다른 의미에서 희년 정신은 이스라엘만의 해방 선언이 아니라 전 인류를 향한 인권적 해방선언이기도 합니다. 이 희년의 정신에서 우리는 인간의 존재 권리가 평등성을 지니고 있으며, 야훼는 계층과 계급 사이의 차별과 분쟁을 원치 않음을 알 수 있습니다. 즉 모든 인간은 창조주 야훼 앞에서 평등하다는 사상입니다. 사람에 의한 또 다른 사람의 예속과 억압은 있을 수 없으며 이것은 하나님의 뜻과 대치됩니다.

Application of Bible

이 같은 희년법은 이스라엘이나 다른 그 어떤 나라에서도, 단 한 번도 지켜지지 않았습니다. 인간의 역사는 희년의 정신을 유토피아적 환상이라고 비웃으며 무시하는 삶을 살아왔습니다. 희년의 대사면, 희년의 대복귀가 자본주의 사회에서는 웃음거리요 냉소거리 이상 아무것도 아니었습니다. 그저 쉬지 않고 소출 작업에 열중하기만 하던 그 땅은 마침내 노쇠하고 병들고 공해에 시달리고 각종 환경오염으로 만신창이가 되었습니다. 그리하여 우리 모두는 웃고 냉소하며 스스로 멸망해 가고 있을 뿐입니다.

희년법의 근본 취지는 하나님이 구원한 이스라엘 공동체가 경제적 요인이나 인간의 과욕에 의해 파괴될 수 없다는 데 있습니다. 또한 평화로운 공동체는 인간이 인간 대접을 받고, 인간은 오로지 하나님만을 섬겨야 하는 것입니다. 모두 하나님의 형상을 입은 존재로서 구성된 평등한 사회가 곧 하나님이 원하시는 구원의 공동체입니다.

땅의 주인은 하나님이시기 때문에 인간은 땅을 점유하고 사용할 뿐이지 우리가 땅을 영원히 소유하거나 재산 증식을 위한 투기의 대상으로 사용할 수 없습니다. 재산의 증식은 한계 내에서 하고 일정 기간이 지나면 사회에 환원하여 못가진 자도 좌절하지 않고 가진 자도 불안하지 않는 사회를 형성하는 데 희년법의 의의가 있는 것입니다.

예수께서 어느 안식일에 고향 나사렛 회당에 들러서 이사야 61:1-2를 읽으시고 "이 글이 오늘 너희 귀에 응하였느니라 하시니"(눅 4:21)라고 말씀하셨을 때, 희년은 하나님 편에서는 이미 선포되고 이미 이루어진 것입니다. 이제 희년이 약속하는 모든 혜택은 희년을 누릴 사람들의 쟁취 노력과 희년을 베풀 사람들의 탐욕의 억제로서만 실현될 수 있을 것입니다.

SMILE

2009년 9월 25일 | 제1판 1쇄 발행

펴낸이 | 안병창
펴낸데 | 요단출판사

주 소 | 158-053 서울특별시 양천구 목3동 605-4
편 집 | (02) 2643-9156
영 업 | (02) 2643-7290~1 Fax (02) 2643-1877
등 록 | 1973. 8. 23. 제13-10호

저 자 | 요단 틴틴 파워 인 지저스 핵심공과 집필 위원회(김종호 박행님 홍진표)
기 획 | 김용성 이상훈 편 집 | 하정희 이혜진
디자인 | 지킴이커뮤니케이션
제 작 | 박태훈 권아름 영 업 | 김창윤 정준용 이영은 김종배

정 가 10,000원
ISBN 978-89-350-1241-1 03230

요단인터넷서점 www.jordanbook.com

이 교재는 개역개정판 성경을 사용하였음.